U0963906

潮起潮落

当代世界政治中的民粹主义思潮

林红◎著

当代世界出版社
THE CONTEMPORARY WORLD PRESS

图书在版编目（CIP）数据

潮起潮落：当代世界政治中的民粹主义思潮 / 林红著. -- 北京：当代世界出版社，2025. 5. -- ISBN 978-7-5090-1857-6

Ⅰ. D091

中国国家版本馆 CIP 数据核字第 2024MW8832 号

书　　名：潮起潮落：当代世界政治中的民粹主义思潮
作　　者：林红 著
出 品 人：李双伍
策划编辑：刘娟娟
责任编辑：刘娟娟　徐嘉璐　张嫣然
出版发行：当代世界出版社
地　　址：北京市东城区地安门东大街 70-9 号
邮　　编：100009
邮　　箱：ddsjchubanshe@163. com
编务电话：(010) 83907528
　　　　　(010) 83908410 转 804
发行电话：(010) 83908410 转 812
传　　真：(010) 83908410 转 806
经　　销：新华书店
印　　刷：北京新华印刷有限公司
开　　本：710 毫米×1000 毫米　1/16
印　　张：25
字　　数：336 千字
版　　次：2025 年 5 月第 1 版
印　　次：2025 年 5 月第 1 次
书　　号：ISBN 978-7-5090-1857-6
定　　价：98. 00 元

法律顾问：北京市东卫律师事务所　钱汪龙律师团队　(010) 65542827

目　录

导论　重新认识民粹主义

20世纪80年代以来，新自由主义及其推动的经济全球化以一种非常深刻的方式重构了当今世界的生活方式，造成了全球性的影响。在经济全球化的30多年历程中，全球社会与经济经历了奇迹般的繁荣，全球财富获得了奇迹般的增长。但与这种繁荣和增长同步出现的，则是一种被视为“大众的反叛”的民粹主义现象，这股激进甚至极端的保守主义势力冲击并改变了世界政治与经济的既有格局。

在西方国家中，新自由主义全球化在经济上导致了严重的分配不均，在文化上带来了传统价值的巨大改变，在政治上激化了置公利正义于不顾的政党竞争。尤其是2016年以来，新自由主义全球化面临历史性的逆反与冲击，英国“脱欧”公投和特朗普当选等一系列“黑天鹅”事件传递出来一个强烈的信息——西方主导并建立在“华盛顿共识”之上的全球化陷入了困境。事实上，在2008年全球金融危机之后，美国和许多欧洲国家就面临前所未有的政治动荡与一系列政策变迁，这在很大程度上反映了现有全球治理体系存在的严重不足，反映了欧美国家在应对社群高度依存、科技飞速发展所带来的内外挑战方面存在严重的问题，从而使得自由民主制度处于一种高度危险的不确定状态之中。要准确认识并解释21世纪以来西方的政治经济动荡、全球化的种种危机以及被波及的非西方国家当前处境，有必要对这一系列问题背后的共同现象——民粹主义进行重新解读。当全球化陷入危机，某种意义上说，民粹主义时代便将出现，毋庸置疑，民粹主义是理解时代激烈变迁的关键。

一、民粹主义的概念问题

在现代政治生活中，民粹主义是一种备受关注和充满争议的政治现象。从纵向维度来看，民粹主义是一种具有历史周期性的大众政治反抗，它是现代化的产物和民主政治的副产品，可能出现于任何一个转型时期的任何国家或地区，典型者如 19 世纪下半叶的俄国和美国、20 世纪中叶的拉美及 21 世纪的欧美。在民主政治和资本主义经济高度发展的现代条件下，“只要存在相当数量的公民对现实政治的不信任和对政府的失望，民粹主义便获得了生长的必要条件”①，这些民粹主义的典型实践大体上都处于某种历史性的转型时期，隐伏着各种政治、经济与社会危机，也最容易滋生不满。从横向维度来看，民粹主义又是一种可以跨越制度差异广泛存在的激进政治思潮或运动，如果将不同诉求、不同制度环境中的民粹主义运动放到特定的转型时代或政治经济危机的背景下考察，其内在联系便清晰可见。就 21 世纪民粹主义的新浪潮而言，华尔街的“占领者”和阿拉伯世界的“革命者”相隔万里，但他们之间共享着对政治精英在经济危机中疏于保护民众权利与利益的愤怒。

站在建制派的立场来看，民粹主义是一种解构性、破坏性力量。民粹主义被贴上破坏既有秩序、煽动大众反抗的标签，仿佛是一种专门装坏东西的箩筐，现代民主生活中的大部分坏事都可以往里装，比如，自由民主论者将民粹主义视为一种必须警惕与防范的严重威胁，并把政治崩溃、群众暴力、民主倒退、社会失序等种种罪过归咎于它。

① 俞可平：《现代化进程中的民粹主义》，载《战略与管理》，1997 年第 1 期，第 94 页。

然而，在解释民粹主义现象之前，人们需要界定民粹主义到底为何物。事实上，民粹主义无论是作为一种意识形态、政治逻辑，还是作为一种社会运动，都离不开一个辨识度极高的核心元素——“民众中心”或“平民至上”。的确，“平民至上”几乎是民粹主义独享的价值内核，在民粹主义这里，民意被视为一切行动的合法性基础。所谓大众动员、草根政治、公民投票、直接民主等概念，都因为接近这个内核而带有某种民粹主义色彩。

那么，如何在概念上认识民粹主义？这无疑是一个难以一言以蔽之的问题。学界对于民粹主义概念有多种解读，以及同样多的以民粹主义来标注某种政党或某场运动的尝试。早在 1967 年，在吉塔·伊内斯库（Ghita Ionescu）和厄内斯特·盖尔纳（Ernest Gellner）等政治学家在伦敦政治经济学院召开的一场题为“定义民粹主义”的学术讨论会上，学者们便发现，民粹主义一词虽然有用，但是太模糊，无法为其确定某种单一的含义，他们除了“民粹主义崇尚平民”这一说法外，再也无法达成其他的一致意见了。① 从现象上看，民粹主义既可指地位或福利下降带来的沮丧情绪，也可指一种民族主义的怀旧情绪，更可指政治领袖用于吸引民众、扫除制度障碍的政治策略。这种令人迷惑的情形正是后马克思主义学者厄内斯特·拉克劳（Ernesto Laclau）所说的“我们直觉地知道我们所提到的民粹主义运动或民粹主义思想是什么，但我们却非常难以将这种直觉表述成概念”②，因为不同处境下的人们有着关于民粹主义的不同理解。

因此，自民粹主义这一概念因俄国民粹派和美国人民党的最早实践而正式出现之后，对于它到底是一种意识形态，还是一种社会政治运动，抑或是一种政治策略与政治风格，人们各持己见、争论不休。

---

① G. Ionescu and E. Gellner, eds. *Populism: Its Meaning and National Characteristics*, London: Weidenfeld & Nicolson, 1969, p. 4.

② Ernesto Laclau, *Politics and Ideology in Marxist Theory: Capitalism, Fascism, Populism*, London: New Left Books, 1977, p. 143.

事实上，被放入民粹主义之中的政治主张极其庞杂。首先，在概念核心上，民粹主义主张普通平民的需求与愿望具有无可置疑的正当性，坚决反对现行体制及当权派精英。其次，它在理念上与平均主义、社群主义、阴谋论、反智主义、民族主义甚至种族主义等概念都有交叉。再次，它在实践上与直接民主、大众动员、草根政治、社会运动、克里斯玛型政治等现象有密切联系。因此，要识别民粹主义，大致可以把诸如依赖普通民众支持的草根性、反主流和反建制的反抗精神、建立在传统文化或民族情感之上的保守主义情结，以及与政治强人、克里斯玛型政治的特殊联系等种种表现，视为民粹主义区别于其他意识形态和运动的特有成分。

在学术史上，传统研究提出了两种关于民粹主义的解释框架，分别塑造了两种不同的历史名声。一种是价值层面上的民粹主义。在这里，民粹主义被称为“唯一诉诸和求助于大众的所有运动和学说”[①] 或“下层人民的主义”，它推崇平民大众的价值、理想与利益，强调大众在社会历史进程中的作用和首创精神。这种形式的民粹主义是一种关注社会正义与经济平等的社会理论，体现了维护大众利益、维护平等公正、崇尚爱国主义、反对帝国主义和外来干涉等正面价值。另一种是工具层面上的民粹主义。在西方政治中，被指称为民粹主义者意味着鲁莽、不审慎的煽动，一些政治人物“越过其他政党而直接呼呼民众通常被认为是声誉不佳的，因为他们常常是妄许不能兑现的诺言，空开世上没有的药方”[②]。为了获得最广大的民众支持，民粹主义政治人物常常借由甚至夸大外在的危机或威胁，来煽动民意、吸引民众的扈从，这种形式的民粹主义是被贬损的、被批判的，但本质上是一种精英主义的装饰品，或者说，是一种基于精心预谋的诉诸民众利益或偏见的政治策略。

---

① 俞可平：《现代化进程中的民粹主义》，载《战略与管理》，1997 年第 1 期，第 89 页。

② 吉姆·麦克盖根著，桂万先译：《文化民粹主义》，南京：南京大学出版社，2001 年版，第 2 页。

即使在经济全球化全面推开和后现代议题蓬勃兴起的时代，学界也没有停止对民粹主义概念的讨论，各种强调与时代变迁相适应的概念界定不断被提出。其中，美国佐治亚大学政治学教授卡斯·穆德（Cas Mudde）提出了一套颇有影响的解释，他认为，社会最终将被分为两个同质的、对抗的群体，即“纯洁的民众”与“腐败的精英”，他将政治理解为普通民众共同意愿的表达，因而将民粹主义定义为一种建立在“纯洁的民众”与“腐败的精英”相对立的基础上的“薄意识形态”。[①] 这一“薄意识形态”可以和各种“厚意识形态”——比如社会主义、民族主义、反帝国主义或者种族主义等灵活地相互结合，用来解释时代变革并使某些议程合法化。根据迈克尔·弗里德（Michael Freeden）的观点，“薄意识形态”有其意义，因为民粹主义如同生态主义或女权主义，虽然也是从一个有限的核心概念开始，但由于“积累了一系列概念工具，加厚了它们的思想密度和复杂性，扩展了它们的吸引力和可行性”。[②] 因此，人们对出现于全球化时代的民粹主义的理解，固然不会背离其“平民至上”的价值核心，但也有这个时代的特色，即更强烈的对抗性，以及与某种“厚意识形态”合流而突显的保守性。

二、民粹主义的现象解读

民粹主义的概念界定及在此基础上的理论建构是出于人们认识和理解其丰富多样的经验实践的需要。20 世纪以来，关于民粹主义概念和理论的种种争论则证明了民粹主义现象的复杂性。历史地看，民粹主义的概念源自 19 世纪后半期俄美的最早实践，而它在 20 世纪以至

---

① Cas Mudde, "The Populist Zeitgeist", *Government and Opposition*, Vol. 39, No. 4, 2004, p. 543.

② Michael Freeden, *Ideologies and Political Theory: A Conceptual Approach*, Oxford: Oxford University Press, 1996, p. 486.

当今时代的存在，则更接近一种经验现象，而非理论现象。无论在西方还是在非西方，民粹主义都是一种首先体现本土独特性的现代政治现象，都是本国政治、经济和文化诸因素相互作用的结果。当然，在经济全球化时代到来之前，各国各地区的民粹主义实践无论是在时间还是在空间上都相互隔绝，相互之间并没有必然联系，[①] 就像美国人民党运动和俄国民粹派运动之间并没有实质联系一样。然而，在民粹主义的共同名义下，形态不同的各国实践却有着共同的特点，即它们都是现代性政治的产物，都是伴随着资本主义、民主政治、民族主义、多元主义等现代政治思潮与政治实践出现的。要理解这种跨越时空的经验性现象，必须从民粹主义的标志性特征开始。

（一）人民性内核

顾名思义，民粹主义是一种关于"人民"的主义，召唤"人民"是其标签式的印记。虽然"人民作为政治主体的每一种设计、站在人民立场上的每一个行动，并不在本质上都是民粹主义的"[②]，但是在民粹主义者的认知范畴内，"人民"以确定的、肯定的方式存在着。作为一种诉诸"人民"力量的思想或运动，民粹主义需要一种具有超然伟力和崇高道义性的"人民"，就如同许多国家写在宪法中的作为主权者的"人民"一样。

"人民"是构成民粹主义概念的意识形态内核，民粹主义的"人民"具有以下话语特征。第一，主体性。在民粹主义者看来，"人民"是普遍政治主体或历史行动者，"人民并不存在于任何有限的意义上，他们是政治话语的一种声音"，是在政治话语的质问中存在的一种主

---

① Ghita Ionescu, "Populismo: Sus Significado y Caracteristicas Nacionales", http://www.worldcat.org/title/populismo-sus-significados-y-caracteristicas-nacionales.

② 斯拉沃热·齐泽克著，查日新译：《抵御民粹主义诱惑》，载《国外理论动态》，2007年第9期，第72页。

体、一种主体性或一种主体状态。[①] 厄内斯特·拉克劳在论证民粹主义作为一种政治逻辑时认为，“人民”成为一切重建的且有效的政治规划的希望，成为政治的唯一主体。[②] 因此，当“人民”成为政治的主体时，民粹主义就建立了它的政治逻辑。事实上，主体理论的逐渐形成是在黑格尔提出作为主体的世界精神、孔德（Comte）和赫伯特·斯宾塞（Herbert Spencer）提出社会-主体的概念之后，而关于人类社会的主体性，约翰·赫尔德（Johann G. Herder）提出过关于“作为主体的民族”的论述，马克思更是提出了著名的阶级主体的概念，直接论证“人民”成为主体的观点。虽然厄内斯特·拉克劳否认他的“人民”概念与经典马克思主义的阶级斗争是相同的思考社会同一体建构的方式，[③] 但厄内斯特·拉克劳关于人民主体性的见解，仍然渊源于马克思。

第二，抽象性。“人民”虽然可以在现实政治中有具体所指，但在民粹主义话语中却是抽象的、高度概念化的，就像宪法中提到“主权属于人民”时所指的“人民”，如同“宪法中的上帝”或者“制宪权的归属主体”一样超越具体。换言之，在民粹主义的概念框架中，“人民”是被外部力量如宪法、历史或者政治人物塑造的抽象概念。厄内斯特·拉克劳指出，“人民从来都不是一种基本事实，而是一种建构”[④]。他提出过一个非常复杂的“虚空能指”（Empty Signifier）的概念，用来指代把不可能性作为可能性表达出来的概念，即仅仅把意义领域的界限表达出来的概念，[⑤] 适用于这类定义规则的概念有“社会”“权力”“霸权”，也包括“人民”。厄内斯特·拉克劳在2006年发表的《为什么建构人民是激进政治的主要任务》一文中再次引述他在

① 吉姆·麦克盖根著，桂万先译：《文化民粹主义》，南京：南京大学出版社，2001年版，第16页。

② Ernesto Laclau, *On Populist Reason*, London: Verso, 2005, p. 47.

③ Ernesto Laclau, "Why Constructing a People is the Main Task of Radical Politics?", *Critical Inquiry*, Vol. 32, No. 4, 2006, p. 647.

④ 安东·佩林卡、张也：《右翼民粹主义：概念与类型》，载《国外理论动态》，2016年第10期，第13页。

⑤ Ernesto Laclau, *Emancipation(s)*, London: Verso, 1996, pp. 36–46.

《民粹主义理性》一书中用过的波兰团结工会的例证，特别讨论了“人民阵营的符号统一体的建构”问题，坚持认为“人民”是必须建构出来的抽象概念。

第三，同质性。厄内斯特·拉克劳认为，“一切政治同一体必然都是民粹的”①。这意味着“人民”是一个一元的、同质的整体性概念，它与“人民”之外的其他社会成员是一种异质的、多元的关系，如“人民”与“精英”之间是对抗性的异质关系。根据奥尔特加·加塞特（José Ortega y Gasset）的观点，人民群众的形成“往往意味着组成群体的个人在欲望、思想观念和生活方式上的一致”，他担心“一个同质化的大众正在公共政治生活中发挥着越来越重要的作用”。② 保罗·塔格特（Paul Taggart）用“中心地带”政治来指代民粹主义政治，“中心地带”就是一个不可分割的、无差异化的人民的象征，“人民被描述为一个整体，他们被视为一个缺乏基本分化的单一实体，是统一的、团结一致的”③。强调“人民”的同质化特征是为了创造民粹主义所需要的源于“人民”内部的团结一致感，因此，民粹主义倾向于忽视“人民”内部的差异性，主张“人民”是超越阶级、性别与代际的多样性而存在的。

第四，道义性。“人民”具有极高的道义性，民粹主义者从来没有掩饰对“人民”的创造性和道德优越性的崇信，认为“美德只存在于普通人身上，他们是占绝对优势的大多数，美德也只存在于集体的传统之中”④，在这个意义上，民粹主义等同于“平民至上”主义或者拜民主义。19 世纪法国浪漫主义历史学家儒勒·米什莱（Jules Michelet）

① Ernesto Laclau, “Why Constructing a People is the Main Task of Radical Politics?”, *Critical Inquiry*, Vol. 32, No. 4, Summer 2006, p. 677.

② 奥尔特加·加塞特著，刘训练等译：《大众的反叛》，长春：吉林人民出版社，2004 年版，第 6、71 页。

③ 保罗·塔格特著，袁明旭译：《民粹主义》，长春：吉林人民出版社，2005 年版，第 125 页。

④ Peter Wiles, “A Syndrome, Not a Doctrine: Some Elementary Theres on Populism”, in G. Ionescu and E. Gellner, eds. *Populism: Its Meaning and National Characteristics*, London: Weidenfeld & Nicolson, 1969, pp. 167-171.

的《人民》一书就是为“人民”献上的赞歌，在他看来，“人民”是慷慨大方的，是愿意自我牺牲和充满人道主义精神的。[①]民粹主义者用“人民”来命名他们的主义，就是将“人民”视为一个正面的、积极的概念，充满着道德感和历史进步性，“我们的‘人民’概念是指那些不仅全力参与历史的进程，而且占据历史、加快它的前进步伐、决定它的发展方向的人民”[②]。有了这种极具道义性的“人民”，那些能够更为有效且真实地代表“人民的意志”的力量（个人或组织）就具有了足够的行动合法性，因为“人民的意志”就是最无可辩驳的政治动力。

民粹主义创造这种具有主体性、抽象同质的并且充满道义性的“人民”，是出于一个不言自明的动机，即通过建构“人民”，宣称与“人民”有直接、紧密的联系，不仅成为“人民”的代言人，而且垄断“人民”的代表权。根据激进民主理论，“谁开始代表‘人民’说话，反对当前权力集团的汇聚，谁就是游戏的赢家，尽管只是就时下而言”[③]。需要指出的是，政治共同体虽然常常与一个同质的、统一的国家概念相联系，但是根据民粹主义的理解，任何一个政治共同体即国家的内部都存在多样化的声音和认同，这意味着政治共同体内部是异质的，政治家希望代表政治共同体全体成员的要求无法实现，更无法令整个政治共同体满意。因此，“当一个民粹主义领导人声称要为‘人民’发声时，被称为‘人民’的主体不包含、事实上也无法包含既定共同体内的所有公民”，民粹主义者只是“把政治共同体所有公民中的‘平民’（中下层）等同于‘人民’”而已，这些中下层平民作为民粹主义者口中的“人民”，是纯粹的、高尚的，渴望安定与秩序，信守传统并且维护道义。[④] 相对来说，政治共同体中的其他成员，如权

---

① Marco D' Eramo，“Populism and the New Oligarchy”，*New Left Review*，Vol. 82，2013，p. 10.

② 林红：《民粹主义：概念、理论与实证》，北京：中央编译出版社，2007 年版，第 35 页。

③ 吉姆·麦克盖根著，桂万先译：《文化民粹主义》，南京：南京大学出版社，2001 年版，第 16 页。

④ Benjamin Moffitt and Simon Tormey，“Rethinking Populism: Politics，Mediatisation and Political Style”，*Political Studies*，Vol. 62，No. 2，2014，pp. 388-389.

贵精英、外国移民不能算作“人民”。而底层社会中“具有破坏性的危险群体，如失业者、盗贼、乞丐、市井无赖等”也很难被归入“人民”之列，因为“他们是动荡不安的主要根源”。[①] 本杰明·莫菲特（Benjamin Moffitt）和西蒙·托米（Simon Tormey）认为，德国哲学家赫尔德正是出于对平民的深刻同情，区分了“人民”（民族的实体）和“乌合之众”。[②] 因此，将那些不属于“人民”范畴的政治共同体成员剥离出去后，民粹主义得以确定谁是“人民”，或者说民粹主义是通过确认谁不是“人民”来确认自己，“人民的存在来自其在组织构成上的被排除在外的对立面，来自敌人被外化为实际的侵入者、障碍”[③]。循此逻辑，民众与权贵精英、本国民众（本民族实体）与外国移民之间的对抗性关系便是一种必然的结果。

（二）对抗性政治

21世纪民粹主义是一种变革性的新浪潮，揭示了保守派与自由派、民族主义者与全球主义者之间的对抗关系。在考察民粹主义的对抗性政治之前，有必要探究这种反抗性政治背后的社会性与政治性根源。

从社会性根源来看，当民众的某种经济性或社会性需求得不到满足时，常常会提出再分配的主张与要求，这个社会过程即包含着对现有体制的批判。根据戴维·伊斯顿（David Easton）的政治系统理论，在社会环境中萌发并向政治系统输入的信息包括支持与要求两大类。[④] 支持类信息赞成和维护政治系统和现行体制，而要求类信息主张变革、修正或更新，会形成对现有体制与政策的外部压力，迫使政治

---

① 古斯塔夫·勒庞著，佟德志译：《革命心理学》，长春：吉林人民出版社，2004年版，第45页。

② 以赛亚·伯林著，马寅卯、郑想译：《启蒙的三个批评者》，上海：译林出版社，2014年版，第226页。

③ 斯拉沃热·齐泽克：《抵御民粹主义诱惑》，载《国外理论动态》，2007年第9期，第72页。

④ 戴维·伊斯顿著，王浦劬译：《政治生活的系统分析》，北京：人民出版社，2012年版，第28页。

系统作出回应。厄内斯特·拉克劳和斯拉沃热·齐泽克（Slavoj Zizek）都谈到过需求如何转变成要求，又如何衍生出对抗的问题。厄内斯特·拉克劳认为，社会群体的统一性以异质性要求的大量存在为前提，由于任何要求都开始于需求，因此，“就人们把自己看作权利未受认可的承受者而言，个体要求的受挫会把需求转变为主张”①。换言之，体制内的需求在特定的时间点上会转化为向体制发出的要求，并且在某一阶段变成针对体制秩序的变革主张，就像俄国革命的整个过程都肇始于“和平、面包和土地”这三个基本需求一样。要求的异质性在本质上意味着对抗，根据厄内斯特·拉克劳的观点，对抗及社会要求的分散性是全球化资本主义时代的规定性特征，它的化解需要一个能够协调异质性因素并促成社会统一的政治结构，而一旦这个政治结构不可得，一旦需求转化为要求的社会过程溢出了体制机器，民粹主义的“人民”就开始出现了。② 民粹主义的反抗政治正是在这种背景下开始酝酿。

在斯拉沃热·齐泽克看来，当一系列“民主性”要求（如完善社会保障体系、改善医疗卫生条件、降低税收、反战等）与某些同类事件结合起来时，民粹主义就产生了，因为这种结合产生了作为普遍政治主体的“人民”。斯拉沃热·齐泽克认为，民粹主义运动常常是围绕着单一目标建立起来的，即围绕着某一个不能被民主体制所满足的要求来动员“人民”。③ 民粹主义通常会把由异质性要求带来的社会内在对抗置换为联合起来的“人民”与其敌人之间的对抗。斯拉沃热·齐泽克进一步认为，“要求”不能被满足的后果并不仅仅是民粹式的单一目标运动，还可能是真正对立的、颠覆性的革命行动，因为“真正的革命行动或解放的政治行动”有可能超越“要求”的范畴，“革命主

① Ernesto Laclau, "Why Constructing a People is the Main Task of Radical Politics?", *Critical Inquiry*, Vol. 32, No. 4, Summer 2006, p. 655.

② 同①，第655、677页。

③ Slavoj Zizek, "Against the Populist Temptation", *Critical Inquiry*, Vol. 32, No. 3, Spring 2006, p. 560.

体不再在向当权者要求某事物的层次上运作；他想要摧毁它们”。[①] 从这个意义上看，民粹主义与激进革命之间有着密切的关联。

从政治性根源上看，民粹主义的存在涉及政治的对抗性本质。民粹主义或许虚构了“纯洁的民众”、夸大了“人民”和其他人之间的对抗，但是它面对的问题是真实存在的，产生这些问题的政治生态是分化的、对立的。任何一种政治都是异质的多样体，是现代性和启蒙理性的必然产物。德国宪法学家卡尔·施米特（Carl Schmitt）认为，并不存在一个作为政治统一体的世界，即使存在被称为政治统一体的国家，也常常因多元论而出问题。[②] 因此，政治统一体始终要面临多元主义的挑战。世界政治是多样体政治，国家政治同样是多样体政治，这意味着国家这个政治共同体内部充满着对立的、异质性的种种关系，“任何宗教、道德、经济、种族或其他领域的对立，当其尖锐到足以有效地把人类按照敌友划分阵营时，便转化成了政治对立”[③]。

卡尔·施米特试图论述政治对立与敌-友阵营划分的必然性，他的论述为解释民粹主义产生的政治性根源提供了两个理论依据，一方面，卡尔·施米特认为，政治就是划分敌-友阵营。“所有政治活动和政治动机所能归结成的具体政治性划分便是朋友与敌人”，因为政治造成了最剧烈、最极端的对抗，每一次具体对抗的程度越接近极点，即形成了敌-友阵营，其政治性就越强，或者说，划分敌-友阵营本身就是政治，只是更为极端而已。[④] 由此来看，民粹主义的出现本身就是一种极端的政治状态，即必须划分敌-友阵营的政治。民粹主义的“人民”从一开始就是一个高度政治性的概念，“人民”与“人民的敌人”（精英或外国移民）之间的划分体现了卡尔·施米特所说的最高强度的统

---

① Slavoj Zizek, “Against the Populist Temptation”, *Critical Inquiry*, Vol. 32, No. 3, Spring 2006, pp. 557-558.

② 卡尔·施米特著，刘宗坤、朱雁冰译：《政治的概念》，上海：上海人民出版社，2015 年版，第 45、64 页。

③ 同②，第 45 页。

④ 同②，第 30、36 页。

一与分化、联合与分裂，即两个内部同质的群体之间的异质对抗。另一方面，卡尔·施米特认为，政治需要划分敌-友阵营。“阵营”一词意味着这是两个集体之间的政治，政治阵营的活动必然具有集体活动的特征，比如，民粹主义的出现就意味着“我们”与“他们”之间的斗争。卡尔·施米特指出：“只有当一个斗争的群体遇到另一个类似的群体时，才有敌人存在。敌人只意味着公敌，因为任何与上述人类群体，尤其是整个国家有关的东西，均会通过这种关系而变得具有公共性。”[①] 民粹主义所使用的“人民”与“人民的敌人”都是消除了个体性的集合概念，“人民”与“人民的敌人”之间的斗争也就成了国家中最具公共性的政治，这是统治集团与被统治集团之间的政治，它的激烈程度和复杂程度远甚于诸如政党政治这类统治集团的内部政治。

以上关于民粹主义产生的社会性与政治性根源的论述，力图在理论上解释孕育民粹主义的社会与政治环境因素。但是，民粹主义之所以成为反抗性政治的典范，实际上是其内在规定性与外部环境因素共同作用的结果。民粹主义的所谓内在规定性，除了“人民”这一意识形态核心之外，还包括在此基础上发展出来的关于“人民-精英”的对抗性关系的二元价值观。

民粹主义倾向于将政治理解为一种关于“‘人民’对抗‘权力集团’的矛盾”[②]，因而“人民-精英”的对抗性关系成为民粹主义反抗政治的价值观基础。民粹主义的“人民”在“人民-精英”的对抗性关系中成了“我们的人民”，即作为“我们的同胞亲朋”的“人民”，这是卡尔·施米特意义上的分裂性、排他性的政治概念。因此，在民粹主义的政治话语中有一条无比清楚的分界线，即“我们人民”和“他们其他人”是两个完全不同的群体，二者之间存在一种从根本上对

① 卡尔·施米特著，刘宗坤、朱雁冰译：《政治的概念》，上海：上海人民出版社，2015 年版，第 35 页。

② Ernesto Laclau, *Politics and Ideology in Marxist Theory: Capitalism, Fascism, Populism*, London: New Left Books, 1977, p. 166.

抗的关系。这种对抗性来源于“这一小撮其他人（精英或外国移民）对于占人口绝大多数的人民所施加的广义上的政治迫害”①，更来源于人民对自身利益、权利被侵犯的觉察。在现实世界中，当土耳其的埃尔多安在2017年年初接受正义与发展党总统候选人提名时说“我们是人民。你们是什么？”当美国的特朗普在竞选期间宣称“真正重要的是人民的联合一体，因为其他人毫无意义”，当英国的法拉奇宣布英国“脱欧”公投的结果是“真正的人民的胜利”，他们用的都是民粹主义的“人民”概念，在各自国家的政治中定格了一种民粹主义时刻。

正是在“人民-精英”的对抗性关系的二元价值观之上，民粹主义发展出一种以“人民”为旗号、依赖魅力型领袖权威并且极具保守主义色彩的反抗政治。首先，“人民”提供反抗政治的合法性。民粹主义无条件地相信普通人的智慧，支持普通人的利益。它代表了一种对当前权威与当前体制的嘲讽与愤恨情绪，这种情绪来自沉默的、正派的普通民众，他们认为精英权贵通常是喧嚣的、自利的和不正派的。民粹主义相信，与普通民众的联系代表着一种充满智慧与美德的生活方式；中下层的普通民众具有推动社会进步的创造力；普通民众是社会的主体，他们的立场决定了任何一种统治的合法性；普通民众尤其是底层民众历来受压迫、受剥削最深，因而最具反抗精神，是挑战不公正和不平等的现行社会体制的最重要力量。②

其次，魅力型领袖权威引领大众反抗运动。民粹主义希望强硬的、富有魅力的领导人出现，以传达普通民众的心声和保障他们的利益。③ 民粹主义者对于主张权力制衡和保护少数权利的自由民主价值、代议制

---

① Ghita Ionescu and Ernest Gellner, "Introduction", in G. Ionescu and E. Gellner, eds. *Populism: Its Meaning and National Characteristics*, London: Weidenfeld & Nicolson, 1969, pp. 1-5; Ernesto Laclau, *On Populist Reason*, London: Verso, 2005.

② 林红：《民粹主义：概念、理论与实证》，北京：中央编译出版社，2007年版，第47—49页。

③ 有学者认为，在2016年美国总统大选中，特朗普代表右翼民粹主义，他的支持者具有高度的威权崇拜人格，寻求秩序与稳定；桑德斯则代表左翼民粹主义，他的支持者具有高度的反威权崇拜人格，追求自由平等。参见黄湘：《美国裂变——大历史转折点上的总统大选》，北京：中信出版社集团，2016年版，第83页。

民主制度充满怀疑，他们支持广泛政治参与、直接民主的政治体制，相信魅力型领袖能够激发普通民众的政治热情，使得疏离于政治的平民大众被纳入政治进程之中。马克斯·韦伯（Max Weber）认为，魅力统治的适用与否实际上是由被统治者的承认来决定的，① 也就是说，只要魅力型领袖能够继续为民众带来幸福和希望，民众就会从领袖身上体现出来的超凡魅力与能力中获得庇护，从而对领袖产生依赖并追随之。

最后，保守主义是民粹主义反抗政治的明确立场。这一立场反映在民粹主义对传统价值和民族文化的怀恋和维护上，体现在它与排他性的本土主义、民族主义的相互借力之中。民粹主义的动员话语充满着本国人地位优越、本国利益优先、政府应该拒斥外国人及外国文化等主张，这套话语的支持者们在单一文化主义还是多元文化主义，国家利益还是国际合作或发展援助，封闭边界还是开放劳动力、思想和资本流动，传统主义还是进步主义或自由社会价值等种种对立观念之间，会毫不犹豫地选择前者。② 民粹主义的保守性在政治上具体化为一种来自大众的反抗，其反抗的对象既是由自由主义奠基的资本与市场扩张，也是支撑经济全球化的进步主义价值观或所谓政治正确，如环境保护、人权保护、性别平等、全球正义、文化包容等。

要理解民粹主义的反抗政治，还需要在经验层面上区分造成反抗行动的两种对抗性关系，即“人民-精英”的对抗性关系和“本国人民-外国移民”的对抗性关系。前者更多地导向反抗权贵阶层的激进左翼政治，后者则可能催生以身份认同为基础的极端右翼政治。关于前者，“纯洁的民众”与“腐败的精英”的二元对抗是一种纵向的对抗，是政治共同体中最基本的敌对关系，它的逻辑前提是作为被统治者的

---

① 马克斯·韦伯著，林荣远译：《经济与社会》（上），北京：商务印书馆，1997 年版，第 269 页。

② Ronald F. Inglehart and Pippa Norris, “Trump, Brexit, and the Rise of Populism: Economic Have-Nots and Cultural Backlash”, https://www.hks.harvard.edu/publications/trump-brexit-and-rise-populism-economic-have-nots-and-cultural-backlash.

大多数人即“人民”，无论是在品德上还是在能力上，都优越于制定规则的统治精英。[①] 在民粹主义的典型话语中，社会分化出一个垄断了权力、财富、名望与文化的统治阶级，他们强加给“人民”的当前社会秩序是令人憎恨的，他们所掌握的资源与他们的数量相比不仅不成比例，而且直接影响到权利、福利的合理分配和民众生活水平的提高。爱德华·席尔斯（Edward Shils）认为，统治阶级是由跨越政府、商业、媒体、学术等的各界精英共同构成的、盘根错节的利益集团，这些人默契地联手欺压人民，不但从人民手中篡夺了财富，而且把持了政策与话语权。[②] 民粹主义热衷于勾画一幅幅深刻分裂的社会心理图像，即“人民”与“精英”如何对立，“我们人民”（平凡的小人物或人民）如何遭受了“他们精英”（现体制、统治阶级、特权阶级）的背叛、压制与盘剥，结果导致“敌对-恐惧-威胁”的种种场景。[③] 在历史经验方面，英法资产阶级革命及19世纪后期俄国民粹派和美国人民党的实践已表明，民粹主义始于一种对精英所拥有的压倒性权力的抗议，强调纵向对抗的民粹主义政治内在地具有鲜明的左翼激进主义色彩。

关于后者，即“纯洁的本国人民（本民族）”与“寄生的外国移民”的对抗，是一种横向的对抗，是国内民众对全球化日益侵蚀民族国家主权边界的应激反应。在民粹主义者看来，由于本国统治精英奉行多元文化主义、自由民主价值，并在此基础上推行自由贸易政策和宽松的移民政策，从而导致“敌人——外来人口和外来文化已经成功地闯入了民族国家的壁垒”[④]，造成了“优等的本国国民”与“劣等的

① Edward Shils, “Populism and the Rule of Law”, University of Chicago Law School Conference on Jurisprudence and Politics, Conference Series, No. 15, 1954, pp. 99–107.

② Edward Shils, *The Torment of Secrecy: The Background and Consequences of American Security Policies*, New York: Free Press, 1956.

③ 沃尔特·奥彻:《民粹主义与煽动》,载《国外理论动态》,2016年第10期,第41页。

④ 安东·佩林卡、张也:《右翼民粹主义:概念与类型》,载《国外理论动态》,2016年第10期,第16页。

外国人”、“追求绩效的公民”与“社会寄生虫”之间的对抗。① 由此看来，“人民”遭受的“政治迫害”也可能来自其他民族、其他国家。这些威胁到“本国人民”“本民族”的外来族群通常是指外国寻求庇护者和移民劳工，他们得到了那些制定过分宽松的移民政策的自由主义精英的帮助，抢走了“我们”这些生活在国家的“中心地带”的“人民”的工作机会，并且破坏了“我们人民”的社区关系、生活方式与文化，威胁到“我们人民”的主导性、正统性和纯粹性。值得注意的是，这里的“其他人”或“他们”不是根据一国之内既有的权力、资源与地位差异来限定的，而是根据种族、国家或宗教进行限定的。这是一种新的“限定的他者”（从“人民”中排除出去的社会成员），使得“我们人民”又多了一个潜在对手，民粹主义则越来越接近族裔国家主义。② 英国“脱欧”公投、欧洲各国盛行的疑欧主义以及给美国内政外交带来重大改变的特朗普主义等现象，无不表明建立在横向对抗基础上的民粹主义受到民族主义的滋养，正在成为自由民主制度的强劲对手。

（三）大众化动员

民粹主义建构了自己的“人民”，并将“人民”二字写在斗争的旗帜上，奉为其政治信仰，而唯一地诉诸“人民”、动员大众就成为民粹主义与主流政治激烈对抗的独特路径。民粹主义以“人民”为核心的反抗政治之所以声势浩大、影响深远，与其特立独行的大众话语动员有密切关系。

首先，民粹主义依赖否定性话语动员。在超过 150 年的历史实践中，民粹主义的引人注目与其掀起的直接而鲜明的政治抗争有关。一种关于民粹主义的普遍印象是，它“以多种形式存在于不同思潮

---

① 沃尔特·奥彻：《民粹主义与煽动》，载《国外理论动态》，2016 年第 10 期，第 41 页。

② 安东·佩林卡、张也：《右翼民粹主义：概念与类型》，载《国外理论动态》，2016 年第 10 期，第 15—16 页。

中……但其基本立场与现行体制对立和相反"[①]。那些对主流政治、对所谓政治正确说"不"的思潮、运动、政客及政党，他们手中有一个长长的、不断增加的目标清单，如反资本主义、反金融垄断、反美、反精英、反建制、反全球化、反城市化、反犹太人、反外来移民、反欧盟、反自由贸易、反削减福利等等。这些目标在不同的民粹主义者那里有不同的用途，但不约而同地都采用"反……"式话语结构，究其目的，都是试图站在"我们人民"的立场上，反对"他们其他人"的主张与政策。根据"人民"与"其他人"的对抗性关系的二元价值观，凡是不符合"人民"利益与意志的政治，或者是只对"其他人"有利而不能惠及"人民"的政治，全部都是否定的对象，民粹主义者希望将"人民"动员起来，参与伸张他们权利的反建制政治。

斯拉沃热·齐泽克认为，民粹主义是一种否定现象，一种建立在拒绝之上的现象，甚至是一种不明说的对无能为力的承认。[②] 民粹主义者采取"反……"式话语结构的原因有三。其一，对现行政策与现行体制的不信任。民粹主义坚决反对建立在当前制度之上的不对称权力关系与利益关系。"社会之恶的呈现不是来自经济制度，而是来自寄生和投机群体的权力滥用"[③]，否定这种"权力滥用"正是民粹主义自命的目标。厄内斯特·拉克劳和尚塔尔·墨菲（Chantal Mouffe）甚至认为，否定性话语不应当把包括种族在内的任何问题从政治议程中排除，否则就会导致政治议程无法反映人民的真实关切。[④] 其二，对某种有关政治迫害的想象。民粹主义者反对国际组织、秘密会议或秘密条约，因为这一类事务常常令人联想到普通大众的利益有可能遭到秘密出卖，

① G. Ionescu and E. Gellner, eds. *Populism: Its Meaning and National Characteristics*, London: Weidenfeld & Nicolson, 1969, p. 166.

② Slavoj Zizek, "Against the Populist Temptation", *Critical Inquiry*, Vol. 32, No. 3, 2006, p. 567.

③ Ernesto Laclau, "Why Constructing a People is the Main Task of Radical Politics?", *Critical Inquiry*, Vol. 32, No. 4, Summer 2006, p. 649.

④ E. Laclau and C. Mouffe, *Hegemony and Socialist Strategy*, London: Verso, 1985.

这类想象直接指向腐败的当权者或自利的权贵们，例如“整个美国战后的历史可以被理解为国际上有钱阶级的持续的密谋”[①]，或如“近百年来的国际政治被罗斯柴尔德家族等犹太财团一手操纵”[②]，等等。其三，对扩大动员效果的技巧运用。否定性话语只界定了反对的对象，而对可能主张的范畴则有意或无意地模糊，这使得可能主张的内容无限广大，支持者、呼应者的范畴随之无限广大。斯拉沃热·齐泽克在谈及 2005 年法国和荷兰对欧盟宪法方案说“不”时指出，“这个‘不’有着含混的、不一致的、多元决定的含义，它既包含对工人权利的维护，也包含种族主义思想；它既包含对某种被感知的威胁和对变化的恐惧等盲目反应，也包含朦胧的乌托邦愿望”[③]。民粹主义者通过垄断对“不”的权威论述来获得政治动员上的优势，这是以维护建制为目标的主流政治难以做到的。

其次，民粹主义推崇简单化政治话语。民粹主义的否定性话语常常以一种简单鲜明的、断言式的口号语言呈现出来。所谓“简单化政治”就是一种对民众要求做出直接反应的政治。迈克尔·卡津（Michael Kazin）曾指出，民粹风格不是雄辩的左派或右派政治家的杰作，就像民主本身那样，民粹主义只是对民众要求作出反应而已。[④] 民粹主义政治人物深谙政治传播之道，他们需要与大众直接对话并取得大众的信任，不管简单化政治话语可能忽略（或有意忽略）了多少公共政治的复杂环节，简单直接的问题陈述和易于理解的解决方案对于动员人数众多且缺乏政治训练的受众来说是有效的。斯拉沃热·齐泽克认为，民粹主义的基本姿态是拒绝面对局面的复杂性，它倾向于将

---

① 理查德·霍夫斯达特著，俞敏洪、包凡一译：《改革时代——美国的新崛起》，石家庄：河北人民出版社，1989 年版，第 57 页。

② Victor C. Ferkiss, "Populist Influences on American Fascism", *Western Political Quarterly*, Vol. 10, No. 2, 1957, pp. 350-373.

③ Slavoj Zizek, "Against the Populist Temptation", *Critical Inquiry*, Vol. 32, No. 3, 2006, p. 551.

④ Michael Kazin, "The People, No", *The Wilson Quarterly*, Vol. 29, No. 3, 2005, p. 114.

复杂局面简化为一个与伪具体化的“敌人”的清楚斗争（从“布鲁塞尔官僚”到非法移民）。[①] 因此，简单化政治是一种动员大众的策略需要，在民粹式的政治话语中，直接经验、基本常识和简单逻辑是最常见的内容，民众面临的诸如战胜不公、消除一切社会弊端等问题常常被解读为一种简单性问题，被浓缩为反对一个单一的、少数派的利益集团或金钱权力集团的斗争。正如保罗·塔格特所说：“坦诚、朴实、明晰是民粹主义响亮的号角。民粹主义大力提倡易于理解的方式和常识性的解决方案。”[②]事实上，口号式或断言式的简单主张不必拥有缜密的逻辑论证，只需要产生大众共鸣的效果。民粹主义确定了民众在品德和能力上优于精英的前提，同时深信容易被民众理解、接受的政治方案更容易得到他们的支持。

民粹主义的简单化政治手法在当前欧美政治中有诸多的应用。20世纪80年代以来，新自由主义推动的经济全球化将自由贸易、经济一体化和大量的外国移民带入了欧美社会主体成员的社会经济生活中，这些社会成员感受到他们的福利待遇、就业机会受到了冲击，身份认同和传统文化受到了威胁。他们很难充分理解全球化所需要的资本与劳动力流动、自由贸易或区域一体化所需要的复杂的制度设计，他们只能简单地对现状或者可能出现的结果表示不满，一些政党和政治人物迎合、利用了这种不满，以此作为政治斗争的筹码。如欧洲极右翼政党成为反欧盟、反欧洲一体化运动的推手和主力，他们对民众宣称造成欧洲经济复苏乏力与无望的罪魁祸首是欧盟，因此解决这个问题的根本方案就是退出欧盟。英国“脱欧”的决定某种意义上也是对复杂的英国与欧陆关系的简单化处理。特朗普显然很了解简单化政治的动员威力，他的各种竞选主张均建立在反对全球化这一简单而鲜明的

---

① Slavoj Zizek, “Against the Populist Temptation”, *Critical Inquiry*, Vol. 32, No. 3, 2006, p. 567.

② 保罗·塔格特著，袁明旭译：《民粹主义》，长春：吉林人民出版社，2005年版，第132页。

立场上，他提出了“美国优先”“让美国再度强大”等振奋民心的民族主义口号，当选后更是以退出《跨太平洋伙伴关系协定》、退出气候变化《巴黎协定》、退出联合国教科文组织和大打“贸易战”等简单干脆的方式处理美国面临的复杂问题，尤其是关于在美墨边境修筑围墙以解决墨西哥非法移民问题的主张，更是一个以民粹式简单化方式处理复杂问题的典型例子。

再次，民粹主义诉诸大众激情政治。在民粹主义的敌人眼里，民粹主义的臭名昭著之处是它鼓励了大众政治参与的非理性冲动，威胁建立在精英理性基础上的政治价值与政治秩序。自由主义的政治理论对于非理性因素如冲动、激情和欲望在政治中扮演的角色，都持排斥和否定的态度，因为人们相信一切政治行为应被理解为受个体理性和个人利益驱动，而非理性因素则被假定为应受到控制或视为“未成熟的”表现。然而，民粹主义的惊世骇俗之处在于发掘了大众激情的政治能量，对于民粹主义来说，大众激情不仅必不可少，而且是反抗性政治的内在驱动力。

后马克思主义学者尚塔尔·墨菲试图阐述一种由非理性主义方法发展出来的政治学，[①] 她注意到激情与政治的关系，强调激情在政治中的作用，批评自由主义政治思想“将‘激情’在创造集体政治认同中的核心作用弃之不用”，认为“人们如果不承认激情在政治领域的驱动力，就无法理解民主政治”。[②] 尚塔尔·墨菲对激情政治的重视与她将社会理解为对抗与冲突的权力空间有直接关系。如前所述，民粹主义产生于对抗性的政治空间，是一种反建制力量，民粹主义没有任何体制内的资源（经济、政治或文化）可以凭借，唯有诉诸体制外的占绝对数量优势的民众，而要将这一规模庞大的“无知无觉者”动员起来并从中提取政治资源，最有力的武器就是制造激情政治，因为“政治

① 周凡、李惠斌:《后马克思主义》,北京:中央编译出版社,2007 年版,第 174 页。

② Chantal Mouffe, *Politics and Passions: The Stakes of Democracy*, London: Centre for the Study of Democracy, 2002, p. 8.

取向不仅仅是一个经济问题，也是一个情绪问题”①。

民粹主义的激情动员大致使用了以下三种手法。其一，用否定性和简单化政治话语来传达情绪。在制造激情方面，否定性话语是刺激性甚至寻衅性的表达方式，不仅令人印象深刻，而且更容易激发负面情绪。这些可以通过否定性话语刺激和强化的消极情绪，通常是愤怒、恐惧、欲望、嫉妒、厌恶、仇恨等。简单化政治话语因易于理解、易于重复而易于产生共鸣，易于入耳入脑。其二，用道德主义来解释政治。西摩·马丁·李普塞特（Seymour Martin Lipset）认为，人们在面对两极化或冲突性问题时，常常会“用道德主义术语来解释政治”，如用善恶势力的斗争来解释。② 例如，2008 年全球金融危机以来，欧洲和美国出现了接连不断的反对不道德和不公平的财富分配、反对民族身份和传统价值日渐衰落的右翼与左翼民粹主义思潮，这些“不断出现的改革要求，不仅是为了纠正弊病，还夹杂着强烈的道德信念和仇恨”③。民粹主义的道德讨伐是为其批判与反抗行为建构合理性和道义感。其三，制造集体认同的需要。民粹政治是一种集体性的反抗政治，正如尚塔尔·墨菲所说，激情是“集体认同形式的根源”④，民粹主义为了攻击和批判对手，需要在民众中建立集体共识。当愤怒和不满的欧洲民众在广场和大街上高举着反欧盟的抗议标语大声呼喊时，当“铁锈地带”（Rust Belt）和“圣经地带”（Bible Belt）⑤ 的美国白人选民在激动地呼应特朗普的演讲时，他们在特定情境中形成了某种集体

① 西摩·马丁·李普塞特著，张华青等译：《一致与冲突》，上海：上海人民出版社，1995 年版，第 326 页。

② 同①，第 332 页。

③ 理查德·霍夫斯达特著，俞敏洪、包凡一译：《改革时代——美国的新崛起》，石家庄：河北人民出版社，1989 年版，第 15 页。

④ Chantal Mouffe, *On the Political*, London: Routledge, 2005, p. 24.

⑤ “铁锈地带”指美国的宾夕法尼亚、威斯康星和密歇根等中西部-五大湖区，这是美国传统制造业衰败、工人就业机会衰退的地区。“圣经地带”主要指美国的得克萨斯、佛罗里达南部地区，这是保守的基督教福音派在社会文化中占主导地位的地区。2016 年的美国大选中，这两个地区为特朗普提供了大批支持者。

认同和集体诉求。经验表明，大众激情在创造诸如民族主义、种族主义、爱国主义等集体认同形式时起到关键的作用，这些集体认同进而为民粹主义提供了政治资源与发展动力。

三、当代民粹主义的生成机理

民粹主义是一种反映抗争性群体诉求的社会思潮，体现到社会运动、社会行为中，就是一种抗争性群体行动或大众政治。因此，民粹主义内在的生成机理离不开群体思维与群体行为。在全球化与互联网化同时到来的时代，愤怒与不满的民众情绪发展成为一股影响广泛的民粹主义政治思潮。研究其生成机理需要考察以下三个前后相扣的环节。

首先，民粹主义思潮的产生依赖于一个特定社群而不是抽象的民众。民粹主义是一种群体心理的反映，无法通过对民众个体的考察来理解民粹主义的行为主体，而必须考察民粹主义所依托的特定社群，其性质如何，又是如何形成的。

产生民粹主义情绪的群体通常不是那种“以成员的相似性、群体同伴的爱慕性和群体成员的熟悉性为基础”的“共同纽带群体”，而是一种“以群体认同和归属为基础”的“共同认同群体”,[①] 这一群体依赖相似情绪、认知和价值的凝聚作用，但又仅仅是一种成员关系松散的、非等级结构的、开放流动的议题性临时群体。从政治心理学的角度来看，民粹主义群体既不是满足连接需要的亲密群体，也不是满足成就需要的任务群体（民粹主义激情发生时并没有明确的任务目标，只有不满与反抗），更接近一种以满足认同需要的社会类型群体,[②] 即人们分享着相同的不满与怨言，聚拢到一起谈论相似的问题，发泄相

① 马莎・L. 科塔姆、贝思・迪茨・尤勒、埃琳娜・马斯特斯等著，胡勇、陈刚译：《政治心理学》，北京：中国人民大学出版社，2013 年版，第 96 页。

② 同①，第 97 页。

似的情绪。曼纽尔·卡斯特（Manuel Casteus）曾区分三种不同的认同方式，即“合法性认同”、“抗拒性认同”和“规划性认同”，认为已经居于社会支配地位的行动者拥有的是“合法性认同”，拥有“抗拒性认同”的常常是那些地位和环境被支配性逻辑所贬低或污蔑的行动者，“规划性认同”则是某些社会行动者建构的新的、重新界定其社会地位并寻求全面社会转型的认同。[①] 民粹主义极具抗争性、破坏性，但建设性、发展性非常不足，因此，民粹主义寻求的既不是“合法性认同”，也不是“规划性认同”，而是“抗拒性认同”，正如简·杜克（Jane Duckett）和艾·朗格（Ana Ines Langer）所指出的，“民粹主义话语是在与精英主义话语的博弈中生成的一种抗争性话语”[②]。建立在“抗拒性认同”与话语基础上的群体是民粹主义赖以产生的基础。

那么，民粹主义思潮与运动是如何依赖一个松散的抗争性群体形成的？传播学上的社会流瀑理论（Social Cascades）可以解释这一过程。普通民众虽然在公平、正义等价值上有基本的判断，在财富分配、弱势保护、环境治理、惩治贪腐等公共议题上有基本共识，但这仅仅是一种普遍认知而已，作为一种可能升级为行动的对抗性集体情绪，民粹主义的发生需要特定的触发事件。从常识来看，即使是在网络时代，某一公共事件的发生也不可能使全体公众都知晓并做出相似的价值判断，事实上，大部分公众都具有盲从的心理倾向，他们缺乏足够的路径或兴趣捕捉信息，也没有足够的知识或能力去处理这些信息，这就需要一些先行者，也常常是精英分子或积极行动者来带动。社会流瀑理论认为，在信息产生与流动的过程中，人们会在某个时候停止

① 曼纽尔·卡斯特著，曹荣湘译：《认同的力量》，北京：社会科学文献出版社，2006年版，第25页。

② Jane Duckett and Ana Ines Langer, “Populism Versus Neoliberalism: Diversity and Ideology in the Chinese Media's Narratives of Health Care Reform”, *Modern China*, Vol. 39, No. 6, 2013, pp. 653-680.

依靠自己的信息或观念，转而依据别人传来的信息来做出决定。[①] 这里的流瀑效应接近所谓的“滚雪球”效应。少数人最初的观念与行为可能催生无数追随者的相似观念和行为，因为“流瀑既能影响事实判断，也能影响价值判断”[②]，尤其当人们由情感纽带被团结在一起时，流瀑效应更容易发生。一些突发事件、公共事件的信息经过少数人的捕捉、整理和传播，会成为舆论的“引爆点”，“让观念产生戏剧性的变化”，[③] 相似的观念最终扩大到大众层次、社会层次，甚至国际层次。因此，在特定的心理社群内部，一种从相似的价值认知出发、由特定事件刺激并由少数人“引爆”的民粹主义情绪开始被酝酿成型。

其次，群体极化的本能形塑了民粹主义的极端倾向。民粹主义的一般特征如非理性、极端化、简单化与泛道德化等，都来源于群体思维与行为，而群体内在的极化本能趋向正是造成激烈抗争的民粹主义情绪的根源。群体极化在定义上是指“团体成员一开始即有某些偏向，在商议后，人们朝偏向的方向继续移动，最后形成极端的观点”[④]，它在民粹主义现象中的出现可以从社会学和心理学上进行解释。

在社会学上看，群体极化源自群体内部协商机制。当人们因特定原因（共同纽带或共同认同）组成特定群体时，当他们需要就某一问题展开讨论时，他们所采取的“圈内商议”方式会导致极端化的结论，换言之，志同道合者之间进行讨论，会形成一种协商性群体。由于争议性观点的缺乏，人们会越来越听不进不同声音，会屏蔽不符合心理预期的内容，从而更加强化原来的观点。对此，凯斯·桑斯坦举例说：“一群认为全球变暖是一个严重问题的人，经讨论会更加认为这是一个

---

① 凯斯·R.桑斯坦著，支振锋译：《社会因何要异见》，北京：中国政法大学出版社，2016年版，第54页。

② 同①，第53页。

③ 凯斯·R.桑斯坦著，黄维明译：《网络共和国——网络社会中的民主问题》，上海：上海人民出版社，2003年版，第58页。

④ 同③，第47页。

非常严重的问题。"① 像民粹主义、种族主义、分离主义这类政治极端主义，更是群体极化的产物，比如在一国之中独特的文化或民族地区，那些与其他人分离且有反抗甚至暴力倾向的人，在该地区内经过协商之后，有可能更加明确地朝反叛或暴力方面发展。② 群体极化是群体内部充分协商、频繁沟通、不断强化共识的结果，这种因相似偏好、价值和观念而结成的群体具有很强的同质性，容易形成心理暗示并相互感染，最终产生极端化的群体意见。

在心理学上看，群体极化源自集体无意识现象。古斯塔夫·勒庞（Gustave Le Bon）认为，群体心理是一种集体无意识现象，由于群体中的异质性被同质性吞没，约束着个人的责任感在群体中彻底消失，所以群体成为一个不必承担责任的无名氏。③ 荣格则看到了集体无意识的非理性会带来的巨大破坏性，"当集体无意识在更大的社会团体内积聚起来，结果便是疯狂，这是一种可能导致革命、战争或类似事件的精神瘟疫"④。集体无意识的结果是走向正义或是邪恶，已经超出心理学的范畴，但群体的同质性、匿名性确实为群体冲动和极化制造了机会，也为大众情绪激化为对抗性的民粹主义思潮准备了条件。在中国，民粹主义思潮背后的"仇富"、"仇官"和"反智"心理就是最典型的群体极化心理，当中下层尤其是底层社会的特定人群因为某一突发事件形成舆论群体时，他们对"为富不仁""无商不奸""无官不贪""专家无用"等极端观念深信不疑，产生强烈的"无条件同情弱者"意识，这种现象对社会宽容与合作、对民主法治发展都极为不利。

再次，互联网生态加剧群体的形成与极化。互联网技术极大地改

① 凯斯·R.桑斯坦著，支振锋译：《社会因何要异见》，北京：中国政法大学出版社，2016年版，第112页。

② Albert Bretton, et al. eds. *Political Nationality and Extremism*, New York: Cambridge University Press, 2002, pp. 53–55.

③ 古斯塔夫·勒庞著，冯克利译：《乌合之众：大众心理研究》，北京：中央编译出版社，2005年版，第15—16页。

④ 荣格著，成穷、王作虹译：《分析心理学的理论与实践》，北京：生活·读书·新知三联书店，1991年版，第46页。

变了我们的生活方式与认知习惯，也极大助长了民粹主义的生成与传播。尽管民粹主义的“人民-精英”的对抗性关系二元价值观与反建制性特质从来没有改变，但互联网时代的民粹主义在很多方面已经完全不同于20世纪甚至更早的时代，尤其是在社群集结、舆论形成、精英介入与动员等诸方面。如果说传统的民粹主义是一种有限的广场政治，那么现在的民粹主义已成为一种没有边界的网络政治。

互联网不仅改变了国家与社会关系，也改变了政治运作的传统方式。现代国家的政治实践是要把相似的人群集中在同一空间下，促进主动的人际交往和被动的直接接触。赵鼎新认为，虽然国家有能力限制独立于国家之外的组织和人际网络的形成，但是绝无可能打破同一居住空间或活动空间中的人际交往。① 尤其是当互联网出现之后，国家的社会管理能力面临重大的考验，因为“网络似乎越来越能调动起由个人组成的庞大军团，他们既作为公民记者也作为政治评论员而发挥作用”②。要理解互联网对现代政治的影响，需要一种客观均衡的态度。一方面，网络技术的发展在政治上有重要的进步意义。互联网激发了非常广泛的民主化讨论及具体的社会变革，其对国家政治发展的正面意义在于可以“重构政治影响力、拓宽公共空间、提升政治参与，使公民涉足那些之前对他们封闭的政治活动，并且挑战传统精英的垄断”③，从而推动民主政治的发展。网络技术的发展对于国家与社会关系的最大改变在于它提供了一种更大的政治赋权（Internet Empowerment），使任何人的意见在技术上都得到推广到更大空间的机会。”，因此，网络作为“一种崭新的交互多文化的前驱，将会改变民主运作的方式，把选民转变为积极的参与者而不是被动的消费者”④。受其影响，舆论

① 赵鼎新：《社会与政治运动讲义》，北京：社会科学文献出版社，2006年版，第41页。

② 马修·辛德曼著，唐杰译：《数字民主的迷思》，北京：中国政法大学出版社，2016年版，第5页。

③ 同②，第7页。

④ J. Weiss, “Blogs Shake the Political Discourse: Website Bloggers Changing the Face of Political Campaigns”, *Boston Globe*, July 23, 2003, A1.

市场更加开放多样，公众监督受到空前的重视，普通民众总体上获得了前所未有的意见表达机会。

另一方面，网络生态又为民粹主义思潮的生成和扩散提供了前所未有的机会。它鼓励了普通民众对于民主的美好想象和过分狂热，民众在网络平台上的“美妙的即席发言式的”政治表达不仅多样，横跨了和互联网本身一样多样化的信念与兴趣光谱，[①] 而且不受传统精英的偏见与品味的限制，更突出的是，也可能不受传统规则与秩序的约束。互联网时代对于民粹主义生成与扩散的重大影响体现在以下三方面。其一，网络社群更容易形成。互联网改变了人与人、个人与群体的关系，它带来的新的社会交往方式使得“群体的形成变得犹如探囊取物般容易”[②]。然而，网络社会的开放性结构和无障碍的信息生产并没有帮助消除政治生活的排他性，相反，人们非常便利地因共同价值与兴趣而集结，共同决定政治信息的过滤，社群的出现不仅越来越多，而且越来越边界分明。其二，网络社群更容易极化。“虚拟世界偏向同质性，地缘的社群将被取代，转变成依利益或兴趣来结合的社群。”[③] 网络让人们更容易找到志同道合者，因为信息超载带来信息过滤的需求，在过滤信息上的共识使得分布遥远但意识形态相同的人们也能结成某个社群。20 世纪 90 年代中期，西方学者的一项研究发现，“网络上的民主对谈是惨淡的”，只有 15% 的政党网站会链接到对手的网站上。[④] 对于普通人而言，当他们以匿名的方式在网络上与其他人相遇，并确认他们有相同的社群认同时，这种松散且成员匿名的社群不仅规模庞大，而且更容易走向极端化。其三，网络社群更容易被操控。互

---

① 马修·辛德曼著，唐杰译：《数字民主的迷思》，北京：中国政法大学出版社，2016 年版，第 142 页。

② 克莱·舍基著，胡泳、沈满琳译：《人人时代：无组织的组织力量》，杭州：浙江人民出版社，2015 年版，第 14 页。

③ Robert D. Putnam, *Bowling Alone*, New York: Simon & Schuster, 2001, p. 178.

④ Andrew Chin, “Making the World-Wide Web Safe for Democracy: A Medium-Specific First Amendment Analysis”, *Hastings Communications and Entertainment Law Journal*, Vol. 19, No. 2, 1996, p. 309.

联网只是在技术上放大了普通民众政治表达的声量，但并不意味着民众会因此而增加或减少原本对政治的兴趣，互联网在提升政治参与兴趣方面的效果相对有限，大部分的普通人对国家政治或公共事务并不感兴趣。“有意义的民主参与要求公民的表达在政治中是清晰的、响亮的和平等的”①，但这种形式的民主参与在网络上很难出现，大众的声音分散地存在于各个相互区隔的社群，不仅模糊而且并不平等，如果没有精英的介入与操控，民粹主义很难形成。

事实上，作为当代民粹主义的主要藏身之所，互联网运作的仍然是一种等级政治。马修·辛德曼（Mattew Hindman）指出，互联网“试图拉平某些已经存在的政治不平等，但它也创造了新的不平等”，因为强大的等级制度统治着因开放性而备受赞美的网络，网络等级制是结构性的、经济性的和社会性的，普通民众的影响受到大量正式或非正式的障碍限制。② 网络社会的不平等性在客观上有利于精英操控言论、主导舆情、建构议题，不仅助其借民意要挟公权力，利用贴标签、扣帽子、限制不同声音等方式实现民粹主义的话语垄断和社会动员，并且可能助长网络暴力的出现，削弱理性宽容的社会价值，破坏民主法治的政治秩序。网络时代的政治生活要求执政者必须妥善应对和处理民粹主义的挑战，建设一种健康而积极的国家-社会关系。

四、当代民粹主义的考察视野

在当今时代，民粹主义作为一种反抗性的社会政治现象，已超越了制度差异、文化差异及经济水平差异而广泛地存在于世界各国各地区，大多数国家都有着各具特色的民粹主义体验。长期以来，民粹主

① Sidney Verba, Kay Lehman Schlozman and Henry E. Brady, *Voice and Equality: Civic Voluntarism in American Politics*, Cambridge: Harvard University Press, 1995, p. 509.

② 马修·辛德曼著，唐杰译：《数字民主的迷思》，北京：中国政法大学出版社，2016 年版，第 23—24 页。

义既是学术讨论中极具争议性的议题，也是公共舆论中莫衷一是的话题。但是，无论争论如何激烈、意见如何分歧，人们却有一个罕见的共识，即民粹主义是一个负面的、反动的和具有破坏性的东西，这种认识的结果是，每当一个新的民粹主义高潮袭来，人们便会惶恐困惑，不断地反思检讨，寻求应对之策。事实上，要回答当代民粹主义因何而来、有何影响、如何消除等问题，学术上的讨论和现象上的考察相互补充，同样重要。

（一）学术视野中的民粹主义：研究主题与流派

近150年以来，无论是作为一种意识形态、政治思潮、社会运动，还是作为政党策略，民粹主义从来没有离开过人类的政治生活，它所激起的研究兴趣也从未消退。国内外学界从19世纪中后期的俄国民粹派运动和美国人民党运动中挖掘出民粹主义的最初印迹，又从20世纪的拉美、东亚、东欧等地区的政治变迁中发现了它的广泛存在。21世纪以来，全球化时代的巨大变迁悄然重构了我们的政治、经济与社会生活，民粹主义在资本主义全球化和自由民主的困境中又掀波澜，再次引起了世界的关注。

国内学界对于民粹主义思潮的研究大致遵循两条主线，一是以俄国民粹派思想及其对中国的影响为研究对象。在如何评价新民主主义和社会主义时期的毛泽东这一问题上，马克思主义理论界与党史学界曾进行过激烈讨论，其高潮可见于胡绳与沙健孙关于毛泽东思想与俄国民粹派思想相互关系的争论。二是从政治发展、现代化转型的视角切入，关注社会转型时期的利益分配与社会不公现象，主要讨论社会中下层问题、知识分子政治和民粹民族主义问题。俞可平、顾昕、萧功秦、冯克利、刘军宁等学者较早地直接或间接论及这一问题。

西方学界的研究基本上是从美国和欧洲的经验出发，同时高度关注民粹主义在拉美的表现。西方学者普遍地将民粹主义看成世界性而非俄国特有的现象，认为应在精英与民众的二元关系上理解民粹主义，在方法上应用了诸如现代化理论、依附理论、自由主义经济学、马克思主义、民主化理论、后现代理论等范式来解释。其中，持激进民主主义立场的学者试图将民粹主义发展成为针对自由主义的批判理论，通过批判自由主义者对民粹主义的种种滥用误用，重新整理具有积极意义的民粹主义概念；而自由主义学者则试图在全球化理论和新自由主义理论的框架中解读民粹主义的新形态、新挑战，他们通常持批判立场，倾向于根据民粹主义的反建制政治来解释大众民主价值与选举政治策略之间的张力关系。

对比考察中外学界关于民粹主义的研究成果可以发现，西方学界的成果要比国内学界更为丰富且多元。归纳来看，西方民粹主义研究大致可分四个主要流派。一是以卡斯·穆德为代表，强调民粹主义的意识形态特征。玛格丽特·卡农范（Margaret Canovan）较早提出了民粹主义可以被理解为民主的意识形态，她所提出的“民粹主义”是民主政治投射的阴影的观点有着广泛影响。卡斯·穆德则给予民粹主义最低限度的意识形态界定，认为它是一种内核空洞的意识形态，但社会因为民粹主义的出现而被分解为“纯洁的民众”和“腐败的精英”两大对抗性群体。二是厄内斯特·拉克劳开创的将民粹主义解释为政治逻辑的研究。他利用西方马克思主义的分析理论，在抽象和规范意义上讨论了民粹主义问题，对民粹主义作为一种政治生活的结构性逻辑进行了哲学分析，他的《民粹主义理性》和《为什么构建人民是激进政治的主要任务》等著作中有较集中的论述。三是更多的学者投入了将民粹主义作为一种政治话语的研究。柯克·霍金斯（Kirk A. Hawkins）等人更加关注基于实证目的的量化分析，希望利用经典的内容分析法来发展一种定性的编码方案，对某些被标示为民粹主义话语的文本进行分析，以衡量其民粹主义的水平或程度。阿里尔·阿尔莫尼（Ariel C. Armony）等多位欧洲学者则设法借助计算机来分析政治演讲、党派声明和党派广播的文本，从而确定民粹主义的所谓关键术语。四是一些学者专注于将民粹主义视为政治策略的研究。库尔特·

韦兰德（Kurt Weyland）提出了一个关于政治策略的定义，成为许多民粹主义定性分析的出发点。他认为，政治领袖为了寻求或行使政府权力需要从大量无组织的拥护者那里获取直接的和非制度化的支持，因而将民粹主义视为达此目的的政治策略。将民粹主义理解为一种政治策略，通常用于政党政治的分析。

毫无疑问，民粹主义有多种面向、多种表现，这也是学界研究为何流派纷呈、共识阙如的原因。但是，不管是什么形态或面向，这些学术讨论都服务于解释和应对现实挑战的目的。在民粹主义出现的近一个半世纪里，一场场声势浩大的、反抗既有体制的社会政治运动有着各自不同的政治诉求、行动路径和历史命运，学界研究有助于把握为这些运动提供理念、目标和路径的民粹主义思想潮流。

（二）现实视野中的当代民粹主义：新浪潮的基本态势

民粹主义作为现代化和民主化的伴生现象，在历史上一共出现过四次浪潮。民粹主义的第一波浪潮由1870年的俄国民粹派运动和1892年的美国人民党运动开启。这两场运动出现于正在现代化转型中的俄美两国。民粹主义的第二波浪潮当属20世纪50年代至60年代的拉美民粹主义运动，民粹主义几乎成了拉美政治与经济发展模式的专属标签，更重要的是，拉美民粹主义的持续性及其对国家政治经济的深刻影响殊异于其他国家与地区。民粹主义的第三波浪潮是民主化转型在亚太国家与地区带来的副产品，其中以泰国、韩国的民粹主义运动声势最为浩大，这些国家在走向现代民主政治的过程中共同遭遇了民粹主义的挑战。

21世纪初叶的全球化时代出现了民粹主义的第四波浪潮。这就是我们今天见到的席卷大西洋两岸、震撼全球的民粹主义浪潮。在欧洲，它以维护民族传统、反全球化、反外国移民、反高失业率为诉求，与极端右翼党派政治影响的扩张有直接关系；从欧债危机、欧洲议会选举、难民危机再到英国“脱欧”，欧洲国家的右翼民粹主义政党煽动了不断高涨的民族主义、种族主义情绪。在美国，正如迈克尔·卡津（Michael Kazin）所说，美国几乎就是一个民粹主义的典型国家，因为民粹主义是美国政治所必需的。[①] 2016 年美国的民粹主义高潮是 2008 年全球金融危机的直接产物，从“占领华尔街”运动、茶党运动再到 2016 年特朗普当选总统，民粹主义从激进左翼和极端右翼两个方向给美国的主流价值与政治体系带来了严峻的挑战。从左翼政治的角度来看，“占领华尔街”运动得到了“庶民觉醒运动”“大众民主运动”与“暴民运动”“阶级战争”的双重名声，将“99%普通民众对抗 1%富贵阶级”的左翼阶级政治重新带回美国人的生活；从右翼政治的角度来看，2016 年特朗普当选背后有着白人民族主义甚至种族主义的影子，他本人就是依靠大打“白人身份政治”的牌得到了中下层白人男性选民的支持，有分析人士认为，特朗普的胜利代表着美国民众对奥巴马作为第一位黑人总统两度入主白宫的一个种族主义回应。[②]

21 世纪民粹主义的兴起有两个标志性事件，即同时发生于 2016 年的英国“脱欧”公投和特朗普当选美国总统，人们从这两场涌动着对抗性民意和交织着政党政治的事件中惊觉 21 世纪民粹主义浪潮的第一次总爆发，甚至以此标记民粹主义时代的到来。对于许多沉浸在全球化高歌猛进大潮中的人们来说，这一波民粹主义或许是始料未及和突如其来的，但是，历史地看，民粹主义在任何一个时代的发生与蔓延都有其深刻的经济、政治与文化根源，有其必然遵循的发生逻辑和发展路径。民粹主义在 21 世纪全球化时代的爆发，汇集了此前至少 30 年间经济全球化进程中大大小小的民粹主义运动，只不过是 2016 年的这两个大事件将人们对于民粹主义的遥远记忆一下子激活。这种以保守主义价值、极右翼势力强势回归为特征的民粹主义思潮及其运动并非一夜之间成为自由主义者眼中的棘手问题，它至少可追溯到 20 世纪

---

① Michael Kazin, *The Populist Persuasion: An American History*, New York: Basic Books, 1995, pp. 1-7.

② Dana Milbank, "Trump's Many Racist Supporters", *The Washington Post*, April 1, 2016.

80年代里根革命和撒切尔主义所开启的新自由主义全球化。随着英国“脱欧”公投、特朗普当选和极右翼政党在欧洲主要国家的选举中陆续获胜，民粹主义被认为是反对新自由主义及其经济全球化的积极领导者。引领全球化进程30多年的新自由主义如何成为民粹主义新浪潮的最大诱因，这是西方学界需要认真思考的重大问题。

回顾这一波最新的民粹主义浪潮可以看到，民粹主义右翼化的趋势十分强劲，右翼民粹主义和极端民族主义的界线日益模糊。从2016年夏到2017年年初，西方世界遭遇了民粹主义在沉寂多年后的大举进攻。2018年以来，群众性的民粹主义运动在声势上有所减弱，但民粹主义思潮并未退潮。在美国，特朗普上台执政后，在美国内外政策上不断强化民族主义和本土主义价值，随着美国政治的整体右转，右翼民粹主义逐渐成为美国民众政治生活中的惯常现象。民粹主义引发了美国建制派和反建制派、自由派和保守派、民主党和共和党之间的激烈对抗，政治极化成为美国国内的政治常态。而在欧洲，2017年年初以来，荷兰、法国、德国的大选并没有出现极右翼的民粹主义政党大举获胜的结果，欧洲国家的主流政党都击败了民粹主义者，避开了民粹主义威胁，缓解了主流精英的恐惧。然而，缓解只是暂时的，民粹主义威胁仍然存在，仍有增强趋势，并且新的情况不断出现，如奥地利右翼保守派政治家塞巴斯蒂安·库尔茨（Sebastian Kurz）因其在反移民政策上的主张而赢得了大选；商人安德烈·巴比斯（Andrej Babiš）当选捷克共和国总理；美国特朗普主义的效应或在中欧出现；意大利两个最富有的地区举行公投，要求获得更多自治权。

在2018年的大选中，虽然德国极右翼政党最后未能战胜主流政党，但是其政治地位得以提高，成立仅四年的德国选择党利用右翼真空，吸引了反建制派、反自由化、反欧盟的选民，在此次大选中成功跻身议会第三大党。在很多欧洲国家，极右翼政党纷纷崛起，分走了主流政党的票源，弱化了它们的政治影响力，削弱了它们在议会的优势地位和在组阁谈判中的话语权。作为结果，欧洲政治日益右转。

特朗普在建制派精英、主流势力的夹击下虽然有所妥协，但是“美国优先”策略仍然是其执政核心理念，这一理念在本质上是一种民粹主义和民族主义的混杂物。反全球化、本土主义、排外主义、经济民族主义、右翼保守主义等极端右翼政策立场在特朗普的一系列内外政策中都有体现。特朗普任内关于美国退出气候问题《巴黎协定》、联合国教科文组织、万国邮政联盟等一系列全球多边机制，要求重新谈判《北美自由贸易协定》，推行对内扩大投资与大幅减税、对外脱钩与增加关税等一系列举措，冲击了自由主义建制派所建立的经济与社会秩序。毕竟，一个强调自身利益至上而逃避提供国际公共产品的美国是20世纪以来未曾出现过的。2020年特朗普下台后，要修复特朗普所破坏的政治秩序和社会共识，尤其是解决以种族对抗、两党对抗为内容的政治极化，对于民主党的拜登来说是一项希望渺茫的任务。2024年年底，特朗普再度当选，意味着美国民粹主义的再度强势回归。

当然，民粹主义浪潮不断冲击西方主要大国的主流价值和建制派政治，其世界性蔓延之态可以从西班牙加泰罗尼亚的政治动荡中清晰体现。2017年10月1日，西班牙加泰罗尼亚举行独立公投。加泰罗尼亚欲脱离西班牙而独立不仅引发了西班牙国内政治的不稳定，而且为欧洲及其他地区的分离主义提供了新的示范，加剧了欧洲国家内部的分化。加泰罗尼亚的地区分离主义倾向有复杂的历史原因，但是在一个民粹主义盛行于欧美的时代，继苏格兰公投、英国“脱欧”公投之后，加泰罗尼亚地方政府引人注目地运用了公投这一最可能煽动民粹主义情绪、引发暴力对抗的政治工具。加泰罗民亚民众追求经济平等、要找回民族尊严与自豪感有其正当性，但是违宪公投威胁了国家政治秩序。在全球的不同国家、不同地区，当民粹主义运动爆发时，均可或明或暗地见到族群民族主义、本土主义、排外主义的身影。

第一章　当代民粹主义思潮的生成根源

全球化的本质是建立在“流动的现代性”[①] 基础上的全球性大转型。自 15—17 世纪的地理大发现开启全球范围内的“大一统”进程以来，时至今日，“已经没有什么人可以离群索居，人类的孤岛已经不复存在”[②]。安东尼·吉登斯（Anthony Giddens）则这样描述：“我们正在经历一个历史变迁的重要时期……这些对我们产生影响的变迁不局限于世界的某个地区，而是几乎延伸到世界的每一个角落。”[③] 的确，全球化以一种非常深刻的方式重构了人类的生活，人们曾经熟悉的封闭独立的传统经济、政治与文化生活被打破甚至被抛弃了。就结果而言，全球化带来了更多的财富、更先进的技术、更高质量的生活，以及与此相关的很多进步性改变，如技术进步、民主发展和国际发展援助等。但是，全球化也意味着一些负面的改变，如某些国家面临的发展陷阱、贫富分化、绝对贫困化和彻底边缘化，以及许多国家的民众被经济不平等现象刺激产生的经济不安全感和文化叛逆情绪。

不同国家的民粹主义现象在表现形式、政治影响上有相似性，但

---

① 安东尼·吉登斯著，田禾译：《现代性的后果》，南京：译林出版社，2000 年版。

② 奥尔特加·加塞特著，刘训练等译：《大众的反叛》，长春：吉林人民出版社，2004 年版，第 126 页。

③ 安东尼·吉登斯著，周红云译：《失控的世界：全球化如何重塑我们的生活》，南昌：江西人民出版社，2001 年版，第 4 页。

是，每一种民粹主义现象都有其特异性。它生成于各自不同的政治、经济与文化环境之中。许多非西方国家在从传统向现代、从集权到民主的转型过程中也曾不同程度地遭遇过民粹主义的挑战。西方国家虽然也在相同的现代化转型中首次经历过民粹主义运动的震荡，但是20世纪末以来的经济全球化对于西方来说意味着又一个大转型时代，现代化的工业时代逐渐被后工业时代所取代。在这个转型时代，西方社会中一些中下层民众积累了太多的失落、失意与不满，他们因何选择民粹主义的激进方式来表达这些情绪，换句话说，他们为什么会支持特朗普？为什么会选择脱离欧盟？为什么会为法国国民联盟①、德国选择党等极端右翼政党投票？这些疑惑促使人们去探析导致民粹主义浪潮复兴的种种根源，从全球化所影响的经济、文化和政治活动中探寻当代民粹主义的生成、形变与分野的内在根源。

第一节　经济根源：不平等问题的刺激

民粹主义发生的经济根源必然要追溯到不平等问题上。作为一种基于不满与愤怒的大众政治抗争，民粹主义的发生固然离不开某些政治精英的鼓动与操作，但争取平等公正是民粹主义抗争所表达的最具道德意义和物质意义的大众诉求。不平等的种种，无论是经济性的或是政治性的，都具有极强的大众动员效应，可以激发不同规模、不同强度的社会反抗。21世纪的前20年，正是一个不平等问题日益加剧的全球化时代。民粹主义在欧美复兴并向全球蔓延，被认为是经济不平等的时代产物。许多西方学者试图通过不平等问题来解释经济全球化和民粹主义复兴之间的因果联系，以及反思经济增长与民主发展的内在关系。亚当·舍沃斯基（Adam Przeworski）预测经济不平等将是使

① 该党原名为法国国民阵线，2018年6月1日改名为国民联盟。

整个西方民主世界陷入危机的重要原因，[①] 法国经济学家托马斯·皮凯蒂（Thomas Piketty）用厚厚的一本《21世纪资本论》叙述收入与财富分配的历史，揭露不平等是如何给这个时代带来挑战的。[②] 毋庸置疑，不平等问题是一个非常古老的话题，但遗憾的是，时至今日，我们仍有无数的困惑，因为"我们对不断变化的经济不平等，与政治行为、统治机构和公共政策的变化间的联系所知甚少"[③]，尤其是我们对不平等与民粹主义之间的政治经济联系的认知仍然模糊零散。在西方社会的财富集中和阶级固化日益严重的今天，讨论经济不平等的政治意涵与后果，有助于我们进一步廓清民粹主义发生、发展的政治经济学逻辑，更准确地认识国家治理的质量与民粹主义的关系。

一、贫困与不平等的区分

20世纪80年代以来，经济全球化之势浩浩荡荡，以自由化、私有化和市场化为核心的新自由主义经济政策被西方视为圭臬并向全球推广。然而，近40年后，主权债务危机、金融危机、难民危机在西方世界接连发生，民粹主义、民族主义、本土主义重返政治舞台，尤其是左翼、右翼同时勃兴的民粹主义成为反全球化的领导力量。虽然解释这些危机与挑战的发生需要考虑文化与社会因素，就像美国社会学家罗纳德·英格尔哈特（Ronald Inglehart）和皮帕·诺里斯（Pippa Norris）所试图论证的，后工业、后物质主义的时代变迁表明经济因素不能完全解释民粹主义的兴起，而全球化带来的文化与价值变迁才是决定性

① Adam Przeworski, *Crises of Democracy*, New York: Cambridge University Press, 2019, pp. 123-126.

② 托马斯·皮凯蒂著，巴曙松译：《21世纪资本论》，北京：中信出版社，2014年版。

③ APSA Task Force Report, "American Democracy in an Age of Rising Inequality", *Perspectives on Politics*, Vol. 2, 2004, pp. 661-662.

原因。[1] 但是，对于这些在经济全球化背景下出现的危机与挑战，否认甚至忽视经济因素的决定性作用都是错误的。事实上，所有这些危机与挑战都与严重的财富分配不平等现象有直接关联，这是罗纳德·英格尔哈特等学者无法回避的事实。

2014 年，托马斯·皮凯蒂出版了聚焦财富分配问题的标志性经济学著作——《21 世纪资本论》。在该书出版的前后，其他学者解读不平等现象及其与全球化关系的著作也大量问世，如《至关重要的阶层》（Correspondents of the New York Times，2005）、《至关重要的不平等：美国日益扩大的经济分化及其恶果》（James Lardner and David A. Smith，2005）、《不平等的民主：新镀金时代的政治经济学分析》（Larry M. Bartels，2008）、《平等不公正：美国被误导的收入不平等斗争》（Don Watkins and Yaron Brook，2016）、《不平等社会》（Walter Scheidel，2017）和《为什么不平等至关重要》（Thomas M. Scanlon，2018）等等。虽然这些研究的切入点不同，观点也有差异，但都发出了大致相同的警告，即全球化是一股强大的去平等化力量，导致经济不平等日益深化、阶层界限日益固化。

这一时期，正是由于民粹主义引人注目的全球性复兴，人们在考察其经济根源时很快注意到了严重的贫富分化和阶级固化的影响。民粹主义作为一种以大众反抗为行为特征的社会政治现象，它的参与主体涵盖社会中下层的普通民众，中产阶级、城市贫民、乡村农民等群体都可能是不同民粹主义运动的积极行动者。例如，在 19 世纪末到 20 世纪的大部分时间里，世界民粹主义运动的支持者通常是贫困的底层阶级，而当前西方国家的民粹主义支持者主要以白人劳工阶级和新兴中产阶级为主。对于这些经济地位有差异的阶级，促使他们行动起来的经济因素是不平等问题，还是同样古老的贫困问题？抑或是两者更

---

① Ronald F. Inglehart and Pippa Norris, "Trump, Brexit, and the Rise of Populism: Economic Have-Nots and Cultural Backlash", https://www.hks.harvard.edu/publications/trump-brexit-and-rise-populism-economic-have-nots-and-cultural-backlash.

为复杂的交织？这个问题涉及我们对贫困与不平等的政治意涵的理解。从现象上来看，2016 年以来的欧美民粹主义浪潮中，最活跃的参与者其实是焦虑的中产阶级，大部分支持“脱欧”的英国民众、大部分反对容纳难民的欧洲民众都不是传统意义上的贫穷阶级。2016 年选举中，特朗普的支持者以中低收入的白人中产阶级和劳工阶级为主，他们并无所谓的贫困之虞；而深陷生存危机、挣扎在贫困线之下的底层民众如移民群体、黑人群体则更倾向于支持民主党和自由派。在全球化的当下，“民粹主义是底层人民的政治”这一论断过于狭窄，更准确地讲，它是被剥夺感最强烈、能动性最强的中下层民众的反抗工具。因此，要理解全球化与民粹主义的关系，必须梳理贫困现象与不平等现象之间不尽相同的政治意涵。

贫困本质上是一个关于匮乏的发展问题，即家庭或个人生活物资短缺不足的经济问题。毋庸置疑，消除贫困是任何社会都应该追求的理想目标，但遗憾的是，减贫、脱贫至今仍是人类社会尚未完成的、最艰巨的使命之一。20 世纪 60 年代日本的“国民收入倍增”计划、美国约翰逊总统的“向贫困开战”计划均致力于帮助国民摆脱贫困、增加收入；2019 年的诺贝尔经济学奖授予阿比吉特·班纳吉（Abhijit Banerjee）等三位聚焦发展中国家脱贫研究的经济学家，以表彰他们“在减轻全球贫困方面所提出的实验性方案”。从理论上看，要解释贫困及消除贫困的问题，有三个重要的维度。首先，从经济与社会发展来看，贫困的缓解或消除依赖于经济发展和社会财富增加。经济增长可以带来绝对生活水平的提高和社会整体财富的丰盈，更重要的是，“文明进步的直接趋势是增加人们的劳动能力，来满足人的欲望——根除贫困，消灭匮乏和人们对匮乏的恐惧”①。一个经济落后、物资匮乏的社会，贫困是其最大的问题。其次，从个体目标与努力来看，脱贫解困依赖于个体能动性的发挥。美国保守派学者认为，贫困首先不是

① 亨利·乔治著，吴良健、王翼龙译：《进步与贫困》，北京：商务印书馆，2017 年版，第 253 页。

分配问题，而是生产问题，之所以有人会贫困，是因为他们没有创造足够的财富让自己富裕，而多数美国穷人贫困的主要原因是不工作。[①] 从个体的角度来看，这有一定道理，如果不考虑有限的福利救济，失业或不工作即意味着贫困。政治经济学在解释财富增长中贫困长期存在的原因时发现，尽管“现代最贫困的人可能在某些方面享受到富人在一个世纪前不能得到的东西，但这不说明生活条件的改善，因为这些人获得生活必需品的能力没有增加”[②]。因此，如果机会平等得以保障，那么贫困与否与个体能动性有重要关系。再次，从制度设计和实践来看，贫困及其纾解终究还是一个再分配的问题。政府需要对产业发展和财富积累进行管理来减轻和消除贫困，亨利·乔治（Henry George）把这种管理的最彻底形式称为社会主义。[③] 1997 年以来，英国工党政府认为应该优先考虑最弱势群体的利益并采取相应的再分配政策。经过多年的努力，英国的减贫成效还是可观的，根据 2003 年的统计数据，英国如果以“生活水平在中位收入的 60 %以下”来定义“贫困”，那么从 1997 年起，共有 150 万人脱离了贫困。[④] 因此，贫困虽然是一个发展问题，但是它的解决需要依赖于经济增长、个体能动性和再分配的共同作用。

不平等更接近一个关于分配正义的政治与伦理问题，虽然它常常以财富占有数量为指标。人类关于贫困的体验只有一种，就是关于物资匮乏的不良感受，但是关于不平等的体验则多种多样，沃尔特·沙伊德尔（Walter Scheidel）认为，具有社会或历史意义的不平等类型，除了收入和财富分配的差异，还有性别与性取向、种族和民族、年龄

---

① 唐·沃特金斯、亚龙·布鲁克著，启蒙编译所译：《平等不公正：美国被误导的收入不平等斗争》，上海：上海社会科学院出版社，2019 年版，第 161、166 页。

② 亨利·乔治著，吴良健、王翼龙译：《进步与贫困》，北京：商务印书馆，2017 年版，第 16 页。

③ 同②，第 286 页。

④ 帕特里克·戴蒙德、安东尼·吉登斯著，余呈先、温敏编译：《新平等主义：英国的经济不平等》，载《马克思主义与现实》，2007 年第 4 期，第 57—58 页。

与能力，以及教育、健康和机遇等方面的种种不平等。[①] 非经济性的不平等如基于种族、性别的身份歧视，违背了道义，限制了自由，侵犯了人权，是现代政治伦理认为应该全面谴责、努力清除的对象，对于非经济性不平等的谴责，人们有着一定共识。但是，经济性的不平等却引发尖锐的争论，一方面，在自由主义经济学家看来，在假定的机会平等的前提下，受到约束的、一定程度的经济不平等对于经济增长有积极意义，因为它会刺激竞争、鼓励追赶、推动生产力提升，社会整体财富的增加将在底部对社会结构起托举作用，把社会整体抬高。另一方面，根据约翰·罗尔斯（John Rauls）“公平的正义”理论中的“差别原则”，不平等的合理性需要在严格的限定下才能获得，即不平等只有在能够让所有人受益，尤其是弱势者尽可能多地受益的条件下才能被证成，否则都是违反平等关切的、应被反对的非正义现象。

托马斯·斯坎伦（Thomas M. Scanlon）进一步论证了不平等的非正义性，他认为基于种姓、种族或性别的不平等都是法律问题或社会习俗和态度问题，而基于收入和财富分配的极端不平等则意味着穷人必须以一种被合理地视为令人蒙羞的方式来生活，危及一个人“对自己的人生计划的价值所具有的安全感以及执行这种计划的能力”[②]。因此，经济不平等的道德性是很难保障的，因为它完全无法止步于经济领域。事实上，托马斯·皮凯蒂、约瑟夫·斯蒂格利茨（Joseph E. Stiglitz）等经济学家的研究也表明，全球化进程中经济不平等、贫富分化现象已经严重到无法保障稳定的社会政治秩序的地步，严重到“弱化了我们的经济，损害了我们的民主，分裂了我们的社会”的地步。[③]

贫困和不平等都是造成社会不满与反抗的根源，二者有内在联系，

---

① 沃尔特·沙伊德尔著，颜鹏飞等译：《不平等社会》，北京：中信出版集团，2019 年版，第 XI 页。

② 托马斯·斯坎伦著，陆鹏杰译：《为什么不平等至关重要》，北京：中信出版集团，2019 年版，第 6、34 页。

③ J. Stiglitz, *The Great Divide: Unequal Societies and What We Can Do About Them*, New York: Norton & Company, 2015, p. 214.

但不是一回事。当不平等程度比较稳定时，贫困率可能很高；当不平等程度非常严重时，贫困率反而可能很低，如 20 世纪 90 年代中期美国的不平等水平较先前显著上升，但贫困率却呈现明显的下降趋势。智利经济学家塞巴斯蒂安·爱德华兹（Sebastian Edwards）认为，“收入平等分配而大多数民众生活上处于赤贫状态，这是完全有可能的。同时，一个国家收入分配不平等，但人们都达到了舒适的生活水准，这也是可能的”①。当前西方民粹主义反建制浪潮的兴起揭示了塞巴斯蒂安·爱德华兹所说的后一种可能性正在发生变异，即许多经济发达国家的收入分配不平等已经严重到无法保证人们过上舒适生活的程度，“财富越来越多地集中在少数人手中，已经超出了许多美国人认为合理或道德上可以接受的范围”②，2008 年全球金融危机爆发以来，“占领华尔街”运动和茶党运动得到了许多中下层美国民众的响应，民粹主义的左翼与右翼浪潮在美国渐起风浪，与经济不平等和中产贫困化有直接的关系。

慈继伟曾区分了三种形式的贫困，揭示了从贫困到不平等的演进路径。他认为，当缺钱威胁到一个人用来满足生存需要的能力时，这是“生存贫困”（Subsistence Poverty）；当缺钱使他无法按照某种社会要求的、可以获得尊重的方式生活时，这会导致“地位贫困”（Status Poverty）；当一个人由于缺钱而无法成为一个“正常发挥作用的能动者”（如拥有一份工作）时，他便处于“能动性贫困”（Agency Poverty）之中。③ 这三种贫困形式的划分对于认识贫困和不平等的关系有重要意义，“生存贫困”就是上文所论的作为经济问题的贫困，它的解决只意味着一种“基础性平等”的获得；而后两种贫困则包含着丰富得多的社会与政治内涵，它们与其说是一种贫困，不如说是一种由贫困所致

① 塞巴斯蒂安·爱德华兹著，郭金兴译：《掉队的拉美——民粹主义的致命诱惑》，北京：中信出版集团，2019 年版，第 40 页。

② 《美国贫富分化现实如此冷酷》，载《人民日报》，2020 年 3 月 16 日，第 3 版。

③ Jiwei Ci, “Agency and Other Stakes of Poverty”, *The Journal of Political Philosophy*, Vol. 21, Issue 2, 2013, pp. 125-150.

的不平等问题，一个处于“地位贫困”甚至是“能动性贫困”状况中的人，他的最大问题不是匮乏导致的生存危机，而是对自尊造成威胁的、无法自救的不平等问题。更进一步说，贫困与不平等都不是单纯的经济或政治问题，政治与经济的相互交织是这两个问题的复杂性所在，也是我们思考民粹主义发生的政治经济逻辑时必然要涉及的问题。

二、经济不平等的结构性恶化

无论是单纯的贫困，或者某种形式的不平等，都有可能促使失落、失意的人们走上街头、奔走呼号，这在民粹主义的历史上多次出现过。在全球化时代，民粹主义在金融危机刺激下的强势回归与经济不平等的结构性恶化有直接关联。在西方发达国家中，贫穷仍然是一种严重的社会顽疾，仍然困扰着相当多的底层社会成员，比如在美国，2018年的贫困人口仍有3970万之多。但是真正刺激民粹主义运动参与者的，不是物资匮乏或绝对贫困，而是财富分配不均造成的相对贫困与被剥夺感。

（一）收入与财富分配的严重失衡

经济不平等问题涉及社会内部的物质资源分配，是许多政治社会矛盾的根源。沃尔特·沙伊德尔从可分配的社会资源入手，把税收和公共转移支付之前的收入称为“市场收入”，公共转移支付后的收入称为“总收入”，除去所有税收和公共转移支付后的收入净额称为“可支配收入”，他认为，市场收入不平等是唯一可以被了解或估计的类型。[①] 托马斯·皮凯蒂等经济学家在2011年创建了世界财富和收入数据库（World Wealth and Income Database），对研究多个国家历时性的经济不平等问题有重要帮助，他将经济不平等划分为源自劳动收入（工

① 沃尔特·沙伊德尔著，颜鹏飞等译：《不平等社会》，北京：中信出版集团，2019年版，第XIII页。

资薪酬）和资本所有权（继承财富）两个方面，即收入不平等和财富不平等两方面。由于可以使用基尼系数和总收入/财富的百分数份额等常用指标来解释，沃尔特·沙伊德尔和托马斯·皮凯蒂对资源或财富的分类有助于认识不平等问题的内在差异。

近年来，关于经济不平等的讨论主要集中在收入不平等问题上，比如高管薪酬、最低工资保障等。但是，托马斯·皮凯蒂的《21 世纪资本论》侧重于对财富不平等进行讨论。他在书中指出，财富不平等是最大的长期问题，认为西方社会资本回报率远高于劳动回报率以及平均的实际经济增长率，是资本高度集中、不平等严重化的根源。① 根据美国国税局的报告，2003 年，在年收入超过 100 万美元的 18 万多个美国家庭中，家庭收入的大部分来自遗产继承和变卖财产，包括股票和债券。② 即使是最保守的基尼系数也表明，美国的不平等指数从 1970 年的 0.41 上升到了 2010 年的 0.52，上升比例超过 25%，③ 到 2018 年，美国的基尼系数仍在 0.485 的高位。根据摩根大通公司的报告，美国最富有的 10%家庭占有近 75%的家庭净资产；美联储的报告则显示从 1989 年至 2018 年的 30 年间，美国最富有的 1%家庭占有家庭财富总额的比例从 23%上升至 32%，而最底层的 50%家庭财富净增长基本为零。④ 这种财富高度集中的趋势揭示了资本主义发展的某种内在规律，即财富倾向于集聚在非生产性继承人手上，而非创造价值的生产者手上，这在根本上与自由主义的社会正义原则产生了抵牾。托马斯·皮凯蒂认为，财富分配的严重不平等使得美国正在倒退回“承

---

① 托马斯·皮凯蒂著，巴曙松译：《21 世纪资本论》，北京：中信出版社，2014 年版，第 26—28 页。托马斯·皮凯蒂提出一个 r>g 的简单公式并称之为“分化的力量”，用来解释不平等的出现，r 指资本回报率，g 指经济增长率，如果 r 一直远远大于 g，那么在其他条件不变的情况下，不平等就会增加，社会将出现两极分化，因为资本出现高度集中，继承的财富占绝对主导地位，远超劳动积累的财富。

② A. 哈克：《富人与其他人》，载《国外社会科学》，2006 年第 6 期，第 81—82 页。

③ 沃尔特·沙伊德尔著，颜鹏飞等译：《不平等社会》，北京：中信出版集团，2019 年版，第 346 页。

④ 《美国贫富分化现实如此冷酷》，载《人民日报》，2020 年 3 月 16 日，第 3 版。

袭制资本主义”的年代。“过度的、不公平的财富积累不是来源于努力和冒险，而是来源于‘残酷的运气’，例如财产所有权和土地回报的增加。”[①] 遗产继承实现的财富积累是一种残酷的不平等形式，它在本质上违背了共享社会产品的互惠原则，违背了正义原则强调的“平等的关切”。

（二）中产阶级萎缩与贫困化

经济不平等严重到一定程度，会产生一种结构性的不良后果，即消解社会共识、固化阶级差异，尤其是削弱作为民主政治“压舱石”的中产阶级。在一个理想的政治系统中，“庞大且富裕的中产阶级充当了富裕阶级与贫穷阶级之间的缓冲器，既阻止了富裕阶级镇压贫穷阶层的企图，又阻止了贫穷阶层发动革命以剥夺富裕阶层的冲动”[②]。一个中产阶级足够强大的社会常常是稳定的，在这种社会中，民粹主义等激进的反建制运动是很难成气候的。

在美国，中产阶级被认为是决定性的经济支柱，是“美国梦”的基础。保罗·克鲁格曼（Paul Krugman）认为，“中产阶级美国”的出现并非偶然，它是所谓“大压缩时代”（The Great Compression，1939—1949 年）[③] 的产物，支持平等、强势工会和累进税的社会准则维持了一代人的时间。[④] 美国的中产阶级崛起于 20 世纪六七十年代，得益于约翰逊的“伟大社会”计划、“向贫困宣战”计划等福利国家政策的实践，这一时期，产业工人不断跨入中产阶级行列，“中产阶级美国”成

---

① 帕特里克·戴蒙德、安东尼·吉登斯著，余呈先、温敏编译：《新平等主义：英国的经济不平等》，载《马克思主义与现实》，2007 年第 4 期，第 64 页。

② 达龙·阿塞莫格、詹姆士·罗宾逊著，马春文等译：《政治发展的经济分析——专制和民主的经济起源》，上海：上海财经大学出版社，2008 年版，第 90—93 页。

③ 美国经济学史学家戈尔丁（D. Goldin）和马戈（R. Margo）最早提出“大压缩时代”的概念，用以描述 1939—1949 年间美国收入差距最小的状况。参见 D. Goldin and R. Margo，“The Great Compression：The Wage Structure in United States at Mid-Century”，*Quarterly Journal of Economics*，Vol. 107，No. 1，1992，pp. 1-34。

④ Paul Krugman，“Losing Our Country”，http://www.nytimes.com/2005/06/10/opinion/10krugman.html.

为同时实现分配相对平等和经济快速发展的典范。然而，新自由主义全球化在80年代开启之后，中产阶级停止了规模的扩大，也停止了向上的流动。伴随着收入和财富向极少数人的集中，中产阶级、劳工阶级群体深陷经济困境，一方面，他们的就业竞争力远远比不上适应了信息化需求的高技术人才，2008年全球金融危机以后，美国的总体失业率始终保持在10%上下，① 其中，制造业产业工人的失业率最为严重。另一方面，他们的财富增速被富裕阶级远远甩在后面，在财富分配体系中不断被边缘化。2011年，奥巴马对遭受全球金融危机严重打击的中产阶级表示担忧，认为"当中产阶级家庭不再有能力购买企业提供的商品和服务时，整个经济都会受到拖累"②。2015年的皮尤报告指出，中等收入的美国人已经不再占有美国社会的大多数，……美国中产阶级正在失去领地。③ 另有调查显示，从2002年到2014年，千禧一代中自认为是中产阶级的比例从45.6%下降到34.8%。这些人中的56.5%自认为是劳工阶级，8%自认为是下层阶级。④ 同一时期，美国229个大都市区中有203个出现中产阶级占成年人口总比例下降的情况，其中，纽约、洛杉矶、波士顿、休斯敦等大都市区的总比例已降至不到一半，中产阶级萎缩已成为美国大都市的普遍现象。⑤

中产阶级的萎缩与贫困化必然影响到上层富裕阶级与底层贫穷阶级之间的政治博弈。巴林顿·摩尔（Barrington Moore）认为，当掌握着国家权力的富裕阶级与形成了组织化团结的贫穷阶级势均力敌之时，

---

① U. S. Bureau of Labor Statistics,"Unemployment Rate(UNRATE)", http://fred. stlouisfed. org/series/UNRATE.

② The White House Office of the Press Secretary,"Remarks by the President on the Economy in Osawatomie, Kansas", https://obamawhitehouse. archives. gov/the-press-office/2011/12/06/remarks-president-economy-osawatomie-kansas.

③ Pew Research Center,"The American Middle Class is Losing Ground", *Pew Research Center Report*, https://www. pewresearch. org/social-trends/2015/12/09/the-american-middle-class-is-losing-ground/.

④ Harold Meyerson,"The Long March of Bernie's Army", *American Prospect*, https://prospect. org/power/long-march-bernie-s-army/.

⑤ 高攀:《美国中产阶级因何持续萎缩》,载《经济参考报》,2016年5月25日。

中产阶级就成为决定民主体制能否建立起来的关键。[1] 随着经济不平等的加剧，中产阶级的贫困化日益严重，这一阶级不仅规模萎缩，而且地位沉降，与底层贫穷阶级结成政经同盟的可能性大大提高，这使得美国逐渐成为两极分化严重的社会。民粹主义在这种社会结构中则可以获得更广泛的群众基础。

（三）社会分层固化与向上流动停滞

社会分层或阶层结构是社会成员差异化的客观结果，包含着某种程度的经济不平等。绝对平等只是一种乌托邦目标，现实社会中的经济不平等普遍存在，只是不同时代、不同制度下的不平等程度各有不同而已。只要社会分层体系中的各个阶层没有固化，仍然有足够的、公平的流动机会，即向上和向下的流动都同样畅通，那么这个社会体系大体是健康的。美国人一直相信他们拥有通过努力获得成功的机会，这种被称为“美国梦”的信念自战后以来为美国的繁荣和发展提供了强劲的社会动力。“流动是一个保证，而这个保证位居‘美国梦’的核心。人们认为，它能填平富人和穷人之间不断变宽的鸿沟。……只要贫富可以互易，只要存在走向机会平等的条件，贫富差别就不会累积成阶级隔阂。”[2] 因此，经济流动性对于个人、对于国家的重要性都是不言而喻的。

全球化的今天，由于财富集中、贫富分化现象日益严重，美国出现较为明显的社会分层固化和社会流动停滞，阶层之间的敌意与对抗不断加剧，社会裂痕十分突出。二战后，出身贫寒的美国人成为中产阶级的几率是50%，到20世纪80年代降为40%，而在21世纪的今

① 巴林顿·摩尔著，拓夫、张乐乐等译：《民主和专制的社会起源》，北京：华夏出版社，1987年版。

② Janny Scott and David Leonhardt, “Class in America: Shadowy Lines that Still Divide”, *New York Times*, May 15, 2005, p. 1.

天，出身贫寒的美国人成为中产阶级的几率仅 33%。[①] 在全球化的 40 多年历程中，美国的阶级变化有两个重要现象值得注意，一是中产阶级日益贫困化与萎缩，二是劳工阶级尤其是白人劳工群体上升为中产阶级的希望日益渺茫。其结果是中下层群体不断壮大，绝望与不满情绪越发强烈和普遍，这使得白人劳工群体最终成为特朗普的支持者，共同推动了一场空前的右翼民粹主义浪潮。2008 年全球金融危机以来，阶级固化和流动性衰减问题受到了广泛的关注，J. D. 万斯（J. D. Vance）的《乡下人的悲歌》、A. R. 霍克希尔德（Arlie Russell Hochschild）的《自己土地上的陌生人：对美国权利的愤怒与嘲讽》和罗伯特·帕特南（Robert D. Putnam）的《我们的孩子》等书都探讨了阶级固化背后的政治不平等问题，他们聚焦美国社会中“沉默的大多数”，描述了他们的哀愁、失意与绝望。2012 年，皮尤经济流动项目（Pew Economic Mobility Project）的一项调查发现，处于 20% 最低收入阶层、未获得本科学历的孩子，毕业后依然处于社会最底层的比例为 47%，远高于这一阶层中取得本科学历却依然处于社会最底层的比例（10%）。[②] 这表明，接受高等教育对于改善低收入阶层的地位有较显著的作用。但是，中低收入阶层接受高等教育的比例大大低于高收入阶层，这是一系列经济、社会和文化因素作用的结果，其中贫富分化造成的机会不平等是根本原因。

2013 年，奥巴马把不断加剧的不平等问题视为妨碍美国社会流动性的“明确的挑战”，他指出，“这是一种危险且不断增长的不平等，向上流动性的缺乏已经危害了美国中产阶级的基本信念，即如果你努

① The White House Office of the Press Secretary, “Remarks by the President on the Economy in Osawatomie, Kansas”, https://obamawhitehouse. archives. gov/the-press-office/2011/12/06/remarks-president-economy-osawatomie-kansas.

② 侯定凯:《信息透明、质量保障、社会公正和国际化——从布鲁金斯学会看美国高等教育政策动态》,载《中国高教研究》,2015 年第 6 期,第 55—62 页。

力工作，你就有机会获得成功”。[①] 美国中产阶级的信念就是追逐建立在社会流动和机会平等之上的“美国梦”，当社会流动日益变得水平、停止甚至是下降，中下层群体向上流动的机会日益渺茫，“美国梦”即面临破灭的危机。迈克尔·金斯利（Michael Kinsley）对此曾警告道，“若干代不流动会使金钱差别走向凝固，形成陈旧的欧洲式社会阶级”[②]，即出现欧洲式的贵族制。大量调查数据表明，美国的经济流动水平与加拿大、北欧国家相比低得多，甚至比英国还低，“美国处在收入底层的家庭继续待在原来的位置，比其他国家的情况更为糟糕”[③]。随着中产阶级的萎缩和社会流动性的衰减，那个曾因中产阶级在社会结构中占到80%以上而得名的“中产阶级美国”正在消失，这不仅是一个巨大的历史反讽，更是一个巨大的治理难题。任由这一趋势发展，不平等将会从经济领域扩散到政治领域，最终造成民粹主义的不服从与反建制。

三、从经济不平等到政治不平等

财富分配如何影响政治生活？民主政治能否与经济不平等兼容？对这些问题的思考从亚里士多德的时代就开始了。亚里士多德的见解是，“寡头（少数）政体以富户的利益为依归；平民（多数）政体则以穷人的利益为依归”[④]，前者是有产者们执掌政治体制的最高治权，后者由无产的贫民群众执掌最高治权。换言之，如果拥有政治权力是因为占有经济权力或财富，那么无论拥有政治权力的有多少人，都是寡头政体；并非因为财产多寡而拥有权力的，则是民主政体。亚里士

① 沃尔特·沙伊德尔著，颜鹏飞等译：《不平等社会》，北京：中信出版集团，2019年版，第IV页。

② Michael Kinsley，“Mobility vs. Nobility”，*Washington Post*，June 5，2005，B07.

③ Alan B. Krueger，“The Rise and Consequences of Inequality in the United States”，Speech at Center for American Progress（CAP），January 12，2012.

④ 亚里士多德著，吴寿彭译：《政治学》，北京：商务印书馆，1965年版，第135页。

多德的政体理论有着清晰的政治经济学思考，明确肯定了政治权力与经济权力之间的内在联系。

在自由主义经济学看来，一定限度内的经济不平等是恰当的，因为客观来看，收入差距有可能因不同技能的劳动力供给而导致，并且当经济稳定增长而每个人都能相应受益时，当劳动技能有差距但通过教育可以提升时，某种程度的收入或财富不平等不是坏事，它可以刺激竞争进而推动经济增长。此外，在一些学者那里，减少或纠正不平等还被批判为非理性的“向下拉平”，削减富人财富去弥补穷人的匮乏，如同是一种经济上的“反智主义”，可能导致落后的“平等的贫困”，约瑟夫·拉兹（Josep Raz）就认为，“平等主义的原则常常导致浪费”，如果我们无法把某种好处平等地提供给每一个人，也许是因为我们没有足够多的好处可用来分配，那么平等主义原则会要求我们不把它提供给任何一个人。[①] 古典自由主义也力图为不平等提供价值观上的辩护，认为不应当反对当下社会的不平等，因为这种不平等来自个人自由的合法运用，试图减少不平等的措施是对个人自由的不正当干涉。许多普通美国人相信建国文献和国家神话里写着的“所有人生而平等”，但之后如何，则要看个人自己了，他们将物质上的不平等视为自然和不可拒绝之事，“整体上，美国人更不在乎不平等——明显的贫富差距——但更在乎机会和成就：即人民进步了吗？”[②] 托克维尔讲过，平等精神是美国文化的标志，但是他也认识到，社会和政治领域的平等与大量的经济不平等并存，他说：“我从没注意到这样一个国家，对钱的喜爱会在其人们心中占据更大的位置，或其人们对财富永远平等的理论表达了更大轻蔑。”[③] 说到底，当美国人相信政治自由或机会平等可以充分保障时，他们不会担心自由受到威胁，相反，他们相信

① Joseph Raz, *The Morality of Freedom*, New York: Oxford University Press, 1986, p. 227.

② Robert J. Samuelson, “Indifferent to Inequality?”, *Newsweek*, May 7, 2001, p. 45.

③ Alexis de Tocqueville, Gerald Bevan trans. *Democracy in America and Two Essays on America*, London: Penguin Classics, 2003, pp. 64, 587.

"物质生活的不平等，可以通过两条途径缓解：其一，起点上的机会平等；其二，排除物质差别的公民完全平等"①。如果这两条途径在经济全球化的当下仍然畅通无碍，那么托马斯·皮凯蒂的担忧就是多余的了。托马斯·皮凯蒂在著作中多次强调他反对的是极端的、失控的财富集中，反对的是金融性资本性收益大大高于劳动性生产性收益所导致的财富极端集中。他对财富分配的历史研究表明，西方社会的政治经济危机已经出现，因为经济不平等的加剧已经远远地将经济增长甩在后面，严重威胁到以政治平等为核心的自由民主。

事实上，严重的经济不平等存在一种导向政治不平等的不可遏制的惯性，最终将形成经济不平等与政治不平等之间相互强化、相互转化的恶性循环。经济不平等对政治过程的破坏性影响导致了政治不平等，"造成不断加剧的、政治回应上的不平等"，而政治不平等又反过来"带来对贫穷民众的利益越来越有害的公共政策，接下来这会造成更大的经济不平等"。② 这一循环过程证实了"有钱人的权力游戏"和"有权人的金钱游戏"的共生关系。查尔斯·蒂利（Charles Tilly）曾指出，"不平等对于基本的政治过程有着深刻的影响，它构成了政治生活的主要基础和限制"③。财富本身无关好坏，从个体的角度来看，财富拥有量或许体现个人禀赋、个人努力的客观差异，但是财富的产生、分配和影响本质上是一种社会性过程，因而财富对社会系统、政治生活具有重要影响，尤其是不平等的财富分配可能会转化为一种特殊的、不平等的政治权力，它破坏政治平等，使得机会成为一种被垄断甚至世袭的特殊权利。

经济不平等对政治过程的影响体现为它对政治公平的严重损害，它使得西方主流政治所推崇的自由主义民主，实质上成为一种"不平

① 拉里·M.巴特尔斯著，方卿译：《不平等的民主：新镀金时代的政治经济学分析》，上海：上海人民出版社，2012年版，第25—26页。

② 同①，第296页。

③ Charles Tilly, *Durable Inequality*, Berkeley: University of California Press, 1998, p. 223.

等的民主”①，造成如下政治后果。首先，破坏选举权的价值。由于财富、经验、兴趣和专业训练等诸多方面的差异，贫穷阶级参与投票已属不易，小额政治捐款常常是微不足道，而富裕阶级有更多的政治参与方式，他们可以通过捐款、控制媒体、创建思想库等多种方式参与并控制政治。比如，在选举方面，与穷人仅仅参加投票相比，富人可以通过个人或组织捐赠的各种形式对竞选和立法活动进行政治投资。在美国，选举政治很大程度上变成了财阀政治，候选人和各党派越来越依赖非常富有的捐款者。2012 年，0.01%的美国顶层富人群体捐款的竞选资金占到了总捐款竞选资金的 40%以上，相比之下，普通民众的投票作为一种直接政治形式，只有大样本计数的意义，个体的影响几可忽略。尽管普通民众的网上小额捐款曾在总统大选中发挥过特定的作用，如在 2008 年大选中，奥巴马曾采用这一募款方式建立了广泛的支持基础，但是总体而言，大部分候选人更倾向于从富裕阶级募集竞选资金，财阀集团和富裕阶级对选举的影响是普通民众无法比拟的。“随着投票和直接政治让位于筹款竞选式的财阀政治，民主政治的实质即投票权，已经被逐渐销蚀……人民由此发现，政治已将自己排除在外。”② 因此，当政治被财富裹挟时，普通民众必然被排除在外。弗雷德里克·索尔特（Frederick Solt）对发达工业国家和地区的政治经济数据进行多层次模型分析，论证了经济不平等削弱除最富裕阶级外所有阶级的政治参与。③ 当富裕阶级掌控政治时，选举权的价值会受到实质性破坏，选举民主虽然是一人一票，但并非票票等值。

---

① 拉里·巴特尔斯(Larry M. Bartels)使用“不平等的民主”一词概括美国不断升级的经济不平等在政治系统中的衍生影响，他将财富大量增加而经济不平等日益严重的过去 30 年称为“新镀金时代”，试图考察美国经济不平等的政治原因及其结果。参见拉里·M. 巴特尔斯著，方卿译：《不平等的民主：新镀金时代的政治经济学分析》，上海：上海人民出版社，2012 年版。

② 布莱恩·卡普兰著，刘艳红译：《理性选民的神话：为何民主制度选择不良政策》，上海：上海人民出版社，2016 年版，第 6 页。

③ Frederick Solt, “Economic Inequality and Democratic Political Engagement”, *American Journal of Political Science*, Vol. 52, No. 1, 2008, pp. 48-59.

其次，垄断公共权威职位。这是富人、权贵俘获政治权力的重要手段。在西方国家，公共权威职位富人化是一种历史性现象，这些职位包括立法、司法和行政等领域的重要官员，无论是通过选举还是任命的方式，富裕阶级的成员都更有机会和“资格”获得这些职位，这是财富、经验和相关教育综合作用的结果，也是道义上似乎无可指责的优绩主义原则的体现。富人们竞逐这些职位的实际意义在于，他们不仅可以影响政策，甚至可以直接决定政策。威廉·多姆霍夫（William Domhoff）认为，企业共同体的“主要领导被任命为执行机构的高层，它在国会中的同盟者认真地听取雇用专家的政策建议”①。美国的当选政客和议员们大多是百万富翁甚至亿万富翁，据统计，2012年，参众两院总共435名议员中至少有268名议员的资产超过百万美元，国会几乎成了“富人的俱乐部”，特朗普本人在从政之前进入过福布斯富豪榜单，他的家族在美国更是堪称豪门。

最后，掌控政策影响力。美国政治学家罗伯特·达尔（Robert A. Dahl）认为，政府对政治上视为平等的民众的偏好持续作出回应，是民主的题中应有之义。② 然而由于财富与经济地位的差异，政府实际上对不同阶级民众的回应有很大差异。据研究，富裕阶级将一项政策意向变成法律的可能性是贫穷阶级的三倍。拉里·巴特尔斯发现，美国参议员对选区富裕选民的意见作出的回应比对选区中等以下收入选民意见作出的回应更多，其中，对前三分之一最富裕选民的回应度要比中间三分之一位置选民高出近50%的权重，而处于收入分布后三分之一位置选民的看法和诉求几乎被忽视。③显而易见，财富从来都具有影响甚至决定政策的能力，它帮助富裕阶级、权贵阶级成为支配阶级。

---

① 威廉·多姆霍夫著，吕鹏等译：《谁统治美国：权力、政治与社会变迁》，北京：译林出版社，2009年版，第6页。

② 罗伯特·达尔著，刘康荣等译：《多头政体：参与和反对》，北京：商务印书馆，2003年版，第11页。

③ 拉里·M. 巴特尔斯著，方卿译：《不平等的民主：新镀金时代的政治经济学分析》，上海：上海人民出版社，2012年版，第273—278页。

这些拥有大量财富的人们利用财富施加影响，反对那些政策立场不利于自己的在任者或候选人，更严重的是，“除非受到正式限制，最富有的公民还用他们的特权来骚扰其他公民且不受惩罚”①。

政治平等是现代民主政治的根本原则，当公平正义的制度设计能够对经济不平等形成恰当的约束时，民主的政治、繁荣的经济是可以期望的。从二战结束直到20世纪70年代，美国政府遵循内嵌式自由主义和福利国家的发展路径，在强调市场自发机制和自由开放的同时，奉行政府干预的社会保护原则，主张通过社会和政治安全网建设，调节自由市场经济带来的财富不均衡分配情况。在这种制度环境下，美国的民权运动、新社会运动蓬勃发展，庞大的中产阶级开始形成，机会平等的“美国梦”成为普通美国人的共同理想。然而，进入21世纪以来，新自由主义引领的经济全球化助长了经济不平等的发生，导致拉里·巴特尔斯所批判的“不平等的民主”，这种民主准确地讲就是“自由主义者的不平等的民主”，或者“不平等的自由民主”。当财富分配不均发展到某种严重程度时，比如10%的人群掌握超过50%的社会财富，或者1%最富裕家庭的净资产是普通家庭的288倍，② 经济不平等就会在实际上挫伤民主的平等主义理想，严重地破坏民主的政治过程，为反抗性的激进政治打开大门。

四、民粹主义对不平等现象的抗争

从现象上看，经济不平等既是一个关于财富分配的经济问题，也是一个关于社会分层的社会问题，而最终它是一个关于公平与正义的政治问题。亚里士多德认为，适度的财富造就好公民，因为中等处境

① John P. McCormick, “Contain the Wealthy and Patrol the Magistrates: Restoring Elite Accountability to Popular Government”, *American Political Science Review*, Vol. 100, 2006, p. 161.

② Barack Obama, “Remarks by the President on Economic Mobility”, http://www.whitehouse.gov/the-press-office/2013/12/04/remarks-presdent-economic-mobility.

之下的人最容易听从理性，而不平等的财富分配使极富之人骄奢而容易产生野心，不愿意服从；使极穷之人匮乏而容易产生嫉妒，不适合统治。[①] 卢梭也看到了贫富分化对共同善的破坏，他认为要使国家巩固，应该“使国中没有豪富，也没有赤贫”，因为这两个等级“对公共的幸福是大有危害的”。[②] 以美国为例，20 世纪 90 年代以来，美国的贫富鸿沟逼近了 20 世纪 20 年代以来美国社会的最高水平，当 10% 的人群掌握了全社会财富的一半而不是 70 年代的三分之一的时候，当企业高管的收入是普通工人的 273 倍而不是 70 年代的 20—30 倍时，[③] 一种所谓“赢者通吃”（Winner-Take-All Politics）[④] 的政治就出现了。一项较近的调查显示，在联邦政府层面上，84%的游说花费来自大公司和代表大资本的商业协会。[⑤] 而随着工会力量的衰微，劳工和下层民众即使有自己的利益集团，也远不是资本利益集团的对手，由政治、经济和文化精英组成的权力精英群体决定了美国的社会结构，也决定了中下层民众的生活。在美国，21 世纪已成为真正的大资本控制政治的时代。

收入和财富的不平等可能导致一个“灰心沮丧的下层阶级”不断发展壮大，这个阶级“感到被忽视，以及不能参与公共政治文化”，[⑥] 这些失望与无力感常常与一些极端情绪交织在一起，如不满、愤怒和期待改变等等，而任其发展，“灰心沮丧的下层阶级”总有一天会发展为亚里士多德所描述的“不适合统治”的社会力量。帕特里克·戴蒙德（Patrick Diamond）和安东尼·吉登斯认为，“任何社会都

① 亚里士多德著，吴寿彭译：《政治学》，北京：商务印书馆，1965 年版，第 206—207 页。

② 卢梭著，李平沤译：《社会契约论》，北京：商务印书馆，2011 年版，第 58 页。

③ Barack Obama, "Remarks by the President on Economic Mobility", http://www.whitehouse.gov/the-press-office/2013/12/04/remarks-presdent-economic-mobility.

④ 雅各布·S. 哈克、保罗·皮尔森著，陈方仁译：《赢者通吃的政治：华盛顿如何使富人更富，对中产阶级却置之不理》，上海：格致出版社、上海人民出版社，2015 年版。

⑤ John De Figueiredol and Brian Kelleher Richter, "Advancing the Empirical Research on Lobbying", *Annual Review of Political Science*, Vol. 17, 2014, pp. 163-185.

⑥ 托马斯·斯坎伦著，陆鹏杰译：《为什么不平等至关重要》，北京：中信出版集团，2019 年版，第 86 页。

不可能轻易地处理好由于剧烈地向下移位所带来的问题——普遍的不满和绝望感"[①]，对于统治集团来说，与不平等相伴而来的将是重大的合法性危机。经济上的分配不公和政治上的话语权缺失将孕育"普遍的不满和绝望感"，人们期待改变，开始响应反建制精英的号召，采取民粹主义的直接行动。就行为特征而言，这种直接行动可能是一种沉默，也可能是一种抗争。

在通常情况下，"沉默的大多数"是中下层大众的政治写照，折射出这一群体在政治上的不活跃。然而，当财富集中已经超出合理或道德上可以接受的范围时，大多数人的沉默与其说是一种接受或顺从，不如说是一种无声的民粹主义抗争。在西方社会，民粹主义常常在选举政治中出现，民众对不平等现状的无声抗争常常表现为不投票或惩罚性投票。2015 年欧洲难民危机以来，欧洲的经济与社会问题不断加剧，主流政党的支持率日益呈现下降趋势，欧洲选民用他们对民粹主义政党的支持来表达对主流政党的不满，同样是一种来自普通民众的惩罚性投票。德国联邦选举委员会的数据显示，德国传统政党基督教民主联盟/基督教社会联盟和社会民主党的支持率下滑，2017 年联邦选举中，由基督教民主联盟和基督教社会联盟组成的联盟党得票率为 32.9%，社会民主党为 20.5%，均为历史低点；2021 年选举中，联盟党得票率进一步降至 24.1%，社会民主党则略升至 25.7%。[②] 而与此同时，极右翼民粹主义政党德国选择党在 2017 年以 12.6%的得票率首次进入联邦议院，成为议会第三大党；[③] 根据德国民调机构因萨的最新舆论趋势报告，2025 年 4 月，德国选择党的民意支持率追平了联盟党，达到了 24.5%，其票仓主要集中在德国东部。[④] 在法国，近年来

---

① 帕特里克·戴蒙德、安东尼·吉登斯著，余呈先、温敏编译：《新平等主义：英国的经济不平等》，载《马克思主义与现实》，2007 年第 4 期，第 60 页。

② "Wahl zum 21. Deutschen Bundestag", https://www.bundeswahlleiter.de.

③ "Bundestagswahl am 23. Februar 2025: ▶ Wahlergebnis und Sitzverteilung · Wahlsystem · Wahlergebnisse", https://www.wahlrecht.de/umfragen/insa.htm.

④ "INSA-WAHLKREISKARTE", https://www.insa-consulere.de/insa-wahlkreiskarte/.

极右翼民粹主义政党国民联盟的支持率不断攀升，据2024年6月25日法国舆论研究所费都寿民调机构发布的数据，国民联盟在国民议会选举首轮投票中大幅领先，支持率达到36%，而马克龙的中间派联盟“在一起”的支持率仅为21%。[①] 不投票导致了美欧等国的低投票率，这种现象被精英群体斥责为政治冷漠和缺乏政策认知；惩罚性投票可以理解为选民刻意将选票投给所要反对的政治候选人的对手，美国劳工群体投票支持特朗普，某种意义上说，也是一种对自身长期归属的民主党自由派阵营的惩罚性投票。在西方社会，由于政治日益被财阀与权贵裹挟，传统的选民控制理论和多元民主理论已经很难解释选举结果，普通民众也很难像托克维尔所说的那样，通过“不断关心自己的事业和重视自己权利”，来“防止他们的代表偏离他们根据自己的利益为代表规定的总路线”。[②] 实际的情况是，他们中的许多人放弃自己的投票权利，对政治日益疏离。美国民众的投票率在20世纪60年代后开始下降，其他发达工业国家的选举参与率也在不断下降，这一趋势在20世纪90年代后进一步加速。[③] 1980年以来，美国总统大选的投票率通常都只在48%—57%之间波动。[④] 2016年美国大选的投票率高于2012年，也仅为57.6%，将近一半的民众放弃他们的权利，以沉默表达了对政治的不信任。当时的美国还远未走出2008年全球金融危机的冲击，经济不平等和移民问题仍然困扰着普通民众，但是日益极化的两党政治、日益对立的社会使得部分政党倾向不明确的民众深感厌倦，他们对民主党的自由主义政策不满，也不认同特朗普极端右翼的政治立场，同时美国的选举人团制度也使得一些选民难以相信自己的投票对结果有影响，因而对投票失去了兴趣，表现出较强烈的政治

① 《极右翼支持率领先 法国政坛面临重要抉择》，https://www.news.cn/world/20240627/ee243c87cf5840a3ae48b06b921ad79d/c.html。

② 托克维尔著，董果良译：《论美国的民主》，北京：商务印书馆，2017年版，第293页。

③ 罗伯特·D.帕特南主编，李筠、王路遥、张会芸译：《流动中的民主政体——当代社会中社会资本的演变》，北京：社会科学文献出版社，2014年版，第382—383页。

④ 吴雨伦：《美国人为什么不爱投票》，载《文汇报》，2016年11月7日。

冷漠。投票率下降说明公民政治参与不足，这种状况一方面确实有利于精英阶层操控政治，使不平等现状更加固化，另一方面则削弱了民意表达的准确性和全面性，扩大了民众与政治的距离。“尽管经济不平等暂时抑制了民众参与选举的积极性，但它并不会就此平息民众内心的不满情绪。”① 当不满积累到一定程度，人们会选择以一种迈克尔·桑德尔（Michael J. Sandel）所描述的“民主的不满”② 的激烈方式来表达参与政治的渴望。

抗议是一种直接行动，一种激烈的甚至暴力性的行动，这种形式的民粹主义常常表现为街头抗议、游行示威等草根政治形式。马丁·路德·金（Martin Luther King）曾指出：“群众游行可以把普通人转化为引人注目的行动者”，“他们的工作可能不让他们享有尊严，但尊严却在政治和社会活动中等待着他们”。③ 社会动员理论也认为，经济不平等和贫困会强化民众的被剥夺感，导致社会和人的价值退化，进而削弱政权的合法性，逼迫人们参与政治活动。④ 在实践中，被迫的参与政治很少表现为基于信任的温和的体制内活动，而常常是一种体制外的激烈抗争活动。1964 年，有 76%的美国人信任联邦政府多数时候在做正确的事情，而 30 年以后，只有 20%的美国人仍对政府持有这份信任。⑤ 2009 年的茶党运动、2011 年“占领华尔街”运动、2016 年的桑德斯和特朗普得到规模不同的中下层群体支持，都折射出经济不平等

---

① 韩冬临、杨端程：《经济不平等与西方民主社会中的选举参与》，载《世界经济与政治》，2019 年第 11 期，第 77 页。

② 迈克尔·桑德尔曾使用“民主的不满”这一概念讨论美国的公共话语，他分析了美国司法实践中的宪政观念与社会生活中的政治经济观念，批判程序自由主义的不足，主张恢复公民共和主义。参见迈克尔·桑德尔著，曾纪茂译：《民主的不满：美国在寻求一种公共哲学》，南京：江苏人民出版社，2012 年版。

③ Martin Luther King Jr.，“Where Do We Go from Here：Chaos or Community?”（1967），reprinted in James M. Washington，ed. *A Testament of Hope：The Essential Writings and Speeches of Martin Luther King Jr.*，New York：Harper Collins，1986，pp. 566-567，611.

④ 奥勒·诺格德著，孙友晋译：《经济制度与民主改革：原苏东国家的转型比较分析》，上海：上海人民出版社，2007 年版，第 31 页。

⑤ 迈克尔·桑德尔著，曾纪茂译：《民主的不满：美国在寻求一种公共哲学》，南京：江苏人民出版社，2008 年版，第 346 页。

日益严重化、大众对建制派精英强烈不满和不信任的现实。

在美国历史上，经济不平等一直是重大变革产生的重要原因，“镀金时代”（The Gilded Age）[①] 和“咆哮的二十年代”（Roaring Twenties，1920—1929）[②] 存在十分严重的经济不平等和政治腐败，分别引发了“进步时代”（The Progressive Era，1880—1920）和“新政时代”（The New Deal Era，1933—1939）的制度变革，从 19 世纪末的美国人民党运动到整个 20 世纪，美国民众对财富集中及其政治效应的定期对抗书写了一部美国民粹主义发展史。“进步时代”的法学家路易斯·布兰蒂斯（Louis D. Brandeis）指出，“我们要么拥有一个民主社会，要么拥有掌握在少数人手里的大幅集中的财富，两者不可兼得”，民众“对经济精英并不信任，且定期运用民主政治来抵制他们的恣意妄为。银行、特殊的大公司、铁路、巨大的托拉斯，‘金钱势力’、华尔街，以及‘拥有庞大财富的恶人’，都在几十年时间里，把愤怒的选民‘点着’并使之成了熊熊燃烧的地带”。[③] 直接行动的民粹主义是激烈的甚至是破坏性的，是对极端不平等现实的高声抗议，体现了“有血有肉的政治必然具有的愤怒、激情、承诺和派性”[④]。亨利·乔治曾努力寻找物质进步为何不能缓解贫困的答案，他发现，“凡物质进步的条件最充分具备的地方，即那里人口最稠密、财富最庞大、生产和交换的机器最发达，我们就会发现最严重的贫困、最尖锐的求生斗争和最多的被迫赋闲”[⑤]。当一个社会中的特定阶层因贫困与不平等而被排斥在政治领域之外，无法合法地、有规律地参与常规政治并获得效能感时，这是

① “镀金时代”指美国在南北战争和“进步时代”之间的所谓资本主义全盛时期，经济快速扩张，财富突飞猛进，大致时间是从 1877 年到 1893 年。

② “咆哮的二十年代”指美国 20 世纪 20 年代的经济繁荣时期，被称为“历史上最为多彩的年代”，戏剧性的是，这一时期最后以 1929 年的大灾变而宣告终结。

③ Kevin Philips, *Wealth and Democracy: A Political History of the American Rich*, New York: Broadway Books, 2002, pp. 294, 418.

④ 迈克尔·桑德尔著，曾纪茂译：《民主的不满：美国在寻求一种公共哲学》，南京：江苏人民出版社，2008 年版，第 396 页。

⑤ 亨利·乔治著，吴良健、王翼龙译：《进步与贫困》，北京：商务印书馆，2017 年版，第 14 页。

危机隐伏的时刻，因为他们一旦主动或被动地参与政治时，通常会释放极具破坏性的巨大能量。

“把理论上人人平等的政治制度建筑在非常显著的社会不平等状况之上，等于把金字塔尖顶朝下竖立在地上”①，这样的金字塔终有倒下的那一天。对于不满与焦虑的民众来说，无论是选择沉默或是抗议，他们都参与了一场民粹主义的大众政治中，这场激进甚至极端的政治运动掀起了对建制派、权威精英的严厉批判，成为一种对“不平等的民主”的修正运动。2008 年全球金融危机之后的欧美诸国见证了不断升级的经济不平等对既有政治与社会秩序的破坏，不平等问题同时在左右两翼刺激了民粹主义的反抗政治，左翼民粹主义在传统的阶级政治角度声讨了贫富分化的加剧，但是更猛烈的冲击来自右翼民粹主义、民族主义等反全球化的保守主义运动，这些运动侵蚀西方民主国家的社会结构，加剧了政治分化，带来了严重的治理危机和合法性危机。

五、不平等问题的实证考察：以美国为例

在人类文明进程中，不平等是一种古老而深刻的体验，围绕不平等的政治经济斗争从来都是尖锐的、残酷的甚至是血腥的，见之于各国历史上无数的运动、战争与革命。美国的不平等问题之所以引人注目，既源于历史上印第安人、黑人的坎坷命运，也在于当前高度发达与极端不平等现象的奇异共生。早在建国之初，“人人生而平等”便作为共和主义的核心价值写进了美国的建国文献和国家神话里，成为推动美国进步发展的历史动力。然而，在此后近 250 年的国家发展中，美国却成长为一个有着两副不同面孔的自由民主“典范国家”，一方面，它是世界上最富裕、最发达和最有创新性的资本主义国家；另一方面，它又是发达国家中经济不平等问题最突出的国家，不仅财富集

① 亨利·乔治著，吴良健、王翼龙译：《进步与贫困》，北京：商务印书馆，2017 年版，第 17 页。

中最严重，而且贫困率、婴儿死亡率、自杀率和艾滋病感染率也是最高。截至2023年，美国最富有的1%的人所拥有的财富超过了美国近80%人口所拥有的财富。[①] 与此同时，美国有530万人“按全球标准来看处于绝对贫困”[②]，诺贝尔经济学奖得主安格斯·迪顿认为，数百万美国人面临的苦难，“无论是拮据的物质状况还是恶劣的健康状况，都与非洲和亚洲的穷人一样，甚至更糟”[③]。

一直以来，这样一个极具冲突性的双面美国一直是社会科学家们深感困惑并竭力探求的对象。亨利·乔治早在19世纪80年代就已经对美国的“进步与贫困”现象进行了深入观察，他认为，在美国这个物质进步已经达到相当程度的国家，在最巨大的丰足中到处可见赤贫，很难说是局部的原因。[④] 亨利·乔治提出的问题被20世纪以来的学者不断讨论，形成了政治学、经济学和社会学等方面数量惊人、影响深远的研究成果。匈牙利经济史学家卡尔·波兰尼（Karl Polany）的经典之作《大转型：我们时代的政治与经济起源》从整个欧洲文明的角度揭示了自我调适的自由市场的内在缺陷，预言了市场经济对人、自然、生产组织的严重破坏及其悲剧性社会后果和国家干预的必要性，[⑤] 卡尔·波兰尼的研究对于分析美国在21世纪面临的政经困境有重要的参考价值。迈克尔·桑德尔从政治哲学的角度讨论了经济与德行、自由劳动与工资劳动、进步主义、自由主义与凯恩斯革命等重要议题，认为美国的福利国家在政治上是脆弱的，从“进步时代”到“新政时代”，再到“伟大社会”的改革时代，美国的国家化计划只取

---

① 威廉·J. 巴伯二世、乔纳森·威尔逊-哈特格罗夫著，崔传刚译：《白人贫困》，北京：中信出版社，2025年版，第10页。

② Angus Deaton, “The U. S. Can No Longer Hide from Its Deep Poverty Problem”, *The New York Times*, January 24, 2018.

③ Angus Deaton, “Price Indexes, Inequality, and the Measurement of World Poverty”, *American Economic Review*, Vol. 100, No. 1, 2010, pp. 5-34.

④ Henry George, *Progress and Poverty*, New York: Robert Schalkenbach Foundation, 2006.

⑤ Karl Polany, *The Great Transformation: The Political and Economic Origins of Our Time*, Boston: Beacon Press, 1957.

得了部分的成功。[①] 罗伯特·达尔的理论兴趣在于政治平等、经济民主等议题，他将平等权视为政治参与必须拥有的政治资源，认为一个发达民主国家的政治不平等是由经济资源、地位和机会，以及知识、信息和认知能力等方面的分配造成的。[②] 托马斯·斯坎伦对收入不平等、地位不平等及程序公平、实质机会等问题进行了哲学讨论，认为再分配政策可以在很大程度上满足平等关切的需要。[③]

在经济学家那里，经济不平等背后的市场失灵、政府失灵、体制不平等、竞争不公平等议题更受关注，在社会选择理论、福利经济学和分配伦理学方面有杰出贡献的阿马蒂亚·森（Amartya Sen）提出了关于不平等问题的著名观点，他认为，不平等导致的阶层分化越来越被现代社会所不容，但解决该问题还是要从如何测度不平等开始。[④] 约瑟夫·斯蒂格利茨反思了市场与政治的关系，认为市场并没有发挥应有的作用，政治体制也没有纠正市场失灵，经济体制和政治体制的不公平造成了繁荣的脆弱性和难以避免的掠夺行为。[⑤] 2008 年全球金融危机发生后，托马斯·皮凯蒂提出了一个备受关注的激进观点，即在资本回报率高于经济增长率的当代，贫富不均是资本主义固有的东西，要彻底铲除严重的经济不平等现象，则要在全球范围内对富人征收累进税来保护民主社会。[⑥] 莫妮卡·普拉萨德（Monica Prasad）试图回到亨利·乔治的主题，讨论了美式富足与贫困的悖论，认为美国政府干预的传统由来已久且非常强大，但仍然没能遏制居高不下的贫困

---

① Michael J. Sandel, *Democracy's Discontent*, Boston: Harvard University Press, 2012.

② Robert Alan Dahl, *Democracy and Its Critics*, New Haven: Yale University Press, 1989.

③ Thomas M. Scanlon, *Why Does Inequality Matter?* London: Oxford University Press, 2018.

④ Amartya Sen, *On Economic Inequality*, Oxford: Oxford University Press, 1973.

⑤ Joseph E. Stiglitz, *The Price of Inequality: How Today's Divided Society Endangers Our Future*, New York: W. W. Norton&Company, 2013.

⑥ Thomas Piketty, *Capital in the Twenty-First Century*, Cambridge, London: The Belknap Press of Harvard University Press, 2014.

率。[①] 显然，关于不平等问题的规范研究和经验研究远不止上述这些，关于美国的高度发达与极端不平等的学术讨论也从来没有停止，相关学术成果可谓汗牛充栋。[②] 然而，丰富的学术成果并不意味着这一问题的讨论可以终结，由于问题本身的极端复杂与长期未解，继续讨论的意义显然易见。

2008 年以来，随着全球金融危机、茶党运动、“占领华尔街”运动的相继发生，以及桑德斯的民主社会主义和特朗普的极端保守主义对美国思想市场的分化，美国在平等问题上的内在矛盾性引起了更广泛的关注和讨论，著名的“达尔之问”也有了继续讨论的必要。早在 1961 年，罗伯特·达尔曾发出质问：在一个成年人几乎均可参与选举，但知识、财富、社会地位、担任政府官职的机会及其他资源都不平等分配的政治系统中，到底是谁在进行统治？[③] 是的，到底是谁在统治？在美国的选举政治已蜕变为财阀政治的事实面前，答案清晰明确。然而，如果不是人民在真正统治，如何理解当今美国的民主政治？美国人引以为傲的政治平等在经济不平等的重压下所剩几何？思考美国的不平等现象及其背后的再分配之争，可以探知当前美国右翼民粹主义的复兴根源和自由民主的真实面相。

在美国社会中，“美国梦”是一个关于机会平等的信念，它曾经鼓励无数美国人努力奋斗争取成功。在美国人的传统观念中，他们相信“我们所有人都生而平等，之后则要看我们自己了”，在“生而平等”

---

① Monica Prasad, *The Land of Too Much: American Abundance and the Paradox of Poverty*, Boston: Harvard University Press, 2012.

② 这方面的重要著作还包括：Larry M. Bartels, *Unequal Democracy: The Political Economy of the New Gilded Age*, Princeton: Princeton University Press, 2008; Keith Payne, *The Broken Ladder: How Inequality Affects the Way We Think, Live, and Die*, New York: The Viking Press, 2017; Don Watkins and Yaron Brook, *Equal is Unfair: America's Misguided Fight Against Income Inequality*, New York: St. Martin's Press, 2016; Walter Scheidel, *The Great Leveler: Violence and the History of Inequality from the Stone Age to the Twenty-First Century*, Princeton: Princeton University Press, 2017。

③ Robert Alan Dahl, *Who Governs? Democracy and Power in an American City*, New Haven: Yale University Press, 1961, p. 1.

的信仰面前，许多美国人视经济不平等为自然和不可拒绝之事，“整体上，美国人更不在乎不平等——明显的贫富差距——但更在乎机会和成就：人民进步了吗？”[①] 虽然平等价值始终是官方意识形态的重要构成，但是经济机会和自力更生受到更大的推崇，詹妮弗·霍克希尔德（Jennifer L. Hochschild）认为，美国人把政治自由定义为严格的平等，但把经济自由定义为拥有变成不平等的平等机会。[②] 在美国人的自由观念中，财富上的某种不平等是刺激经济发展的合理现象，不平等来自个人自由的合法运用，试图减少不平等被认为是对这些自由的不正当干涉。

然而，这种对自由的传统信念受到了日益严重的经济不平等的重击。在美国历史上，不平等是资本主义发展和财富集中过程的必然产物，但是19世纪末以来，美国的不平等状况已经大大超出了许多人认为合理或道德上可以接受的范围。托马斯·皮凯蒂概括了美国财富集中的四个历史阶段，揭示经济不平等在美国的演变轨迹：第一，19世纪末至1910年，资本主义的繁荣带来惊人的财富集中问题，最富有的10%的人群占有总财富的80%，其中，最富有的1%的人群占有总财富的45%。第二，1910—1950年，政府开始倡导对高额财富征收高额累进税、对高收入征收累进所得税，财富不平等逐步下降。第三，1950—1980年，贫富差距继续得到控制，最富有的1%的人群的财富比重降到30%左右，穷人和富人都分享了经济增长的收益，家庭实际收入都增加1倍。第四，1980年以后，美国贫富差距再次扩大并在程度上接近第一阶段。[③] 如将前10%人群的收入（区别于财富占有）在国民收入中的占比作为依据，把这四个阶段串连起来，便形成一幅经

① Robert J. Samuelson, "Indifferent to Inequality?", *Newsweek*, May 7, 2001, p. 45.

② Jennifer L. Hochschild, *What's Fair? American Beliefs About Distributive Justice*, Cambridge: Harvard University Press, 1981.

③ Thomas Piketty, *Capital in the Twenty-First Century*, Cambridge, London: The Belknap Press of Harvard University Press, 2014, pp. 347-350.

典的反映美国经济不平等变化轨迹的正 U 形曲线，见图 1。①

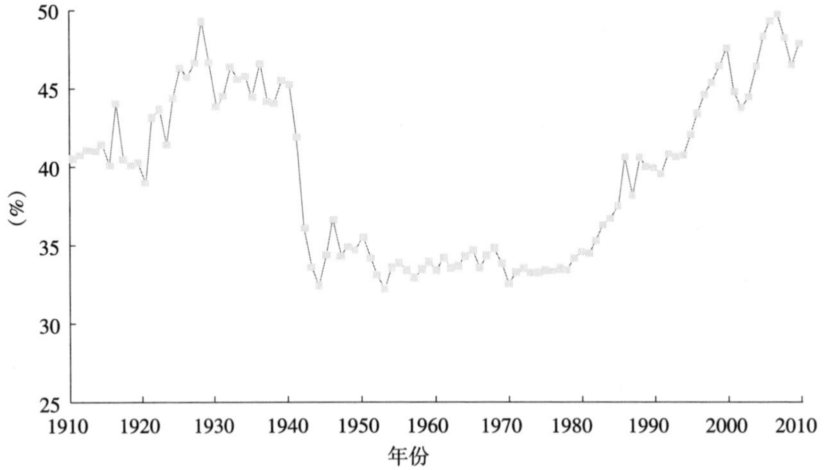

图 1　1910—2010 年美国经济不平等变化轨迹

资料来源：Thomas Piketty, *Capital in the Twenty-First Century*, Cambridge, London: The Belknap Press of Harvard University Press, 2014, p. 24。

在美国这部财富集中史中可以看到，第一个经济不平等高峰期出现在 19 世纪下半叶到 20 世纪初，这一时期又被称为美国的“镀金时代”，是美国的自由资本主义开始向垄断资本主义过渡的高速发展时期，垄断资本通过银行、铁路、机器制造等行业控制国家政策，大量财富开始积聚在少数的资本家和大财团手中，伴生的政治腐败如政党分赃和裙带主义十分严重，在此背景下，深受其害的西部和南部农场主愤而发动了美国的第一次民粹主义运动——人民党运动。这场运动不仅开启了美国的“进步时代”，也将反不平等的民粹主义诉求镶嵌进 20 世纪美国的社会运动史。进入 20 世纪后，随着“咆哮的二十年代”

① 诺贝尔经济学奖获得者西蒙·库兹涅茨(Simon S. Kuznets)是研究美国收入差距的先驱，他在 20 世纪 50 年代提出了一套将收入不平等程度与经济发展相关联的理论，并建构了一个倒 U 形曲线模型(Inverted U Curve)，又称“库兹涅茨曲线”(Kuznets Curve)，用以描述收入不平等程度随着强烈的经济增长首先上升然后下降的观点，这一理论在 20 世纪下半叶具有非常大的影响力。

的到来，在高速发展的工业化浪潮中，美国继续深陷严重的经济不平等和政治腐败之中，根据罗伯特·普洛特尼克（Robert D. Plotnick）等学者的推算，美国基于家庭收入的基尼系数在1913—1939年间的绝大多数年份都处在危险的0.57以上，[①] 极端严重的经济不平等最后演化为1929年的经济大危机。为了应对经济危机，30年代的“罗斯福新政”开启了再分配、政府干预和福利国家等激进政策在美国的首次实践，并在第二次世界大战的背景下，引入诸如工会化、政府干预私人部门工资的制定和高度累进的收入和财富税等关键的平等化机制。[②] 由于战争和新政的影响，美国在1939—1949年间进入了所谓“大压缩时代”，经济不平等现象大大缓解。二战后，美国的收入差距继续缩小，不平等问题有所缓解，并在60年代获得了最强劲的政策动力，1965年，约翰逊推出“伟大社会”计划和“向贫困宣战”计划，延续了罗斯福政府在1935年出台的《社会保障法》的福利制度导向。就结果而言，“1947—1973年，收入排在全国前20%的人收入增长了84.8%，广义的中产阶级（收入排全国前60%的群体）收入增长了99.4%，低收入者的收入水平增长最快，达到116.1%”[③]。这20多年间，美国的收入和财富分配差距大幅缩小，中等收入阶层扩大，贫困家庭越来越少，“中产阶级美国”开始形成。正是由于“镀金时代”和“咆哮的二十年代”的极端不平等，引发了“进步时代”、“新政时代”和“大压缩时代”的制度变革，使得美国成为某种程度的福利国家。

美国的第二个经济不平等高峰期开始于新自由主义主导经济全球化之后，其顶峰时期大约是2008年全球金融危机到2011年“占领华尔街”运动期间。凯文·菲利普斯（Kevin Philips）认为，最近30年的美国与之前资本主义全盛时期的“镀金时代”和“咆哮的二十年

---

① Stanley L. Engerman and Robert E. Gallman, *The Cambridge Economic History of the United States (Volume III)*, London: Cambridge University Press, 2000, p. 253.

② Walter Scheidel, *The Great Leveler: Violence and the History of Inequality from the Stone Age to the Twenty-First Century*, Princeton: Princeton University Press, 2017, p. 423.

③ Bernie Sanders, *Our Revolution*, New York: St. Martin's Press, 2016, p. 209.

代”在经济和政治上有着种种相似之处，如经济上的“生意兴隆、企业家主义的盛行和自由企业的成就斐然”和“财富集中、经济极化和不平等水平的不断提高”，政治上的“保守主义政治和意识形态”“对政府的怀疑主义”“税收减少或免除，特别是对大企业、个人所得或遗产”等方面。[①] 这些相似的政治经济条件，既创造了自由资本主义的经济繁荣和巨大的社会财富，又导致了同样严重的经济不平等问题。拉里·巴特尔斯把经济不平等大幅升级而资本主义经济飞速发展的过去30年称为新“镀金时代”，暗示美国在财富分配和社会平等问题上正在倒退回“镀金时代”，他认为在这个新的不平等时代里，一种最具美国特色的现象是高度发达与高度不平等的同时存在，“美国工人忍受着对工资的压榨、福利的损失和工作保障的缩水；但他们确实比乌干达和秘鲁的工人更为富裕”[②]。从数据来看，在收入差距方面，美国的收入差距在2008年全球金融危机前已呈爆发式扩大，美国收入前10%的人群掌控的在国民收入占比重新达到了20世纪初期的水平，大约为45%—50%，比20世纪40—70年代高出10个百分点，到了2012年，这一比例达到52%，达到了历史高点。在财富差距方面，20世纪美国财富集中度的下降非常有限，进入21世纪后，前10%人群的财富比重从80%降到70%。2010年，前10%人群的财富比重超过了70%，前1%人群的财富比重达到了35%。[③] 到了2016年，收入分布前20%人群拥有77%的家庭财富，是中产阶级的三倍多。在基尼系数方面，美国的不平等指数从1970年的0.41上升到2011年的0.52，远远超过了警戒线，[④] 而在特朗普上台后的2017年和2018年，美国的基尼系数仍达

---

① Kevin Philips, *Wealth and Democracy: A Political History of the American Rich*, New York: Broadway Books, 2002, p. 297.

② Larry M. Bartels, *Unequal Democracy: The Political Economy of the New Gilded Age*, Princeton: Princeton University Press, 2008, p. 3.

③ Thomas Piketty, *Capital in the Twenty-First Century*, Cambridge, London: The Belknap Press of Harvard University Press, 2014, p. 349.

④ Walter Scheidel, *The Great Leveler: Violence and the History of Inequality from the Stone Age to the Twenty-First Century*, Princeton: Princeton University Press, 2017, p. 409.

到0.482和0.485。

当前美国的不平等问题在严重程度上可与“镀金时代”和“咆哮的二十年代”相提并论，但是它又具有新自由主义和经济全球化的当代特色，这是因为社会资本回报率远高于劳动回报率以及平均的实际经济增长率所应导致的回报率。保罗·克鲁格曼认为，政府应为严重的经济不平等负主要责任，因为“从1980年以来，美国政府的政策都以牺牲工人家庭为代价，始终如一地偏袒富人。……从偏袒富人的减税到惩罚背运者的破产‘改革’，几乎每项国内政策似乎都意在加快我们退向强盗资本家时代的步伐”①。经过近40年的发展，美国不仅成为一个注重劳动创新收入的“超级明星社会”，制造了前所未有的劳动收入差距，更成为一个靠财富继承翻滚资本雪球的“超级世袭社会”，财富分配正以无可阻挡的惯性集中于富裕阶级。2016年大选中，桑德斯之所以有机会将社会主义的议题重新带回美国政治并掀起一股左翼民粹主义的浪潮，正是美国不可遏制的贫富分化所致，特朗普鼓动的右翼民粹主义之所以得到中下层白人的支持，也是充分利用了贫困和失业等议题的结果。

第二节　文化根源：多元文化主义与身份政治

近年来，关于全球化与右翼保守主义浪潮复杂联系的研究在深度和广度上已有丰硕成果。在对21世纪世界政治变迁有显著影响的重要变量中，经济因素及其背后的贫困与不平等问题首先引起了高度关注和广泛讨论；与此同时，文化因素及其背后的身份政治、族群认同问题也被不断揭开，一些自由派学者如弗朗西斯·福山（Francis Fukuyama）和马克·里拉（Mark Lilla）等人率先从身份政治的角度对全球化的危机和右翼民粹主义的兴起进行了文化反思。这些反思所隐

① Paul Krugman,“Losing Our Country”,http://www.nytimes.com/2005/06/10/opinion/10krugman.html.

含的意图在于，要追溯西方政治日益右转的文化根源，一定绕不开身份政治。虽然从宏观视野解释政治变迁时，身份并非总是处于核心地位，诸如“一切政治都是身份政治”① 之类的论断也存在夸大文化因素影响力的问题，但是，身份对于政治的强大解释力无法否认。“身份是意识形态的原型”②，这一特质赋予身份以政治潜能。

一、多元文化主义与身份政治的生成

政治的问题到底是由经济因素还是由文化（或身份）因素决定的，抑或是由某种整体性、结构性因素决定的，人们从来没有得到过统一答案。总体上说，20 世纪的世界政治被认为由经济问题决定，战争、革命与社会运动无不肇启于经济斗争，左翼关注工人、工会和再分配，右翼关注缩小政府规模、扩大市场自主，但是，从文化的维度看阶级政治，它又何尝不是一种广义的身份政治呢？在 21 世纪的今天，认知似乎发生了倒转，越来越多的人相信政治在很多情况下是由身份问题决定的，但是他们同样无法忽略经济因素这个根本性的前置条件。因此，经济、文化或其他单一因素都无法充分解释政治的发生与变迁。

21 世纪以来西方政治的重要特征之一与其说是极端保守主义的复兴，不如说是以身份为核心的、由左翼的文化政治反向激发的右翼政治思潮，它使得以身份为议题的政治日益对抗、极化，不断侵蚀自由民主的文化根基。要理解这种戏剧性的政治经验，固然需要考虑全球化、新自由主义等经济因素的影响，但是更需要重新回到文化的维度上，探究身份、身份意识及身份政治的历史性变迁，追溯西方政治极化和碎片化的文化根源。

自我认同的追求与身份群体的形成是现代性政治的前提条件。现

---

① Ann Friedman, "All Politics is Identity Politics", *The American Prospect*, Vol. 27, No. 7, 2010, p. 29.

② Theodor W. Adorno, *Negative Dialektik*, Berlin: Suhrkamp, 1966, p. 151.

代性政治以平等、自由、民主为价值基础，在历史维度下看，它的起点并不是以生物性、文化性特征为基础的身份政治，而是经济性、社会性的阶级政治。18世纪60年代的西方工业革命奠定了资产阶级的支配地位，资本主义制度加速了物质文明的演进，也制造了前所未有的经济不平等，劳工阶级反抗资产阶级压迫的阶级斗争赋予现代性政治以激进性和革命性。安东尼·吉登斯在思考现代性发展的正向动力时，提出了“解放政治”的概念，将其定义为“一种力图将个体和群体从对其生活机遇有不良影响的束缚中解放出来的观点”，或者说是一种从剥削、不平等或压迫中解放出来的政治追求，安东尼·吉登斯认为，解放政治包含两个要素，一个是力图打破过去的枷锁，因而也是一种面向未来的改造态度；另一个是力图克服某些个人或群体支配另一些个人或群体的非合法性统治。[①] 激进的解放政治具有鲜明的左翼性质，涵盖了阶级政治和身份政治两个历史阶段，前者接受了马克思主义的思想指导，兴盛于18世纪末到20世纪上半叶；后者受到了自由主义的价值形塑，初现于20世纪六七十年代并延续至今。

解放政治从关注阶级的经济平等到关注身份的文化平等，反映了西方左翼运动思考不平等问题的转变。当左翼政党通过马克思主义的视角来看待不平等时，重大斗争是经济性的并发生在资本家和无产阶级之间。1941年，乔治·奥威尔（George Owell）曾这样描述英国的社会主义革命：“普通民众要有奋起反抗的意识，反对低效率、阶级特权、陈旧的规则……英国政府应该是代表人民意愿的，如果我们从底层出发改变结构，就可以得到一个我们需要的政府。”[②] 虽然乔治·奥威尔的立场是改良主义的，但他不反对英国来一场革命，只是不要那种需要“红旗和巷战”的无产阶级革命，而要一场针对贵族特权阶级

① 安东尼·吉登斯著，赵旭东等译：《现代性与自我认同》，北京：生活·读书·新知三联书店，1998年版，第273—274页。

② 乔治·奥威尔著，董乐山等译：《狮子与独角兽》，北京：北京燕山出版社，2015年版，第189页。

的“移交权力”的革命。这种改良性质的阶级政治在战后西方国家的福利政策中得到了部分的实践。在美国，工作机会均等成了战后最热门的话题。1961年，美国总统肯尼迪就职不到两个月便成立了一个“机会均等委员会”，旨在消除政府部门和私人企业在用人过程中可能存在的任何形式的歧视。

然而，当一些被主流社会边缘化的身份群体不断提出社会文化方面的认同需求时，尤其是当中产阶级逐渐壮大、左翼政党判断劳工阶级面临的不平等问题在旺盛的资本主义经济中得到了解决时，左翼政党开始与劳工阶级脱离联系，不平等理论开始关注妇女、少数族裔和其他弱势群体的权利问题。在20世纪70年代的西方政治舞台上，为了争取更广泛的政治联合，“各派别的政治人物倾向于吸引最广泛的选民而不是特定的阶级，不平等被定义为社会问题而非阶级问题”①。左翼政治议程对文化性身份政治的兴趣已压倒民族性和阶级性议题，战后出现的通过促进经济增长和满足消费社会的需求来解决分配性问题的福利国家开始衰落。因此，虽然阶级政治消退了，但是左翼的解放政治并没有终结，它转向受到主流权力压迫和排斥的其他群体。在70年代的新社会运动中，身份概念最终“被有效地用来制定可行的目标并动员起参与者”②，而新社会运动成为“建立在身份认同基础上的、反对权力控制的斗争”③。根据安东尼·吉登斯关于自我的反思性建构的观点，与其将身份政治归之于广义的解放政治，不如说成是生活政治更为准确，即更适合于理解为一种“与当地和全球的辩证法以及现代性的内在参照系统的兴起相关联的自我实现的政治”④。作为生活政

① Wendy Bottero, “Class in the 21st Century”, in Kjartan Pall Sveinsson, ed. *Who Cares About the White Working Class*, London: The Runnymede Trust, 2009, pp. 11-12.

② 玛丽·莫兰、宁艺阳、陈后亮：《身份和身份政治：文化唯物主义的历史》，载《国外理论动态》，2019年第1期，第40页。

③ Colin Barker, *Marxism and Social Movements*, London: Blackwell Publishing Ltd., 2013, p. 259.

④ 安东尼·吉登斯著，赵旭东等译：《现代性与自我认同》，北京：生活·读书·新知三联书店，1998年版，第273—274页。

治的解放政治，关注个体和群体意义上的人的自我实现，表面上看是少数群体要从不平等的文化关系中寻求解放，实质上是从自我反思或自我认同中解放天性，争取差异性的身份权利，在这个意义上说，身份政治既是形式上的解放政治，更是实质上的生活政治。

在战后工人运动式微的背景下，首先兴起的黑人民权运动和妇女解放运动包含着种族和性别差异的身份元素，但是将它们视为身份政治的起点并不完全准确，因为这两场运动使用的都是公民身份的话语，针对的是公民身份权利在法律上的偏失和在实践中的轻忽，目标旨在争取完整的、平等的公民身份权利。艾丽斯·杨（Iris Young）指出，自由主义的公民身份主张掩盖了各种不平等的权力关系，也掩盖了这样一种事实，即公民身份是根据特殊社会身份即白人男性的利益而界定的，同时也是为了维护他们的利益的。[①] 早期的黑人民权运动和妇女解放运动力图打破这种由白人男性定义的权力关系，寻求平等的公民待遇，从根本来说有助于西方国家完善公民身份制度，但并不完全等同于自由主义的多元身份政治。查尔斯·蒂利认为，妇女谋求公民身份权利的斗争远比劳工阶级的经济斗争要成功，“欧洲工人为了工作权利反复诉求，没有一项在任何一个资本主义国家对公民的法令中得到完全实现。相反，妇女诉求政治参与已经获得相当的成功”[②]。与此相似，黑人运动经过艰苦卓绝的斗争也取得了显著的成果，马丁·路德·金领导的黑人民权运动至少在法律和制度层面取得了胜利。在基本的公民身份权利已得到制度性保障的情况下，以种族、性别、性取向等为议题的多元身份政治在某种意义上说是在继续完成黑人民权运动和妇女运动未竟的使命，即在文化与社会层面追求平等和尊严。在多元文化主义的影响下，身份政治最后成了一种张扬个性解放和维护

① Iris Young, *Justice and the Politics of Difference*, Princeton: Princeton University Press, 1990, p. 110.

② 查尔斯·蒂利著，谢岳译：《身份、边界与社会联系》，上海：上海人民出版社，2021 年版，第 242 页。

差异权利的新政治，这种以多元身份认同为中心的新政治以 1977 年的《康比河公社宣言》为起点。

20 世纪 70 年代兴起的身份政治标志着左翼的解放政治从经济决定论向文化与意识形态决定论的转向，阶级政治采取的经济斗争与集体行动随之转向个人化、群体化的分散斗争，反抗的目标也从经济压迫转向社会歧视。为这种政治转向提供思想武器的正是自由主义的文化立场——多元文化主义。在 20 世纪 80 年代开启的全球化进程中，新自由主义与多元文化主义的组合造就了一个经济一体化而文化碎片化的世界，21 世纪右翼政治的复兴正是全球化时代经济与文化焦虑共同作用的结果。自由主义是多元文化主义的价值基础，如以塞亚·伯林（Isaiah Berlin）的多元自由主义、约翰·罗尔斯《正义论》中的差异原则都可以为多元文化主义提供价值解释，而威尔·金里卡（Will Kymlicka）的自由多元文化主义理论则致力于使多元文化主义成为自由主义民主政治的有机构成部分，同时回答了国家视野下如何处理族群多样性和文化多元性的问题，比如族群共同体（国家）形成、动员和冲突的原因，多族群社会发展民主所需要的国家战略、制度和政策等，在威尔·金里卡的讨论中，身份政治是一个非常重要的主题。① 而反过来看，多元文化主义又是自由主义的文化主张、文化立场，它为身份政治的兴起与发展提供了丰富的思想资源。多元文化主义这个词汇最先在加拿大开始使用，也最先在加拿大进入政策领域开始实践，它的核心观点是，普遍价值可以在不同的文化当中以不同的形式来实现，而且每一种文化都是值得尊重的。② 约瑟夫·拉兹认为，多元文化主义首先不是一种道德理论或政治理论，而是重申某种社会敏感的标志，它的出现意味着在同一个政治社会当中共存着许多大的文化群体，

---

① Avigail Alcoff and Will Kymlicka, eds. *Identity Politics in the Public Realm*, Vancouver: UBC Press, 2011.

② Joseph Raz, *Ethics in the Public Domain, Essays in the Morality of Law and Politics*, Oxford: Clarendon, 1994, pp. 120, 179; Joseph Raz, *The Morality of Freedom*, Oxford: Clarendon, 1986, p. 265.

这些文化群体希望并且在原则上能够保持他们独特的身份。[①] 现代国家成长过程中出现了越来越多的文化群体（基于种族、性别、性取向、地方、宗教等差异），保障多元文化的空间和权利至关重要，多元文化主义重视并保护文化多样性，不仅表达了进步主义的善意和道德关怀，更影响着重大历史事件的发展趋势。

阿马蒂亚·森认为，能否公正地评价多元文化主义，主要依据来自不同文化背景的人们在多大程度上被允许“自行其是”，或者依据他们可以在多大程度上通过在一个国家内接受教育、参与公民活动和政治经济过程而有效地作出理性选择。[②] 正是在自由主义和多元文化主义共同营建的价值基础上，身份政治不仅成为文化领域的政治正确，更成为西方左翼运动、自由派阵营的政治主张和政治工具。弗朗西斯·福山认为，西方左翼之所以接受多元文化主义，是因为制定可能导致大规模社会经济变革的政策更加困难了，[③] 而针对特定身份群体的政策变革则大有作为。到了20世纪末，随着社会民主党向右转并与保守派在新自由主义的目标下实现和解，西方左翼政党在多元文化主义的影响下，改变了政治策略，他们从阶级政治中退缩出来，削弱了大规模社会改革的志向，不再为劳工阶级谋福利（或者认为不再需要），也不再信守经济平等和福利普适的原则，他们开始关注被边缘化的少数群体，致力于争取对特殊予以承认的差异政治。在高度分化的现代社会，“个体部分地是由其群体归属和关系构成的，因而不可能是统一的，而是异质的和不连贯的”[④]。因此，多元文化主义的身份政治关注多重群体身份之间文化、观点、特点与压迫关系的分殊，有其特定的政治与

---

① Joseph Raz, “Multiculturalism”, *Ratio Juris*, Vol. 11, No. 3, September 1998, pp. 193-205.

② 阿马蒂亚·森著，李风华、陈昌升、袁德良译：《身份与暴力：命运的幻象》，北京：中国人民大学出版社，2013年版，第121页。

③ 弗朗西斯·福山著，甄成、张涂译：《信念式国民身份——应对身份政治带来的民主危机》，载《国外社会科学前沿》，2019年第11期，第26页。

④ 艾丽斯·M.杨著，李诚予等译：《正义与差异政治》，北京：中国政法大学出版社，2017年版，第57页。

社会条件。

然而，多元文化主义从一开始就遭到民族主义的严重挑战。民族主义者相信共同的民族性是决定政治共同体生存能力的必要条件，但多元文化主义不利于建立在共同文化甚至血统基础上的民族性的形成。21世纪以来，西方国家内部族群矛盾日益严重，恐怖主义、极端主义、种族主义事件频频发生，在主流社群中，以反移民、反全球化为主题的逆向身份政治大行其道。得到主流社群支持的右翼保守势力不断挑战自由主义建制派所构建的政治正确，质疑多元文化主义是否已走得太远。民族主义的重新抬头与不断壮大，从文化意义上说是多元文化主义理念与政策的副产品。2005年，英国学者贝特·叶奥（Bat Ye'or）出版《欧拉伯：欧洲-阿拉伯轴心》[①] 一书，触动了许多欧洲人的敏感神经。欧拉伯（Eurabia）一词是欧洲（Europe）和阿拉伯半岛（Arabia）组合，作者用来描述一种令人担忧的臆想中的欧洲未来，但正切中了主流社群的身份忧虑，他们担心大量的阿拉伯人进入欧洲，会在文化、宗教上极大地破坏白人群体传统的文化与优势地位。到了2016年的美国，特朗普的大批支持者也通过他们的选票表达了类似的担忧。2010年前后，德国总理默克尔、英国首相卡梅伦、法国总统萨科齐纷纷发表讲话，宣布各自国家的多元文化主义政策失败。2011年2月，卡梅伦在慕尼黑安全会议上发表演讲，反思英国的多元文化主义实践，认为“我们鼓励不同文化各自为战，彼此孤立也孤立于主流社会，我们没能提供一个使他们产生归属感的社会愿景，我们甚至容忍这些处于隔离状态的社群以完全违背我们价值的方式运行，结果是产生了一大堆双重标准”[②]。在法国，穆斯林文化与法兰西价值的对立关系长期困扰着法国社会，在国民阵线等极右翼政党的冲击下，多元

---

① Bat Ye'or, *Eurabia: The Euro-Arab Axis*, Lanham: Fairleigh Dickinson University Press, 2005.

② David Cameron, "PM's Speech at Munich Security Conference", https://www.gov.uk/government/speeches/pms-speech-at-munich-security-conference.

文化主义主张逐渐失去原有的社会基础，法国政府甚至尝试回到同化政策的轨道上来。然而，正像英国左翼学者埃里克·霍布斯鲍姆（Eric Hobsbawm）所说的，自由主义者的左翼政治并没有走出一条更广泛的政治联合之路，因为“少数相加不等于赢得多数”[①]，过度运用的多元文化主义没有真正实现少数群体的政治目标，反而导致了以维护多数族群的利益与地位为诉求的逆向身份政治。

二、新社会运动与左翼身份政治的歧途

如前所述，从 19 世纪中叶到 20 世纪中叶的 100 年间，身份政治作为一种新兴政治现象，与劳工运动、左翼政治事实上是合二为一的，更强调政治斗争中身份的阶级性与经济性。克莱格·卡洪（Craig Calhoun）认为，19 世纪中叶的欧洲工人运动已具有了现代身份政治的特征，马克思从经济制度和生产活动中抽象出劳工阶级的共同身份，这些经济身份比起职业、技能、宗教、民族等方面的身份更具有决定性意义。[②] 但是，作为一个政治性与文化性兼具的术语，身份政治一词的正式问世晚至 20 世纪六七十年代的新社会运动，“身份政治一开始就是由新社会运动所界定，其产生也是新社会运动的缘故”[③]。传统社会运动以阶级政治和经济斗争为主题，关注“劳动和社会贫困”，但新社会运动关注“承认和话语陈述”，身份政治作为一种文化主义运动开始成为新社会运动的主题。[④] 这场新社会运动发生于 20 世纪 60 年代的西欧和美国，包括女权主义运动、黑人民权运动、同性恋解放运动、

① Eric Hobsbawm, "Identity Politics and the Left", *New Left Review*, Vol. I/217, 1996, pp. 38-47.

② Craig Calhoun, "New Social Movements of the Early Nineteenth Century", *Social Science History*, Vol. 17, No. 3, 1993, p. 393.

③ J. Weeks, "The Value of Difference", in Jonathan Rutherford ed. *Identity: Community, Culture, Difference*, London: Lawrence & Wishart, 1990, p. 88.

④ Linda M. Alcoff, *Identity Politics Reconsidered*, New York: Palgrave Macmillan, 2006, p. 49.

印第安人独立运动、学生反战运动、环境保护运动等一系列社会反抗运动，运动的参与者们公开表明自己从属于某一特定的社会身份群体，反对政府机构和主流群体对于本群体的歧视和压迫，要求获得认可、尊重和平等待遇。少数群体的身份问题困扰西方政治已久，新社会运动的发生为这些少数群体争取身份平等权提供了发声机会，身份政治的概念也从此走入西方国家的公共生活。

美国是新社会运动的主战场之一，美国左翼自由派人士在运动中打出了“个性即政治”（The Personal is Political）的口号，试图重塑美国政治争论的话语，争夺文化主导权，并且发展出族群、性别、性取向等三项身份政治的核心议题，[①] 推动了女性主义、后殖民主义、话语理论等领域的理论建构。客观地看，新社会运动掀起了世界性左翼激进政治的新浪潮，它的历史进步性显而易见，要求国家和主流文化关注少数群体和尊重差异性。在美国，边缘群体获得了更多的政策关怀和更有力的法律保护，有更多的机会和更多的选择，可以理直气壮地要求社会像对待主流群体那样对待他们，或者要求尊重他们与主流群体的差异，保持他们希望拥有的身份。新社会运动为美国社会带来强烈的、进步主义的左翼气息，整个社会的平等性和民主性都在增加，国家也更加开放和多元。美国黑人民权运动在争取黑人权利、帮助黑人群体重新认识自己和确立其价值观等方面发挥了重要作用。同时，美国在这一时期以改善弱势群体状况为目标的激进变革还包括改善妇女权益，终止歧视中国移民的法规，善待残疾人、老年人和传染病患者并保障其权益等方面。这些变革极大地展现了美国的文化宽容，有助于整合多重文化身份，推动公民身份和国家认同的建构。在这场运动中，处于文化边缘的少数族群与处于政治劣势的左翼携手合作，对抗一直占据主导地位的白人男性文化，数十年间，他们取得了巨大的成就，平权运动的历史进步性有目共睹。

---

① 孔元：《身份政治、文明冲突与美国的分裂》，载《中国图书评论》，2017 年第 12 期，第 60 页。

然而，美国左翼自由主义最终却将身份政治带向了歧路，使得一场以平权为核心的进步主义运动越走越偏。自由派对个体差异的强调、对边缘群体的关怀照顾衍生了新的政治对立和文化冲突，其中有三个问题最为严重。其一，激进自由主义的平权政策导致了主流群体的“反向歧视”感。美国是一个由移民构成的国家，种族性一直是身份政治的核心元素，美国自废除种族隔离制度以来，为了纠正种族主义制度下长期形成的种族歧视，实施了平权政策，或称正向差别对待政策（Positive Discrimination）、肯定性行动（Affirmative Action），即在教育和就业方面对黑人族群或特殊族群提供特别照顾，在政策上设计为配额制或定额制。这种平权政策的初衷在于突显社会平等，消除边缘和弱势群体面临的歧视与不公，但在实践过程中却反向诱发了主流白人群体关于“政策不公”的主观感受。在中下层白人群体看来，这一基于种族性的资源分配制度是不公平的，他们要面临更激烈的竞争、付出更多的努力，才得获得与这些群体同等的教育与就业机会。主流群体这种受到“反向歧视”的不满情绪，客观上加剧了种族关系的紧张。2013年，美国自由主义者曾发动一场“黑命贵”运动（Black Lives Matter）①，为黑人群体争取权利，但是在平权政策所营造的政治氛围的反向刺激下，一些中下层白人民众却表示他们更愿意相信“众生平等”（All Lives Matter）的正确性。今天，令自由主义者倍感忧虑的是，持右翼保守主义立场的特朗普政府不断否定左派自由主义者苦心经营的、建立在多元文化主义基础上的政治正确，将熔多元文化于一炉和构建统一国家认同的“美国主义”政治目标抛至脑后。

其二，激进自由主义的“个性即政治”主张使得身份政治失去公共关怀和对集体认同的追求。左翼身份政治的初衷是引发公众关注，为边缘群体争取尊重和相应权利，使美国更加平等、宽容和多元。但是，倡导“个性即政治”或者生活政治事实上偏离了以公民身份建构

---

① “黑命贵”运动兴起于2013年，因射杀黑人青年的警察乔治·齐默尔曼被宣判无罪，引发了黑人与左派自由主义者的抗议与骚乱，他们提出了“黑命贵”这一口号。

为重心的国家认同，左翼阵营在关注个体差异、个性发展的同时，无法也无意说服整个社会共同参与普遍主义的公民身份建构。斯蒂芬·贝斯特（Steven Best）认为，身份政治只有以社会的整体变革为目标才是进步的，而缺失了整体目标，“文化政治和身份政治就依然限制在社会边缘，并且处在退化到自恋、快乐主义、唯美主义或者个人治疗的危险之中……在这种情况下，政治仅仅是个人化的”[①]。马克·里拉也对“个性即政治”提出了尖锐批评，认为这一主张使得美国政治成了自我表现的伪政治，不再追求通过社会动员和掌握权力来维护权益，不再关注个体与社会的关系，不再关注整体的利益和增进共同的善。[②] 在自由派和美国民主党的推动下，身份政治进一步与选举政治融合在一起，成为重要的政党竞争工具。在民主党走向一种突显个体性和差异性的政治、张扬所谓政治正确的多元文化主义的同时，共和党也无意将政治导向促进国家认同和普遍公民身份建构的方向，而是反向强调差异性，强调传统美国的主体性，在白人主体族群中强化种族性身份认同。“政治群体之间的差异源自人们对不同生活方式和‘善’的概念表达内容的不同理解”[③]，但是在美国，选举政治的需要强化了这些差异，导致了主体（多数）与边缘（少数）两大群体之间难以抹去的界限。

其三，激进自由主义将后物质主义价值观注入身份政治（或生活政治、个性政治）[④]，疏远了劳工阶级，淡化了经济斗争。从社会构成与政治变迁来看，美国与欧洲有重大的不同，欧洲有着漫长的等级制、

---

① 斯蒂芬·贝斯特、道格拉斯·科尔纳著，陈刚译：《后现代转向》，南京：南京大学出版社，2002 年版，第 372 页。

② Mark Lilla, *The Once and Future Liberal: After Identity Politics*, New York: Harper, 2017.

③ 贝淡宁著，吴石伟译：《贤能政治》，北京：中信出版集团，2016 年版，第 42 页。

④ 20 世纪 70 年代的新社会运动催生了一股新左翼力量，他们声称不关心政治，只关注生活，提出“个性即政治”（或生活政治）。安东尼·吉登斯据此认为，新社会运动消解了传统革命所代表的解放政治，代之以生活政治，新左翼力量“要求一种对解放政治的重大重构以及对生活政治事业的不懈追求”。参见安东尼·吉登斯著，赵旭东等译：《现代性与自我认同》，北京：生活·读书·新知三联书店，1998 年版，第 270 页。

贵族制历史，近现代以来，欧洲阶级分化非常激烈，出现过轰轰烈烈的社会主义运动等激进左翼运动，因此欧洲传统左翼的阶级意识非常鲜明。但美国是一个移民国家，它的社会构成首先表现出种族性而非阶级性，虽然19世纪末以来，随着资本主义工业化的迅猛发展，美国左翼激进政治也得到极大发展，1886年的芝加哥工人大罢工更成为世界劳工运动的标志，但是，美国本土的社会主义运动并没有发展起来。德国社会学家维尔纳·桑巴特（Werner Sombart）在其1906年的著作《为什么美国没有社会主义》中将之解释为“在烤肉和苹果派面前，一切社会主义的乌托邦都烟消云散了”①，在他看来，美国劳工阶级的相对富裕和社会分配的相对公平，妨碍了社会主义激进运动的发展。当然，需要考虑的因素还包括种族与阶级因素的差异，美国的阶级分化和阶级矛盾远不如种族分化、族群矛盾严重。

美国自由主义左翼在战后福利国家的实践中树立了大规模社会经济改革的志向，也表现出足够的阶级关怀，并为劳工阶级争取到了相对平等的福利和权利。然而，20世纪70年代之后，由于社会经济的繁荣和后工业社会的到来，维尔纳·桑巴特早已预见到的劳工阶级富裕化成为现实，劳工阶级不断萎缩的结果是一个庞大的中产阶级的出现。安东尼·史密斯（Antony Smith）认为，“随着制造业向服务业转移，以阶级为基础的政治已经在西方消退，一连串全新的政治运动，包括复兴的族群民族主义，正在取而代之”②。对于美国左翼阵营来说，阶级政治消退后的新政治是以后物质主义为价值观基础的身份政治，左翼更加关心人权、环保等非经济议题，关心边缘、弱势和少数群体，关心自由与宽容的价值实现，多元文化主义成为身份政治的价值支撑。弗朗西斯·福山认为，美国左翼“在政治上另辟蹊径，将其议程从早

① W.桑巴特著，王明璐译：《为什么美国没有社会主义》，北京：社会科学文献出版社，2003年版，第190页。

② 安东尼·史密斯著，叶江译：《民族主义：理论、意识形态、历史》，上海：上海人民出版社，2011年版，第149页。

先对劳工阶级的强调转向了日益扩大的少数边缘群体的要求，于是传统劳工阶级被抛弃了”①。的确，在1968年之后的政治重组中，美国左翼阵营包括民主党已经离开以白人为主体的劳工阶级，2016年美国大选中的桑德斯现象仍然是延续了70年代以来左翼政治日益远离劳工阶级而倒向中产阶级的趋势。桑德斯看到了贫富分化现象背后的阶级矛盾，打出了社会主义的左翼旗帜，但他本人既不是社会主义者，也非进步主义者，他从未表示自己代表劳工阶级，只声称代表一个认同欧洲民主社会主义、美国进步主义的更广泛群体。② 时至今日，作为自由主义大本营的美国民主党“已变成一个玩弄身份政治的政党：一个由女性、非洲裔美国人、西裔美国人、环保主义者及特殊性取向者等群体组成的联盟，不再关注经济问题”③。2016年特朗普当选后，美国自由派精英在自省中发现，“美国自由主义已经进入了关于种族、性别和性向认同的道德恐慌中，它歪曲了自由主义所传递的信息，使其无法形成凝聚力”④。从结果来看，自由主义者推出的同性恋婚姻、堕胎、移民等议题跨越了不同经济地位的各个阶层，在美国社会造成了横向分裂与对立，尤其是非主流群体与主流群体之间的隔阂。概而论之，左翼身份政治在保护边缘的、少数的和弱势的群体利益的同时，在事实上忽略了对社会整体的关怀，也忽略了与主流群体良性互动和寻求共识，从而将一场反抗主流压迫的正义之争逐渐异化成不同肤色之间、边缘群体与主流群体之间的文化内战。

---

① Francis Fukuyama, “Against Identity Politics: The New Tribalism and the Crisis of Democracy”, *Foreign Affairs*, Vol. 97, No. 5, 2018.

② John B. Judis, “All the Rage”, https://newrepublic.com/article/136327/all-rage-sanders-trump-populism.

③ 弗朗西斯·福山：《特朗普的美国与新全球秩序》，载《金融时报》，2016年11月21日。

④ Mark Lilla, “The End of Identity Liberalism”, *New York Times*, November 18, 2016.

三、逆向身份政治的兴起

2008 年全球金融危机以来，资本主义全球化衍生的诸多问题不断激化，其中最大的问题是财富分配不公现象对国内政治关系的影响。对于单个国家而言，全球化的收益没有层层惠及各个社会阶层的现象普遍存在。在全球化进程中获利颇丰的美国，没有被惠及的人群恰恰是对自由派的平权政策心怀不满的白人男性群体，特别是中下层劳工阶级。在全球化的进程中，结构性的产业转移和技术进步改变了世界政治经济格局。为了应对竞争激烈的全球市场和降低生产成本，美国企业采取了外包策略，同时通过技术革新来提高效率，从而导致依赖传统制造业的美国白人劳工阶级的经济处境不断恶化，他们中的很多人在跨国移民浪潮和技术革新浪潮的双重冲击下失去了工作，成为被遗忘的人。J. D. 万斯在《乡下人的悲歌》一书中表达了这种来自中西部白人劳工阶级的绝望、沮丧和被背叛的情绪。A. R. 霍克希尔德在特朗普当选之前也捕捉到了中南部白人群体的愤怒和忧伤，她将这些失落的群体称为“他们自己土地上的陌生人”，揭示了美国保守的主流群体对经济与文化安全感缺失的强烈感受。① 在白人主流群体看来，全球化带来了自由贸易、技术进步、开放社会及移民浪潮，但他们获得的却是经济焦虑、文化威胁和对自由派精英的不满，他们中间就很自然会生成一种新的集体意识，“他们最终借助白人、本土、传统价值、主流族群等标签重新构建了自己的身份”②，使得“身份政治成为美国白人表达自己受害者意识和经济、文化处境和焦虑的新标杆”③。逆向的身份意识在全球化的刺激下不断成型，它持鲜明的文化保守主义立场，强调文化族群和男性中心主义，反对女权主义、生态主义和同性恋运

① J. D. 万斯著，刘晓同等译：《乡下人的悲歌》，南京：江苏凤凰文艺出版社，2017 年版；Arlie Russell Hochschild, *Strangers in Their Own Land*, New York: The New Press, 2016。

② 马俊毅：《多民族国家共同体的建构与治理》，载《学术界》，2017 年第 2 期，第 104 页。

③ Thomas B. Edsall, “Donald Trump's Identity Politics”, https://www.nytimes.com/2017/08/24/opinion/donald-trump-identity-politics.html.

动等左翼激进社会运动。保守主义取向的逆向身份政治首先是一种反全球化的政治思潮，是全球化负面效应影响美国国内社会与政治关系的结果。

而在美国国内政治的视角下看，右翼色彩的逆向身份政治无疑是自由派的左翼身份政治负向刺激的结果。美国自由主义与保守主义之间的左右拉锯战集中体现在尖锐对抗的身份政治上，这场以身份政治为焦点的意识形态对抗从三个方面层层演进、不断激化。首先，在观念与意识层面，自由主义的多元身份政治反向激发了白人身份意识。身份政治最初由左翼的自由主义者发动，其后成为美国民主党专用的政治竞争工具，它预设了一个存在等级与身份差异的、主导与被主导的二元社会结构。在美国，当自由派和边缘身份群体自视为反抗主流文化的正义力量时，传统的、主导性的白人文化实际上就被定义为一种非正义的反动文化，违背了公正、平等、自由等政治正确的美国价值。多元身份政治的强化与扩张反向启发了白人的身份意识，使得保守的主流群体感受到了重建身份认同的必要性。

其次，在政策实践层面，主张保护少数群体的自由主义平权政策反向刺激了白人主流群体的不公平感。那些在全球化进程中普遍感到失落的白人劳工群体发现他们在国家政治中面临一种矛盾的境遇，一方面，在美国的社会生活和文化观念中，白人男性群体是一个独立且占据主导地位的身份群体，有着强势的文化认同和身份符号，掌握着政治、经济与文化的优势资源；另一方面，在社会政策和公共治理中，自由主义者和民主党反种族歧视的平权政策却内含差别政治意识，对弱势少数群体的倾斜性政策一定程度上影响了主流群体的经济利益和社会福利。这两种巨大落差触发了一种普遍的不公平感，即“我们”是代表传统和主流的群体，但“我们”的利益和地位反而没有得到政策的应有保护与保证。弗朗西斯·福山指出，左翼身份政治最糟糕的一点在于激发了右翼的身份政治，使得保守派有机会夸大少数群体获得的优势与福利。[①] 的确，为了攻击自由派和民主党的理念与政策，保守主义右翼成功制造了一种社会印象，将美国的经济再分配等同于对得不到支持的少数族裔的援助，将平权政策解释为给予有色人种和女性差别待遇而伤害了白人男性的感情，从而煽动了中下层白人选民对联邦政府的抵制意识。[②]

最后，在政治行动层面，保守主义阵营推动了反全球化和反自由主义的社会运动，得到了白人中下层群体的积极支持。由于主流群体的自我优越感大大受挫、“受害者”感受越来越强烈，他们开始积聚政治能量并付诸行动。2008 年全球金融危机发生后，“占领华尔街”运动和茶党运动先后从左、右翼对新自由主义全球化发起攻击。茶党运动不仅是反全球化的保守主义先声，也是美国保守主义运动走向激进右翼的开端，它的主要参与者是小企业主、白人中产阶级和白人劳工阶级，激发他们参与这场保守主义运动的，是对自由主义和多元文化主义政策的不满。A. R. 霍克希尔德在路易斯安那州的调研中发现，当地大部分白人劳工都是茶党的积极支持者，他们认为自己在等待实现“美国梦”的队伍中，不时地被移民、穆斯林、女性还有同性恋者插队了，[③] 结果是他们不但没有实现“美国梦”，而且他们的文化日益边缘化，经济日益贫困化。这些茶党运动的支持者们以“拒绝欧洲化、拒绝法国化、拒绝希腊化”为口号，反对政府权力扩张，反对政府补贴包括非法移民在内的穷人，反对奥巴马的《平价医疗法》。[④] 其后的特朗普追随茶党的足迹，在反对非法移民、墨西哥人和穆斯林的本土主义道路上更加激烈和极端。

---

① Francis Fukuyama, “Against Identity Politics: The New Tribalism and the Crisis of Democracy”, *Foreign Affairs*, Vol. 97, No. 5, 2018.

② 孔元:《身份政治、文明冲突与美国的分裂》,载《中国图书评论》,2017 年第 12 期,第 65 页。

③ Arlie Russell Hochschild, *Strangers in Their Own Land*, New York: The New Press, 2016.

④ John B. Judis, “All the Rage”, https://newrepublic.com/article/136327/all-rage-sanders-trump-populism.

在左右对峙的政治生态中，白人身份政治的大旗最初是由美国极右翼运动打出的，其重要人物理查德·斯宾塞（Richard Spencer）以白人认同主义者自居，认为种族是身份的基础，呼吁建立一个种族国家，为那些有欧洲血统的人提供生存和延续的安全空间，以此解救白人的生存危机。[①] 这类种族主义言论在自由民主价值统领下的美国如此惊世骇俗，但是，从美国漫长的种族主义黑暗历史和种族关系的冲突现状来看，却有特定的历史渊源和现实基础。虽然极端右翼的种族主义只是当前美国白人身份政治的一个侧面，但它在意识形态上的极端倾向令人警醒，它主张的是白人民族主义，而不仅仅是白人至上主义。[②] 白人身份政治不同于自由派的多元身份政治，它是一种白人的、本土的文化保守主义，以一种极端方式表达了白人社会中的普遍忧虑，即全球化和多元文化正在侵蚀美国传统和白人文化。这种文化保守主义弥散着一种无法言说的落寞气息，即白人群体的传统支配权和优势地位正在失去。近年来的一些人口统计数据强化了这种感受，譬如美国的拉美裔人口增长迅速，白人比例则缓慢下降，未来数十年内白人比例可能会减少到50%以下。白人人口有可能不再是美国这个多元族裔国家的"主体民族"，这种前景对于美国中西部和南部的白人选民来说无比可怕和难以接受。

2016 年的美国大选恰好是在这种隐秘而强烈的白人忧患意识不断扩散的时候举行的。特朗普意识到被民主党人忽视的这一多数派群体成了全球化背景下的弱势群体，他们普遍存在对现实不满的情绪，具有重大的身份政治价值。在特朗普看来，白人身份政治有其道义正当性，在美国历史上居于多数和强势地位的白人中下层群体也有表达身

---

① "A Frank Conversation with a White Nationalist", https://www.revealnews.org/episodes/a-frank-conversation-with-a-white-nationalist/.

② 乔治·霍利在其新作《理解另类右翼》中认为，白人至上主义是指白人在一个多种族共存的社会里占据社会主导地位；白人民族主义则主张将不同的种族完全隔离，分而治之。极端右翼是白人民族主义，主张建立由纯种白人组成的单一种族社会。参见 George Hawley, *Making Sense of the Alt-Right*, New York: Columbia University Press, 2017。

份诉求的需要，而他们却成为全球化和自由派政策的受害者。特朗普抓住了两个重要机会，一是全球化的负面效应在白人主流群体中发酵和蔓延，经济不平等和移民潮带来了强烈的经济文化冲击；二是左翼身份政治沦落为偏狭的个体化政治和实质上的歧视性政治，在鼓励个性解放和争取少数派群体身份权利的同时，忽视普遍性的公民权利保护，平权政策在白人主流群体中成为一种反向歧视的政策。这两个机会帮助他挖掘到逆向身份政治的资源，将民族主义、本土主义重新带回了美国政治中，对美国政治文化进行重大改写。

为了赢得选举，特朗普利用白人身份认同急剧上升的有利形势，采取了两个选举策略。一是将民族主义议题融入民粹主义动员策略之中，利用逆向身份政治争取中下层白人选民。特朗普的选举动员特别关注那些长期被忽略的中西部白人群体，刻意唤醒他们的族群身份意识和权利意识，使得白人身份政治成为这次选举中的争论焦点，进入了美国公共舆论的视野。丹尼·罗德里克（Dani Rodrik）认为，“大部分选民并不能很好理解政治制度是如何作用的，也不理解政治制度是如何为经济精英服务的”，当政治领袖为了当选必须采取有效的动员战略时，他们发现了一条途径，即“通过民族主义、宗派主义和身份政治——即基于文化价值和符号而不是面包和黄油利益的政治”，可以成功地击败政治对手。[①] 特朗普并没有偏废经济议题，他显然懂得如何巧妙地将文化价值符号与面包黄油利益搭配在一起，开发逆向身份政治的动员功能，他的“让美国再次伟大”口号既有保持白人主流群体的传统优势地位的文化意图，也有使制造业回流美国的经济意图。特朗普这样动员他的选民，他对那些绝望和不满的中西部白人男性选民说，他们一向是一个伟大国家的核心成员，这个国家的重新伟大将再次得到承认，而现在的问题是外国人、移民和精英一直在密谋压制他们，

① 丹尼·罗德里克：《精英阶层如何主宰民选政府》，载《南风窗》，2014 年第 20 期，第 86 页。

现有权力结构背叛了他们并对他们毫不尊重。① 这是一种最典型不过的民粹主义动员策略，在中下层白人群体的不满积累已久的美国社会，具有非常惊人的动员效果。《华盛顿邮报》的一篇政论文章这样评论，特朗普的胜利代表着美国民众对奥巴马作为第一位黑人总统两度入主白宫的一个种族主义回应。② 借助白人身份政治这一工具的帮助，特朗普制造了白人民族主义重新登台的机会，最终掀起了右翼保守主义的新浪潮。

二是对自由主义者一贯宣扬的政治正确发起攻击，争取整个保守主义阵营的支持。新社会运动以来，多元文化主义成为西方社会普遍接受的价值规范，随着全球化进程的正式开启，合作开放、绿色和平、文化多元、自由平等博爱等自由主义价值成为代表政治正确的美国信条，民主党与共和党对此达成了共识，民众也视其为基本的认知规范和行为规范，多元身份政治依赖于这一系列政治正确的观念不断深化。然而，对于不仅要赢得共和党正式提名，还要最终打败民主党对手的特朗普来说，由民主党推出、得到共和党建制派认同的政治正确观念是他首先要打倒的。特朗普在 2016 年 7 月 21 日接受共和党正式提名的大会上发表以“政治正确，我们再也承受不起”为主题的演讲，将美国国内的贫穷、暴力及在国外的战争与危机统统归罪于民主党政府以政治正确为名的政策，高调提出“美国优先”，确立反对全球化的本土主义立场。在其他更多的竞选演讲中，特朗普更是以粗俗的、反智的语言挑衅自由主义者坚持的政治正确，将其视为限制言论自由的靶子进行不断攻击。由此，在逆向身份政治对抗多元身份政治、“政治不正确”对抗“政治正确”的选举竞争中，特朗普在选票上获得了中下层白人男性群体的支持，更在政治上得到了保守主义阵营的支持。

① Francis Fukuyama，“Against Identity Politics：The New Tribalism and the Crisis of Democracy”，*Foreign Affairs*，Vol. 97，No. 5，2018.

② Dana Milbank，“Trump's Many Racist Supporters”，*The Washington Post*，April 1，2016.

第三节　政治根源：新自由主义与政党竞争的双重困境

经济全球化、多元文化主义造成了严重的经济不平等和巨大的文化与价值变迁，孕育了中下层主流民众的经济不安感和被剥夺感，同时也激发了他们在身份认知上的焦虑感和对所谓政治正确的叛逆，激进甚至极端的民粹主义反抗政治适应了这些民众的需要。然而，民粹主义毕竟是一种生发于国家内部的政治社会变迁，在国家的视野下看，经济与文化变迁是特定政治制度和政策实践的结果，民粹主义的大众反抗在现实层面是一种政治不满的激烈表达，它指向政治精英及其执政行为。因此，考察民粹主义在西方的复兴必须回到国家治理与政治制度的框架下。

一、新自由主义改革及其政治后果

20 世纪 80 年代起，主张以扩大政府支出创造需求和通过政府干预推动经济增长的凯恩斯主义陷入困境，无法带领资本主义世界走出两次石油危机后的“滞胀”困境（高通胀、高失业、低经济增长）。于是，在美国总统里根和英国撒切尔夫人上台后，新自由主义作为一种置换凯恩斯主义的政策方案被提了出来，并迅速占据了美英等国主流经济学地位。1990 年，“华盛顿共识”提出后，新自由主义政策日益政治化、范式化和意识形态化，成为美英国际垄断资本推行全球一体化的重要工具。直到 2008 年全球金融危机爆发之时，新自由主义已经引领经济全球化将近 30 年。新自由主义是一套完善的理论体系，它在经济上主张绝对自由化、彻底私有化和全面市场化，反对任何形式的国家干预，认为市场经济是与私有制匹配的唯一能够实现资源合理配置的经济制度；在政治上实施所谓“宪政民主”，反对集体化的公有制和集权化的社会主义，推崇建立在自由民主基础上的政党制度、议会制度和选举制度；在国际战略上追求以超级大国为主导的全球一体化，主张将整个世界纳入国际垄断资本主义体系之中。新自由主义是近30年来经济全球化发展的理论基础，是一个包罗众多学派与思想的，在经济、文化和政治等三种体制中都有充分渗透的理论体系，[①] 因而在经济、文化与政治三个层面上确定了全球化的基本形态。然而，正是在这三个层面上，新自由主义激发了民粹主义左翼与右翼的同时爆发。

首先，新自由主义在经济上主张以自由化、私有化和市场化为核心的政策，但是这套经济政策自20世纪80年代以来运行了将近30年，直到2008年美国爆发次贷危机进而引发全球性的金融危机，最终结出了恶果。这些恶果除了因国家缺乏有效干预、放松金融监管而导致的经济复苏乏力、虚拟经济膨胀之外，最严重的后果是导致了日益加剧的贫富差距。惊人的财富分配不平等撕裂了多元化的社会，随着经济不平等现象的越演越烈，普通民众在经济上的被剥夺感空前强烈，经济焦虑成为社会秩序失衡、分化的导火索。“占领华尔街”运动让“我们是99%”这个具有强烈阶级对抗意味的口号举世皆知，这个口号揭示了一个基本事实，即1%的社会成员占有财富之多及其财富增长速度之快远远超过其余99%的社会成员，“全球最贫穷的10%人口，在1988年至2011年间，每年收入只增加不到3美元，而最富有的1%人口，收入却暴增182倍”[②]。2007年，美国最富有的1%人口占有全国收入的比例已达24%，到2011年，这些最富有的人口控制了全国财富的40%。[③] 据国际乐施会在2017年1月17日发布的题为《99%人口的经济》的报告认为，2016年全球贫富差距已达历来最严重的地步，八大富豪身家竟等同于占全球总人口一半的36亿贫穷人口的总财产，而八大富豪中的六位出自美国。

---

① 诺姆·乔姆斯基著，徐海铭、季海宏译：《新自由主义和全球秩序》，南京：江苏人民出版社，2000年版，第3页。

② “Oxfam Says Wealth of Richest 1% Equal to Other 99%”, http://www.bbc.com/news/business-35339475.

③ Ronald Inglehart, “Inequality and Modernization”, *Foreign Affairs*, Vol. 95, No. 1, 2016, pp. 2-10.

经济学家托马斯·皮凯蒂一直试图寻找造成这种贫富悬殊现象的制度根源。2013年，在其著作《21世纪资本论》中，托马斯·皮凯蒂以翔实的数据证明了资本主义社会的资本回报率始终超过收入增长率，最终必然造成财富集中、贫富两极分化和阶级固化，而新自由主义在20世纪80年代的扩张，是贫富两极分化现象在1930—1975年间稍趋缓和后再度加剧的根本原因。① 托马斯·皮凯蒂的基本结论是，“新自由主义导致贫富分化加剧”，而具体政策诱因则起自里根时代的金融化和减税政策。美国在1980年以后大幅削减最高税率和资本收益税率，导致顶层1%的社会成员的财富流动率极低，从结果来看，减税政策不仅不能有效地促进经济增长，反而加剧了经济不平等，保守主义者主张的通过富人投资或消费来促进就业，使得财富从顶层向下层传递的“滴漏效应”被证明是无效的。② 左翼民粹主义既是这种现象的应激性反应，也是卡尔·波兰尼所说的“双向运动”的结果，即一方面是市场不断地扩张，另一方面是与之相反的、源自社会的、限制市场扩张的倾向。③ 左翼民粹主义作为一种对财富分配不公、阶级剥削加剧等现象的激进主义回应，它以身陷经济焦虑的底层或中下层民众为社会基础，追求平等公正，主张分配正义，在经济不平等问题上比右翼民粹主义更敏感，更具变革意识，也更有完整的经济主张。例如左翼民粹主义反对市场扩张，主张国家干预，支持充分就业、高工资、最低工资保障、限制外国公司、偏好公共部门而非私人部门等政策，其标志性经济主张就是强调经济增长和收入的再分配。④ 毋庸置疑，新自由主义在经济上造成的贫富两极分化正是引发左翼民粹主义情绪、

① Thomas Piketty, *Capital in the Twenty-First Century*, Cambridge, London: The Belknap Press of Harvard University Press, 2014.

② 黄湘:《美国裂变——大历史转折点上的总统大选》,北京:中信出版集团,2016年版,第65页。

③ 卡尔·波兰尼著,黄树民译:《巨变:当代政治与经济的起源》,北京:社会科学文献出版社,2013年版,第238页。

④ 贝拉·格雷什科维奇著,张大军译:《抗议与忍耐的政治经济分析——东欧与拉美转型之比较》,桂林:广西师范大学出版社,2009年版,第128页。

将阶级政治议题重新推上前台的重要根源。

其次，新自由主义除了在经济上助长财富不平等之外，也在传统价值与民族文化方面带来了巨大的改变，而正是文化价值上的变迁激化了身份政治和其他单一议题政治①，使得保守的右翼民粹主义得以萌生。事实上，起自于15—17世纪地理大发现的全球化进程是人类社会发展的一个必然趋势，是一个自然发生的历史过程，这一过程有助于经济、政治和文化的多元化发展，而不是将人类生活导向全球经济、政治尤其是文化的一体化。正如奥尔特加·加塞特所说："在'超国家的欧洲'，多样性不应该也不会消失……本质上更为活跃的民族国家观念，要求多样性的积极参与。"② 但是，欧盟追求的一体化模式与欧洲国家多样性之间事实上形成了一种对抗性关系，新自由主义通过"华盛顿共识"向全球推广，鼓吹以欧美为主导的全球一体化即全球资本主义化，实际上是企图导向某种统一标准下的政治经济发展模式。新自由主义在经济全球化的过程中，确立了与之相适应的、建立在自由民主理念之上的文化价值体系，环境保护、性别平等、种族多元、文化包容和边界开放等成为这个时代的进步价值和主流价值。

对于新自由主义的支持者来说，全球化意味着一种信仰，即相信自由、多元、宽容、开放会带来更和谐、富足与共享的生活。然而，对于在美国人口结构中占比不断缩小的白人劳工阶级来说，自由流动、开放多元的社会并没有带来不断提高的生活水平；对于基督教福音派来说，新移民的涌入使得基督教徒在整个人口结构中的占比不断下降，更不用说同性婚姻合法化如此强烈地冲击了基督教的道德理念和家庭

---

① 单一议题政治是在后工业化时代的欧洲兴起的一种新政治潮流，一些新兴政党放弃在国家发展的全盘计划上与主流政党竞争，而是主要在非经济性的单一议题如环境保护、性别平等、动物权益等方面发表政见，以此作为争取选民支持的策略。具体讨论可参见英国学者帕特里克·迪克松著，孙雪晶译：《洞悉先机——全球化的六个方面》，北京：中国人民大学出版社，2005年版。

② 奥尔特加·加塞特著，刘训练等译：《大众的反叛》，长春：吉林人民出版社，2004年版，第180页。

价值观。与他们深有同感的，还有那些年长者、低教育水平者、低技能劳动者，这些人被全球化时代的新经济远远地抛下，不仅在经济上与富裕阶级存在着阶级分化，而且在文化价值与身份认知上面临巨大的威胁与刺激。在美国，随着移民的不断涌入，近年来拉美裔人口增长迅速，白人比例缓慢下降，按目前速度推算，未来数十年内，白人人口将减少到50%以下，不再成为美国的“主体民族”。[①] 在德国，随着英国“脱欧”连带效应的不断扩大，有45%的人认为欧盟会最终损害德国的民族身份认同。[②] 全球化的失落者与全球化的受益者之间存在着某种价值上的冲突甚至道德上的分歧，前者在内心深处产生了对于主流价值、后物质主义价值的叛逆情绪，更倾向于支持极端保守的、本土主义取向的右翼立场。罗纳德·英格尔哈特认为，传统的从经济维度来定位左右意识形态光谱已经不能适应这个时代，还必须考虑文化维度上的差异性。[③] 当前在欧美，诸如同性恋婚姻、堕胎、移民甚至环境保护等非经济议题已经跨越了不同经济地位的各个阶层，造成了新的政治对立。右翼民粹主义建立在身份政治、单一议题政治的基础上，在反欧盟、反自由贸易、反移民等议题上与新自由主义全面对峙，其根源即在于新自由主义及其经济全球化鼓励文化多元与宽容的同时，却未能保护好传统价值与民族文化，从而造成了剧烈的身份危机和非经济议题上的价值对立。

再次，新自由主义崇尚自由民主价值，在政治上建立了一整套代议制民主制度，但是，这套政治制度在全球化的浪潮中暴露出严重的缺陷。主流政党面临代表性危机，民众对政治日益疏离、反感，结果

---

① 林垚:《第六政党体系与当代美国极端右翼主义》,载《文化纵横》,2016年第3期,第45页。

② 《英媒:欧洲各国“民粹主义”政党支持度法国偏高 德国较低》,http://www.guancha.cn/europe/2016_11_22_381406_2.shtml。

③ Ronald F. Inglehart and Pippa Norris, “Trump, Brexit, and the Rise of Populism: Economic Have-Nots and Cultural Backlash”, https://www.hks.harvard.edu/publications/trump-brexit-and-rise-populism-economic-have-nots-and-cultural-backlash.

便是欧洲激进的左翼政党和保守的右翼政党都获得越来越大的发展空间，美国则表现为民主、共和两党内分别出现了左翼和右翼民粹主义的分化势力。美国的历史经验表明，民粹主义运动早已作为代议制政治的反应物，作为对美国两党制政治的挑战，像装饰图案一样贯穿美国的政治生活之中。[①] 于 2016 年达到高潮的美国民粹主义运动延续了这一反抗政治的历史。

罗伯特·达尔不仅是自由民主的忠诚信奉者，他还为自由民主进行了系统的理论辩护。他将平等权视为政治参与必须拥有的政治资源，但也承认即使是做得最好的发达民主国家，其公民在政治资源、参与能力和参政机会方面也仍然会存在严重的不平等，他发现“这些不平等在很大程度上是由经济资源、地位和机会以及知识、信息和认知能力的分配造成的”[②]。很显然，为新自由主义提供制度基础的代议制民主未能很好地解决这些不平等问题。就民主政治的初衷而言，代议制民主应以代表民意和表达民意为己任，但在实际的代议、代表的过程中，民意或被稀释，或被延迟，甚或被扭曲和被操纵，所谓公民表决权、公民创制权、复决权、罢免权等旨在弥补代议制缺憾的直接民主设计在实际操作中很难实行。被称为“最坚定的新自由主义反对派”的诺姆·乔姆斯基（Noam Chomsky）尖锐地指出，把资本主义和民主等同起来是可笑的，新自由主义“只不过是少数富人为限制民众的政治权力和权利而进行斗争的现代称谓而已”[③]，罗伯特·迈克杰尼斯（Robert W. McChesney）也提出了严厉的批判，认为新自由主义是“真正的毫不留情的资本主义”，“它代表了一个商业力量更强、更富侵略性而且比以前面临更少的有组织的反抗的时代”，因为新自由主义作为

① 保罗·塔格特著，袁明旭译：《民粹主义》，长春：吉林人民出版社，2005 年版，第 33 页。

② Robert Alan Dahl, *Democracy and Its Critics*, New Haven: Yale University Press, 1989, p. 324.

③ 诺姆·乔姆斯基著，徐海铭、季海宏译：《新自由主义和全球秩序》，南京：江苏人民出版社，2000 年版，第 6 页。

一个强势的体制，生成了一个重要的必不可少的副产品——“以愤世嫉俗、遇事漠然为特征的非政治化的民众”。[①] 根据《华尔街日报》和美国全国广播公司于2016年10月17日共同发布的民调，仅有54%的年轻选民（18岁至34岁）对总统大选有兴趣，与八年前的大选相比下降了30%，可以看出年轻选民对美国选举政治、两党体制的厌烦和对“美式民主”的失望。对于普通民众而言，他们所向往的政治制度不应该仅仅通过立法手段使之存在就可以自动有效地运转了，它们还必须“在人民心灵的习惯中赢得一个位置”[②]。换言之，从政治合法性的角度来看，代议制政治、两党政治即便是个不错的选择，也必须在民众那里产生回响，而不能仅仅成为精英阶层角逐权力的游戏。

新自由主义的种种弊端激发了反全球化的激进主义和极端主义政治运动。在美国，代表左翼民粹主义的桑德斯在年轻选民和女性选民中得到了更多的支持。这些更认同多元文化主义和平等主义价值的选民在意的是能否让华尔街的富裕阶级和亿万富翁“交更多的税，有更少的特权”，他们支持关于改革税制、提高富豪税率、改变企业不合比例的巨额分红制度等一系列激进变革。桑德斯和他的支持者在美国掀起了一场久违了的左翼社会运动。与此同时，另一场声势更为浩大的右翼民粹主义也在美国展开。持极右翼保守主义立场的特朗普在中西部、中老年白人选民中找到了“隐藏的”选票，这些没有得到全球化惠顾的选民把他们内心潜藏的对白人为主体的“旧美国”的怀恋、对基督教传统价值被侵蚀的担忧转化为一种反建制派、反全球化、反移民的本土主义、孤立主义情绪，这一场右翼民粹主义运动最终通过选举机制在国家政治层面开始产生影响。在欧洲方面，弥漫于英国和欧陆的疑欧情绪与欧盟的民主赤字有密切联系，在政治、经济精英推动

① 诺姆·乔姆斯基著，徐海铭、季海宏译：《新自由主义和全球秩序》，南京：江苏人民出版社，2000年版，第3—4页。

② Philip Pettit, *Republicanism: A Theory of Freedom and Government*, Oxford: Oxford University Press, 1997, p. 241.

的欧洲一体化进程中，成员国不断让渡经济主权，欧盟在经济领域掌握了大量与其政治责任并不匹配的权能，而成员国民众对欧盟的监督与约束则十分有限，2014年欧洲议会选举中极端主义政党席位增加正是欧盟政经体制失衡的结果。这些现实表明，正是在不断扩张却左支右绌的自由民主浪潮中，在新自由主义备受诟病的民主实践中，左翼和右翼的民粹主义者都找到了反抗的理由，也找到了各自的支持者。

二、以选举竞争为中心的政党政治

多党竞争的选举政治是孕育民粹主义并使之成为有效的动员策略的制度根源。在西方政治生态中，政党政治就是选举政治，选举政治就是如何处理政党与选民关系的政治，也就是如何赢得更多选票的政治。在全球化的时代，经济不平等使得经济议题和阶级政治始终占据政治日程表的主要位置，而文化价值变迁又使得许多非经济议题和单一议题政治成为影响政党选举策略的重要因素。在选举竞争中对普通民众的经济焦虑与身份焦虑作出直接回应并声称为其伸张利益的，常常是一些带有民粹主义色彩的激进或极端政党。一般情况下，民粹主义先经由某种社会运动的酝酿积累，进而由政治精英发掘并利用这种反抗性的政治情绪，将其引入选举政治，成为以争夺政治权力为目标的政党竞争的动员策略。

西方政党政治与现代民粹主义有着相伴共生的关系，诉诸民众支持是选举政治的唯一目标。某种意义上说，在以选举为中心的政治生态中，某种程度的民粹主义是西方民主的常态，因为对于政党候选人来说，民粹主义对他们有着致命的诱惑，可以为他们提供体制内竞争所无法提供的选举资源。民粹主义作为一种思潮需要传播，作为一场运动需要动员，无论是哪一种都需要一个行为主体的主动作为，普通民众在选举政治中规模巨大的数量意义，决定了政党和政治人物的行为动机。民粹主义政治家常常被认为是一个可以提供新的“伟大思想”

的魅力型政治领袖，不仅有超凡的个人魅力和个人能力，而且能够捕捉大众的情绪变化，能够让感到失去方向的大众满意，能够动员大规模群众运动，更重要的是，具有迅速变革的决心和能够做出影响深远的决定。[①] 民粹主义的思想力量实际上十分单薄，仅有所谓的“薄意识形态”，即“民众中心”主义或“平民至上”主义，以及标签式的“纯洁的民众”与“腐败的精英”相对立的二元思维模式，但是它对于孜孜以求地追求选票、议会席位和执政地位的政党来说已经足够了，在这些参与选举政治的非主流派、非建制派那里，民粹主义与其说是一种真诚的信仰，不如说是一种有效的政治竞争策略，或者是一种刻意与主流的建制派区分的政治风格。

特朗普和桑德斯的右翼和左翼民粹主义既有对美国本土民粹主义传统的传承，也是民粹主义世界潮流集结的产物。在2016年美国大选中，特朗普激烈的本土主义言辞和民族主义诉求迎合了欧美后工业化时代民粹主义政党的社会支持不断加强的趋势。[②] 在过去20年中，欧洲国家中由民粹主义、集权主义领导人带领的政党得到了迅速的发展，它们得到了议会席位、部长职位，在权力分配中占有了令人关注的一席之地。这些政党包括瑞士的人民党、奥地利的自由党、瑞典的民主党、希腊的金色黎明党和丹麦的人民党等等。面对让-玛丽·勒庞（Jean-Marie Le Pen）的法国国民阵线、马泰奥·萨尔维尼（Matteo Salvini）的意大利北方联盟、基尔特·威尔德斯（Geert Wilders）的荷兰自由党等极右翼政党不断扩大的影响，中左派和中右派都忧心忡忡，但是到目前为止，民粹主义政党及其领导者对政党体制的冲击并不完全体现在议会席位或政治权力上的多寡。罗纳德·英格尔哈特和皮帕·诺里斯认为，民粹主义政党不必获得太多选票就可以扩大实际的

---

① 帕特里克·迪克松著，孙雪晶译：《洞悉先机——全球化的六个方面》，北京：中国人民大学出版社，2005年版，第234页。

② Cas Mudde, “The Trump Phenomenon and the European Populist Radical Right”, *Washington Post*, August 26, 2015.

影响，比如在英国，独立党在 2015 年 5 月的大选中只得到了一个席位，但是它的民粹主义主张却点燃了狂热的反欧盟、反移民情绪，迫使保守党启动“脱欧”公投。[①] 英国“脱欧”公投的后续影响深远，除了对英国自身政治与经济前景徒增不确定性之外，其他欧洲国家也受其影响，对于移民的攻击性言论在国内甚嚣尘上，法国、荷兰、德国、丹麦及其他国家的一些民粹主义政党纷纷效仿，也提出要举行类似的“脱欧”公投。[②]

在美国政治中，历史上的民粹主义力量一般是作为第三党势力出现，如早期的人民党、20 世纪 90 年代的罗斯·佩罗（Ross Perot）等，但是 2016 年大选并没有出现第三党搅局，已融入了共和党的茶党也不是真正的政党。[③] 相反，特朗普是从共和党内走出来的民粹主义右翼代表，桑德斯则是从民主党内走出来的民粹主义左翼代表，这种现象一方面说明美国两党体制的稳定性，另一方面说明民粹主义对两党的同时渗透。历史地看，支持特朗普的右翼民粹主义运动在美国社会扎根已久，2007 年，美国历史学者查理斯·波斯特（Charles Postel）在其著作《民粹主义者的远见》的结论部分指出，民粹主义者的经济、政治和社会观点经过共和、民主两党的过滤在更大范围内进入了美国的政治议程中，民粹主义成为美国政治思想中最具争议性的历史遗产。[④] 右翼民粹主义对美国政治产生重要影响的最新例证可以从茶党运动上找到。2008 年全球金融危机后出现的茶党扮演了以身份政治分裂美国社会的重要推手，掀起了一场具有强烈种族主义底色的、反移民

---

① Ronald F. Inglehart and Pippa Norris, “Trump, Brexit, and the Rise of Populism: Economic Have-Nots and Cultural Backlash”, https://www. hks. harvard. edu/publications/trump-brexit-and-rise-populism-economic-have-nots-and-cultural-backlash.

② Susi Dennison and Dina Pardijs, “The World According to Europe’s Insurgent Parties: Putin, Migration and People Power”, https://ecfr. eu/publication/the_world_according_to_europes_insurgent_parties7055/.

③ 今天美国的茶党最初指 2009 年芝加哥茶党，它以减税为核心诉求，TEA 恰好就是“Taxed Enough Already”（税已经征够了）的缩写，代表着那些担心政府挽救金融危机会让自己间接受害的人士。

④ Charles Postel, *The Populist Vision*, New York: Oxford University Press, 2007, pp. 269-290.

的、反垄断资本的右翼保守主义运动，客观上为特朗普做好了草根动员的准备，即争取了对美国人口结构变化深感焦虑的中老年白人群体。特朗普需要做的，就是切实回应白人草根阶级的诉求，提出一整套可以赢得中下层、中老年美国白人群体支持的政策主张，把这些支持化为选票。特朗普本人虽然是大资本家，并非所谓劳工之友，但是他不仅善于利用推特直接联系民众，还能体认到白人主流群体的经济与文化焦虑，知悉美国社会割裂的问题与症结，提出一套令自由派大为震惊的竞选纲领，包括反移民、反资本全球化、反穆斯林、反“奥巴马医改计划”等一系列被冠以本土主义、孤立主义和贸易保护主义的政策主张。就像尼克松当年将反战示威者称为“高声聒噪的少数人”，将爱国但不公开表态的美国民众称为“沉默的大多数”一样，[①] 特朗普也十分善于利用社会议题分化民众、操作身份政治，他利用从茶党运动中激发起来的右翼保守主义情绪，成功地获得了中西部、中下层、中老年白人群体的支持，这些人群在选民构成的比例上看最多只是“关键少数”，但却是他的民粹言辞中声称要保护的“沉默的大多数”。

民粹主义政党或政客要在选举中获得成功，一方面要在遵循政党竞争的制度规则（如选票获得规则、有效选票门槛、选举制度类型、选举经费规则等）的同时，突破这些成熟的规则而获得席位；[②] 另一方面也不能无视安东尼·唐斯（Anthony Downs）的选民理论中关于选民投票行为本质上是一种理性选择的启示，必须通过精巧的理念设计和策略运用，提出广受欢迎的纲领，帮助选民做出有利于自身的理性选择。选举制度与投票理性约束了民粹主义政党的施展空间，它要突破主流政党的围堵，必须与支持者建立不同寻常的、更紧密的联系，依赖某种可能是非理性的、常常诉诸道德与情感召唤的竞选策略。

---

① 黄湘:《美国裂变——大历史转折点上的总统大选》,北京:中信出版社集团,2016 年版,第 21 页。

② 可参阅 Arend Lijphat, *Electoral Systems and Party Systems: A Study of Twenty - Seven Democracies, 1945 - 1990*, Oxford: Oxford University Press, 1994; Pippa Norris, *Electoral Engineering: Voting Rules and Political Behavior*, Cambridge: Cambridge University Press, 2000。

选举政治和政党竞争的需要，决定了民粹主义在策略或工具层面上的重要意义。尽管民粹主义常常被称为一种代表人民利益的价值或意识形态，但使民粹主义政党区别于主流的自由派或者保守派政党的，不是它如何关怀民众和如何关注传统文化与民族利益，而是它如何在大多数民众那里进行民粹式的政治动员或意识形态灌输，因为几乎每一个西方政治中的主流政治家都会声称自己为“人民”代言，都关心民生和关注传统，但不是所有人都被称为民粹主义政治家。本杰明·莫菲特和西蒙·托米将民粹主义理解为一种政治风格，这或许可以解释民粹主义政治人物如何通过特立独行的言行来突破制度与理性的局限，进而挖掘到自己的政治资源。他们认为，在当代“风格化的”政治图景中，民粹主义具有引人注目的作用，它与技术决定论、集权主义和后代议制风格一样，都是用于构建政治关系的“各种表演手法”中的一种，它们都有自身独特的能够创造并影响政治关系的表演手法和借喻。[①] 当今西方世界许多抗议性政治事件常常因为新颖的风格化特征（如快闪族、巴士旅行、运输车队或占领行为）而非传统“内容”才受到更广泛的关注，民粹主义的风格化解读顺应了后现代行为艺术的流行潮流。

民粹主义作为一种政治风格，是指一种以简单直接的方式与民众沟通的策略运用，或者是一种提供简单直接的解决方案的策略运用，它在沟通和修辞上有着令人印象深刻的独特性。本杰明·莫菲特和西蒙·托米进一步指出它还有某种表演因素和关系因素，他们从民粹主义政治风格中提取了三个基本要素以作识别，其一是召唤“人民”和诉诸“人民”，确立“人民”与精英之间正义与非正义、道德与非道德的对立关系，即确立“我们”和“他们”的不同；其二是从危机、分裂或威胁的感知中获取推动力，主张短期而迅速的行动；其三是采取时常是“无礼的行为”，代表“人民”向贵族气质、“政治正确”表

① 本杰明·莫菲特、西蒙·托米著，宋阳旨译：《对民粹主义的再思考：政治、媒介化和政治风格》，载《国外理论动态》，2016年第10期，第32—33页。

达蔑视和划清界限。[①] 这种民粹主义政治风格在特朗普身上确实有非常清晰的表现，特朗普有丰富的娱乐业经验，又急于突破大资本家的身份局限来建立与民众的直接联系，所以他的诸多言行举止堪称经典的民粹主义表演风格，比如，他打破禁忌、论调粗俗、冲击主流、直言不讳，以一种一般政治人物难以采取的表达方式与普通民众呼应，他通过这种政治表演，同时"凭借精神的力量或其他力量来掌握和运用权威，以带动那些毫无主见的人——也就是大多数人——开始形成意见，采取某种立场"[②]。

在西方社会，政党竞争的制胜法宝之一是政党差异性，当主流政党在经济议题、公共政策议题上政见越来越趋同时，选民很难抉择，于是，与全球化、后物质主义价值逆反的民粹主义就成了一些非主流政党或非主流政治人物脱颖而出的重要武器。从特朗普的政治经验来看，民粹主义在这个时代的大爆发与政党政治的策略运用有密切关系。

---

① 本杰明·莫菲特、西蒙·托米著，宋阳旨译：《对民粹主义的再思考：政治、媒介化和政治风格》，载《国外理论动态》，2016 年第 10 期，第 36—37 页。

② 奥尔特加·加塞特著，刘训练等译：《大众的反叛》，长春：吉林人民出版社，2004 年版，第 129 页。

第二章　民粹主义与民族主义合流的时代趋势

民粹主义和民族主义是现代政治中两种极具号召力的激进政治思潮，是变革权力结构与推动秩序变迁的巨大动力。在民粹主义的最新发展当中，一种清晰明确的趋势是民粹主义和民族主义不仅深度交织，而且日益合流，正在成为世界政治实践的新形态。近代以来，学界对于民粹主义、民族主义的概念应如何建构，理论应如何阐述，已有充分的研究，相关成果不胜枚举，而关于二者在理论和实践中的密切联系则多见于民粹主义研究中，民族主义研究少有涉及民粹主义的相关成果。事实上，民粹主义在其出现之初，便与民族主义开始了理论对话，相关论争常常是在二者如何关联、如何互构的理论脉络中展开。从理论层面来看，作为两种依赖广泛动员的意识形态，民族主义以我族与他族的内外区分、民粹主义以精英与民众的上下区分形成了两套不同的动员话语，但是近代以来，由于“民族”与“人民”两种核心元素在民族国家的建构过程中出现交集，为了对抗可能相互勾结的上层和外部的政治对手并凝聚最广大的社会支持，以人民为中心和以民族为中心的两种动员结构出现了纵横交叉，民粹主义和民族主义得以对彼此开放，实现了理论合流，形成激进甚至极端性质的新型意识形态，即所谓的民族民粹主义或民粹民族主义。

第一节 民粹主义与民族主义的历史联系

在经验层面来看，民粹主义和民族主义常常被放在一起理解，“民粹主义政治的许多典型都是民族主义，包括民粹主义激进右翼和大多数拉美左翼民粹主义，而民族主义往往包含民粹主义成分”①。人们不仅可以从19世纪下半叶兴起的俄国民粹派和美国人民党的思想与行动中看到民族主义的影子，从20世纪中叶拉美民粹主义者反美反霸权的激进政治实践中捕捉到民族主义的存在，更可以在21世纪欧美民粹主义的复苏浪潮中，目睹民粹主义和民族主义公开的、不可阻挡的合流。2008年以来，一种充分吸纳了民族主义养分的右翼民粹主义甚至取代了那种跨越左右的、传统意义上的民粹主义，成为政治动员中的代表性话语，如在欧洲政治中，民族民粹主义和右翼民粹主义指向同一种极端主义政治思潮。考察民粹主义的历史实践可以发现，没有民族主义元素的参与，民粹主义无法掀起规模巨大的政治风浪，在阶级动员和民族动员共同加持下，民粹主义才能展现其深远影响力。

历史地看，民粹主义与民族主义的合流并不罕见，世界历史上至少出现过三次合流高潮，但结果与影响大不相同。第一次是19世纪中叶，西方民族主义与萌芽中的民粹主义初次相遇。在自由资本主义向垄断资本主义转变的背景下，帝国主义化的欧洲民族国家体系遏制了二者的发展和合流。第二次是20世纪上半叶，民粹主义与民族主义尤其是种族主义大规模合流，法西斯主义、纳粹主义的肆虐带来了灾难性的战争创伤，也孕育了战后非西方国家民族解放运动的契机。第三次则是20世纪末，新自由主义的经济全球化制造了二者合流的新机遇，内部取向的反建制民粹主义与外部取向的排他性民族主义对接，国内矛盾与全球问题交织在一起，形成了右翼化的民族民粹主义或者

① Benjamin De Cleen, “Populism and Nationalism”, in Cristobal Rovira Kaltwasser, Paul Taggart and Paulina Ochoa Espejo, eds. *Handbook of Populism*, Oxford: Oxford University Press, 2017, p. 1.

民粹民族主义。西方学界对新的合流趋势迅速反应，通过对右翼民粹主义或所谓新民粹主义的理论与经验剖析，形成了大量的学术成果。2007 年 9 月，芬兰赫尔辛基大学的一场学术讨论会以“民族主义与民粹主义的对话：‘我们’与‘他们’”为题，聚焦与二者均有关联的认同建构和二元逻辑等问题，代表了欧洲学界学术关注点的转移。在实践层面，由于 2008 年全球金融危机的爆发，在欧洲和美国的政党政治和社会运动中，右翼民粹主义得到迅猛发展并在 2016 年达到高潮。特朗普的反建制政治、英国“脱欧”公投以及欧洲多国右翼民粹主义政党崛起等现象被同时贴上了民粹主义和民族主义的标签，一时间，民族民粹主义成为描述这些右翼现象的标准术语。

客观来讲，民粹主义和民族主义对世界政治变迁都有重大影响，但是，相比民族主义更为漫长但却源头不清的历史，民粹主义近 150 年的历程或许可以为观察两者如何共振、如何合流提供更为清晰连贯的线索。民粹主义的历史实践不仅起点明确，而且路径清晰、高潮迭起，与时代变迁紧密联动，能够折射出不同时代的阶级关系和民族关系。因此，考察 19 世纪末的俄美民粹主义、20 世纪中期的拉美民粹主义和 21 世纪初期的欧美民粹主义等三次高潮，有重大的现实意义。人们可以通过探析民粹主义大众政治背后的民族主义动力，捕捉两种政治思潮共振以至合流的规律，从而更准确地认识当今世界存在的问题和面临的挑战、理解国内政治和世界政治的复杂互动。

一、反资本主义的本土先声：俄美民粹主义运动的民族主义取向

19 世纪下半叶，世界政治见证了民粹主义的诞生。1873 年的俄国民粹派运动和 1892 年的美国人民党运动被称为民粹主义世界性实践的第一波浪潮，两场运动均发生于剧烈动荡的社会转型时期，尽管运动的高潮时刻前后约有 20 年的差异，相互之间也无思想上或行动上的启承，但是，在国内大众民主思潮的推动下，在资本主义经济的刺激下，

二者共同拉开了现代政治的民粹主义序幕。

俄国哲学家别尔嘉耶夫认为，19世纪对于俄罗斯来说“是一个思考的世纪”，是充满“紧张的精神追求和社会追求”的世纪。[①]这种思考从精神上说是为了探索俄罗斯命运的归宿，从物质上说是寻求俄罗斯的发展道路。19世纪初，资本主义经济关系开始在俄国发展起来，但俄国总体上仍是一个发展迟缓的封建农奴制国家。由于农业生产力极为低下，再加上沙皇为了开疆拓土连年发动战争，官僚机构膨胀导致庞大的财政开支，俄罗斯农民的负担极其沉重，农民暴动接连不断，沙皇专制的农奴制因而陷入危机之中。[②]在此背景下出现的俄国民粹主义代表着知识分子对于农奴制和资本主义双重压迫的激烈反抗，它带来的思想冲击和社会震荡影响了超过半个世纪的俄国政治。从思想上看，民粹派运动在早期有革命民主主义知识分子如赫尔岑、别林斯基等人的理论贡献，后期有列宁、普列汉诺夫与民粹派的激烈论战，思想基础十分深厚；从行动上看，前后经历了十二月党人起义、“到民间去”运动、“土地与自由”社运动及民意党恐怖暴力行动等诸多事件，实践历程十分曲折。其中，“到民间去”运动可谓俄国民粹主义的高潮时期。1873年春，在赫尔岑的“与人民共存”观念的感召之下，在巴枯宁、拉甫洛夫等革命者的直接号召下，数千名青年知识分子以“民粹派”自称，从城市奔赴农村，开展了一场农村革命运动，希望发动农民来推翻沙皇专制统治，建立社会主义社会。由于农民对社会主义缺乏认同，民粹派的宣传动员并没有达到目的。“70年代民粹派的命运是悲剧性的，因为他们不仅受到政府方面的迫害，而且人民本身也没有接受他们。”[③]1874年，“到民间去”运动因沙皇政府的镇压而失败，不得不向组织化程度更高的“土地与自由”社转型，后期甚至转

---

① 尼·别尔嘉耶夫著，雷永生等译：《俄罗斯思想》，北京：生活·读书·新知三联书店，1995年版，第3页。

② 马龙闪、刘建国：《俄国民粹主义及其跨世纪影响》，桂林：广西师范大学出版社，2013年版，第18—19页。

③ 同①，第113页。

向了更为极端的民意党。到了19世纪90年代，俄国民粹派分化为左右两翼，右翼民粹派因坚持非马克思主义立场而受到列宁的严厉批判，左翼民粹派则在20世纪初分别汇入小资产阶级的社会革命党和无产阶级的布尔什维克党，至此，民粹派在组织上基本消失了。

俄国民粹主义运动是一场极具思想自觉性的激进主义运动，是在俄国农奴制专制统治面临严重危机、资本主义开始缓慢发展的历史转折时期萌芽发展起来的，它是俄国马克思主义的早期成分，也是布尔什维克革命的思想与组织准备阶段。同样重要的是，它开启了俄国知识界和进步精英对俄罗斯民族的前途命运、俄国民族主义等问题的思考和探索。对于19世纪的俄国知识分子来说，对国家和民族发展道路的探索是一项重大的历史使命。早在19世纪30年代，俄国贵族知识分子就发生了分化，形成了受到西欧思想影响的“西欧派”和对俄国传统怀抱希望的“斯拉夫派”，两派知识分子发生了激烈论争，论争主题是如何定位俄国和俄国应该走什么路，即俄国要走西欧式的资本主义发展道路，还是走独特的俄国式发展道路。“西欧派”和“斯拉夫派”的出现代表着“俄罗斯意识和俄罗斯思想的觉醒，堪称是反对皇权俄罗斯的起义”①，两派都主张自上而下废除农奴制，推动俄罗斯民族自我意识的觉醒。但是，在如何面对西方资本主义的问题上两派观点迥异，以别林斯基为代表的“西欧派”主张模仿西欧国家实施君主立宪和议会制，限制君主权力，保障言论和出版自由，推动俄罗斯的西欧化；“斯拉夫派”以赫尔岑为代表，主张俄国应该走不同于西欧的独特发展道路，相信“斯拉夫民族的历史和天性中蕴含了未来社会发展的动力”②，相信俄国传统的制度设计如村社可以帮助俄国避免资本主义破坏并获得发展。

① 马龙闪、刘建国:《俄国民粹主义及其跨世纪影响》，桂林：广西师范大学出版社，2013年版，第25页。

② 费海汀:《俄罗斯民粹主义的历史比较》，载《国际政治科学》，2017年第4期，第100页。

“斯拉夫派”为俄国民粹派提供了民族主义的思想资源。“人们公认赫尔岑和车尔尼雪夫斯基是民粹主义的创始人”①，同时，他们也被称为“泛斯拉夫主义者”。赫尔岑最初赞同“西欧派”所主张的从西方寻找俄国的出路，并受到1848年欧洲革命的自由主义和民族主义精神的鼓舞，但是欧洲革命的最终失败使他对欧洲工业资产阶级十分失望，转而将目光投回国内，相信俄国的村社是国家与民族的出路，最终“越出了西方主义的营垒而捍卫了俄罗斯的特殊道路”②。别尔嘉耶夫指出，“斯拉夫主义者是那种对19世纪俄国思想具有代表性的民粹主义的奠基者”，“斯拉夫主义者是我们这里最早的民粹派，但是他们是以宗教为基础的民粹派”。③这种宗教基础指的是作为俄国传统构成部分的东正教。东正教在民粹派所信赖的村社中发挥了不可替代的凝聚作用，它促进和发扬了村社大会的和谐协商精神，被视为造就俄罗斯民族性格的决定性因素。民粹派是村社制度的热烈捍卫者，相信“村社是农民经济生活的有机而独特的俄罗斯制度”④，相信俄国能够而且应该通过村社来越过资本主义从而直接步入社会主义。在列宁看来民粹派将俄国村社和东正教理想化的做法，是一种“俄国农民民主派的思想体系（观念体现）”⑤，本质上是“小生产者利益和观点的反映”⑥，它所主张的建立在民族传统及其制度之上的村社社会主义在摆脱西方资本主义的同时，也远离了马克思所论述的科学社会主义。这种俄国式社会主义的本质是一种俄罗斯民族主义，有着深厚的斯拉夫主义思想根源和文化基因，因此，斯拉夫主义正是俄国民粹派的民族

---

① 中共中央马克思恩格斯列宁斯大林著作编译局编译：《列宁全集》（第二十二卷），北京：人民出版社，1990年版，第326页。

② 尼·别尔嘉耶夫著，雷永生等译：《俄罗斯思想》，北京：生活·读书·新知三联书店，1995年版，第62页。

③ 同②，第40页。

④ 马龙闪、刘建国：《俄国民粹主义及其跨世纪影响》，桂林：广西师范大学出版社，2013年版，第38页。

⑤ 同①，第326页。

⑥ 中共中央马克思恩格斯列宁斯大林著作编译局编译：《列宁全集》（第一卷），北京：人民出版社，1990年版，第25页。

主义立场。

人民党运动是美国民粹主义的最早实践，是“农民和小商业集团为反对金融资本无情地发展的一种自卫运动”[①]。19世纪末，美国进入所谓的“镀金时代”，开始了从自由资本主义阶段向垄断资本主义阶段的转型。但是，随着工业化的深入，垄断资本主义的工业和金融资本破坏了美国传统农业的生产和生活方式，激起了农场主、小生产者的强烈不满和行动上的反抗，“平民主义运动中浓重的紧张和焦虑色彩就是因农业美国的迅速崩溃所致”[②]。美国人民党运动以西部和南部农场主为主体，代表着一种“以地域为基础、以捍卫土地所有制为目标的激进主义，反对北方经济、政治强权和政党系统失败的新生力量”[③]，很显然，北方代表着工业与金融的垄断资本。美国人民党运动从前期的农民协进会、绿背纸币党等政治实践中获得了激进主义的政治观点和选民基础。人民党运动的高潮时期是1892年全国性人民党的成立和奥马哈纲领的提出，该纲领在货币、交通、土地等方面提出了激进的改革主张，要求国家干预经济，反对垄断资本，同时批判两大政党的保守与腐败，人民党运动也是美国历史上的首场第三党运动。美国历史学家理查德·霍夫斯达特（Richard Hofstader）认为，这场运动是美国第一次有实效的要求联邦政府对公共福利负责的现代政治运动，是对工业化造成的危害进行严厉批判的运动。[④] 美国人民党运动在1896年大选中因阶级差异和地域矛盾而分裂，放弃奥马哈纲领，转而支持民主党候选人。选举失败后，人民党并入了民主党，在组织上终止了活动。

源自美国人民党运动的民粹主义传统被西摩·马丁·李普塞特称

---

① 安·罗彻斯特著，马清文译：《美国人民党运动》，北京：生活·读书·新知三联书店，1957年版，第5页。

② 理查德·霍夫斯达特著，俞敏洪、包凡一译：《改革时代——美国的新崛起》，石家庄：河北人民出版社，1989年版，第5页。

③ 保罗·塔格特著，袁明旭译：《民粹主义》，长春：吉林人民出版社，2005年版，第41页。

④ 同②，第49页。

为美国主流价值观的重要组成部分之一[①]，与个人主义、自由主义等现代价值共同构成了美国的主流意识形态。这一历史定位与民粹主义的民主精神和参与意识有关，也和它与民族主义、种族主义的亲缘关系有关。从盎格鲁-撒克逊人的白人中心主义和美国复杂的种族关系历史来看，民族主义乃至种族主义事实上早已是美国价值观体系中隐性的构成部分。美国人民党运动尽管时间不长，也未实现其政治目标，但是它却是一场成员和见解都十分复杂的农场主运动和白人民族主义运动。理查德·霍夫斯达特认为，民粹主义感情有着各种奇特和混杂的表现，如黩武主义和民族主义，对前途的悲观和对世界政治的设计，对大企业主、银行家和托拉斯的仇恨，对移民和城市工人的恐惧，以及在辞藻上玩弄的反犹主义。[②] 约翰·卢卡斯（John Lukacs）认为，人民党成员主要由中西部和南部的中下层社会成员如白人农民构成，他们既反对给黑人以平等的社会和政治权利，也反对增加新移民。[③] 在19世纪末的美国，尽管沙文主义、民族主义情绪是全国性的，不局限于人民党成员，但是早期民粹主义者表现出的不宽容情绪仍然要比其他社会阶层更为强烈。在19世纪末的美国，民粹主义与民族主义的汇合不是一种巧合，而是一种必然。某种意义上说，正是民粹主义将一种夹杂着狭隘民族主义、排外主义和阴谋论等元素的保守主义思想传统带入了美国政治。

同时，美国人民党运动又是一场乡村激进派的反抗运动，指向工业资本家与农场主的阶级矛盾。左派史学家如约翰·希克斯（John D. Hicks）、劳伦斯·古德温（Lawrence Goodwyn）和查理斯·波斯特等人从不同角度对人民党的历史进步性予以肯定，劳伦斯·古德温甚

---

① Edward Grabb, Douglas Baer and James Curtis, "The Origins of American Individualism: Reconsidering the Historical Evidence", *Canadian Journal of Sociology*, Vol. 24, No. 4, 1999, p. 515.

② 理查德·霍夫斯达特著，俞敏洪、包凡一译：《改革时代——美国的新崛起》，石家庄：河北人民出版社，1989年版，第75页。

③ John Lukacs, *Democracy and Populism: Fear and Hatred*, New Haven: Yale University Press, 2005, p. 58.

至把人民党人描述为被东部精英扼杀的大众民主改革运动的先驱和牺牲者。[①] 但是，这场代表农场主利益的美国人民党运动有着内在的保守性、本土性，受到狭隘的地方利益、族群利益的驱动，并表现出以下三方面的种族主义倾向。其一，持白人种族优越论。农民联盟是人民党正式成立前的组织形式，美国南方的农民联盟希望得到黑人农民的支持，但采取的是单独成立有色人种农民联盟的方式。人民党在1892年成立后为了在选举中获胜，也希望争取一部分黑人选票，开始吸纳黑人入党，所以，人民党成员中既有白人也有黑人。但是，白人和黑人民粹主义者经常追求不同的目标，肤色界限非常深刻，白人农民的利益优先性和相应的种族秩序被视为不可动摇的政治原则。农民联盟的白人成员认为自己是"盎格鲁-撒克逊血统"，扎根于新教教堂，说英语，出生在美国，"认为自己正在塑造未来的现代社会——一个种族分离将进一步制度化和明确的未来"[②]。其二，运用反犹主义的辞藻。反犹论调是人民党人推动银币运动过程中的一种策略，"提防那些代表华尔街和欧洲犹太人的政客"，民粹主义者经常将犹太人等同于高利贷者和"国际黄金贩子"。[③] 理查德·霍夫斯达特指出，在1896年的大选中，在召开人民党大会的圣路易斯城，到处都充斥着"对犹太种族超乎寻常的痛恨"，"走进每一家饭馆都能听到对整个犹太种族和个别发迹的犹太人的诋毁"。[④] 相比白人种族主义立场，人民党的反犹主义更多是出于一种宣传动员的需要，或者说是刻意塑造的一种阴谋论。当然，这种打着反对吝啬和贪婪旗号的反犹主义尽管服务于选举的需要，但本质上也是一种种族主义偏见。其三，开启了反移民的排外主义传统。19世纪以来，受到美国西部大开发和垄断资本主义急需自由

① Lawrence Goodwyn, *Democratic Promise: The Populist Movement in America*, New York: Oxford University Press, 1976, pp. 612-614.

② Charles Postel, *The Populist Vision*, New York: Oxford University Press, 2007, pp. 176, 184.

③ 理查德·霍夫斯达特著，俞敏洪、包凡一译：《改革时代——美国的新崛起》，石家庄：河北人民出版社，1989年版，第64页。

④ 同③，第65页。

劳动力的刺激，大量移民涌入美国，尤其是1860—1890年间，美国引进移民达1400万人。移民潮的出现引起了本土白人的恐惧和排斥，约翰·海厄姆（John Higham）认为，随着大量移民的到来，排斥性话语持续地存在，对所有外来种族都如此。[①] 1882年《排华法案》掀起的排华浪潮恰好与美国人民党运动同步，人民党成立之前，参与绿背纸币运动的农场主要求为真正开垦户保留公共土地，要求抵制中国的移民。查理斯·波斯特指出，农民联盟的肤色界限在白人和美国人的意义上延伸和弯曲，形成了与中国人的对抗，认为中国劳工作为土地垄断的工具，对农业进步构成了障碍。[②] 由于美国人民党运动与种族主义、排外主义的复杂联系，民粹主义成为美国政治思想中最具争议性的历史遗产。

俄国民粹派和美国人民党是世界民粹主义运动的“先驱”，它们之间并无关联，甚至存在诸多不同。比如，时代不同，前者发生在封建专制主义向资本主义转型的过程中，后者则发生在自由资本主义向垄断资本主义转型的时期；动力不同，前者有先进知识分子自外向内的思想输入，后者则是农场主群体内生自发的反抗；目标不同，前者希望通过反农奴制反资本主义的方式走向社会主义，后者想要修正而不是破坏资本主义体系，与自由民主体制保持政治与意识形态的一致性。[③] 然而，发生于19世纪下半叶的两场运动均追求一种农业民粹主义，都是“争取农民和小农场主利益的激进运动和社会政治学说”[④]，因此，它们都是农业文明向工业文明剧烈转型的产物。出于抵抗资本主义或垄断资本主义、维护小生产者利益的需要，两场运动都充分发

① John Higham, *Strangers in the Land: Patterns of American Nativism, 1860 - 1925*, New Brunswick: Rutgers University Press, 2004, p. 131.

② Charles Postel, *The Populist Vision*, New York: Oxford University Press, 2007, p. 185.

③ Norman Pollack, *The Just Polity: Populism, Law and Human Welfare*, Urbana: University of Illinois Press, 1987, p. 44.

④ 戴维·米勒、韦农·波格丹诺编，邓正来主编：《布莱克维尔政治学百科全书》，北京：中国政法大学出版社，1987年版，第588页。

展和强化了农民群体和农村生活的民族属性，民粹派的斯拉夫村社排斥西方资本主义生产方式、维护俄罗斯民族的传统制度，人民党的白人中心主义以种族主义和排外主义为基本成分，将工业资本家和他们雇佣的移民劳工列为排斥对象，前所未有地将阶级问题与种族问题联结在一起。

二、寻求自主发展之路：拉美民粹主义运动的经济民族主义目标

在大众民主运动和民族主义运动此起彼伏的20世纪，民粹主义的反抗性政治跨越了制度与文化的差异，出现在更多国家的现代化和民主化进程中。尤其是在广大的非西方世界，民粹主义运动从一开始就与民族独立、民族主权联系在一起。拉丁美洲的发展变迁以民粹主义为底色展开，并为民粹主义的世界性实践提供了独具特色的地区样本。

拉美国家在探索独立自主的发展道路上积累了丰富的民粹主义经验。20世纪初，拉美民粹主义登上了政治舞台，此后在100年中几乎不间断地历经了经典民粹主义、新民粹主义和激进左翼民粹主义等三次高潮。在20世纪30—60年代的经典民粹主义时期，为了摆脱对西方的依附、发展民族产业，拉美国家走上了进口替代发展道路，民粹主义就是在这一过程中孕育并发展起来的。经典民粹主义主张政府干预、福利国家、进口替代、多阶级联盟、收入再分配等社会经济政策，形成了拉美民粹主义的三大政治特色。其一是城市性。不同于俄美农业民粹主义，拉美经历的是一种城市民粹主义。拉美的现代化转型起步非常早，城市化程度较高，民粹主义实践主要在城市地区，通过工会的组织动员，扩大劳工阶级的政治参与。其二是集权性。各国民粹主义运动都与一位克里斯玛式的、家长作风的政治强人联系在一起，这位强势领袖“拥有大量来自下层阶级的追随者或受庇护者”，领袖和

追随者之间“通过个人化的、特殊的纽带连接在一起”。[①] 其三是激进性。经典民粹主义既反对西方主导的发展主义模式，也反对本国资产阶级对国际资本的依赖，主张社会改革，积极推动劳工和社会保障立法，是一种“由中产阶级或上层阶级领导，以劳工阶级或农民为基础”[②] 的激进左翼运动。

在20世纪90年代的新民粹主义时期，阿根廷、巴西、秘鲁和厄瓜多尔等国为了得到西方金融援助、摆脱债务危机，接受了新自由主义改革的要求，在政策上减少国家干预，走上自由化市场化的道路。但是，为了化解市场化改革的国内阻力，一些拉美国家的领导人采取政经分离的策略，经济上执行新自由主义的市场化政策，政治上将民粹主义视为一种争取民众支持的策略。[③] 因此，拉美的新民粹主义实质上是新自由主义与民粹主义的策略性合作，是一种“变种的”或“新自由主义化”的民粹主义。[④]

在21世纪前后，由于新自由主义改革造成了严重的社会矛盾，贫富分化和社会冲突日益加剧，拉美激进左翼力量掀起了反美、反西方、反新自由主义的“粉红浪潮”，以委内瑞拉的查韦斯、玻利维亚的莫拉莱斯和厄瓜多尔的科雷亚为代表的新一代民粹主义政治家开启了拉美政治向左转的浪潮，民族主义和分配正义成为激进左翼民粹主义的政治口号。为了争取各阶层民众的响应，这些领导人纷纷提出了反传统政党、反新自由主义、反全球化和反资本主义的激进主张。[⑤] 在2008年全球金融危机之后，这一轮拉美左翼民粹主义浪潮在右翼保守主义

---

① John D. French, “Workers and the Rise of Adhemarista Populism in Sao Paulo, Brazil 1945-47”, *Hispanic American Historical Review*, Vol. 68, No. 1, 1988, pp. 2-3.

② Carlos de la Torre, *Populist Seduction in Latin America*, Athens: Ohio University Press, 2010, p. 2.

③ 林红：《拉美民粹主义：一种国家发展模式》，载《马克思主义与现实》，2022年第4期，第119页。

④ Jolle Demmers, Alex E. Fernandez Jilberto and Barbara Hogenboom, eds. *Miraculous Metamorphoses: The Neoliberalization of Latin American Populism*, London: Zed Books, 2001, p. 11.

⑤ 袁东振：《拉美民众主义的悖论：根源与后果》，载《国际经济评论》，2018年第6期，第145页。

的冲击下陷入低谷，但是至今仍具有重要影响。近年来，随着墨西哥、巴西等国左翼领导人的上台，拉美左翼民粹主义呈现出逐渐回潮的迹象。

20世纪以来的拉美民粹主义经历了数次高潮，但是从历史主流来看，左翼民粹主义（以庇隆的经典左翼和查韦斯的激进左翼为代表）始终是其基调，短暂的新民粹主义是民粹主义政治策略化的变体阶段。拉美民粹主义总体上的左翼特色与追求独立自主的民族主义思想的滋养有密切关系，民粹主义借助民族主义的话语动员能够更轻易地建构认同和获得支持，二者合流成为推动拉美激进变革的强大动力。拉德福德·伯恩斯（E. Bradford Burns）认为，在20世纪的拉丁美洲，现代化和经济独立是两个极其重要的政治目标，而民族主义一直站在鼓励拉美迅速发展的最前列。[①] 在拉美，民族主义是一种表达整个民族利益的政策或意识形态，民族主义政策“被视为符合所有人民的利益，只有本国人民可以对分配资本积累的好处拥有政治上的控制权”[②]。拉美民粹主义致力于寻找可以摆脱西方模式的发展道路，与拉美民族主义的使命是一致的，都是希望在争取经济独立的基础上实现拉美现代化。在庇隆时代的经典民粹主义实践中，民族主义扮演了最重要的角色。庇隆和其他民粹主义领导人以独立自主的国家发展为目标来推行民粹主义政策，也迎合了当时那种认为依靠外来力量支持国家生存已不可行的大众意识。阿根廷的政治“在30年代开始发生变化和进行重新组合并以庇隆上台结束。在这个时期的政治潮流中，民族主义成了最核心、最重要的潮流”[③]。经典民粹主义的多阶级性、超阶级性使得庇隆等领导人获得了民族主义的动员力量，不再局限于在特定阶级如劳工阶级中进行动员，极大扩展了社会支持。庇隆及其同时代领导人的激

① E. 布拉德福德·伯恩斯著，王宁坤译：《简明拉丁美洲史》，长沙：湖南教育出版社，1989年版，第250页。

② Richard R. Fagen, *Capitalism and the State in US-Latin American Relations*, Redwood City: Stanford University Press, 1979, p. 305.

③ 莱斯利·贝瑟尔主编，中国社会科学院拉丁美洲研究所译：《剑桥拉丁美洲史》（第八卷），北京：当代世界出版社，1998年版，第32页。

进主张与马克思主义的科学社会主义保持了距离，但是却与拉丁主义、泛西班牙主义、印第安人主义、人民党主义、庇隆主义、瓦加斯主义、大陆民族主义等一系列拉美特色的民族主义巧妙地联结在一起。庇隆主义二十点主张的核心是“政治主权、经济独立和社会正义”，反映了民族资产阶级要求独立发展资本主义的愿望；瓦加斯主义则反映了因美国资本大量进入巴西、阻碍民族工业发展而引起的民族资产阶级和劳工阶级的不满。[①] 可以说，激进性的民粹主义与保守性的民族主义的结合，正是拉美民粹主义经验的独特之处。

民粹主义与民族主义的汇流是由拉美内部从反殖民主义、反帝国主义到反霸权主义、反资本主义的强烈愿望所驱动，这一驱动力本质上是一种“我们的美洲”的本土意识。由于与欧洲国家的历史纠葛和与美国在地理上的接近，拉美国家对文化传统、民族经济和国家自主性等问题非常敏感。拉美民族主义思想萌发于 19 世纪初叶的拉美独立战争时期，出于对美国门罗主义关于“美洲是美洲人的美洲”的戒备，拉美国家不希望在摆脱欧洲殖民统治之后又落入美国的势力范围，因而提出了与门罗主义相对立的拉丁美洲主义，强调拉美各国种族、宗教和文化传统上的共同性，主张维护自身利益和加强合作。[②] 拉丁美洲主义既体现了一种地区性的大陆民族主义倾向，也是在各国民族解放运动中发展起来的政治民族主义。民粹主义萌芽时期的阿普拉运动就是混合了反帝国主义和大陆民族主义的产物，其领导人德拉托雷将其称为“一场不受外国干涉或影响的拉丁美洲自治运动”[③]。在 20 世纪 30 年代全球性的经济大萧条时期，民族经济的脆弱性和依附性迫使拉美各国“将注意力转向民族主义的另一种形式，即经济民族主义或发

---

① 祝文驰:《当代拉丁美洲的民族主义思潮》,载《拉丁美洲丛刊》,1985 年第 6 期,第 53 页。

② 江时学:《论拉美民族主义的兴衰》,载《战略与管理》,1996 年第 3 期,第 69 页。

③ 隗敏:《反帝国主义与大陆主义:关于拉美反帝运动的争论》,载《拉丁美洲研究》,2022 年第 3 期,第 36 页。

展民族主义”[①]，并根据依附理论将拉美的发展困境归因于不平衡的国际经济体系和西方霸权主义，开始走上独立自主的进口替代发展道路。在“粉红浪潮”中重回政治舞台的左翼民粹主义以反经济全球化、反新自由主义为目标，查韦斯等左翼领导人强烈谴责美国的干预政策危及拉美稳定、制造了政治动荡。历史经验表明，拉美的民粹主义与民族主义实践从来都是混杂的，由于受到民族主义内外区分逻辑的影响，拉美民粹主义倾向于将文化、经济和政治危机进行直接的外部归因，并在此基础上规划拉美政治和社会发展的新路线，即寻找一条将拉美与西方，尤其是美国相区分的发展道路。某种意义上说，正是由于民族主义与民粹主义的结合，拉美左翼在思想和行动上表现了自己的创造性和独特性。

借助民族主义的认同动员来实现跨越阶级的政治联盟，这是20世纪以来民粹主义在各国实践中的常见现象，但是与拉美民粹主义对接的实际上是一种经济民族主义或资源民族主义。拉美是一个自然资源十分丰富但资源主权长期失控的地区。比如拉美国家的石油和矿产资源长期受西方控制，外国资本的大量涌入和资源开发企业的私有制管理将国家的干预排斥在外，制造了严重的社会不公平。20世纪50年代末，美国公司控制了拉美地区矿业生产的80%和石油产量的75%，而中美洲的水果生产蔗糖业基本上全部为外国资本垄断。[②]美国联合果品公司被称为“绿色魔鬼”，在拉美拥有250万公顷土地，甚至自设军警和自订法律。[③]20世纪70年代后，阿根廷、墨西哥、巴西和委内瑞拉等多国掀起了石油国有化运动，这场以资源民族主义为诉求的国有化运动在拉美不断蔓延。乔治·菲利普（George Philip）认为，拉美国家

---

① E. 布拉德福德·伯恩斯著，王宁坤译：《简明拉丁美洲史》，长沙：湖南教育出版社，1989年版，第257页。

② 关达等：《第二次世界大战后拉丁美洲政治》，北京：中国社会科学出版社，1987年版，第248页。

③ 江时学：《论拉美民族主义的兴衰》，载《战略与管理》，1996年第3期，第70页。

的国有化运动是资源国掌控本国经济主权的政治象征和重要内容。[①] 事实上，无论是在庇隆时代还是查韦斯时代，拉美民粹主义在经济政策上都表现出强烈的经济民族主义或资源民族主义倾向，主张通过经济国有化来建立一个能够调节资本主义经济关系的强大国家。

将自然资源控制在国家手中是一种资源保护主义，也是拉美民粹主义运动的重要目标。以国有化为重要举措的民粹主义经济政策主要是基于以下动机：其一，收回资源主权可以消除经济脆弱性，避免市场和资本的破坏，更重要的是摆脱对外依附，获得经济主权，提升国家自主性；其二，政府及其民粹主义领导人成为资源收益的主要接收者后，可以通过扩大公共财政支出，形成并维系庞大的支持体系或恩庇网络，从而强化克里斯玛领袖的领导力；其三，国家能力的增强可以在社会层面促进分配公平，尤其是“清除国内精英集团与外国资源开发企业的相互勾结、垄断资源收益和共享特权”[②]。美国学者肖夏娜·B. 坦塞（S. B. Tancer）在讨论拉美的经济民族主义问题时认为，那些尚未取得现代化或经济自主的国家，对于控制本国自然资源和经济命运的意愿越来越强烈，这一意愿反映了这样一种自我认知，即“拉美国家虽然取得了政治主权与独立，但是在经济上仍然是殖民地”[③]。玻利维亚总统莫拉莱斯曾表示：“我们欢迎外国公司来投资，但我们需要的是伙伴，而不是资源的主人。”以资源国有化为核心的经济民族主义孕育了强烈的资源主权观念，也推动了民族自主意识的觉醒。在这一过程中，拉美民粹主义本质上与民族主义已经连接为一体，代表着拉美国家寻求自主发展的尝试与努力。

---

① George Philip, *Oil and Politics in Latin America: Nationalist Movements and State Companies*, London: Cambridge University Press, 1982, pp. 10-18.

② Amy L. Chua, “The Privatization - Nationalization Cycle: The Link Between Markets and Ethnicity in Developing Countries”, *Columbia Law Review*, Vol. 95, No. 2, 1995, p. 276.

③ 肖夏娜·B. 坦塞著，涂光楠等译：《拉丁美洲的经济民族主义——对经济独立的探求》，北京：商务印书馆，1980 年版，第 8 页。

三、抵制经济全球化：欧美民族民粹主义及其身份政治

以全球联系不断增强为特征的全球化是人类社会发展进步的必经历程。广义的经济全球化起自14—15世纪的新航路开发，它是资本主义全球扩张的开始，也是现代国家建构和民族主义观念的初始阶段。狭义的全球化是指20世纪80年代以来以新自由主义为主轴的经济全球化，意味着资本主义的全球扩张到达顶峰阶段。这一轮全球化在解决贫困问题，以及推动贸易、投资和技术进步等方面取得了重要成就，但是也带来了高度竞争的国内与国际经济秩序，由于市场与资本事实上已凌驾于国家之上，分配正义不得不让步于经济增长，最终造成了严重的经济不平等和身份危机问题。在全球化的批评者看来，"作为一种政治与经济事业，全球化已经被新帝国主义所取代。因此，世界正见证着全球化作为社会本体论、解释前提和社会愿景的消亡"①。这个"新帝国主义时代"无疑是由新自由主义打造的，而后者不仅引起了非西方国家的反抗，也在西方国家内部制造了大批异议者。大卫·哈维（David Harvey）认为，新自由主义是一场有预谋的政治工程，旨在恢复二战后尤其是20世纪70年代政治经济危机以来资产阶级几乎坠落的权力。② 2008年全球金融危机爆发后，反全球化的抵抗浪潮开始形成，民粹主义和民族主义成为这一浪潮的生力军，它们"提供了围绕共同关切的问题进行政治动员所需的叙述。他们讲述的故事是为了与他们的选民基础即需求方产生共鸣"③。民粹主义成为"对数十年非民主的自由主义政策的一种非自由民主的回应"④，而民族主义则控诉自由主义破坏了个人权利和国家主权，使国家丧失了独立的外交政策和

---

① 戴维·赫尔德、安东尼·麦克格鲁主编，王生才译：《全球化理论：研究路径与理论论争》，北京：社会科学文献出版社，2009年版，第4页。

② David Harvey, *A Brief History of Neoliberalism*, New York: Oxford University Press, 2005.

③ Dani Rodrik, "Populism and the Economics of Globalization", *Journal of International Business Policy*, Vol. 1, No. 1, 2018, pp. 12-33.

④ Cas Mudde, "Europe's Populist Surge", *Foreign Affairs*, Vol. 95, No. 6, 2016, p. 25.

选择能力。[①] 观察20世纪末全球化的反抗者如何涌现和怎样反抗，最好的样本是西方国家自己，因为民粹主义和民族主义在那里不仅发起了冲击，并且早已结成了盟军。

2008—2016年是西方政治急剧右翼化的高潮时期，民粹主义与民族主义合流并引领了保守主义阵营的反全球化行动，形成一股声势浩大并日益影响主流政治走向的右翼极端主义浪潮。作为历史激变的起点，2008年的全球金融危机被视为欧洲历史上的分水岭，它宣告了新自由主义在全球不再是一种可持续的发展模式，也开启了堪比1945年和1990年的政治大转向。在全球金融危机的刺激下，激进左翼和极端右翼纷纷寻找自己的替代方案，前者主张分配正义，后者追求本土安全，但都强调国家的重要性，主张强化被全球化侵蚀的国家主权；不同的是，激进左翼无法逆转20世纪80年代以来的衰微之势，而右翼阵营则缓慢壮大。欧洲右翼政党、美国反建制派等利用“9·11”事件、2008年全球金融危机、2015年难民危机等三场时代危机造成的大众恐惧，运用民族主义和民粹主义等话语动员手段，煽动了疑欧主义、伊斯兰恐惧症和特朗普主义。作为结果，一股以英国“脱欧”公投和特朗普当选为代表性事件的民族民粹主义浪潮在欧美同时兴起。

在西方政治生态中，民族民粹主义是一种典型的右翼意识形态，它既是右翼民粹主义，也被称为极端民族主义，它的出现表明民粹主义和民族主义不仅在意识形态上交织，也在现实政治中实现了话语和行动的勾连。在特朗普任职的四年中，保守主义的右翼化浪潮加剧了本已存在的政治极化和社会分化，两党之间、贫富之间、白人与有色人种之间都陷入难以缓和的对抗之中，2021年发生的冲击美国国会大厦事件更可谓右翼极端化的最高潮。根据美国的南方贫困法律中心发布的《仇恨与极端主义2021年度报告》，当前全美至少活跃着1221个

① T. V. 保罗著，王年咏、吴宛珂译：《全球化、去全球化和再全球化：自由主义国际秩序的调适策略》，载《国外理论动态》，2022年第3期，第159页。

仇恨和反政府的极端主义团体。[1] 这是美国社会分裂对抗的缩影，在根本上威胁着美国的自由主义价值和民主政治体制。具体到特朗普的影响，他对美国政治社会秩序的改变在于他带来了一种美国式的民族民粹主义，这种思潮及其行动围绕着资本、阶级和种族等美国政治的核心议题展开，利用白人主流族群的经济与身份焦虑，公开挑战自由民主、三权分立、多元文化主义等主流价值观。欧洲的情况也大致相似，影响各国政治走向的右翼化浪潮同样是民粹主义和民族主义合流的结果。20 世纪 80 年代以来，欧洲民众在欧洲一体化进程中经历了一种民族国家主权被削弱、大量移民和难民涌入、恐怖主义持续威胁而国内福利锐减的现实考验，对欧盟、欧洲一体化的质疑由此产生。疑欧主义的萌生和蔓延直接导致了英国的“脱欧”公投，英国独立党正是借“脱欧”议题登上政治舞台的。但是，早在独立党出现之前的 20 世纪末，英国已经出现过右翼民粹主义政党，如一度成为英国第四大政党的英国民族阵线就是一个极右翼法西斯政党，它持排斥性的民族主义立场，认为只有白人才能成为英国公民。[2] 罗纳德·英格尔哈特等学者从“脱欧”公投引发的政治动荡中察觉到了英国主流社会与特朗普的支持者们相似的感受，“英国人感觉自身已沦为主流社会的陌生人，曾经的主导权和优越地位也日渐衰落”[3]。在西欧其他国家和北欧国家中，外部压力和内部反应也是相似的，大量合法移民挤占公共福利和制造身份文化差异等问题还没缓解，各国民众就必须面对 2015 年后大量穆斯林难民涌入带来的本土公共安全威胁。在此背景下，各国右翼民粹主义政党开始活跃，并不约而同地通过民族主义的动员话语来扩大政治影响，甚至打出了如出一辙的民族民粹主义口号，如法国国民

---

① 高和荣、王瑞新：《新自由主义与民族主义的回潮：社会政策及其变化》，载《国际社会科学杂志》，2022 年第 3 期，第 95 页。

② Nigel Fielding, *The National Front*, London: Routledge and Kegan Paul, 1981, p. 130.

③ Ronald F. Inglehart and Pippa Norris, "Trump, Brexit, and the Rise of Populism: Economic Have-Nots and Cultural Backlash", https://www.hks.harvard.edu/publications/trump-brexit-and-rise-populism-economic-have-nots-and-cultural-backlash.

联盟提出的“为了法国人的法国”，英国独立党提出的“夺回控制权”，德国选择党提出的“我们的文化，我们的家园，我们的德国”，波兰法律与公正党提出的“纯洁波兰、白色波兰”，以及瑞典民主党提出的“让瑞典继续是瑞典人的瑞典”等。[①] 根据德国联邦反歧视局 2019 年度的报告，2015 年以来，关于种族歧视案例的咨询在该机构的咨询案例中达到了 33%之多，2019 年度的案例数达到了 1176 起。[②] 在法国，国民联盟不仅很早出现，而且对国内政治秩序的影响深远。早在 1997 年，国民阵线“借助新法西斯主义和新民粹主义的结合”，已经成为法国政治体系中不可或缺的部分。[③] 在法国国内，移民问题是一个高度政治化的敏感话题。根据经济合作与发展组织的全球移民数据，2023 年法国移民人数达 890 万人，占法国总人口的 13.8%，与 2013 年相比增长了 18%。[④] 在非法移民方面，据法国公共卫生署的数据，2012 年至 2022 年间，法国非法移民总数增加了 73%，十年内从 23 万激增到 40 万人。皮尤调查中心的数据则表明，难民危机前的 2014 年，法国境内的非法移民约为 20—30 万人，而 2017 年则激增至接近 40 万。[⑤] 如此规模的合法移民和非法移民给法国主流群体带来了心理冲击，成为许多经济社会问题的诱因，再加上国民联盟等极右翼民粹主义政党长期坚持的反移民主张的影响，越来越多的法国民众对移民群体持排斥态度，极右翼政治人物也不断散布有关法国“被移民淹没”的极端言论，根据法国市场调查机构益普索 2016 年的民调数据，多达

---

① Wendy Brown, *In the Ruins of Neoliberalism*, New York: Columbia University Press, 2019, p. 5.

② “Annual Report 2019: Significant Increase in Enquire Regarding Racial Discrimination”, http://www.antidiskriminierungsstelle.DE/SharedDocs/pressemitteilungen/EN/2020/20200609_Jahresbericht.html.

③ Cas Mudde and Cristóbal Rovira Kaltwasser, *Populism: A Very Short Introduction*, London: Oxford University Press, 2017, p. 78.

④ “International Migration Outlook 2024: France”, https://www.oecd.org/en/publications/international-migration-outlook-2024_50b0353e-en/full-report/france_c739c214.html.

⑤ “Unauthorized Immigrants in France”, https://www.pewresearch.org/global/fact-sheet/unauthorized-immigrants-in-france/.

57%的法国民众认为移民太多了。[①] 国民阵线以反移民、反欧盟起家，数次在法国总统选举中闯进第二轮，在国内拥有深厚的选民基础。国民阵线在2018年6月1日更名为国民联盟后，党首玛丽娜·勒庞（Marine Le Pen）开始了向主流化转型，将上台执政视为全力以赴的政治目标，走一条更开放的“全方位民粹主义”道路，相对于由其父让-玛丽·勒庞开启的极端民族主义传统立场稍有缓和。但是，极右翼的民族民粹主义仍然是吸引选民的意识形态工具，国民联盟并没有放弃非法移民议题，继续主张更严厉的移民审查政策。在国民联盟开始主流化转型之后，极端右翼的空间迅速被埃里克·泽穆尔（Éric Zemmour）和他带领的“再征服党”占领，埃里克·泽穆尔以“大规模移民是国家的厄运”为竞选口号，继续煽动公众对所谓法国被“伊斯兰化”的焦虑情绪。根据法国内政部2025年2月发布的最新移民报告，2024年被驱逐出法国的非法移民人数与2023年相比增加了26.7%，与2020年相比则增加了74.4%，达到了21 601人。[②]

20世纪末以来欧洲和美国的经历表明，要严格区别民粹主义与民族主义越发困难，因为二者在思想上和行动上实现了高度融合。民族民粹主义是一种以横向排斥为主导的大众政治运动，已经不能简单地定义为一种传统的民粹主义运动或民族主义运动，它依托右翼民粹主义政党，在总体上表现出更明确的右翼极端主义性质。当然，左翼性质的经济因素仍有根本性影响，比如欧洲民众对移民难民群体的排斥离不开他们在就业、福利和公共安全等方面的普遍焦虑，而强调纵向对抗、以经济平等和反紧缩为诉求的左翼民粹主义在欧洲尤其是南欧、东南欧一度颇有市场。但是，在物质丰裕的后工业时代，在西方左翼阵营整体上呈现衰微态势的情况下，右翼民粹主义政党因突显身份、

---

① “Majority in France Against Immigration”, https://www.thelocal.fr/20160823/immigration-negative-for-france-majority-says/.

② “Lutte contre l’immigration irrégulière”, https://www.immigration.interieur.gouv.fr/Info-ressources/Etudes-et-statistiques/Les-chiffres-de-l-immigration-en-France/Lutte-contre-l-immigration-irreguliere.

宗教、种族等文化性因素而获得了比左翼政党更大的发展空间，并且这些右翼政党吸纳了反对经济不平等的左翼议题，将之融入突显族群差异的身份政治之中。约翰·朱迪斯（John Judis）指出，欧洲右翼民粹主义政党采纳了社会民主主义的部分主张，也开始反对新自由主义，以至于“勒庞的国民阵线成为了福利国家的捍卫者”。[①]这些右翼民粹主义政党为了扩大社会基础、在议会或政府中争取更多的政治机会，通常会提出混合政纲，比如在意识形态和文化立场上主张限制移民的社会排斥政策，但是在社会经济上进行一定变通，如改变反对政府干预的立场，吸收左翼的扩大福利和反经济不平等的主张。

然而，不管如何吸纳左翼的经济议题，民族民粹主义在本质上更接近一种因身份危机引发的右翼文化政治。美国是一个移民国家，但是盎格鲁-撒克逊文化的主流地位根深蒂固，随着发展中国家移民的大量涌入，再加上民权运动和社群主义帮助移民等少数族群保留了文化特殊性，中下层白人群体日益强烈地感受到他们的白人身份优越性受到了威胁。欧洲是民族国家的策源地，国家建构的需要催生了政治民族主义或公民民族主义，追求国家认同的一致性和民族的同质性，但是，20 世纪 60 年代从北非、土耳其和印度等地大量涌入的移民强化了欧洲社会的异质性，移民在空间上被接纳了，但是在文化和精神上始终被排斥，他们展开了争取平等身份权利的斗争。汉斯彼得·克里斯（Hanspeter Kriesi）提出一种新社会分歧说，认为经济全球化的快速发展使得劳资分歧不再是反映欧洲社会主要矛盾的决定性分歧，基于文化价值观而形成的融入-划界对峙成了具有划时代意义的新社会分歧。[②] 2011 年，受法国作家加缪的著作《大取代》的影响，关于欧洲白人人口正在被以穆斯林为主的非欧洲人口取代的担忧成为公共话题。

---

① 约翰·朱迪斯著，马霖译：《民粹主义大爆炸：经济大衰退如何改变美国和欧洲政治》，北京：中信出版集团，2018 年版，第 119 页。

② Hanspeter Kriesi, “Restructuration of Partisan Politics and the Emergence of a New Cleavage Based on Values”, *West European Politics*, Vol. 33, No. 3, 2010, pp. 673-685.

在法国，穆斯林恐惧症将法国穆斯林及其文化与法国人及法兰西文化对立起来，根据 2021 年 10 月的一项民调，超过 60% 的法国人相信“大取代”是真实存在的。[①] 2015 年欧洲发生的难民危机被欧洲人看作是“欧洲的‘9·11’事件”，许多民众认为这一事件从根本上改变了欧洲的政治状况。[②] 这种被改变的政治状况与两种身份政治的共存有关，一种是少数群体或边缘群体反歧视反排斥的传统身份政治；另一种是白人主流群体反移民反难民的逆向身份政治，更具体地讲，是激进或极端的右翼阵营对全球化和大规模移民的抵制。2017 年，荷兰右翼政党领导人威尔德斯不断在演讲中声称“我们的人口正在被取代”，加剧了荷兰民众对族群差异性的不适、对身份优越性可能丧失的恐惧。“大取代”的阴谋论煽动了全球主义与民族主义、世界主义与本土主义、开放与封闭之间的冲突对峙，通过种族、身份等文化概念的政治化，帮助打造了排外主义、沙文主义的民族民粹主义。

安东尼·吉登斯曾指出，民粹主义几乎哪里都存在，但其中的极端分子往往会引起危机，在某种意义上说，他们大多是民族主义者和欧洲怀疑论者。[③] 极端化的民粹主义更容易走向狭隘的、排他的民族主义，因为民粹主义利用族群身份进行的政治动员最容易引起大众共鸣。20 世纪下半叶，西方进入后工业时代，白人主流群体在后物质主义、自由主义和多元文化主义的价值观体系中感受到身份危机，民族民粹主义是他们反叛建制派精英及其政治正确的武器。

---

① 姜程淞：《新民族主义视域下的法国身份政治镜像》，载《欧洲研究》，2022 年第 5 期，第 123 页。

② Ivan Krastev, *After Europe*, Philadelphia: University of Pennsylvania Press, 2020, pp. 122–124.

③ 安东尼·吉登斯著，陈志杰译：《动荡而强大的大陆：欧洲的未来何在？》，北京：北京大学出版社，2019 年版，第 17 页。

第二节　民粹主义与民族主义的理论对话

作为一种经验现象的民族主义要比民粹主义更早出现，早在法国大革命时期人们就意识到了民族主义的出现，民粹主义直到 19 世纪的下半叶才引起关注。民族主义一经出现便与民族国家建构的历史进程紧密相联，相关的理论成果极其丰富；而关于民粹主义的研究在很长时期内只是停留在俄美、拉美等地的有限经验之上，超越经验的理论建构被长期忽视。近年来，学界研究注意到了二者在 21 世纪到来之时日益清晰的合流之势。尽管对于这一趋势起自何时，人们并无确定的共识，但大致同意其与经济全球化和新自由主义的负面刺激密切相关。21 世纪以来，尽管左翼民粹主义在拉美、东南欧时有涌现，但民粹主义现象在大多数情况下被理解为一种右翼民粹主义。右翼民粹主义的政治舞台正是民粹主义与民族主义大合流所造就的。

民粹主义和民族主义是两种足以引发权力与秩序变更的现代政治思潮，都具有激进化、极端化倾向。它们作为一种独立的思潮已是能量惊人，分别在全球、国家和地区等不同层次的政治运动中扮演着关键性角色，而二者的日益合流则意味着一种倍增的冲击与挑战，无疑会对于政治结构的修复或重组产生重大的影响。关于二者合流的根源近年来已有诸多讨论，大致归结到全球化带来的经济不平等、身份危机和民主赤字等因素，在上一节关于二者合流的历史考察中已有相应的讨论，但是关于二者如何突破模糊的理论边界而形成合流的规范性分析还未充分展开，相关的学术成果还较少。因此，从民粹主义和民族主义的概念和核心范畴出发，探讨其话语结构如何相互开放和交叉重叠，对于认识二者合流的内在机理及其现实影响有重要意义。

一、概念生成与历史轨迹

尽管民粹主义和民族主义合流已是当下的一种重要趋势，但二者毕竟是存在理论边界和现实差异的两种不同现象，在理论上看，二者的概念内涵、价值目标都有差异；从经验上看，二者的发生根源、历史命运完全不同。认识这些不同，是理解二者如何合流的重要前提，因为只有不相同但相关的事物才涉及合流。

民粹主义概念的出现要比民族主义晚了几乎一个世纪。西方学界在一般意义上讨论民粹主义是在20世纪50年代以后才开始，在这之前，民粹主义特指先后发生在19世纪晚期的俄国民粹派运动和美国人民党运动。1967年，伦敦政治经济学院召开了一场以"定义民粹主义"为主题的学术研讨会，自此之后，民粹主义才作为一种具有某种辨识度的政治现象出现在学术著作中，但是早期大量的民粹主义研究实际上聚焦拉美地区的经济发展模式，直到20世纪80年代后，民粹主义才作为一种观察西方政治的比较分析范式得到广泛关注。在概念认知方面，多数西方学者将民粹主义视为一种民主的病态形式和反对多元文化主义、破坏自由主义民主的力量，常常用来描述缺乏责任感、煽动性和机会主义等政治现象。[①] 但是，厄内斯特·拉克劳从其话语理论出发，挑战了将民粹主义视为异常和病态现象的认识，他提供了一个"最低限度"的定义，即认为民粹主义是这样一种思潮，它围绕"人民"而非国家或阶级而展开，将社会分成两个对立的阵营，即人民和精英。[②] 库尔特·韦兰德基于拉美民粹主义的经验概括了民粹主义的关键性特征，即以克里斯玛型政治领袖为核心、权力源自体制外无组织的大众支持、跨越代议制民主等中介机制与选民直接沟通等。[③] 玛格丽特·卡农范则从制度层面切入，认为民粹主义是民主政治投射的阴

① Pierre-Andre Taguieff, "Political Science Confronts Populism: From a Conceptual Mirage to a Real Problem", *Telos*, Vol. 1995, No. 103, 1995, p. 43; Jan-Werner Muller, *What is Populism?* Philadelphia: University of Pennsylvania Press, 2016, pp. 19-21.

② 罗杰斯·布鲁贝克著，禾泽译：《民粹主义与民族主义》，载《国外理论动态》，2020年第5期，第118页。

③ Kurt Weyland, "Clarifying a Contested Concept: Populism in the Study of Latin American Politics", *Comparative Politics*, Vol. 34, No. 1, 2001, p. 13.

影，是民主内在的两个面向即救赎性（Redemptive）和实用性（Pragmatical）发生断裂的结果。[①] 卡斯·穆德的定义接近玛格丽特·卡农范，认为民粹主义是一种“薄意识形态”，建立在高尚的人民与腐败的精英的二元逻辑之上，他和厄内斯特·拉克劳一样拒绝将民粹主义定义为“堕落的民主”或“民主的最大危险”，认为民粹主义已成为西方民主政治的主流，成为民主的时代精神。[②] 综合这些关于民粹主义的不同理解，可以看到，尽管充满人格魅力的权威、反建制动员和简单化话语并非民粹主义独有，但是“腐败精英”和“道德民众”的二分法是民粹主义者所专有的。[③] 客观地说，民粹主义的界定缺乏知识上的共识与连贯性，称不上是一种内涵丰富的意识形态，更谈不上是一种逻辑严谨、体系完备的理论学说，但是无论是将民粹主义定义为一种意识形态、社会运动还是政治风格，都离不开大众对抗精英的二元逻辑和“平民至上”主义的标签。

与民粹主义一样，民族主义也是一个很难定义的概念。关于其起源，有一种说法是，民族主义一词最早出现在 1774 年赫尔德（Herder）的作品中。[④] 但是，“在有关民族和民族主义的研究中，可能最大的困境在于找到对核心概念‘民族’和‘民族主义’精确且一致的定义”[⑤]。人们普遍相信民族主义是影响国家建构和基本政治走向的最强大力量之一，认为它提供了国家存在的政治合法性，是国家建构所需要的最广泛、最有力的意识形态和政治运动，但是，在如何定义民族主义的问题上，学界一直争论不已，出现过诸如永存主义、原生主义、现代

---

① Margaret Canovan, “Trust the People! Populism and the Two Faces of Democracy”, *Political Studies*, Vol. 47, No. 1, 1999, p. 9.

② Cas Mudde, “The Populist Zeitgeist”, *Government and Opposition*, Vol. 39, No. 4, 2004, p. 562.

③ 卢克·马奇著，于海青、王静译：《欧洲激进左翼政党》，北京：社会科学文献出版社，2014 年版，第 181 页。

④ Peter Alter, *Nationalism*, London: Edward Arnold, 1989, p. 7.

⑤ John Hutchinson and Anthony D. Smith eds. *Nationalism: An Oxford Reader*, Oxford: Oxford University Press, 1994, p. 4.

主义、族群-象征主义和后现代主义等多个不同学派。在这些学派中，民族主义研究的现代主义者最为众多，这一学派的代表人物厄内斯特·盖尔纳为民族主义提供了一个被广泛采用的经典定义。厄内斯特·盖尔纳认为，民族主义是一种关于政治合法性的理论，奉行“政治单元（国家）与文化单元（民族）必须合一的政治原则”，要求族裔的疆界不得跨越政治的疆界。[①] 厄内斯特·盖尔纳的政治性定义激发了诸多学者的创想，英国左翼历史学家埃里克·霍布斯鲍姆采用厄内斯特·盖尔纳的定义，并进一步指出，民族主义早于民族的建立，不是民族创造了国家和民族主义，而是后者创造了前者。[②] 受厄内斯特·盖尔纳的影响，美国学者迈克尔·赫克特（Michael Hechter）也将民族主义与国家紧密相连，认为民族主义是意在使民族与治理单元（国家）的边界一致的集体行动，当民族的边界与治理单元的边界存在分离时，民族主义便会出现。[③] 厄内斯特·盖尔纳的学生安东尼·史密斯认为，民族主义是“一种意识形态领域获得和保持自治、统一、群体认同的运动”[④]，他在80年代开创了族群-象征主义研究范式，致力于探讨民族主义“内在世界”的主观渊源，如共享记忆、象征、神话等。本尼迪克特·安德森（Benedict Anderson）的贡献则是从社会建构主义和人类学的角度来解释民族和民族主义，提出了“想象的共同体”的著名定义，认为民族是一种被想象为本质上有限的、同时享有主权的政治共同体，是一种与历史文化变迁相关、根植于人类深层意识和心理的建构。[⑤] 本尼迪克特·安德森拒绝从那些被有意识信奉的政治意识形态

---

① 厄内斯特·盖尔纳著，韩红译：《民族与民族主义》，北京：中央编译出版社，2002年版，第1页。

② 埃里克·霍布斯鲍姆著，李金梅译：《民族与民族主义》，上海：上海人民出版社，2006年版，第9页。

③ 迈克尔·赫克特著，韩召颖译：《遏制民族主义》，北京：中国人民大学出版社，2012年版，第44页。

④ Anthony D. Smith, "Nationalism, A Trend Report and Bibliography", *Current Sociology*, Vol. 21, No. 3, 1973, p. 26.

⑤ 本尼迪克特·安德森著，吴叡人译：《想象的共同体：民族主义的起源与散布》，上海：上海人民出版社，2016年版，第6页。

角度来理解民族主义，和安东尼·史密斯一样关注民族主义产生的思想、记忆与认同。总体来看，尽管人们对民族主义的界定各式各样，但国家这个政治共同体始终是其中心元素，相关争论通常在民族主义的文化性与政治性中展开。

除了概念生成的差异之外，民族主义和民粹主义还有着不同的发生条件和发展脉络，甚至它们的历史名声也不同。民族主义的出现与国家建构的需要紧密相连，是推动现代民族国家形成的政治力量。原初意义的民族是文化性的，民族一词来源于拉丁语动词 nasci，意指“出生”，最初用来指出生在同一地方的人群，但是建立在民族概念之上的民族主义却超越了文化性，最终被视为历史发展的主要推动力、政治合法性的新起源、社会经济组织的新模式，以及文化认同和心理定位的新类型。[①] 这显然与民族主义的历史实践直接相关。关于民族主义的起源问题，有经验与理论两个层面的不同解释。埃利·凯杜里从经验层面的考察出发，认为民族主义是法国大革命带来的意想不到的结果。[②] 1789 年，法国三大社会阶层联合召开国民议会，废除贵族和神职人员的经济和政治特权，宣称“一切权威属于民族”，民族一词被认为在议会或等级会议中代表特定地域的民众实体，自此具有了政治意涵，成为追求社会现代化和政治理性的主体。在欧洲，随着君主制的衰落，许多欧洲民族开始宣称拥有主权，渴望建立一个自主的民族国家。以赛亚·伯林基于理论演进的思考，认为民族主义的出现要更晚一点，是源于 19 世纪 20 年代的德国浪漫主义，[③] 因为浪漫主义催生了一种新的普世价值观念，即相信价值观念是多元的、无法衡量的，可以维护地方、民族的价值观念并使其行为合法化。民族主义的出现无疑与新政治、新思想密切相连，两种解释都有其合理之处，它们共

---

① 罗杰斯·布鲁贝克著，禾泽译：《民粹主义与民族主义》，载《国外理论动态》，2020 年第 5 期，第 110 页。

② Elie Kedourie, *Nationalism*, London: Praeger, 1960, pp. 12–13.

③ Isaiah Berlin, *The Crooked Timber of Humanity*, New York: Pantheon, 1992, pp. 175–206.

同为民族主义赋予了现代性。自此，在18—19世纪末思想启蒙时代孕育而生的民族主义便流行开来，成为国家、主权和治理等现代政治背后的变革性力量。

民粹主义直到19世纪晚期才在远离欧洲资本主义中心的俄罗斯和美国出现，它是一种国家内部出现的社会不满的政治表达，要求重新分配权力资源和道德资源，强烈反对一切不平等的制度与组织，包括资本主义、代议制政治和精英把持的国家。与民族主义不同，它不是站在国家一端来谋求某种共同体政治，而是站在社会一端来表达中下阶层的利益与价值。罗杰斯·布鲁贝克（Rogers Brubaker）认为，民粹主义从来没有获得过像民族主义那样的关注，它在历史上也没有形成可以与民族主义遥相呼应的宏观历史理论，只在相对狭窄的历史背景中扮演一个反应性而非生成性的角色。[①] 民族主义作为主流政治思潮在国家中扮演着生成性的角色，成为国家这个共同体的意识形态资源，这种被称为公民民族主义的主流传统很少吸纳解构性的民粹主义，它重视国家的凝聚力，对于民粹主义刻意区分人民和精英的做法十分警惕。20世纪以来，在尤尔根·哈贝马斯（Jürgen Habermas）、安东尼·吉登斯、曼纽尔·卡斯特等学者的推动下，西方学界倾向于将民族主义与精英政治关联在一起，而将民粹主义排斥在主流话语之外，或将民粹主义看成是超越民族国家逻辑的网络化的话语。[②] 因此，在21世纪民粹主义和民族主义的合流之前，民粹主义实际上一直处于学术研究的外围而非中心，通常被理解为异常的、病态和破坏性的现象。

因此，无论是从概念生成还是历史实践来看，民族主义与民粹主义之间的边界都是清楚可见的。前者是变革性力量，关注宏观的国家建构及其与世界的关系，将民族视为权力主体，要求按照民族的界线

---

① 罗杰斯·布鲁贝克著，禾泽译：《民粹主义与民族主义》，载《国外理论动态》，2020年第5期，第111页。

② 邹诗鹏、张米兰：《近年来西方关于民粹主义与民族主义合流现象的研究及其述评》，载《国外理论动态》，2020年第5期，第100页。

组织世界政治空间或改变政治单位的界线，认为每个民族原则上都有自己的政府。后者是解构性力量，关注政体质量及其社会的微观关系，将人民视为权力主体，要求按照人民主权原则重新分配被精英垄断的权力、资源和尊严。然而，民族主义与民粹主义的边界并非不可跨越，20 世纪以来，世界政治与国内政治的复杂交织显示了一种微妙的变化趋势。民族主义在其 200 多年的历程中获得了深刻广泛的理论形塑和丰富的实践体验，在 20 世纪中叶亚非拉民族解放运动和 80 年代末东欧剧变、苏联解体的两次浪潮之后，民族主义有关国家建构的核心论述接近完成，大部分宏观的、历史的命题基本上有了解答，人们逐渐地对民族主义如何推动前现代向现代社会转型失去兴趣。随着民族主义研究的日益规范化和程式化，学者的研究兴趣开始转向探寻微观的社会文化领域。20 世纪末期以来，随着族群、宗教、身份等文化元素的彰显，民族主义在实践层面上开始偏离国家建构的历史逻辑，突显出族群性、文化性的一面，不再被单一地定义为政治性的官方民族主义或者公民民族主义。与此同时，在民粹主义一侧，在 20 世纪 70 年代西方新社会运动的推动下，随着物质主义价值观向后物质主义价值观、解放政治向生活政治的转变，传统民粹主义关注阶级政治的左翼性质不断淡化。在全球化冲击下，民粹主义开始突破阶层差异，将经济焦虑与文化焦虑汇集起来，在“人民-精英”的对抗性关系的二元价值观中添加新的斗争内容，如本国人与外国移民的身份冲突等。这两种变化使得民族主义与民粹主义的区别变得模糊，“民族主义提出要恢复民族对国家的所有权，相当于民粹主义要求恢复人民的权力”①。民族主义追求民族主权，就如同民粹主义追求人民主权，都以国家为基础，也都基于国家被精英把持、被外国操纵的事实性或想象性逻辑，它们与其说是两种权力主张，不如说是一种主权主张的两种面向。随着人民与民族的日益同义，民族主义与民粹主义的话语结构开始交叠，

① 罗杰斯·布鲁贝克著，禾泽译：《民粹主义与民族主义》，载《国外理论动态》，2020 年第 5 期，第 111 页。

形成一种更具对抗性的新政治形态。

二、人民与民族：核心范畴的对接

对于国家而言，“人民”或“民族”都可视为它的构成主体，二者都是同质性集合概念，但前者体现了国家合法性中的政治与法律意义，而后者则代表了历史性、文化性意义。民粹主义和民族主义分别以“人民”和“民族”为自己的出发点和依靠力量，前者在国家内部追求人民主权的决定性地位，后者则在国家外部或国际体系中强调民族主权的排他性占有。但是，在现代国家框架下，“民粹主义者或民主主义者的‘人民’和民族主义者的‘民族’在其本义上是同宗同源的”①，核心范畴的对接是连通民粹主义与民族主义的前提条件。

“人民”是民粹主义的核心范畴，是民粹主义建构思想和规划行动的出发点。“人民”是一个同质的整体性概念，但在哲学和政治意义上却内含多义性。一方面，民粹主义的“人民”建构具有哲学上的多义性。厄内斯特·拉克劳在哲学上对人民与民粹主义的关系进行过缜密的论证，他早在1977年的《马克思主义理论中的政治和意识形态》一书中已经开始思考民粹主义的问题，但那时他更关注的是人民和阶级的关系。在2005年的《论民粹主义理性》一书中，厄内斯特·拉克劳把民粹主义如何建构人民论述作为核心议题，将民粹主义定义为一种政治的逻辑，而不是一种以具体的社会基础或特殊的意识形态所确定的运动。② 厄内斯特·拉克劳认为，民粹主义的政治逻辑具有特定的模糊性和不确定性，根源在于它所建构的“人民”是一种“虚空能指”，即“人民”只是一个名称，只具有名义上的意义，并没有实质的内容，因为“人民”作为一种对象，“对象的统一性只不过是对它进行命名

① Guy Hermet, “From Nation-State Populism to National-Populism”, in Alain Dieckhoff, ed. *Revisiting Nationalism, Theories and Processes*, New York: Palgrave Macmillan, 2005, p. 192.

② Ernesto Laclau, *On Populist Reason*, London: Verso, 2005, p. 117.

的行为的回溯效应而已”①，“人民”的实质内容需要民粹主义的激进政治在阶级斗争与思想论争中确定。然而，“人民”的含义尽管是空洞的，却能包容各种不同诉求间的差异，内含天然的异质性，“民众主体的同一性环节是在名义的层次上给出的，而不是在概念的层次上给出的，实际上，民众主体总是多个单一性构成的”②。人民内部未被满足的诉求本质上是离散的、多元的，难以通过政治制度或行政机构得到解决或回应，因此，异质的个体本能地相互联结起来，形成一种“等同链条”（Equivalential Chain）来谋求实现诉求。与此同时，社会内部因普遍不满的存在也产生了“内在边界”，即人民与精英的阵营划分。这两种情况给了民粹主义建构其整体性人民内核的机会。厄内斯特·拉克劳认为，民粹主义依据其逻辑与话语，从众多诉求中提取特定的个别诉求，将其打造成有利于表达整体的话语“霸权”。③

另一方面，民粹主义的“人民”在社会与政治上是多面向的。“人民”的政治社会内涵有两层，一是指公民或国民的共同体，包括精英与大众；二是指共同体的下层，即平民或普通大众。④民粹主义声称代表的“人民”是后者，即由经济上的中下层或政治上的平民阶级构成的民众主体，这也是民粹主义常常被称为平民主义或底层人民主义的原因。玛格丽特·卡农范区分了“人民”的政治、社会与伦理等三层含义，分别是作为主权者的“人民”（Sovereign People）、作为平民和普通人的“人民”（Common People or Ordinary People），以及作为道德和文化社群的边界的“人民”（Bounded and Distinct People）。⑤“人民”的这三副面孔揭示了它内含的多义性，即它既是人民主权的宪政载体，

① 欧内斯托·拉克劳著，陈红译：《意识形态与后马克思主义》，载《马克思主义与现实》，2008年第6期，第112页。

② Ernesto Laclau, *On Populist Reason*, London: Verso, 2005, p. 118.

③ 同②，第10页。

④ 丛日云：《民粹主义还是保守主义——论西方知识界解释特朗普现象的误区》，载《探索与争鸣》，2020年第1期，第122页。

⑤ Margaret Canovan, *The People*, Cambridge: Polity, 2005, p. 2.

也是社会结构的中下阶层，更是相互之间可能存在边界与差异的文化社群。人民居于主权者地位并且由平民构成，这是民粹主义在话语上与民族主义相区别的方面。的确，民粹主义将“人民”理解为主权人民，是基于它的大众民主理想，所以它反对代议制民主和精英政治，而民族主义则把民族视为主权权力和政治合法性的最终来源。但是，“人民”的第三副面孔就别具意义了。当“人民”被理解为一种边界社群时，可能造成这种边界的最重要因素——族群或民族，便格外引人注目。在此意义上看，“人民”与“民族”在社会政治领域是可以勾连的。

民族主义的民族概念同样具有建构性，即人们相信“民族是通过民族主义想象得到的产物”①。民族主义出于建构国家的需要而想象出民族这个抽象的共同体，并施之于传统“礼俗社会”中的地方社群之上。从原初形态上看，构成民族的人群是自然地、历史地生成的，他们最初并没有自称或被称为民族，但是却为本尼迪克特·安德森对共同体的想象提供了真实依据。根据百科全书派学者谢德乐（Johann Heinrich Zedler）在1740年的说法，民族最原初的意义是市民的集称，他们享有共通的民风、道德和法律。② 安东尼·史密斯也认为，民族是指一种特殊的社会和文化共同体，一个共享历史和文化的地域共同体。③ 从今天的认知来看，不同血缘的族群完全可能共居在同一个区域，成为一种谢德乐所讲的市民；同一血缘的族群完全可能生活在不同区域，成为史密斯眼中的地域共同体成员，但是这些市民或成员并不能从国家角度来理解，他们共同享有的只是历史疆域、共同传说、公共文化或者区域经济等非政治性成果。因此，仅凭血缘、地缘等文化与社会联系并不能构成一个国家，他们必须有主权诉求，有自我实

① 埃里克·霍布斯鲍姆著，李金梅译：《民族与民族主义》，上海：上海人民出版社，2006年版，第8页。

② 同①，第16页。

③ 华德华·莫迪默、罗伯特·法恩主编，刘泓等译：《人民·民族·国家——族性与民族主义的含义》，北京：中央民族大学出版社，2009年版，第58页。

现的政治目标和政治工具，才有可能构成国家并拥有自己的政府。

虽然从18世纪下半叶开始，在启蒙思想家和法国大革命的推动下，民族（Nation）就已经和人民（People，Volk）、公民（Citoyen）等概念一起进入近代西方政治语汇中，但是在历史上的大部分时间里，民族与族群单位、边界社群或地方社群几乎是重合的，政治意义上的民族，即民族“作为一种政治实体及独立主权的含义”的出现是非常晚近的事情。实际上，直到1884年，“政府”一词才特别地与民族的概念联系在一起，民族才意味着“辖设中央政府且享有最高政权的国家或政体”①。以色列学者耶尔·塔米尔（Yael Tamir）从自由主义立场出发，认为每个民族都有权利以其文化性的传统价值和惯例来形成其群体成员觉得熟悉和习惯的社会、政治制度。② 当一个民族将主权权力视为目标，应用其声称的自决或自治权利来建构用以争取或保护主权权力的社会政治制度时，民族才真正与国家、政体联系在一起。尽管民族的原生概念如何扩展其外延以至与现代国家联系在一起的过程至今仍不甚清楚或者争论不休，但这一过程一定是伴随着民族自决权、自治权的意识生成与具体实践展开的。厄内斯特·盖尔纳指出，“将‘民族’视为天生的、是上帝对人类的分类，这样的说法实则是民族主义神话”③，他相信民族建立过程中人为因素的极端重要性。正是因为人为而非自然因素的作用，才有了激发民族凝聚力的各种宣传和制度设计，民族主义基于国家的需要而利用文化传统作为凝聚共识的手段，创造了民族。因此，当民族经民族主义的意识形态之手塑造成形时，即已完成了从文化到政治、从地方到国家的演进，它在原初意义上的族群性文化特质仍然牢固地存在，“对于民族主义者来说，构成国家的

① 埃里克·霍布斯鲍姆著，李金梅译：《民族与民族主义》，上海：上海人民出版社，2006年版，第14—15页。

② 耶尔·塔米尔著，陶东风译：《自由主义的民族主义》，上海：上海社会科学院出版社，2017年版，第3页。

③ Ernest Gellner, *Nations and Nationalism*, Oxford: Blackwell, 1983, pp. 48-49.

人民，必须具有先天上显著不同于外国人的共同性”[①]，但是民族的国家性政治特质与此同时成了它的现代标签。在法国大革命和美国独立战争中，民族开始和人民及国家密切相关，“民族国家”“合众国”成为普遍的政治诉求，出现了一道埃里克·霍布斯鲍姆所说的“国家=民族=人民”[②]的等式。在米洛斯拉夫·罗奇（Miroslav Hroch）对19世纪欧洲民族运动发展史的三段式分析中，第一阶段是以文化与习俗为核心的交融时期，政治性暗示很微弱；但从第二阶段开始，民族主义的激进先锋开始借助政治手段来建立民族；到了第三阶段，民族主义纲领必须借助人民支持才能实现。[③]从“民族”到“人民”，这是民族概念政治化的必然结果，基于此，民族主义者不断宣称他们得到了广大人民而不是特定族群的支持。

“人民”的多义性和“民族”的政治化为二者的重叠（或者部分重叠）创造了巨大的空间，使得民粹主义和民族主义的核心范畴连通起来。在国家中，享有主权的全体公民既是“人民”，也是“民族”，具体来说，如果指的是与国家的关系，那么公民由“人民”组成；如果指的是与种族的关系，那么公民由“民族”组成。由于“民族”等同于“人民”，尤其是享有主权的“人民”，人民主权逐渐取代民族主权，成为民族主义声称的核心原则，民族主义原则也得以突破其先天的族群性、地方性认同的局限，变身为适应整个政治共同体需要的官方民族主义、公民民族主义，“公民民族主义是一种追求秩序和控制的民族主义，它适应现存的民族国家和它们的主导族体”[④]。公民民族主义在实践上脱胎于法国大革命，各国纷纷追随、效法法国《人权宣言》

---

① 埃里克·霍布斯鲍姆著，李金梅译：《民族与民族主义》，上海：上海人民出版社，2006年版，第21页。

② 同①。

③ Miroslav Hroch, *Social Preconditions of National Revival in Europe*, Cambridge: Cambridge University Press, 1985.

④ 华德华·莫迪默、罗伯特·法恩主编，刘泓等译：《人民·民族·国家——族性与民族主义的含义》，北京：中央民族大学出版社，2009年版，第63页。

所申明的原则，即“各民族均享有独立主权，无论其民族大小如何，人各为何，疆域何在。人民的主权是不能擅加剥夺的”①。尽管人民的民族认同无法预设，但随着公民民族主义的日益完备和强大，民族主义动员激发了中下层民众（如劳工、仆役、农民等）对民族认同的深刻情感，民族主义开始使用本土语言吸引民众，民族主义和民族口号促成了大规模的公民动员，推动了政治民主化、行政现代化和公民参与等诸多政治变迁。然而，民族性被激发出来的“人民”一旦卷入某种社会运动或政治革命，后者就很难再单独地用民粹主义或民族主义来定义了。

三、内外与上下：动员结构的交叉重叠

核心范畴之间的对接空间固然重要，但作为一种实践性的群体政治现象，民族主义与民粹主义在动员结构上的联结才是决定性的。21世纪以来，兼具民族主义和民粹主义性质的社会政治运动在西方风起云涌，彰显了民粹主义运动中的民族话语和民族主义运动中的人民动员，更揭示了两种动员结构的复杂关联。以疑欧主义在英国的表现为例，它既是一种具有民族主义性质的政治传统，同时它在经济全球化时代的复兴，也受到阶级冲突和政党政治的刺激，表现出某种民粹主义特性。民族主义和民粹主义如何搭建其动员结构并以何种形式交叉重叠，是探讨民族民粹主义或右翼民粹主义生成机制的重要内容。

从民族主义的动员结构来看，内外区分是基本的话语特色。民族主义因民族的族群性起源和国家性建构的双重塑造，呈现出文化与政治两副面孔。尤尔根·哈贝马斯认为，民族既指由公民组成的民族，也指由民众组成的天生的民族，前者是政治法律共同体，后者是历史

① O. Dann and J. Dinwiddy, *Nationalism in the Age of the French Revolution*, London: Hambledon Press, 1988, p. 34.

命运共同体。[①] 由于民族国家同时依赖于“公民的‘民族’模式”和“族群的‘民族’模式”两种类型,[②] 因此，民族主义既是一种建构性政治认同，又是一种归属性文化认同，内在地分为公民民族主义和族群民族主义。然而，20 世纪 90 年代以来，民族国家遭到了经济全球化的冲击，族群民族主义成为一种比公民民族主义更有动员力量的意识形态，“各国开始经历重新武装过的民族主义的回归，这种回归有助于把民族文化重建为‘民族身份’的原始资源”[③]。汉娜·阿伦特(Hannah Arendt) 早前曾指出，在民族国家衰落的过程中，西方国家成了帝国主义势力，国内外充斥着种族排外的机制和想法，但却支持民族自决权，因而导致其他地方族群民族主义的崛起。[④] 特朗普现象和欧洲极右翼政党的兴起说明了族群民族主义事实上也在当下的西方复苏了。

族群民族主义建立在水平性的话语动员结构之上，它以族群差异为标准建构了一个“自己人”和“外围人”的二维空间。“族群往往不是根据自身的特征来定义自己，而是通过排除，即通过与‘陌生人’比较来定义自己”[⑤]，族群通过统一谱系、本土语言、传统文化与历史经历等标准，横向区分了我族和他族的内外之别。在族群民族主义的横向语域中，“人民”以道德性的边界社群的面目呈现，指代我族的“自己人”，不包含其他文化形态的民族或族群。但是，那些处在“人民”之外的社群不一定是国家之外的他国人，也包含国家之内其他的民族社群或文化社群。就动员而言，民族主义的横向动员结构旨在彰

① 尤尔根·哈贝马斯著，曹卫东译：《包容他者》，上海：上海人民出版社，2002 年版，第 135 页。

② Anthony D. Smith, *National Identity*, London: Penguin Books, 1991, p. 11.

③ 亨利·A. 吉鲁：《民族身份与多元文化论的政治》，载《江西社会科学》，2008 年第 3 期，第 248 页。

④ Hannah Arendt, *Totalitarianism: Part Three of the Origins of Totalitarianism*, New York: Harvest Books, 1968, Chapter 9.

⑤ John A. Armstrong, *Nations Before Nationalism*, Chapel Hill: University of North Carolina Press, 1982, p. 5.

显族群内外在权力资源、价值观和生活方式的差异，突显我族的优势甚至主导性地位，正如安东尼·史密斯所说的，在一个充满竞争和不平等、要求更广泛的立法和流动性的世界上，民族和民族主义的出现是出于政治的需要。[①] 事实上，各族体和民族国家存在着一种本能的倾向，即相信不平等待遇常常会来自持敌对的民族、疆域概念的非我族类的共同体。在现实层面看，横向动员结构激发了各种分离主义、种族矛盾和西方反移民反难民浪潮。

从民粹主义的动员结构来看，上下区分则是其典型标志。在传统研究中，民粹主义被视为现代化转型的产物，受到特定社会经济结构的影响，表现为底层民众对既有建制和上层精英的反抗。在其历史实践中，民粹主义从 19 世纪晚期到整个 20 世纪都与左翼政治甚至社会主义运动有着密切联系，表现出鲜明的阶级政治特色，并依赖于一种强调大众-精英垂直对立的话语动员结构。卡斯·穆德认为，民粹主义的修辞使得“纯洁的民众”与“腐败的精英”对立起来，[②] 在这种二元关系中，前者是处于社会中下层的“沉默的大多数”，他们是道德高尚、质朴勤恳和遵守秩序的普通人或小人物，因而排斥了底层的无业游民、社会寄生虫或地痞流氓等特定群体；后者则包括了与普通民众处于完全不同的生活世界的成员，他们生活优渥，但自私傲慢，并且公然腐败。很显然，这种纵向区分的背后是经济与政治的不平等问题，民粹主义内在的阶级对抗意识正是从经济或政治上定义的。民粹主义关注资源和机会分配，民粹主义动员最常见的话语都强调经济社会资源如何被不公正地从普通民众身上夺走。因此，民粹主义的垂直动员结构与经济社会不平等有直接关系，财富集中、贫富不均是造成中下层民众不满的关键性因素，人们痛恨造成不平等的体制、政策及其背

① 华德华·莫迪默、罗伯特·法恩主编，刘泓等译：《人民·民族·国家——族性与民族主义的含义》，北京：中央民族大学出版社，2009 年版，第 63 页。

② Cas Mudde, “The Populist Zeitgeist”, *Government and Opposition*, Vol. 39, No. 4, 2004, p. 543.

后的上层精英；同时，上层精英在政策上过分偏向特定边缘社群如移民群体，也是反抗的理由。民粹主义因而成为一种反建制反精英的强有力的政治话语。

厄内斯特·拉克劳认为，“民粹主义的命脉与政治分歧紧密联系在一起，如果分歧不存在了，人民作为一种历史主体也就瓦解了”①，无论是纵向或是横向，对抗、冲突或分歧对民粹主义的存在都是至关重要的。前文讨论了人民的多义性问题，具有平民、主权人民和边界社群等多重意涵的人民是民粹主义的出发点，“民粹主义是一种团结主权人民对抗他者的意识形态，是基于对敌人的想象而形成的共同集团，因此多表现为一种‘反对现象’（Anti-Phenomenon）”②。在民粹主义的反抗政治中，传统的动员结构强调阶级冲突性，这是因为与抽象的主权人民、横向排他的边界社群相比，历史上的大部分民粹主义运动都是建立在对平民、普通人或“小人物”的阶级动员之上。直到20世纪末受到新自由主义和经济全球化的刺激，民粹主义将自己的斗争对象从自由派精英扩展到外国人、外国利益集团。为了激发人民的斗争精神，民粹主义强调“人小物”与精英及其体制的对立，突显了“人民与统治阶级、民族与外国、追求绩效的公民与社会‘寄生虫’、优先的本国国民与劣等的外国人、成功的企业与效率低下的官僚制”③等主体之间的对抗性，制造了以纵向为主、不断横向扩展的冲突关系。

民粹主义和民族主义本质上是两种不同的意识形态，在分析意义上也相互独立，前者的内外排斥与后者的上下排斥使得二者的动员结构各有特色。但是，在国家政治与世界政治日益交织的全球化进程中，内部冲突与外部冲突不可避免地产生了关联，“具象化联系”的客观存在使得两种运动不可能相互独立。从理论上看，以下三个关键因素导

---

① Ernesto Laclau, *On Populist Reason*, London: Verso, 2005, p. 89.

② Daniele Albertazzi and Duncan McDonnel, *Twenty-First Century Populism: The Spectre of Western European Democracy*, New York: Palgrave Macmillan, 2008, pp. 3-7.

③ 沃尔特·奥彻著，金寿铁译：《民粹主义与煽动》，载《国外理论动态》，2016年第10期，第41页。

致了民粹主义与民族主义的界限模糊，尤其是动员结构的纵横交叉。

其一，话语关联的出现。民粹主义和民族主义的奠基性研究都关注政治、经济与社会的结构变迁，民粹主义关注的不平等问题是一种结构性关系失衡的反映，而民族主义因国家建构的需要而生，是建构性的政治议题压倒了原生性的文化议题的结果。但是，20 世纪 80 年代以来，关于二者的研究出现了明显的文化和话语转向。[①] 一方面是民粹主义从传统的关注结构变迁开始转向话语与动员，文化或价值议题基于动员的需要而不断彰显。转变的起点应是 80 年代拉美新自由主义民粹主义的出现，关注经济和社会议题的传统民粹主义让位于一种作为政治策略的民粹主义，话语、修辞和风格受到空前关注。另一方面是族群民族主义在全球化刺激下不断上扬，挑战了公民民族主义在国家意识形态中的地位，从而带来对民族主义进行文化解读的需要。尽管厄内斯特·盖尔纳关于民族主义的经典研究强调社会经济结构的影响，但是其他学者在观念史意义上的民族主义论述也得到充分的发展，如本尼迪克特·安德森关于“想象的共同体”的理论以及安东尼·史密斯对民族信念、记忆、价值和符号的强调，都有助于民族主义动员从宏观和历史层面转向微观和现实层面并不断强化民族的文化独特性。这两种同时发生的文化性转向使得民粹主义和民族主义在动员上出现了话语关联，不平等和族群差异不再是互不相干的动员议题。

其二，对抗目标的合一。建构危险的“他者”有助于强化动员效应和集体认同，人民与精英、我族与他族之间的对立都是基于这一逻辑。传统意义上的民粹主义在垂直结构中建立了上层与底层的对立，族群性的民族主义在水平结构中建立了自己人和外来人的对立。由于不平等空间和族群差异空间的交织重叠，二者的斗争对象出现了重合，也就是说，上层和外来人合并后成了人民/民族这个我者社群的“外围人”。在全球化时代，精英阶层多数是从跨国文化和资本中产生的，他

① 罗杰斯·布鲁贝克著，禾泽译：《民粹主义与民族主义》，载《国外理论动态》，2020 年第 5 期，第 111 页。

们在新自由主义政策中获得最大利益，主张多元文化主义，推行了鼓励资本和劳动力流动的自由化政策，是制造不平等和身份危机的根源，因此，他们成了民粹主义和民族主义共同反对的对象。此外，在底层社会中还有民粹主义和民族主义的共同排斥对象。在西方国家中，民粹主义的我者社群中常常不包括底层中的外来者，比如早期的美国人民党运动既反垄断资本及其精英，也支持政府的排华政策。民族主义则直接将底层中的难民、移民甚至已有公民身份的他族人视为排斥对象。在欧洲，一些国家的底层包括大量外来移民，如中东欧的吉卜赛人和阿拉伯国家的难民，大批来到美国的移民也基本上处于底层，“他们集外来人与底层人的身份于一身，从而被作为国民的人民所排斥”①。因此，上层自由派精英和底层外国移民共同构成了民粹主义和民族主义的敌人。

其三，政治光谱的趋同。准确地讲，这个趋同不是指双方向中间移动，而是指民粹主义向民族主义靠拢。在传统意义上讲，民粹主义和族群民族主义分别处于政治光谱的左右两侧。民粹主义再往左走，会与劳工运动、社会主义运动汇合，厄内斯特·拉克劳就将社会主义称为“民粹主义的最高形式”②。而族群民族主义再往右走，会发展为极端民族主义、种族主义。但是，20 世纪 80 年代以来，西方中左翼与中右翼达成了新自由主义共识，开启了经济全球化进程，左翼思潮和左翼运动陷入低谷。虽然在 2008 年全球金融危机后欧洲和美国出现了民粹主义的左翼运动，反对经济紧缩政策和要求再分配，但民粹主义的总体趋势是大幅向右极移动。在复苏过程中，民粹主义借助人民概念的多义性将动员对象从普通民众扩展到了主体民族。罗杰斯·布鲁贝克认为，民粹主义经常巧妙地借用外部危机来宣布国家进入某种

---

① 邹诗鹏、张米兰：《近年来西方关于民粹主义与民族主义合流现象的研究及其述评》，载《国外理论动态》，2020 年第 5 期，第 105 页。

② Ernesto Laclau, *Politics and Ideology in Marxist Theory: Capitalism, Fascism, Populism*, London: New Left Books, 1977, p. 196.

“非同寻常的紧急时刻”，目的是维持危急时刻的国内民族团结。① 民粹主义将其动员对象由平民中的人民外化（Externalize）到了民族/边界社群中的人民，两种意义上的人民分享着相同的特质，即都是皮埃尔·维拉（Pierre Vilar）所讲的公益公利的代表，可以对抗私利和特权。②因此，由于民粹主义将人民概念外化、扩展，人民的内容得以重塑，具有了民族性成分，从而将民粹主义推向右翼，与族群民族主义在政治光谱上实现了趋同。

第三节　民粹主义与民族主义合流的当代表现

对立性在政治中是永恒的存在，这是卡尔·施米特等诸多西方学者不断论证的观点。建立在对抗逻辑之上的民粹主义、民族主义等意识形态的持久影响为这一观点提供了经验上的依据。20 世纪末以来，对全球化的怀疑与不满使得对抗意识和斗争话语盛行于世，民族主义情绪和民粹主义动员两相结合，通过塑造“站在人民对立面”的政治对手和少数族群，强化和固化了主体族群的身份意识和权力意识。卡斯·穆德由此做出了预判，认为“民粹主义和民族主义合流的现状在短期内难以改变，而且还可能越发激烈”③。上两节的讨论试图证明，这两种具有广泛动员能力的政治思潮在历史上有过合流的经验，在理论上有对话和勾连的空间。本节将从民族国家在全球化进程中面临的困境出发，聚焦族群民族主义的复兴及其与民粹主义的合流，探讨这一合流是如何生成一种极右翼双元意识形态，以及如何思考这一新型

---

① 罗杰斯·布鲁贝克:《对民粹主义的追问》,载《马克思主义与现实》,2020 年第 4 期,第 141—148 页。

② 埃里克·霍布斯鲍姆著,李金梅译:《民族与民族主义》,上海:上海人民出版社,2006 年版,第 19 页。

③ Cas Mudde,“Will the Coronavirus ‘Kill Populism’? Don't Count on It”, https://www.theguardian.com/commentisfree/2020/mar/27/coronavirus-populism-trump-populism-trump-politics-response.

意识形态的当代意义。

一、全球化与民族国家的困境

认同是人类生活的意义与经验的来源，对于特定个人或群体而言，这是一种在文化特质基础上建构意义的过程。[①] 民族国家形成以来，人类在国家提供的共同体生活中获得了丰富而宝贵的意义和经验，国家不仅被视为“塑造集体身份的重要力量”[②]，更成为创造政治生活的重要力量。相应地，国家也需要从它的成员那里建构和提取认同资源，通常的手段是通过公民身份的形式来确认公民对国家的认同，以及规范公民与国家之间的政治与法律关系。历史地看，国家认同是漫长而动荡的国家建构过程的精神产品，从民族国家诞生之初起，强调唯一性和同质性的国家认同就面临与族群认同、地方认同、宗教认同等文化性认同的相融或相斥的考验。全球化加剧了多元文化认同与国家认同的相斥方面，“民族国家着眼于一定的地域，相反，‘全球化’一词表达的是一种动态的图景，它们会不断挑战边界，直到摧毁民族大厦”[③]，民族国家的“民族大厦”建立在以公民身份为形式的民族主义认同基础上，在全球化的当前阶段，作为民族国家认同基础的公民民族主义遭受到原生性的族群民族主义新浪潮的猛烈攻击。

全球化进程演进至今，已将人类生活的异质化推向了极致，正如汤姆·奈恩（Tom Nairn）所指出的：“全球化是高度现代性的最后时刻。”[④] 在这个时代里，多元社会主体得到了前所未有的生长空间，全

① 曼纽尔·卡斯特著，曹荣湘译：《认同的力量》，北京：社会科学文献出版社，2003 年版，第 2—3 页。

② 亨利·A. 吉鲁：《民族身份与多元文化论的政治》，载《江西社会科学》，2008 年第 3 期，第 248 页。

③ 尤尔根·哈贝马斯著，曹卫东译：《后民族结构》，上海：上海人民出版社，2002 年版，第 79 页。

④ Tom Nairn and Paul James, *Global Matrix: Nationalism, Globalism and State - Terrorism*, London: Pluto Press, 2005, p. vii.

球性空间与地方性空间与民族国家的单一空间不断交织重叠。在一些自由主义学者看来，“全球化使文化同质性国家的神话成为泡影”[①]，因而“我们应该放弃民族国家的同质性理念”[②]。虽然他们有关全球化已使公民身份概念“显得多余和过时”[③]的论断有些危言耸听，但是体现了国家同质性追求的公民身份确实面临着严峻挑战。人们可以看到，从传统的族群、地方和宗教性质的身份认同，到全球主义的世界公民认同，再到网络时代去中心化的社群认同，消解国家统一认同的压力来自四面八方。在所有这些消解力量中，多元的族群/种族认同最为引人注目，正如安东尼·吉登斯所说：“全球化重构了民族，带来了民族分化，今天的民族分化比过去任何一个时代都要严重，……全球时代是不同民族、不同文化共同体的新的艰难时代。”[④]全球化在一定程度上削弱了国家提供福利和安全保障的能力，引发了经济领域的分配正义问题，从而制造了公民中的经济焦虑，加剧了阶级之间的冲突，但是，政治与文化危机如种族冲突、国家主权变迁、移民潮和经济整合等诱发公民的认同转移，威胁着公民身份的唯一认同。汤姆·奈恩指出：“在现代全球化的风暴中，六千种（或八千种）语言、宗教信仰的冲突、形形色色的人种、发散的和不可调和的风俗习惯，才是关键性的问题。”[⑤]这些亚国家层次的观念如地方主义、种族主义等与超国家层次的全球主义一道，共同挑战民族国家的国家主义，不断侵蚀公民身份的认同空间。国家认同之困根源在于民族国家在全球化进程中面临多重文化与社会变迁的冲击，其中最为紧要者如下。

首先，多元文化主义带来认同多元化，致使民族国家的基石——

---

① Will Kymlicka, *Multicultural Citizenship*, Oxford: Oxford University Press, 1995, p. 9.

② T. K. Oommen, *Citizenship, Nationality and Ethnicity*, Cambridge: Polity Press, 1997, p. 202.

③ 郭忠华、刘训练:《公民身份与社会阶级》,南京:江苏人民出版社,2007 年版,第 229 页。

④ 安东尼·吉登斯著,郭忠华译:《全球时代的民族国家》,载《中山大学学报(社会科学版)》,2008 年第 1 期,第 4 页。

⑤ Tom Nairn, *Faces of Nationalism: Janus Revisited*, London: Verso, 1997, p. 8.

民族主义出现异化。全球化时代的主流价值观是多元文化主义，它鼓励开放性、多元性和差异性的身份认同，这些认同的类型、层次多样，既有统一的公民身份认同，也有各种地区、族群或宗教性质的身份认同。在多元文化主义的价值观影响下，民族主义出现了两方面的重要变化，一方面，它作为国家与公民之间的心理纽带的作用在弱化。按照曼纽尔·卡斯特所区分的“合法性认同”、“抗拒性认同”和“规划性认同”三个类别，[①]“合法性认同”是国家所需要的支配性和单一性认同，来自公民对国家的归属、依从和忠诚，但是“抗拒性认同”和“规划性认同”在多元文化主义价值观的支持下获得了发育和壮大的机会，前者具有极强的反建制性，后者则以重构能力和行动能力见长，这两种认同在非国家层次上的族群民族主义中十分容易出现。另一方面，多元文化主义使得民族主义的诉求更多地转向对“文化公民身份”[②]的认同上，对“政治公民身份”的认同在减弱。从国家建构的需要来看，民族主义提供的认同力量是无比强大的，但是，与基于情感和想象的文化体认、心理纽带相比，国家更需要民族主义提供政治认同的力量，即以爱国主义、公民身份为形式的政治纽带。然而，“全球化改变了个体的政治认同对象和认同方式”[③]，以主权、领土和公民为基本元素的政治认同被归入内政外交、军事安全等“旧政治”一类，个体更加重视以生命、平等、个人价值实现、参与和人权问题为基础的“新政治”。[④]民族主义在后现代主义与后物质主义的“新政治”中强化了它的多元族群、多元文化诉求。因此，在全球化时代，重新兴起的民族主义浪潮更突显去国家化、去政治化的文化族群面向。

---

① 曼纽尔·卡斯特著，曹荣湘译：《认同的力量》，北京：社会科学文献出版社，2006 年版，第 25 页。

② 尼克·史蒂文森编，陈志杰译：《文化与公民身份》，长春：吉林出版集团有限责任公司，2007 年版，第 87 页。

③ 郭忠华：《全球化背景下多元公民身份体系的建构》，载《武汉大学学报（哲学社会科学版）》，2010 年第 1 期，第 86 页。

④ 斯科特·拉什、约翰·厄里著，庚圣等译：《组织化资本主义的终结》，南京：江苏人民出版社，2001 年版，第 286 页。

其次，国家认同深陷社群主义、地方主义和全球主义的多重围攻。民族主义内含公民的、政治的国家主义成分，这是它在民族国家建构之初已被赋予的意识形态性，在全球化时代，超国家、亚国家和社群层次上的各种身份认同弱化了国家层面的民族主义意识形态，民族主义与国家认同的关系变得含混甚至疏离。值得注意的离心力量来自三个方面。其一，社群认同的勃兴。社群主义的盛行与互联网化、全球化的同步出现有直接关联，它冲击了传统的向心性和整体性的国家认同。民族主义在互联网空间非常活跃，受到网络交流的去中心化、碎片化趋势的影响，更加远离国家主义而趋向社群主义，出现无数自我关注、自我定义、日益狭隘和排外的社群身份认同，公民中盛行一种马克·里拉所谓的“身份的脸书模式”①。其二，地方认同的扩张。在民族国家的架构下，地方主义绝对地服从于国家主义的秩序安排，二者维系着相互依存和相对独立的关系，但是在全球化和互联网的时代，地方得到了不必经过国家而与全球关联的机会，“全球化是世界上不同地方的地方文化的复兴的理由”②，它使得一些国家的力量被削弱，因为“全球化在抽离国家力量的同时，还进一步使事物本土化。全球化为地方自治和新型地方主义创造了需求，地方身份认同开始变得备受关注”③。民族主义因而获得了广大的地方性空间，许多亚民族、文化族群不断提出本土化、地方化的诉求。其三，全球认同的挑战。世界公民的身份认同曾在民族国家观念和制度的规约下长期保持自制与缄默，但是，全球化客观上鼓励这种超国家认同，一方面，它削弱了珍视公民权利的传统观念，实证研究发现，一国经济全球化程度越高，

---

① Mark Lilla, *The Once and Future Liberal: After Identity Politics*, New York: Harper, 2017.

② 安东尼·吉登斯著，周红云译：《失控的世界：全球化如何重塑我们的生活》，南昌：江西人民出版社，2001 年版，第 9 页。

③ 安东尼·吉登斯著，郭忠华译：《全球时代的民族国家》，载《中山大学学报（社会科学版）》，2008 年第 1 期，第 4 页。

民众对国籍、语言、出生地等因素的重要性看得越淡；[①] 另一方面，它突显了普遍权利与国家主权之间的冲突关系，建立在人道主义和人权基础上的世界公民身份出现复兴迹象。在欧洲，持自由平等主义立场的学者们"试图建构一种欧盟公民身份认同，剥离公民身份与民族认同之间的关系，进而取代民族国家既定的公民身份认同模式"[②]。追求普遍权利的欧盟公民和世界公民观念将重新定义国家意义上的公民身份，从而对国家的认同功能和政治结构产生重大的影响。

最后，全球性的移民浪潮加剧了关于公民身份及其权利义务的争论。移民的出现是全球化的重要标志，随着发达地区与落后地区经济社会鸿沟的不断扩大，随着国家间交通、通信联系的日益便利，人们要比以往任何时代都更渴望移居到世界上更加繁荣与和平的地方。[③] 但是，民族国家为保障其成员身份的一致性和纯洁性，本能上是排斥外来人口的，双重国籍公民、非公民居民、未归化居民等情况被认为不利于国家认同、国家忠诚的建构。威廉姆·罗格斯·布鲁巴克（William Rogers Brubacher）认为，战后以来的移民潮"强化了对民族国家模式的原本就存在的偏离，并产生出新的偏离"，这些偏离包括迅猛增长的不完全的成员身份、公民身份不断贬值、因物质利益的精确算计而导致的成员资格不再神圣、持双重公民身份的人口数量的激增以及为数众多的长期居民被排斥于选举权之外等诸多问题。[④] 对于每一个存在大量移民人口的国家（以欧美发达国家为主），其移民的社会地位和政治地位一直存在激烈的政治争议。虽然联合国和欧盟层面基于自由价值和普遍人权的许多法律推进了移民的权利保护，但是，大批

① 马得勇：《国家认同、爱国主义与民族主义——国外近期实证研究综述》，载《世界民族》，2012 年第 3 期，第 13 页。

② 郭台辉：《公民身份认同：一个新研究领域的形成理路》，载《社会》，2013 年第 5 期，第 24 页。

③ A. Zolberg, "Contemporary Transnational Migrations in Historical Perspective", in M. Kritz, ed. *U. S. Immigration and Refugee Policy*, Lexington: Lexington Books, 1983, pp. 15-51.

④ 威廉姆·罗格斯·布鲁巴克：《法德两国的移民、公民身份与民族-国家》，载郭忠华、郭台辉编：《当代国家理论：基础与前沿》，广州：广东人民出版社，2017 年版，第 135—136 页。

移民的到来削弱了国家与社会关系的稳定性，“移民打破了民族国家与公民身份的连接，导致建立在人权基础上的后民族国家公民身份的生成”[①]。尤尔根·哈贝马斯认为，从贫穷的东欧、南欧向富裕的中西欧流动的移民浪潮使难民问题更加突出，将加剧民主立宪国家的普遍主义原则与要求保护生活方式完整性的特殊主义之间的矛盾。[②] 移民的大量涌入使得公民身份与人权保护面临棘手的新问题，诸如国家认同与国家忠诚问题、公民身份中的权利与义务问题等。同时，移民问题也反向刺激了国内的其他族群（包括主流族群）的权利意识，导致保守的本土主义甚至极端的种族主义。2016 年以来，美国白人身份政治和白人至上主义的复兴既是对外国移民、少数族裔问题的强烈排斥，也为美国建构统一的国家认同制造了社会与文化鸿沟。

二、全球化时代族群民族主义的复兴

民粹主义与民族主义在 21 世纪的合流既是民粹主义在新的历史时代的演进趋势，也是民族主义当代复兴的必然结果。相比于民粹主义，民族主义在影响国家建构和社会变迁方面有着更长久的历史和更丰富的经验，21 世纪也是民族主义思潮高涨的历史时期，因此，考察民族主义在全球化时代的发展变化，是认识它为何与民粹主义合流的基本前提。

关于对民族主义的认知，上文已有讨论，概而言之，无论民族主义的核心元素即民族被解释为抽象意义的“想象的共同体”，还是现实意义的“在一定的历史发展阶段形成的稳定的人们共同体”[③]，学界的

---

① 朱浩：《欧洲移民潮中的公民身份和福利政治》，载《欧洲研究》，2017 年第 2 期，第 63 页。

② 尤尔根·哈贝马斯著，章世骏译：《在事实与规范之间：关于法律和民主法治国的商谈理论》，北京：生活·读书·新知三联书店，2003 年版，第 655 页。

③ 2005 年，中央民族工作会议关于民族问题的基本政策中论述了这一观点，参见吴仕民主编：《中国民族理论新编（修订本）》，北京：中央民族大学出版社，2008 年版，第 31 页。

一般共识是“民族主义造就了民族，而不是相反”[①]。在时间维度上看，无论是民族观念还是民族主义思潮，都是在现代国家形成之后出现的。1648年《威斯特伐利亚和约》以主权国家为基础奠定了欧洲的新秩序，但“现代民族观念和现代民族主义直到18世纪晚期才开始出现”[②]。民族主义不仅是一个现代性的思维产物，而且是因主权国家完成其国家建构的需要而产生的概念，为主权国家这个政治实体提供共同体意识与认同观念，安东尼·吉登斯清晰地指出，“民族和民族主义均是现代国家的特有属性”[③]。在原初的意义上看，民族指一个文化的、种族的即生物学意义上的人类共同体。经过民族主义意识形态的塑造后，民族产生了政治诉求，结果使得民族这个文化共同体便与国家这个政治共同体交织一起，形成现代的民族国家。尤尔根·哈贝马斯关于民族的两副面孔的论述，即民族具有政治法律共同体和历史命运共同体两种存在形态，反映的正是这一国家历程。[④] 国内学者对其观点进一步论证，认为前者指向赞同性国家认同，后者则指向归属性国家认同。[⑤] 安东尼·史密斯根据西方与东欧、亚洲的对比分析，归纳了“公民的‘民族’模式”与“族群的‘民族’模式”两种民族国家的类型。[⑥] 美国学者菲利克斯·格罗斯（Feliks Gross）提出了另一组近似的分析概念，即“公民国家”与“部族国家”，同样强调国家的政治-法律性与族群-文化性的双重面向。对于民族而言，公民性与族群性是其不可分的基本属性；在菲利克斯·格罗斯看来，现代国家它需要完

① 厄内斯特·盖尔纳著，韩红译：《民族与民族主义》，北京：中央编译出版社，2002年版，第73页。

② 胡安·J. 林茨、阿尔弗莱德·斯泰潘著，孙龙等译：《民主转型与巩固的问题：南欧、南美和后共产主义欧洲》，杭州：浙江人民出版社，2008年版，第23页。

③ 安东尼·吉登斯著，胡宗泽等译：《民族-国家与暴力》，北京：生活·读书·新知三联书店，1998年版，第141页。

④ 尤尔根·哈贝马斯著，曹卫东译：《包容他者》，上海：上海人民出版社，2002年版，第135页。

⑤ 肖滨：《两种公民身份与国家认同的双元结构》，载《武汉大学学报（哲学社会科学版）》，2010年1期，第78—79页。

⑥ Anthony D. Smith, *National Identity*, London: Penguin Books, 1991, p. 11.

成从族群-文化性的“部族国家”走向政治-法律性的“公民国家”的历史进程。①

当今时代，没有一个主权国家否认自己是民族国家、否认民族主义原则在提供认同力量和统治合法性方面的重要意义，毕竟“只有民族主义才能对外确定国家的边界，对内寻求对国家的认同”②，包括说服公众对国家忠诚和为国牺牲。虽然民族国家始终未能彻底解决公民性认同与族群性认同之间可能的冲突关系，但是基本上确立了领土主权优先于血统谱系的认同秩序，“民族的利益和价值观比所有其他的利益和价值观都更为重要”③，这一观点虽然受到自由主义价值观的质疑，但是事实上得到了广泛的认可。公民民族主义、公民国家超越族群民族主义和部族国家，确立了现代国家典范。

然而，20 世纪 80 年代以来的经济全球化为民族主义从公民-政治的框架中脱离，重回族群-文化范畴提供了历史机遇。血统意义上的种族、族群是民族意识的早期记忆和基础要素，它从来没有因为民族国家和公民民族主义的强制性而消失。斯图亚特·霍尔（Stuart Hall）曾指出，20 世纪 90 年代以来，各国开始经历重新武装过的民族主义的回归，这种回归有助于把民族文化重建为“民族身份”的原始资源。④ 言外之意就是，民族主义经过文化身份的重新武装后开始回归，冲击那些精心制定的民族国家政策，建构性的公民民族认同因此面临原生性的族群认同的严峻挑战。这一挑战之所以出现，根源在于无论全球化与民族国家在经济、社会与政治层面的攻防战结果如何，在全球化的浩荡声势之下，民族国家的边界事实上已经被打破，国家主权

---

① 菲利克斯·格罗斯著，王建娥、魏强译：《公民与国家——民族、部族和族属身份》，北京：新华出版社，2003 年版，第 26 页。

② 王文奇：《民族主义与民族国家构建析论》，载《史学集刊》，2011 年第 3 期，第 108 页。

③ John Breuilly, *Nationalism and the State*, Manchester: Manchester University Press, 1982, p. 3.

④ 亨利·A. 吉鲁：《民族身份与多元文化论的政治》，载《江西社会科学》，2008 年第 3 期，第 248 页。

一统性、公民身份的神圣性都面临着各种离散力量的挑战。在这种背景下，公民身份内在的族群-文化归属心理出现压迫感和焦虑感，出现所谓“现代性引发的本体性安全问题”[①]，即人们对其自我认同的连续性、对社会与物质环境的恒常性信心不足，转而期待族群、血统的原发动力可以弥补国家对公民照顾不周的缺憾。这种回归族群性的民族主义是保守性的、本土取向的和反全球化的，它将民族主义从民族国家所需要的公民认同导向裂解民族国家的、排他性的族群认同。重新兴起的民族主义表现出一种清晰的族群性而非公民性取向，要准确认识这一特性，需要在文化与观念上的进一步思考。

一方面，民族主义复归是认同政治的产物，受到了全球化时代的文化焦虑的刺激。20 世纪 70 年代的新社会运动以来，后阶级、后物质政治形态在西方国家出现，族裔政治、身份政治和环境政治等新政治将文化斗争推到前台。20 世纪 80 年代初，新自由主义主导的经济全球化启动以后，“随着制造业向服务业转移，以阶级为基础的政治已经在西方消退，一连串全新的政治运动，包括复兴的族群民族主义，正在取而代之”[②]。乔纳森·弗里德曼（Jonathan Friedman）认为，自新社会运动以来，美国的文化性政治活动不断增长，追求普遍进步与全面发展等目标的现代主义政治不断向以文化认同为核心的差异政治、认同政治转移，“不论这种认同是性别的、地方的或是族群性的”[③]。因此，族群民族主义已成为当代认同政治的重要构成，其在全球化进程中的回归突显了因文化焦虑而形成的认同再确认心理。由于全球化进程中国家主权、公民身份的弱化，以及本国人与移民群体、主流族群与少数族群之间文化冲突的加剧，主流族群成员担心传统文化与族群

---

① 安东尼·吉登斯著，田禾译：《现代性的后果》，南京：译林出版社，2000 年版，第 80 页。

② 安东尼·史密斯著，叶江译：《民族主义：理论、意识形态、历史》，上海：上海人民出版社，2006 年版，第 149 页。

③ 乔纳森·弗里德曼著，周宪、许钧主编：《文化认同与全球性过程》，北京：商务印书馆，2003 年版，第 351 页。

认同的完整性、纯洁性，少数族群成员担心共同体或主流族群的不公正对待，于是民族认同中的公民因素在减弱，而文化和族裔因素在增长，认同区隔与文化焦虑刺激了民族主义的族群化。正如爱德华·莫迪默（Edward Mortrmer）曾指出的，“民族认同主要源自公民因素，也可以产生于文化和族裔因素”①。2016 年之后西方社会出现的以英国“脱欧”公投、特朗普当选为标志性事件的右翼保守主义浪潮，本质上是一种出于文化焦虑而形成的认同政治，英国“独立党”和“脱欧派”担心欧盟和移民潮可能威胁英国经济自由和传统价值观，特朗普的支持者们则忧虑白人主流地位的丢失和基督教文化的消逝。随着美国身份政治的兴起，美国的族群民族主义也随之上升，对美国的内政外交产生深远影响。

另一方面，民族观念的种族化是民族主义复归的重要内容。生物性的种族主义原本就是民族国家和公民身份中秘而不宣的固有成分，菲力浦·罗伊德（Philip G. Roeder）认为，国家政权缔造了一个民族神话，其目的在于赋予其民族以特权地位，并击退诸多挑战者，从本质来说，民族国家的公民性质需要民族的种族化，而长期以来只有民族国家才能给予种族以稳定性。② 在现代政治中，狭隘民族主义、极端民族主义追求的就是种族性目标，许多国家试图通过民族的塑造来摆脱种族性目标的偏狭性、非民主性和非道义性，可惜并未完全成功。在全球化和多元文化主义的冲击下，美国白人至上主义、欧洲极右翼民粹主义将族群民族主义推向高潮，2017 年美国夏洛茨维尔市发生的种族主义骚乱、2021 年美国国会山骚乱事件等现象，既是美国始终未解的种族冲突的延续，也是全球化衍生的经济焦虑与文化焦虑共同作用的结果；欧洲的情况同样严重，“长期困扰欧洲国家的难民危机也使

① 爱德华·莫迪默、罗伯特·法恩主编，刘泓等译：《人民·民族·国家——族性与民族主义的含义》，北京：中央民族大学出版社，2009 年版，第 156 页。

② 菲力浦·G. 罗伊德：《民族-国家的创建方式》，载郭忠华、郭台辉编：《当代国家理论：基础与前沿》，广州：广东人民出版社，2017 年版，第 38—39 页。

得欧洲本土白人族群诉诸种族主义话语，以表达他们对多元文化主义移民政策的不满情绪”①。当今各国几乎都是多民族国家，像美国这样的移民国家从建国之初就面临如何将多族群、多种族整合进“美国主义”“美国信条”这类国家认同的重要任务。但是，对于各国来说，全球化提出的一个严峻问题是，“不同的民族、部落、宗教和种族如何和睦地生活在同一个城市、同一个国家甚至同一条街道”②，公民身份的设计原本是致力于解决这一问题，可惜已被全球化大大地削弱了。从结果来看，2008 年全球金融危机以来，从西方兴起并不断向非西方扩散的族群民族主义、右翼民粹主义等极端保守主义浪潮正在将种族主义重新带回这个世界。

三、民族民粹主义抑或民粹民族主义

民粹主义与民族主义的公开合流是 21 世纪世界政治的新形态，这一趋势正在变革或者修正西方政治的发展方向，并在理论上为激进思潮创造新的思想内涵与表达形式。合流之势“不仅赋予了右翼民粹主义政治合法性，而且也给予了民族主义在全球化时代的回归的新化身”③。如前文所论，人民与民族的对接乃至合并使得双方可以从彼此的核心范畴中汲取、援引新的资源来丰富自己的论述，尤其是建构新的“敌人”形象；而垂直动员结构与水平动员结构的纵横交叉则孕育了一种极富号召力的话语体系。核心范畴和动员结构的改变使得民粹主义和民族主义的传统边界被模糊、被打破，二者在政治目标、思想观念和政治行为上日益难以区分。民族主义话语由精英转向大众，重视人民主体的发动；民粹主义则以民族来丰富人民，与民族主义结成

① 王义桅：《欧美种族主义何去何从》，载《人民论坛》，2018 年第 5 期，第 23—24 页。

② 菲利克斯·格罗斯著，王建娥、魏强译：《公民与国家——民族、部族和族属身份》，北京：新华出版社，2003 年版，第 19 页。

③ 张莉：《民族主义与民粹主义：意识形态的构建还是政治策略的选择——以匈牙利民族民粹主义政党尤比克党为例》，载《国外社会科学》，2018 年第 2 期，第 87 页。

了同盟。总而言之，二者相互渗透、互为核心，形成一种双元的新型激进意识形态，一种是突显民族性并被民族主义价值填充了的民粹主义，另一种是突显了大众维度并娴熟运用民粹动员手法的民族主义。

如果以民粹主义为理论本体，可以看到民族民粹主义的一面。根据卡斯·穆德的“薄意识形态”理论，民粹主义因其只有平民和精英二元对抗的内核，很容易依附或吸纳其他意识形态丰富的理论系统。就其民众中心主义的本质指向而言，它在现实中更容易与民主政治理论或民族主义理论相结合。民粹主义在大部分时间里出现于追求民主平等的左翼运动，但是在民族国家遭遇危机的全球化时代，民粹主义在复兴之时也从民族主义那里获得思想资源。在欧洲，民粹主义政党高举民族主义旗帜来凝聚民意，将斗争矛盾指向自由派精英的全球主义理念及其移民政策，将大众利益与民族利益合并一起。

这种日益成型的民族民粹主义具有以下三个突出特点。首先，民族民粹主义将民族主义视为话语动员的内核。民族主义不是民粹主义的新外衣，而是它在这个时代获得的新内涵。一直以来，在探寻民粹主义的社会根源过程中，人们对民粹主义的民族性非常好奇，常常称其为一种民族主义。安东尼·史密斯则惊叹于民族主义的动员力量，认为其“在‘人民’中的鼓动和共振作用，只有过去的宗教能与其媲美”①。近年来，在民粹主义的话语动员中，民族、国家等概念不断与人民、大众相融合，族群民族主义固有的排外主义、本土主义特性在民粹主义动员中逐渐显见。其次，民族民粹主义具有鲜明的右翼化倾向。近年来，西方学者倾向于将右翼思潮和社会运动贴上民粹主义的标签。汉斯·贝茨（Hans-Georg Betz）在激进与极端的不同意义上对右翼民粹主义进行了区分，并将激进右翼民粹主义分为两种亚形，即民族民粹主义和新自由民粹主义，区分的标准是民族主义还是新自由

---

① 安东尼·史密斯著，叶江译：《民族主义：理论、意识形态、历史》，上海：上海人民出版社，2006年版，第31页。

主义在政党纲领中占据主导。[①] 在现实层面看，民族民粹主义在欧洲政治中有典型的表现，而新自由民粹主义在20世纪90年代的拉美已有突出表现。欧洲学者倾向于将强调本民族文化与利益的右翼政党定义为民粹主义政党，它们是右翼阵营的核心成员，强调民族主义的政纲诉求而善用民粹主义的政治动员。这些右翼民粹主义政党充分利用了民族主义的文化与地缘意义，将其改造成排外主义和孤立主义，在政策上提出了反欧盟、反移民主张。再次，民族民粹主义呈现出明显的威权化特色。历史上的民粹主义与克里斯玛政治有密切联系，信仰并依赖国家威权，因此，威权化始终是民粹主义内在的关键性特征。而在21世纪全球化危机的刺激下，吸纳了民族主义资源的民粹主义变身为一种强调国家威权、强人政治的威权民粹主义（Authoritarian Populism），"没有所谓的'国际主义的民粹主义者'，也许并非所有的民族主义者都是民粹主义者，但所有的民粹主义者都是民族主义者"[②]，民族主义的影响和渗透诱发了民粹主义的威权一面，为其增加了横向的排他性空间。民粹主义者常常使用民族主义的话语与修辞，强调国家主权和国家利益的优先性，他们或者在左翼维度上主张国家管制和福利扩张，或者在右翼的维度上强调主体民族的身份安全和本土文化优势。民族民粹主义作为一种右翼意识形态，威权政治、强人政治成为其典型的意识形态特征。

如果以民族主义为理论本体，则可以捕捉到一种民粹民族主义。民族主义是民族图强的工具，被认为是近代以来人类文明进程中最强大的政治与社会力量之一。在历史的长河中，民族主义曾对国家主权产生过变革性影响，包括重新绘制宏观政治图景和改变政治单位的界限。[③] 有

---

① Hans-Georg Betz, *Radical Right-Wing Populism in Western Europe*, London: Macmillan Press, 1994, pp. 108-109.

② 蒂莫西·加顿艾什：《整合还是解体——民粹主义与反全球化时代的欧盟危机》，载《探索与争鸣》，2017年第6期，第8页。

③ 林红：《从金融危机到疫情危机：西方民粹主义的威权化问题》，载《当代世界与社会主义》，2021年第4期，第122页。

学者指出，1816—2001 年，民族国家在 70%—90% 的国际争端中的胜利[①]，得益于国内高昂的民族主义情绪。然而，在建构和维护民族国家的进程中，民族主义思潮与运动无论是在价值形塑、政治动员等方面都难以独立成事，它需要从其他同样依赖共同体认同的思潮那里得到支援，比如早在 19 世纪前半叶的欧洲，随着大众政治的开启，民族独立、共和革命和民族语言等理念日益结合并孕育了一波群众性民族主义，这一被本尼迪克特·安德森称为语言民族主义的浪潮具有强烈的民粹主义性格。[②]

深入其理论内核，可以看到民粹民族主义的三个显著特征。其一，由于共享了民粹主义以人民主体性和人民主权为核心的价值，民粹民族主义获得了更强大的思想力量。安格斯·斯图尔特（Angus Stewart）认为，“民粹民族主义的显著特征是它把国家和人民等而视之”[③]。民粹主义以人民主权、大众民主为根基，强调人民在国家中的主体性地位，民族主义从民粹主义那里吸纳了这些资源，常常以人民之名追求民族利益。民族主义的公民民族主义一支建立在人民主权和民族国家原则之上，族群民族主义一支则追求族群利益和身份认同，共同奠定了民族国家的意识形态基础。20 世纪末以来，在苏格兰民族党的分离主义动员中，“苏格兰人民”被视为一个同质的整体，是反对英国政治精英及其建制的“纯洁的民众”，[④] 民粹民族主义的动员模糊了族群性和政治性的界限，使得人民论述与民族论述合而为一，与传统的民族主义相比具有更强大的号召力。其二，民粹主义在政党政治中影响巨大，民粹民族主义因而获得了更广泛、更组织化的社会支持。传统民

---

① Andreas Wimmer, “Why Nationalism Works. And Why It Isn't Going Away”, *Foreign Affairs*, Vol. 98, No. 2, 2019, pp. 27-35.

② 本尼迪克特·安德森著，吴叡人译：《想象的共同体：民族主义的起源与散布》，上海：上海人民出版社，2016 年版，第 10 页。

③ Angus Stewart, “The Social Roots”, in G. Ionescu and E. Gellner, eds. *Populism: Its Meaning and National Characteristics*, London: Weidenfeld & Nicolson, 1969, p. 183.

④ 胡莉：《政党政治动员与民族分离主义——苏格兰民族党在苏格兰分离态势形成中的作用》，载《国际政治研究》，2020 年第 2 期，第 71 页。

族主义运动的社会基础通常是文化性、族群性的社群，但是在国家体系当中，它必须在宪政意义上获得更广泛的公民支持才可能壮大起来，在民粹主义者的宣传中，“人民”作为一个整体是支持民粹主义的事业的。政党组织及其操作可以帮助民族主义在公民的政治参与实践中扩展支持者，民粹主义在利用政党或组织化力量方面最有经验。民粹主义在政党竞争当中因为直接诉诸人民、迎合民意而极具动员能力，民族主义无疑需要这样的政治动员能力。在欧洲，在疑欧主义的共识基础上，民族主义政党和民粹主义政党常常出现重叠，欧洲的反移民极右翼政党如荷兰自由党、法国国民联盟和德国选择党都持鲜明的民族主义立场，同时善于运用民粹主义动员手段。其三，民粹民族主义重新确认和定义了它的敌人。民族主义情绪的上升需要强大的外部刺激，民粹民族主义的敌人仍然以传统民族主义所针对的外族、外国人为主体，毕竟任何民族主义运动都带有“对某一外国竞争对手的历史先验性的怀疑”①。斯拉沃热·齐泽克认为，民粹主义在它的形式层面已然将敌人设定为外来入侵者，从而否认了内部的社会对抗。② 由于民族主义与民粹主义在政治目标、思想观念和政治行为上的日益接近，民族主义也将本国自由派政治精英视为敌对力量，在全球化时代，来自国家内部和国家外部的刺激一样强烈。由于“政治精英重视全球公民身份，已脱离了自身的民族社区，再加上多元文化主义的兴起，使得民族集体意识变得模棱两可”③，所以为民族国家着想，民族主义将民粹主义的敌人——建制派政治精英也纳入了敌对阵营，改变了早期阶段将国内政治精英视为领导力量的传统。汤姆·耐恩从制度层面指出，民族主义实际上是资本主义“不平衡发展”的产物，而造成不平衡的根源既有外族、外国以及欧盟这样的全球化机制，也要归咎于本国政

---

① Harry Brown,“Post-Brexit Britain: Thinking About ‘English Nationalism’ as a Factor in the EU Referendum”, *International Politics Reviews*, Vol. 5, 2017, pp. 1-12.

② 斯拉沃热·齐泽克:《民粹主义的诱惑》，载海因里希·盖瑟尔伯格主编，孙柏等译：《我们时代的精神状况》，上海：上海人民出版社，2018 年版，第 294 页。

③ Peter Spiro,“Wishful Naitonalism”, https://www.lawfareblog.com/wishful-nationalim.

治精英牺牲民族利益和国家主权的政治操作。①

民粹主义与民族主义的合流造就了一种双元的意识形态，它是两种历史路径完全不同的意识形态实现核心对接、结构重叠的结果。民族民粹主义与民粹民族主义是这种新型意识形态的表现形态，或者可称为新民粹主义和新民族主义。它们不能简单地混为一谈，毕竟理论主体不同，但是它们又都是两种激进的并有着极端冲动的右翼政治思潮，具有共同的话语特征，以不同方式共同维护主权者的地位、捍卫民族国家的主权权力。

探讨民族主义的人民性与民粹主义的民族性具有同样的意义。埃里克·霍布斯鲍姆在解释民族主义内在的"大众视角"和"精英视角"时认为，民族主义"必定是由居上位者所创建，但却也一定要从平民百姓的观点分析才能完全理解"②。民族主义具有自上而下的精英化传统，但是21世纪以来的政治变迁表明，自下而上建构民众认同越发地重要。民众与精英的对立关系则几乎是民粹主义的专属标签，民粹主义在实践中是一种工具性的精英主义，通常是政党或非建制派力量争取大众支持的政治策略，但不可否认的是，民粹主义的价值取向始终是民众中心主义的，人民是权力来源的现代理念使得许多政治精英无法抵御民粹主义的诱惑，不得不唯民是从、追随民意。在全球化的刺激下，民粹主义和民族主义得以对彼此开放，它们出于权力目标或价值目标的需要而共同作战，对抗上层的和外部的敌人。无论是民粹化的民族主义，或者是民族化的民粹主义，"既寻求重组现有的政治空间，又试图宣称自己是主权权力和政治合法性的最终来源"③，并且都自视为某种"重新分配利益和保护权利的手段，也是社会走向更公

① Tom Nairn, *The Break-Up of Britain: Crisis and Neo-Nationalism*, London: New Left Books, 1977, chapter 9.

② 埃里克·霍布斯鲍姆著，李金梅译：《民族与民族主义》，上海：上海人民出版社，2006年版，第10页。

③ Rogers Brubaker, "Populism and Nationalism", *Nations and Nationalism*, Vol. 26, No. 1, 2020, p. 52.

正、更强大的自然修复机制”①。正是由于自由派主导的经济全球化陷入困局，民族主义与民粹主义得以合流，大大增强了反建制阵营变革和重置政治秩序的能力。

四、民粹主义与民族主义合流的反思意义

如果将19世纪末美俄的初代民粹主义与21世纪当下的西方民粹主义相比，会看到所谓农业民粹主义与政治家民粹主义的区别，这是民粹主义经历150多年历史演变的结果。前者表达了传统主义的价值追求，其动力来自农业阶级希望回归共和美德的怀旧情结；后者更多的是一种风格化的政治策略，体现了政治精英的大众动员技巧的日益成熟。然而，在共同拥有的民粹主义标签之下，150年间大众政治的数次高潮在何种意义上存在关联呢？1967年，一场在伦敦政治经济学院召开的以“定义民粹主义”为主题的国际会议成为民粹主义研究史上的里程碑事件，学者们尝试超越但又不离开早期的美国和俄罗斯经验去理解民粹主义的后续历程，寻找其内在规律。这次会议的学术意义在于，一方面，将民粹主义视为一种具有历史周期性的世界性现象，是不同时空条件下一切以人民为宗旨与归宿的话语、思想和运动的代名词，即横山亮所说的“把‘民粹主义’这个术语或概念作为看待世界范围内的政治运动的一种通用工具”②。另一方面，正像这次会议所出版的论文集名称提示的——“民粹主义：其含义和民族特性”，民族特性正是民粹主义现象的本质所在。民粹主义是一种国内政治现象，它在发生之初就与民族、民族主义紧密地联系在一起，前文关于民粹主义三次历史浪潮的经验考察，均可见民族主义的清晰存在。民粹主义与民族主义的历史联系给人们留下了广阔的反思空间。

---

① Yael Tamir, *Why Nationalism*, Princeton: Princeton University Press, 2019.

② Yokoyama Ryo, "'Populism' and 'Populism': Aporia of the Historiography of American Populism", *Nanzan Review of American Studies*, Vol. 39, 2019, p. 117.

首先，民粹主义与民族主义基于对抗性逻辑而发生共振至出现合流。从理论上看，民粹主义和民族主义的核心范畴“人民”和“民族”都是同质性概念，这导致二者对异质性因素都十分敏感和拒斥，人民将精英排斥在外，民族将他族排斥在外。民粹主义建立在“人民-精英”二元对抗的逻辑之上，它在原初意义上是一种追求平等和民主的左翼激进主义。从族群性的文化维度来看，民族主义体现了我族和他族的二元对立；从公民性的政治维度看，强调本国人和他国人的区分。民族主义既鼓励独立自主的民族解放运动，也可能极端化为排他性的种族主义。

在历史实践中，无论是在落后国家还是发达国家，民粹主义的发生都与反资本主义的需要有关，但最终却以不同方式与民族主义实现了结盟。在俄国和拉美，民粹主义的出现与这两个地区在现代化转型中自主性、传统性受到资本主义威胁有直接关系，反对资本主义生产方式和垄断资本家剥削是这两场民粹主义运动的历史使命。马克思指出，“资产阶级由于开拓了世界市场，使一切国家的生产和消费都成为世界性的”，“过去那种地方的和民族的自给自足和闭关自守状态，被各民族的各方面的相互往来和各方面的互相依赖所代替了”。[①] 然而，资本主义所推动的各民族往来和依赖从来都是不对等、不均衡的，存在先进民族与落后民族之间关于殖民与被殖民、掠夺与被掠夺的不正义关系。在俄国民粹派看来，西欧派关于效仿西欧资本主义发展道路的主张破坏了斯拉夫民族的历史传统和文明成就，而在庇隆、瓦加斯等拉美民粹主义领导人看来，资本主义国家的资本积累建立在落后国家的贫困积累和主权沦丧之上，被迫依附西方资本主义国家使拉美各国失去对本国自然资源的控制权。因此，俄国和拉美民粹主义运动中的民族主义因素是落后国家民族自主意识的觉醒，是一种落后国家对抗先进国家的自觉实践。

---

① 中共中央马克思恩格斯列宁斯大林著作编译局编:《马克思恩格斯选集》(第一卷),北京:人民出版社,1972 年版,第 254—255 页。

而在美国和欧洲，前后相隔150多年的两场民粹主义运动既是与资本主义对抗的结果，又不约而同地表现出自利和排他的种族主义倾向。由于资本主义生产“同时破坏了一切财富的两个源头：土地和劳动者”①，美国人民党人急于摆脱整个农业“相当完全地、相当显著地、相当地依赖于资本”② 的困境，他们反对垄断资本对农业的全面控制，也一并将垄断资本主义所需要的外国移民、黑人劳工列入“他者”名单，展现了一种将“新世界和最新世界的温带地区作为白种人的一项世袭财产”③ 的种族利己主义本能。这种排外的狭隘民族主义立场延续到了21世纪的欧美，成为民粹主义最新继承者们的经典主张。因此，全球化的反对者们正是从民粹主义和民族主义的两个方向上集结到一起，他们因经济不平等和身份危机的同时存在而将自由派精英与移民、少数族群同时列为抵抗对象，提出了以反移民为中心的一系列否定性政策主张。

其次，民粹主义与民族主义的历史共振具有进步与反动的不同特性。西方学者认为，民粹主义因其依附的意识形态不同而反抗不同的他者，与社会主义结合会产生左翼民粹主义，与民族主义结合则产生右翼民粹主义。④ 但是，从民粹主义的世界性实践来看，无论左翼还是右翼的民粹主义都可能与民族主义汇流，表现出激进或保守的不同特征。对于国家成长和经济发展处于不同阶段的西方和非西方国家，民族主义都是内在的意识形态支柱，民粹主义也都可能发生在任何一个危机或转型时代，换言之，二者同时出现在国家建构的现代进程中。民族主义观念是否借助民粹主义的大众动员而深化与推广，民粹主义

---

① 马克思、恩格斯：《马克思恩格斯全集》（第四十三卷），北京：人民出版社，2016年版，第531—532页。

② 黄仁伟：《论美国人民党运动的历史地位》，载《世界历史》，1989年第1期，第67页。

③ Theodore Roosevelt, *American Ideals, and Other Essays, Socila and Political*, Memphis: General Books LLC, 2012, pp. 273-281.

④ Cas Mudde, "The Problem with Populism", https://www.theguardian.com/commentisfree/2015/feb/17/problem-populism-syriza-podemos-dark-side-europe.

能否吸纳民族主义的思想动力以完成抗争政治的使命，取决于不同国家在这一进程中所面临的历史命题和所沿袭的历史路径。西方学者基于当下的欧美政治动荡认为，民粹主义与民族主义的结合一定会是排他性的右翼极端主义，这一观点不适用于解释非西方的经验。

在俄国民粹派运动和拉美民粹主义运动中，被压迫民族的民族主义表现出鲜明的进步性、解放性和革命性，使得民粹主义运动更具左翼激进主义色彩。两场运动的共同之处在于，对内强调民族独特性，对外强调民族自主性，它们所诉诸的民族主义具有反资本主义、反殖民主义、反帝国主义的进步内涵。克里斯托瓦尔·凯（Cristóbal Kay）指出，拉美的民族主义情感尤其针对美国在经济和政治上对拉美内部事务的控制。[①] 艾伦·赖丁（Alan Riding）认为，墨西哥人的民族主义是一种国家的自我脆弱感，因此“墨西哥的民族主义不是一种意识形态，而是一种求生存的本能”[②]。俄国民粹派向往社会主义，他们从1848年欧洲革命的失败中看到了资本主义的问题，因而希望走一条具有俄国特色的社会主义道路，这是一种历史进步性的体现。两场激进的左翼民粹主义运动反映了落后国家为了维护民族独特性、建构尊重民族多样性的国际秩序而做的努力。

西方国家的民粹主义实践，无论是早期的美国人民党运动，还是21世纪的欧洲民粹主义浪潮，都内在地包含基于对他者或外来者恐惧的狭隘性民族主义。西方学者将当前在欧洲出现的民族民粹主义称为右翼民粹主义或右翼民族主义，[③] 这是西方历史实践中保守性和反动性的重现。早年的人民党人支持排华、反犹和种族隔离政治，既体现了农业阶级对失去经济活动支配权的担忧，也是白人族群对盎格鲁-撒克

---

① Cristóbal Kay, *Latin American Theories of Development and Underdevelopment*, London: Routledge, 1989, p. 14.

② Alan Riding, *Distant Neighbors: A Portrait of the Mexicans*, New York: Alfred A. Knopf, 1985, pp. 18-19.

③ Jean-Yves Camus and Nicolas Lebourg, *Far-Right Politics in Europe*, Cambridge: Harvard University Press, 2017, pp. 12-13.

逊主导地位受到威胁的恐惧；50 年代的麦卡锡主义进一步发掘了美国民粹主义的阴暗面，将反共、排外和种族主义融为一体。20 世纪末，在合法移民和非法移民不断冲击国内社会秩序的同时，西方社会也开始为“9·11”事件之后的所谓“文明的冲突”焦虑，于是各种各样的右翼极端主义顺势而生，试图再造一个“加强民族主义、地缘政治回归、美国军事霸权、强势国家和边界关闭的世界”①。西方国家的民族主义对外与扩张性的资本主义、帝国主义相连接，对内与排斥性的种族主义、保守性的民粹主义相融合，为民族民粹主义添加了狭隘的、自利的和反动的成分，使其成为一种反对民族多样性、反对文化多元性的极端右翼意识形态。

最后，民粹主义与民族主义的最终合流是连通国内政治与世界政治的重要机制。卡列维·霍尔斯蒂（Kalevi J. Holsti）认为，当代政治与未来政治的问题在本质上是国内政治问题，原因在于国家间的安全越来越取决于这些国家内部的安全。② 民粹主义是一种典型的内生性政治现象，它的反建制、反精英和反移民主张都源于对国内政治经济秩序的不满，但是，民粹主义的作用范畴不限于国内。在一个全球性的资本主义扩张历程中，从俄美的初代民粹主义到拉美的左翼民粹主义，再到 21 世纪的欧美民粹主义，一系列反建制政治的产生无不受到世界性或区域性政治经济变迁的影响，也无不影响着世界政治、区域政治的走向。

民粹主义是一种极具政治动员力的思潮与运动，它首先对国内权力关系、制度结构和价值体系造成了重大冲击，继而会在外部变迁或压力的刺激下，与民族主义同频共振，将冲击波输出到国家对外事务，以激进或保守的不同方式影响世界政治既有秩序。俄美民粹主义要求

---

① 戴维·赫尔德、安东尼·麦克格鲁主编，王生才译：《全球化理论：研究路径与理论论争》，北京：社会科学文献出版社，2009 年版，第 1 页。

② Kalevi J. Holsti, *The State, War, and the State of War*, London: Cambridge University Press, 1996, p. 15.

保留本民族/主流族群的传统，维持既有生产方式和生活习俗，但是它们又同时处于资本主义全球扩张的时代环境中。两场运动都不仅仅是目光向下，也是目光向外，俄国民粹派发动“到民间去”运动，寻找抵抗欧洲资本主义入侵的道路；美国人民党发动中南部的白人农场主去反抗垄断资本主义，以白人种族主义对抗有色人种族群。拉美民粹主义则是拉美国家试图摆脱资本主义世界体系和贪婪的“中心国家”的努力，是对西方中心主义、市场资本主义的抵抗，致力于探索现代化发展的民族主义道路。全球化背景下兴起的欧美民粹主义反对经济全球化和全球治理、反对多元文化主义价值，“对内表现为对少数群体和边缘群体的恐惧和排斥，对外表现为传统大国对新兴大国的怨恨”①。这种对外的怨恨常常表现为一种民族主义情结，因为民族主义事件通常具有外向的特性，如对外族、外国宣示优势地位或主权地位。20世纪以来，欧美国内政治秩序相对稳定，除了少数地区出现分离主义问题，民族主义革命不再是普遍性现象，民族主义成为一种迈克尔·毕利希（Michael Billig）所说的“平实民族主义”，即民族主义越来越不引人注意但却时刻影响着民众的想法，“人们渐渐遗忘了它潜藏的影响力，社会稍有民族主义事件，便会显得‘过热’”②。但是，当民粹主义精英利用这些事件进行大众动员时，内部事务与外部事务的界限很难清晰区分。民族主义具有极强的塑造团结、建构认同的功能，对于民族国家在国际秩序中确立其自主性和影响力具有决定性意义，因此，当民粹主义的对内动员与民族主义的对外动员结合起来时，国内政治与世界政治的关联便建立起来。

当今世界已被全球化和新技术深刻改变，要理解世界政治的秩序建构及其变迁，必须具有更广远的视野。超越威斯特伐利亚和约所形塑的国际政治去理解世界政治已势所必然，人们需要重视国内政治与

---

① 姜程淞：《新民族主义视域下的法国身份政治镜像》，载《欧洲研究》，2022年第5期，第111页。

② Michael Billig, *Banal Nationalism*, New York: Sage, 1995, pp. 37–39.

国际政治的相互交织与互动，需要关注权力、制度与观念等诸因素的相互作用与影响。民粹主义是一种发育于国家内部的激进主义思潮，它引起了规模空前的社会抗争运动，并越来越频繁地利用民族主义的认同政治来制造激进甚至极端的社会政治变革。19 世纪以来的世界性政治动荡已一再表明，民粹主义已经成为联结国内政治与国际政治的思想纽带，它不仅参与而且深刻影响着各国乃至世界政治的变迁，正在成为各国以至全球政治图景中的重要构成。很显然，造成这一改变的重要机制正是民粹主义与民族主义的日益合流。

第三章　西方社会的民粹主义经验：以美国、欧洲为例

在20世纪大众民主的滚滚洪流中，能够对民粹主义免疫的国家很少。事实上，自登上现代政治舞台以来，民粹主义的反抗性政治就跨越了制度与文化的差异，广泛出现在许多国家的现代化和民主化进程中。然而，以反抗代议制政治为使命的民粹主义远称不上是现代国家的关键性特征，充其量只是主流政治难以驯服的挑战者或反叛者而已。即使在民粹主义现象频繁出现的国家与地区，民粹主义也很少以一种强有力的意识形态出现，而总是与不同的思想潮流相汇合，被不同环境中的大众不满所形塑，因而呈现出不同的版本。因此，民粹主义尽管是一种世界性现象，但是各国各地区的民粹主义之间未必存在继承性或关联性。[①] 从历史事实来看，美国人民党、俄国民粹派、欧洲民粹主义政党或者拉美民粹主义政府之间，确实没有必然的联系。民粹主义的共同之名，只说明不同国家与地区在特定内外因素综合作用下的相似反应。进入21世纪后，西方国家在经济全球化的历史进程中经历了民粹主义浪潮的又一轮洗礼，尽管欧美国家出现民粹主义思潮与运动的具体原因、表现形式、影响与后果各有不同，但是共同塑造了21

① 袁东振：《拉美民众主义的基本特性及思想文化根源》，载《拉丁美洲研究》，2017年第4期，第4页。

世纪西方民粹主义的保守主义形态，对世界政治与国内政治产生了深刻影响。

第一节　以身份政治为中心的美国民粹主义

进入21世纪，全球化时代迎来了一股席卷大西洋两岸、震撼全球的民粹主义浪潮。在这一波浪潮中，美国首当其冲。2016年大选过程中，特朗普集结了自茶党运动以来的保守主义势力，将一种直指自由主义建制派及其政治正确的右翼民粹主义带上美国政治舞台，也再次印证了迈克尔·卡津关于美国几乎就是一个民粹主义典型国家的论断。[①]人们相信，民粹主义是美国政治所必需的，尤其是在经济全球化造成如此严重的经济不安和身份焦虑的21世纪。在这个时代，特朗普主义与极端右翼的美国民粹主义几乎同义。

民粹主义虽然结构简单而且内涵单薄，除了"平民至上"主义和民众与精英的二元对抗之外似乎别无他物，然而，一旦它与其他内容丰富的意识形态或观念相勾连，比如与右翼的保守主义、民族主义甚至种族主义相结合，或与左翼的自由主义、平等主义、社会主义相结合，情况就变得异常复杂。当前的西方民粹主义新浪潮具有鲜明的右翼色彩，民族主义的成分异常浓烈。在美国，白人民族主义、白人至上主义等白人身份政治诉求构成右翼民粹主义的重要部分，特朗普将白人身份政治打造成强有力的动员策略，但却带来一个政治和文化上都更加分裂和极化的美国。探讨身份政治在美国的生成与异化过程，分析白人身份政治与民粹主义的特殊关系，是认识美国民粹主义的真实面目所必需的，对于认识西方国家在全球化背景下如何陷入政治困境、又如何修补和自救有重要的意义。

---

① M. Kazin, *The Populist Persuasion: An American History*, New York: Cornell University Press, 1995, pp. 1-7.

一、美国身份政治的历史轨迹及其困境

身份现象是人类社会个体差异性的自然呈现，自古即有，但身份观念却是现代性的产物，是权利意识、个人主义、平等观念等因素共同作用的结果。虽然身份本质上是文化性、社会性的，但由于现代国家建构过程中公民政治的发育，以及近代以来反资本主义的阶级政治的推动，身份的政治性、经济性特征越发清晰，身份问题早已成为现代政治的重要内容。“身份政治从来不是一个新事物……在某种意义上，所有的政治，都是身份的；所有的身份，都是政治的。”[①] 考夫曼（L. A. Kauffman）认为，身份作为一种新政治原则已进入政治思想和政治实践的中心，其重要影响在于，一是身份成为组织政治的动员力量，二是解释身份成为政治的中心任务。[②] 身份议题在现代政治过程中不断演进、激化，到了全球化的当下已经成为诸多政治运动的重要推手，成为一种极具影响力的文化政治现象。

美国是一个由移民构成的多元国家，其身份政治的核心议题是族裔差异，“民族和族群是最显著的认同群体，它们作为身份政治的要素有高认同性、历史性、稳固性、结构性等特点”[③]。建国之初，美国的公民建设不得不面对族裔身份问题，一方面，清教徒身份的欧洲白人成为最早移居美洲大陆的族群，他们建立了盎格鲁-撒克逊的文化优势并以此建构了美国公民身份的标准和“美国主义”的意识形态。另一方面，在基督教文化与白人群体占绝对优势的历史环境下，陆续到来的其他族群和美洲大陆的原住民即印第安人则被要求接受以盎格鲁-撒克逊文化为基础的美国主义及其同化政策。虽然“国家内部占优势的

---

① Richard Thompson Ford, “Political Identity as Identity Politics”, *Harvard Journal of the Legal Left*, Vol. 1, No. 53, 2005, pp. 53-56.

② L. A. Kauffman, “The Anti-Politics of Identity”, *Socialist Review*, Vol. 90, No. 1, 1990, pp. 67-80.

③ 马俊毅：《多民族国家共同体的建构与治理——身份政治的发展与影响》，载《学术界》，2017 年第 2 期，第 98 页。

民族强制少数群体放弃自己的文化信仰，奉行标准文化，势必激起劣势群体的反抗”[①]，但是事实上，美国少数族裔的反抗在20世纪60年代之前零散无力，在单一认同的美国主义之下，人口构成的多族裔性和身份群体的多元文化需求被无视，族群间的不平等关系没有得到积极审视和有效修正。虽然美国的社会主义运动、左翼政治中也有较明显的身份政治元素，彰显了劳工阶级的价值观念和身份特征，但是左翼的阶级政治是一种要求重新分配经济利益的政治活动，身份政治本质上的文化与价值诉求没有被突显，而且美国与欧洲相比，远不是阶级性身份政治的兴盛之地。

直到20世纪六七十年代的新社会运动兴起，身份问题才正式进入美国主流社会的政治日程，成为左翼自由主义者的价值诉求，更成为民主党对抗共和党的文化工具。这一时期，美国自由派阵营通过一系列持久而空前的民权运动、妇女运动、学生运动、环境运动，为新社会运动注入了鲜明的身份政治元素，使得那些被公民政治、阶级政治长期忽视的种族、性别、性偏好等问题具有了文化与政治的双重意义，多元文化主义的差异政治开始超越“美国主义”的共识政治。不仅如此，自由主义者还为左翼性质的身份政治确立了奋斗目标，即争取对被压迫的“他者”的尊重与承认，形成一种彻底的、开放的、多元的政治民主。[②]乔纳森·弗里德曼指出：“20世纪70年代以来，在美国，文化性的政治活动在增长，出现了普遍进步和发展的理想或现代主义政治向文化认同政治的普遍转移，不论这种认同是性别的、地方的或是族群性的。”[③] 由于身份政治本质上是一种后阶级政治形态，它的出现意味着文化政治的话语斗争日益取代阶级政治的经济斗争，从而使得政治活动日益倾向意识形态或文化霸权的争夺。安东尼·史密斯认

---

① 郑薇：《当代多元文化主义的发展及其未来——兼论霍尔身份政治学的当代价值》，载《国外理论动态》，2017年第4期，第28页。

② 汪越：《身份政治的理论逻辑》，载《学术界》，2018年第3期，第86页。

③ 乔纳森·弗里德曼著，周宪、许钧主编：《文化认同与全球性过程》，北京：商务印书馆，2003年版，第351页。

为，后阶级政治形态是一种文化斗争和文化话语，如民族主义、女性主义、环境主义等，“随着制造业向服务业转移，以阶级为基础的政治已经在西方消退，一连串全新的政治运动，包括复兴的族群民族主义，正在取而代之”[①]。经过新社会运动的洗礼，美国的各种身份群体得到了自由主义阵营在道义上和政治上的全力支持，他们在文化的大熔炉中争取平等权利、保持独特性，理直气壮地要求“差别的权力”。

然而，当新社会运动将身份等文化元素带入政治的中心时，也把美国带入了多元身份政治的泥潭。身份政治是一种文化议题的政治化现象，是文化与政治交织的结果，但是民主党和自由主义者将多元文化主义的核心价值注入了身份政治之中，使得公平正义、保护弱势、普遍进步成为无法拒绝的价值和不可挑战的政治正确，并最终造成这样的结果，即“文化开始成为替边缘群体斗争的地带，同样也成为过度政治化的领域”[②]。身份问题的过度政治化意味着政治成为各种文化性诉求的最重要甚至唯一的实现路径，尤其是在经济全球化的时代，全球风险客观上给国家与其成员之间的关系带来了困扰，削弱了国家提供安全保障的能力。[③] 而一旦国家满足多样化的成员诉求的能力没有与国家总体实力同步增长，身份政治之门便将赫然洞开，大量文化性的身份认同问题将不断政治化。因此，新社会运动的影响是极其深远的，它倡导的个性政治、生活政治使得尊重差异而不是寻求共识成为公共政治的重心和身份政治的诉求，身份政治“不再重视权力压迫关系和体制结构，而是把身份的自我审视从公民政治的准备变成了一种自恋肯定。……它极端强调某一种特殊身份的重要性，而对联系不同

① 安东尼·史密斯著，叶江译：《民族主义：理论、意识形态、历史》，上海：上海人民出版社，2011 年版，第 149 页。

② 马克·J. 史密斯著，张美川译：《文化：再造社会科学》，长春：吉林人民出版社，2005 年版，第 81 页。

③ 基思·福克斯著，郭忠华译：《公民身份》，长春：吉林出版集团有限责任公司，2009 年版，第 137 页。

身份的社会政治伦理漠不关心”①。美国政治的右翼化浪潮某种意义上正是对这种日益偏狭的身份政治的反制。

二、经济焦虑与文化危机：白人身份政治探源

全球化背景下的美国保守主义浪潮有许多面向，如反全球化、反自由贸易、本土主义、民粹主义、民族主义等，推动这一浪潮的重要动力是以白人至上主义、白人民族主义为价值诉求的白人身份政治。众所周知，在 2016 年美国大选中，中下层白人男性群体是一个极具政治象征意义的群体，他们不仅是特朗普的支持群体，更是白人身份政治的社会基础，但他们并不是因为特朗普竞选团队的挖掘才引人关注，事实上他们早在许多新闻纪实、学术调研的作品中，留下了失落、焦虑、绝望和边缘化的群像，例如 J. D. 万斯在《乡下人的悲歌》里记录了他的成长历程，表达了一个美国“乡下人”的愤怒与无奈；A. R. 霍克希尔德在《自己土地上的陌生人：对美国权利的愤怒与嘲讽》中描述了中南部白人群体如何失去了经济与文化的安全感，如何成为自己土地上的陌生人；罗伯特·帕特南在《我们的孩子》中聚焦了 21 世纪的不平等和阶级隔离，他回到了以底层白人家庭为主体的家乡小镇，讲述了那里发生的“美国梦”破碎的故事。这类作品的集中出现反映了美国社会结构的变迁、主流群体的失落和多元身份政治的负面影响。多元文化主义者关注少数、边缘、弱势群体的社会平等权利，尊重差异和个性，但他们忽略了或者无暇顾及白人群体（以中下层、劳工为主体）所陷入的困境。为了解释白人主流群体何以成为特朗普的支持者以及白人身份政治如何形成，西方学界根据资本要素和价值要素的不同影响，提出了经济焦虑理论和文化焦虑理论，并进行了激烈的争论。

---

① 徐贲：《走向后现代与后殖民》，北京：中国社会科学出版社，1996 年版，第 207 页。

根据经济焦虑理论，经济处境堪忧最适合解释白人中低层群体对全球化的失望和对华盛顿政治精英的不满，被认为是当下民粹主义浪潮卷土重来的根本原因。的确，经济状态窘迫、生活质量下降的现实会使失望和焦虑的人们更容易接受政治人物的民粹主义煽动，而2008年以来，经济焦虑确实在白人主流群体中普遍存在，特别是突如其来的次贷危机瓦解了这一群体在住房、就业、收入等方面的既有保障，失业、贫困和福利削减等问题接连袭来，他们把这种生活改变与财富分配不公联系起来，强烈支持反权贵的“占领华尔街”运动，对华尔街的经济精英深恶痛绝。但是，需要看到的是，从美国的人口构成及其经济状况的基本表现来看，在贫困的生活中挣扎的并不仅仅是白人劳工群体，贫困与经济不平等现象带来的经济焦虑在少数族裔如黑人、移民群体中同样存在，甚至黑人和移民群体的总体处境更差，在这一真正的社会底层面前，白人劳工群体只是陷于一种与经济精英对比而形成的相对贫困而已。美国学者戴安娜·C. 穆茨（Diana C. Mutz）发表了一项详尽的研究，对经济焦虑理论提出了质疑，她基于2012年和2016年对大约1200名选民进行的相同问题的调查指出，2016年，白人选民转向特朗普，是因为他们感到自己的地位受到威胁，担心他们的文化特权正在失去。这种威胁不是指对特朗普支持者面临的对其经济福祉的威胁，而是指对该群体在国家统治中的社会地位构成的威胁。[①] 白人主流群体当然也有他们的经济诉求，但是文化诉求才是本质性的，这一诉求反对偏向少数群体的平权政策，要求自我保护和平等正义，包含了一种潜藏已久的心声，即“恢复既有的支配地位、优势地位”的身份意识。[②] 事实上，特朗普的主要支持者并非底层的低收入群体，白人劳工群体的经济地位不是最差的，但“相对剥夺感”却是

---

① D. C. Mutz, “Status Threat, Not Economic Hardship, Explains the 2016 Presidential Vote”, https://www.pnas.org/doi/reader/10.1073/pnas.1718155115.

② 马俊毅：《多民族国家共同体的建构与治理——身份政治的发展与影响》，载《学术界》，2017年第2期，第104页。

最强烈的，这种被剥夺的感受最独特之处在于它的强烈的文化意味，即充满着对以往主流社会身份（包括收入、生活方式和价值观）的留恋与缅怀。身份政治以多元文化主义为基础，其本身不可避免地充满各种文化偏见，“文化偏见是社会习俗的自然产物，很难被富裕的社会民主制度所消除”，这就是一些西欧、北欧国家虽然是高福利社会，但同时也是右翼民族主义摇篮的原因。① 在塞缪尔·亨廷顿（Samuel Huntington）看来，全球化时代的重大不同在于，“最普遍的、重要的和危险的冲突不是社会阶级之间、富人和穷人之间，或其他以经济来划分的集团之间的冲突，而是属于不同文化实体的人民之间的冲突”②。因此，根据文化焦虑理论，白人主流选民支持特朗普的决定性因素不是经济焦虑，而是一种对于白人文化特权、主流地位受到威胁的焦虑，是一种文化危机感。

文化因素的决定性影响在于，身份政治本质上是一种文化政治、价值观政治。白人身份政治可以解释为“白人的身份政治”，与民主党自由派所支持的“少数、边缘、弱势群体身份政治”相对应，其核心问题是“白人身份”本身，而不仅仅是白人经济状况，尽管二者在事实上密切相关。那么，对于作为美国社会主导力量的白人群体来说，文化焦虑从哪里来？它又是如何导致白人身份政治的出现？这需要从国家的内外两个层面来解析。

从国家外部来看，与经济全球化伴生的移民潮带来了深层的文化焦虑，白人身份政治是对全球化的应激性结果。全球化是一个流动性、开放性、多元性的发展进程，与资本国际化潮流相伴的，是劳动力要素的全球流动，尤其是大量移民流入经济发达的西方国家。从欧洲的情况来看，移民与难民问题已经成为右翼阵营主打的中心议题，美国

---

① 孔元：《身份政治、文明冲突与美国的分裂》，载《中国图书评论》，2017 年第 12 期，第 65 页。

② 塞缪尔·亨廷顿著，周琪等译：《文明的冲突与世界秩序的重建》，北京：新华出版社，2010 年版，第 6 页。

也不例外。在传统观念中，美国是由移民构成的国家，自立国之初就不断接受各族裔的移民，同时美国又是一个白人主导地位几乎不可动摇的国家。然而，这种传统认知受到了移民潮的严重冲击，移民（包括非法移民，以非白人族裔为主）源源不断地进入美国，威胁到美国白人的传统核心地位。

全球化进程的正向刺激体现在美国人口结构的微妙变化。美国于1965年颁布《移民与国籍法》，此后，外来移民在美国人口中的比重持续上升。根据美国人口统计局的数据，2015年，美国人口中有13.9%是在外国出生的，而在1965年时，这一比重仅为4.8%。另外，趋势预测表明，到2065年，这一数字将达到17.7%。[①] 2016年6月，《华尔街日报》援引最新一次人口普查的结果称，按人口年龄来看，55岁以上的美国人中有四分之三为白人；在18—34岁的美国人中，白人仅占56%；在18岁以下的未成年中，白人占比已经低于50%。此类令白人主流群体备感焦虑的数据还包括，到2060年时，非白人的人口增长主要来自拉丁裔，其比重将从2015年的17.4%上升到28.6%，非洲裔和亚裔美国人也将继续增长，而白人群体（非拉丁裔）的比重将从2014年的73%下降到40%，[②] 届时，美国将成为没有主流群体的真正的移民国家。美国人口结构的变迁必然引发政治结构的重构和政治文化的改变，作为美国文明核心的新教价值观也在不断被削弱。[③] 作为结果，人口结构的变迁直接导致了选举行为的重大变化。调查数据显示，在白人群体中，那些认为自己的种族遭到更大歧视的人要比那些并不认为自己遭到任何歧视的人更加支持特朗普，其支持率要高出

① "U. S Foreign-Born Share Projected to Hit Record Milestone by 2065", http://www. pewhispanic. org/2015/09/28/modern-immigration-wave-brings-59-million-to-u-s-driving-population-growth-and-change-through-2065/ph_2015_09_28_immigration-throught-2065-01/.

② Sandra L. Colby and Jennifer M. Ortman, "Projections of the Size and Composition of the U. S. Population: 2014 - 2060", https://www. census. gov/content/dam/census/library/publicatons/2015/demo/p25-1143. pdf.

③ 周穗明：《西方右翼民粹主义政治思潮述评》，载《国外理论动态》，2017年第7期，第69页。

40%；认为“许多白人无法找到工作，是因为雇主雇用了少数族裔”的人要比那些不这么认为的人更支持特朗普，其支持率高出50%。[①] 事实上，特朗普的很多支持者不是因为自己的日子完全过不下去了才相信特朗普可以带来改善的希望，而是因为感受到了自己过往的特权在逐渐消失才选择支持特朗普。这种白人主流群体的危机意识在意识深层存在，受到文化性和观念性因素的刺激，而单纯的经济因素或物质基础只能解释表面，并且难以与少数族裔真正区分。

从国家内部来看，多元文化主义对少数群体的偏爱诱发了白人群体的“受害者”感觉，白人身份政治是多元身份政治逆向刺激的结果。70年代以来，美国的身份政治在自由派和民主党的主导下，发展成为以多元文化主义为价值基础的多元身份政治，自由平等的差异政治、少数群体的身份权利成为政治正确的重要内容，自由派在教育、就业和社会福利等方面为黑人族群或特殊族群提供特别照顾，设计出一套以配额制或定额制为形式的平权政策。

这类彰显差异而不是消弭差异的政策使白人普通民众产生了强烈的不平感和压迫感，尤其是在全球化带来的移民人口不断增加和白人就业机会急剧减少的双重刺激下，他们产生了一种“被背叛”的怨恨情绪，认为“白人是保守主义政治中的主导成员，但保守主义的有权势者却鲜少促进白人的利益”[②]，右翼保守派充分利用了白人群体的“被背叛”感受，不再通过强调择优原则来反对平权运动，而是通过重申白人民族主义来反对平权运动。[③] 埃里克·霍布斯鲍姆认为，“为扶持特定的少数族群而采取正向差别对待政策以及过度的多元文化主义

① “ANES 2016 Pilot Study”, http://www. electionstudies. org/studypages/anes_pilot_2016/anes_pilot_2016. htm.

② Ellison Lodge, “The White People Party”, https://www. takimag. com/article/the_white_people_party/.

③ 周濂：《“另类右翼”与美国政治》，载《读书》，2018年第1期，第27页。

所造成的反弹，至今都非常强大，而问题依然存在”①。在 2016 年的大选中，希拉里的支持者以女性、非洲裔美国人、城市青年人、同性恋者、环保主义者为主，她的竞选策略也旨在适应这些少数群体的身份诉求，这种做法反而在中下层白人劳工选民那里留下了“她不关心我的工作”或“她不会争取帮我留住工作，而会将工作机会给少数族裔或外国人”等负面印象。② 于是，那些抱怨“政府在扶助少数族裔群体上做得太多了”的白人选民中，有 80% 的人把票投给了特朗普，③ 特朗普支持者群体的白色与希拉里支持者群体的杂色形成了鲜明对比。马克·里拉这样告诫自由派，“一旦你仅仅依据身份来表达一个问题，那你就是在邀请你的对手做同样的事情。那些打出一张种族牌的人应该准备好被另一张种族牌所压倒”④，因此，正是自由派以平权政策为实践路径的多元身份政治逆向激发了白人主流民众的身份意识和权利意识，使得白人身份政治有机会产生并发展成为一种极具破坏性、分裂性的新政治。在现实中，这一新政治已经频频上演，比如 2017 年夏弗吉尼亚州夏洛茨维尔右翼极端势力游行及其后发生的种族主义骚乱。

三、右翼民粹主义与白人身份政治的内在关联

2016 年的美国大选是美国对全球化反应最为激烈的一次大选，也是 2008 年全球金融危机以来各种焦虑与不满情绪的集中爆发，直接导致左翼与右翼的民粹主义浪潮同时兴起。虽然经济因素与文化因素复

---

① 埃里克·霍布斯鲍姆著，易晖译：《身份政治与左派》，载《汉语言文学研究》，2017 年第 1 期，第 41 页。

② Jonathan Allen and Amie Parnes, *Shattered: Inside Hillary Clinton's Doomed Campaign*, New York: Crown, 2017, p. 178.

③ Francis Fukuyama, "American Political Decay or Renewal? The Meaning of the 2016 Election", *Foreign Affairs*, Vol. 95, No. 4, 2016, pp. 62-63.

④ Mark Lilla, *The Once and Future Liberal: After Identity Politics*, New York: Harper, 2017, pp. 126-127.

杂交织，是全球化影响各国政治与社会关系的最重要面向，并且不管是左翼还是右翼的民粹主义现象，都不是单一的经济与文化因素可以完全解释的。但是，对左翼和右翼民粹主义来说，经济、文化因素的相对意义与影响很不相同。在民粹主义的光谱中，其左翼偏向于阶级政治和经济斗争，以反资本主义、主张分配正义为目标；而右翼则偏向于族群政治和文化斗争，反对自由主义、多元文化主义。

从左翼的角度看，经济因素对左翼民粹主义的兴起有决定性影响。桑德斯引领的美国左翼民粹主义浪潮是一种社会主义与民粹主义的结合体，2011 年左翼性质的“占领华尔街”运动则是一场预热和铺垫。这一运动是对 2008 年全球金融危机所折射的财富分配不公、贫富差异悬殊等现象的激烈反应，它为桑德斯动员了相对剥夺感最为强烈的中下层民众，并把阶级政治、社会主义的话题重新带回美国的公共舆论。美国从经济全球化中获利颇丰，但利益高度集中于少数精英阶层，社会中下层获得感很低。根据托马斯·皮凯蒂的研究，截至 2010 年，美国前 10%人群的财富比重超过了 70%，前 1%人群的财富比重达到了 35%，充分反映了美国的财富集中程度、不平等程度之严重，“在美国，20 世纪并不是一个朝着社会正义大踏步前进的世纪”①。在全球化的进程中，“一旦资本帝国掌握一切，社会将变得越来越不公平，也越来越难以治理”②。财富分配的严重不公使得美国的中下层和底层群体感受到作为“全球化的失落者”的绝望，产生严重的经济焦虑感，这种焦虑与不平之感破坏了社会凝聚力和社会团结，造成了美国社会的纵向分裂与对抗。在这个意义看，经济焦虑理论更能解释左翼民粹主义的崛起。

从右翼的角度来看，文化因素则是导致右翼民粹主义的决定性因

① 托马斯·皮凯蒂著，巴曙松译：《21 世纪资本论》，北京：中信出版社，2014 年版，第 358—359 页。

② 郑永年：《TPP、资本帝国和世界政治的未来》，https://www. guancha. cn/ZhengYongNian/2015_05_22_320513_2. shtml。

素。特朗普代表的右翼民粹主义浪潮是彻头彻尾的民族主义与民粹主义的结合体，2009 年的茶党运动是一场右翼保守主义的社会运动，为特朗普进行了初步的社会动员。茶党运动除了表现出怀疑政府、怀疑政治精英的民粹主义一般特质外，还表达了恐惧社会变化、担忧多元族裔趋势、反对宽松的移民政策等基本诉求，[①] 这种右翼的民族主义返潮是在全球化的文化冲击下出现的，是白人主流社会对文化特权、身份优势面临危机的激烈反应。民族主义和所谓“民族身份”反对多样性和文化差异，认为后者具有分裂的、不团结和分离主义的意义，民族主义“把民族身份等同于一种共同身份，把坚持文化多元论等同于攻击成为美国人之意义的特征”[②]。在 2016 年的选举竞争中，特朗普与希拉里一同争夺社会中下层，希拉里主要争取少数族裔和其他边缘文化群体，走的是多元身份政治的路线；特朗普则力图在“白人+劳工”的双重身份框架中定位他的支持者，他打出了白人民族主义的旗帜，在中下层、中低收入、中南部的美国白人男性群体中得到了支持。多项民意调查表明，白人选民中支持特朗普的人数远超希拉里，2016 年斯坦福大学全国选举研究的数据表明，在共和党和独立人士中，白人选民对特朗普的支持率要比非白人选民高出至少 30%。[③] 虽然 20 世纪 90 年代的民主党克林顿曾成功地将中下层劳工群体纳入民主党阵营，[④] 但是特朗普等右翼保守主义者利用白人身份政治的策略，将中下层劳工群体动员到了共和党阵营。

在美国，右翼民粹主义因其偏重族群性而与白人身份政治高度重合。2016 年的大选中，由于特朗普的选举动员，那些长期被忽略和遗

---

① Theda Skocpol and Vanessa Williamson, *The Tea Party and the Remaking of Republican Conservatism*, New York: Oxford University Press, 2012, pp. 45–82.

② 亨利·A. 吉鲁：《民族身份与多元文化论的政治》，载《江西社会科学》，2008 年第 3 期，第 250 页。

③ “ANES 2016 Pilot Study”, http://www.electionstudies.org/studypages/anes_pilot_2016/anes_pilot_2016.htm.

④ 刁大明：《美国两党政治走向及对特朗普外交的影响》，载《现代国际关系》，2017 年第 10 期，第 9 页。

忘的中西部白人重新进入美国公共舆论的视野，他们的族群意识和权利意识被唤醒，白人身份问题成为反政治正确的新议题，成为右翼民粹主义的重要诉求。由于“大部分选民并不能很好理解政治制度是如何作用的，也不理解政治制度是如何为经济精英服务的”，因此，当政治领袖为了当选必须采取有效的动员战略时，他们发现了一条途径，即“通过民族主义、宗派主义和身份政治——即基于文化价值和符号而不是面包和黄油利益的政治”，可以成功地击败政治对手。[①] 在后工业时代的西方，在多元文化主义的熏陶下，政治日益建立在文化而不是物质的基础上，因而最能激发选民潜在的文化和心理响应（以种族、传统和教义的名义）的政客更容易获胜。

因此，选举政治的需要决定了民粹主义的动员意义远胜于它那空洞无力的意识形态，“平民至上”的口号与其说为了信仰，不如说为了选票，为了赢得权力。添加了民族主义元素的民粹主义拥有更强的政治动员能力，以族裔性区隔的各类身份群体更容易被政治投机势力操控和利用，“特朗普的反建制姿态、民粹主义立场以及几乎难以掩饰的‘白人优越论’倾向，在其竞选活动中发挥了重要的政治动员功能”[②]。特朗普很清楚如何开发身份政治的动员功能、如何利用中下层白人选民因可能失去文化特权而产生的身份焦虑，他在各种竞选演讲中表示，那些中西部白人男性选民一向是美国这个伟大国家的核心成员，这个国家的再次伟大将再次得到承认，而“现在的问题是外国人、移民和精英一直在密谋压制他们，现有权力结构背叛了他们并对他们毫不尊重”[③]。反建制的民粹主义话语加上赤裸裸的白人至上主义立场，这就是特朗普赢得选举的武器，特朗普的竞选语言低俗而直白，无底线地、

---

① 丹尼·罗德里克：《精英阶层如何主宰民选政府》，载《南风窗》，2014年第20期，第86页。

② 许纪霖、刘擎：《西方“政治正确”的反思》，南京：江苏人民出版社，2018年版，第10页。

③ Francis Fukuyama, “Against Identity Politics: The New Tribalism and the Crisis of Democracy”, *Foreign Affairs*, Vol. 97, No. 5, 2018.

无原则地迎合他的目标选民，为了激发白人劳工阶级的共鸣，他猛烈抨击民主党片面维护少数族裔权益，呼吁他们站出来“拯救白人美国”，重建“白人家园”。

在美国，民主、自由、平等、多元被视为立国的根本和政治正确的原则，总统候选人公然宣扬排他性的狭隘民族主义、种族主义，这是极具颠覆性、攻击性的现象，但是这种政治异象在白人身份政治与右翼民粹主义共同烘托的社会氛围中却产生了巨大的动员效应。无论是竞选过程之中还是当选之后，特朗普很少通过主流媒体发表政治见解，他模仿了古希腊城邦政治中的民意煽动者，用群众集会和网络广场（推特）与其支持者直接对话，直接诉诸民众支持。这种民粹策略其实是在制造一种菲利克斯·格罗斯所说的“思想的庸俗化”，菲利克斯·格罗斯认为，“对思想的庸俗化是一种把政治哲学和意识形态化约为一种简单的大众议题、用以操纵大众的行为”，因而是民粹动员的惯常手法。[①] 特朗普的庸俗化、大众化和极端化的竞选言论体现了标准的民粹动员套路，即制造反建制的、反政治正确的议题（白人身份诉求），通过广泛的大众动员引发共鸣，影响投票决定。要争取白人主流群体的支持，必须调动他们的情感，为此，特朗普提出了“让美国再次伟大”等抽象、宏大的口号并赋予其种族性和白人化色彩，这类口号在白人劳工那里被理解为“让美国再次白起来”，他们相信“再次白起来”的美国能够化解他们的文化危机，重新夺回他们的文化特权和身份优势。就这样，特朗普将以“平民至上”为核心价值的民粹主义改造成了白人至上的民族民粹主义。美国学者朱迪斯·巴特勒（Judith Butler）认为特朗普的成功体现了白人对黑人民权运动的对抗和民粹主义的暗流涌动，因此，“特朗普的危险之处表现于他对民主政治存在潜在的巨大危害”[②]。在民粹主义与民族主义日益合流的氛围

① 菲利克斯·格罗斯著，王建娥、魏强译：《公民与国家——民族、部族和族属身份》，北京：新华出版社，2003 年版，第 102—103 页。

② Scott MacLeod，“Global Trouble”，*The Cairo Review of Global Affairs*，No. 23，2016.

中，美国不仅要面临“美国主义”的失落，更要面临自由民主沦陷的价值危机。

四、右翼民粹主义对美国政治的深层影响

右翼民粹主义思潮在美国社会扎根已久。2007 年，查理斯·波斯特在其著作《民粹主义者的远见》的结论部分指出，民粹主义者的经济、政治和社会观点经过共和、民主两党的过滤在更大范围内进入了美国的政治议程中，民粹主义成为美国政治思想中最具争议性的历史遗产。[①] 21 世纪以来，右翼民粹主义对美国国内政治有着重大而深刻的影响，最新的例证可以从茶党运动上找到。2008 年全球金融危机后出现的茶党扮演了以身份政治分裂美国社会的重要推手，掀起了一场具有强烈种族主义底色的、反移民的、反垄断资本的右翼保守主义运动，事实上为特朗普准备了可供动员的社会基础，即激发了对美国人口结构变化深感焦虑的中老年白人群体的政治不满。特朗普需要做的，就是迎合白人草根阶级的诉求，提出一整套可以赢得中下层、中老年美国白人群体支持的政策主张，把这些传统群体的支持化为选票。特朗普本人虽然是超级富豪和大资本家，并非所谓“劳工之友”，但是他不仅善于利用推特等社交媒体直接联系民众，还能捕捉到白人主流群体内心的经济与文化焦虑，知悉美国社会的问题症结，进而提出了一套令自由派猝不及防的竞选纲领，包括反移民、反资本全球化、反穆斯林、反“奥巴马医改计划”等等一系列被冠以本土主义、孤立主义和贸易保护主义的政策主张。就像尼克松当年将反战示威者称为“高声聒噪的少数人”，将爱国但不公开表态的美国民众称为“沉默的大多数”一样，[②] 特朗普也十分善于利用社会议题分化民众、操作身份政

① Charles Postel, *The Populist Vision*, New York: Oxford University Press, 2007, pp. 269–290.

② 黄湘:《美国裂变——大历史转折点上的总统大选》,北京:中信出版社集团,2016 年版,第 21 页。

治，他利用从“占领华尔街”运动和茶党运动中激发起来的右翼保守主义情绪，成功地获得了中西部、中下层、中老年白人群体的支持，这些人群在美国选民整体构成的比例上看并不是占多数，但却成了他的民粹言辞中声称要保护的“沉默的大多数”。

在美国民众的认知历程中，国家是有色彩的。这一“观念中的美国”从建国时期强势的白色，逐渐演化为20世纪的“杂色”，而在21世纪的全球化时代，由于左翼与右翼身份政治的操弄，正在演变为白色与杂色的对决。保守派评论家安德鲁·苏利文（Andrew Sullivan）对此深感忧虑，他认为美国正日益分化为两个部分，“一个是包含大多数的少数族群，一个是压倒性的白人；一个生活在海岸和城市，一个散布在乡村和广阔的远郊；一个是粗俗的民族主义，另一个的目光变得愈加全球性；它们双方各主导一个主流政党……它们日益疏离，密度和强度日趋增加”[①]。这种疏离使得美国正在滑向部族国家的危境[②]，美国的民主政治可能变成边界清晰且永远无法妥协的族群政治，“其中一方是白人，他们通过共和党和保守主义媒体发声，一方是一个少数族裔群体和一帮有钱的白人阶级的世界主义者的集合，双方完全找不到共同语言”[③]。特朗普现象的历史性影响恰恰在于，他把白人身份政治带上了全国性政治的舞台，将美国更深地卷进政治对抗、文化分裂的民族国家内部的“文明冲突”之中。当前，美国的身份政治距离“美国主义”的民族国家意识形态和公民政治越来越遥远，它的左翼是自由主义者的多元身份政治，它的右翼是保守主义者的白人身份政治，它们之间的对抗“不再是一个边缘对中心的反抗政治，而是变成了两

① Andrew Sullivan,“Can Our Democracy Survive Tribalism?”, *New York Magazine*, September 18, 2017.

② 部族国家是菲利克斯·格罗斯提出的概念，指一种与平等权利不相容的、甚至不能容忍少数民族存在的高度排他性的国家形态。参见菲利克斯·格罗斯著，王建娥、魏强译：《公民与国家——民族、部族和族属身份》，北京：新华出版社，2003年版，第7页。

③ J. D. Vance,“Why Race Relations Got Worse”, https://www.nationalreview.com/2016/08/race-relations-getting-worse-america-why/.

个自感同处于边缘的文化族群的对抗政治”①。美国在政治制度上的一统性越来越弱化，已难以弥合其多元族群、身份群体之间严重的分裂。

从各国实践来看，所有形式的民粹主义本质上内含某种民族关怀，因此“所有民粹主义或多或少是一种民族民粹主义”②。在愈演愈烈的美国白人身份政治背后，正是民族主义与民粹主义之间日益清晰的合流之势。在全球化的经济与文化冲击之下，这种新型身份政治企图超越并否定多元身份政治，通过选举竞争、政党政治的动员程序，将民粹主义的“初心”即同质的“人民”置换成异质的“民族”，民族主义因而得以为民粹主义的扩张提供强大的价值支持，而民粹主义则为民族主义的返潮提供了有力的工具支持，民族主义日益成为大众政治动员的中心议题。因此，21 世纪形成的民族民粹主义思潮将是包括美国在内的西方和非西方国家必须面对的严峻挑战。

第二节　以政党政治为中心的欧洲民粹主义

西方学界对民粹主义的研究兴趣起自 20 世纪 60 年代，当时的学者热衷于民粹主义的现象辨析和概念界定，但对于何谓民粹主义却始终缺乏共识。到了 90 年代，新民粹主义运动在欧洲开始兴起，触发了自由派学者对于民粹主义将威胁自由价值与民主制度的最初警觉，进入 21 世纪后，这种警觉在新自由主义改革和经济全球化出现重大挫折时得到了确认。在 2008—2016 年的民粹主义高潮中，人们开始寻找和反思这种反建制力量在西方复兴的根源；到了 21 世纪 20 年代，在特朗普上台和英国“脱欧”引发的反全球化浪潮暂时平复之后，关于民粹主义的演进、影响及其防范则成为研究重点，其中，民粹主义如何

① 孔元：《身份政治、文明冲突与美国的分裂》，载《中国图书评论》，2017 年第 12 期，第 64 页。

② Taguieff Pierre-Ahndre, *Political Science Confronts Populism*, New York: Telos, 1996, p. 38.

利用现有政治制度来重构权力关系与政治秩序，即反建制的民粹主义如何穿过体制的丛林而变革体制，成为西方学界的新议题。

欧洲的民粹主义经验不亚于美国、拉美或其他国家及地区，且欧洲经验有其独特之处，即人们通常是在政党政治的框架下讨论欧洲民粹主义，认为民粹主义是通过政党政治同时对国家和社会产生影响。欧洲学者认为，民粹主义是一种中心稀薄、反复无常的意识形态，容易与内涵丰满的意识形态如社会主义或保守主义结合，[①] 容易在实践中被欧洲左翼或右翼的政党阵营吸纳。在所谓被“冻结”的欧洲政党结构中，[②] 虽然民粹主义政党只是一些激进的甚至极端的边缘政党，通常持特立独行的非主流政治主张并且缺乏执政经验，但是，在一个危机频发而社会撕裂的时代，民粹主义政党的反建制动员非常有效。以欧洲政党政治为观察视角，讨论民粹主义政党在选举过程中和选举激情消散之后，如何与主流政党博弈并在政党政治中生存下去、发展起来，对于理解国家治理与民粹主义的复杂关系有着重要的现实意义。而从政党政治的角度切入，是理解欧洲民粹主义的最重要路径。

一、欧洲政治中的民粹主义政党及其分野

在欧洲，民粹主义被打上威胁自由民主的权威主义意识形态的标签，受到了广泛的关注。学界和智库追随着 20 世纪 80 年代以来民粹主义政党在欧洲的发展轨迹，发现了民粹主义不可抑制的上升态势。瑞典智库 Timbro 根据近 40 年的欧洲国家选举数据发布了一份《民粹主义指数报告》，其中指出，民粹主义政党支持率呈持续上升的趋势。在 Timbro 的权威民粹主义指数（Timbro Authoritarian Populism Index）所涵

---

① 卢克·马奇著，于海青、王静译：《欧洲激进左翼政党》，北京：社会科学文献出版社，2014 年版，第 180 页。

② 西摩·马丁·李普塞特和斯坦·罗坎（Stein Rokkan）曾提出一个“冻结”理论，用以描述 20 世纪初以来建立在稳定的社会和阶级关系之上的欧洲政党结构。参见 S. M. Lipset and S. Rokkan, *Party Systems and Voter Alignments: Cross-National Perspectives*, New York: Free Press, 1967。

盖的国家中，有33个国家的威权民粹主义政党的平均选民支持率为22%，值得注意的是，民粹主义政党在人口众多的国家更为成功，其选民总支持率达到26%；同时，根据Timbro的报告，2008年以来，在欧洲各国得票率最高的55个民粹主义政党中，有39个在2000年之前就已经建立。[①] 截至2019年12月，在支持率不断攀升的欧洲民粹主义政党中，曾在国内或欧洲议会的选举中获得10%以上选票的政党包括右翼的法国国民阵线、意大利联盟党、德国选择党、奥地利自由党、荷兰自由党和瑞典民主党，以及左翼的西班牙“我们能”党、希腊左翼激进联盟等。在执政方面，意大利五星运动、希腊左翼激进联盟、西班牙“我们能”党、奥地利自由党、正统芬兰人党、瑞士人民党、挪威进步党等政党都得到过参与联合政府的机会，波兰的法律与公正党在转变为右翼民粹主义政党后，在2015年成为议会第一大党并上台独立执政。这些政治立场与政治机会各不相同的欧洲民粹主义政党成为一股强有力的反主流力量，在国内政治和欧洲政治中扮演着重要的角色。

在欧洲，主流的政党格局由左翼的社会民主党、右翼的保守主义政党、基督教民主主义政党和传统的自由主义政党构成，[②] 它们是西摩·马丁·李普塞特和斯坦·罗坎等人认为具备领导和执政能力，尤其是能够“冻结”政党结构的主体力量。民粹主义政党没有这种能力，也不是这种主流政治力量的一部分。尽管法国国民联盟在数次总统选举中成绩惊人，尽管意大利和希腊的左翼主义民粹政党有过执政机会，但无论是引发普遍担忧的右翼，还是偶有参政机会的左翼，民粹主义政党总体上始终处于政党竞争的边缘地带。麦金托什认为，在英国的政治体制中，“政党是松散的实体，是围绕内阁发展起来的”[③]，意指

---

① 参见瑞典智库Timbro网站，https://populismindex.com/。

② 林德山：《民粹主义政党崛起对欧美政党政治的结构性变化的影响》，载《党政研究》，2017年第6期，第43页。

③ J. P. Mackintosh, *The British Cabinet*, London: Stevens, 1962, p. 72.

政党依赖政府而生成，而不是政府依赖政党而存在。这种政党与政府的关系角度有助于理解欧洲民粹主义政党的实质。一方面，应该区分清楚民粹主义与民粹主义政党。前者总体上是一种意识形态，后者则是一种政治组织，二者性质完全不同，区分不清就无法理解政党的目标与手段。人们通常是在代议制民主的情境下讨论欧洲民粹主义，因此他们讨论的通常是欧洲民粹主义政党的问题，或者说是民粹主义如何影响政党组织与行为、如何影响政党互动的问题。民粹主义政党群体中固然有平等主义或民族主义的意识形态分野，但是作为政党竞争的参与者，非主流、边缘化的它们有着和主流政党一样的政治目标，即追求选票最大化，实现从边缘到执政的质变。用安东尼·唐斯的话来说，政党是“为了赢得选举而制定政策，而不是为了制定政策去赢得选举”[1]，赢得选举是代议制之下西方政党的共同目标，任何政策主张的提出必然要服务于本党宗旨与目标。边缘的极端主义政党如何将民粹主义的理念与理想放到党纲中，如何根据民粹主义的动员策略来选择议题与口号、进行选举宣传，都是基于赢得选举的目标，因此，民粹主义在政党政治的视野下看具有鲜明的工具性。

另一方面，和主流政党一样，民粹主义政党同样要调和代表性与领导性的关系，才能完成从选举到执政的历程。代议制民主的核心角色是政党，选举获胜的政党或领导人有进行政策选择的“受权”和国家治理的“任务”，因为“政治权威的合法性与他们代表人民的程度密切联系起来了”。[2] 欧洲民粹主义政党在竞选中常常攻击传统政党的代表性不足、攻击欧盟政治的民主赤字，它们相信自己代表了最广大的人民利益，具有高度的代表性。当然，从代表人民，或者说与人民建立密切联系来说，民粹主义是极其有用的，它的大众政治理念是极

① 安东尼·唐斯著，姚洋等译：《民主的经济理论》，上海：上海人民出版社，2005 年版，第 25 页。

② 让·布隆代尔、毛里齐奥·科塔编，曾淼、李德山译：《政党政府的性质——一种比较性的欧洲视角》，北京：北京大学出版社，2006 年版，第 18 页。

具号召力的。但就领导人民，即政策选择和国家治理来说，民粹主义政党在历史上的记录却是相当糟糕的，在这方面，拉美实践提供过一些有说服力的证据。在43个欧洲国家中，除了少数几个国家（主要是南欧、北欧和东欧国家）出现过民粹主义政党参与或独立执政的情况，大部分欧洲国家尤其是英法德等西欧大国的民粹主义政党要么始终在体制外活动，要么费尽周折挤进了议会但却遭到主流政党的排挤打压。总体来说，在欧洲，民粹主义作为一种选举工具而不是一种统治工具得到了更为充分的体现，通过选举获胜而建立单独执政的政府或参与联合执政，对于大多数欧洲民粹主义政党来说，目前还不是一个现实。

20世纪90年代以来，欧洲民粹主义政党纷纷涌现，折射出这个时代欧洲国家正在和即将面临的重大变迁，一方面是全球范围内反对新自由主义的逆全球化浪潮的形成；另一方面是国家内部的国家、市场和社会关系的变迁，及相应的政治和社会组织方式的改变。[①] 这些内外环境的变迁不断聚集政治能量，最终诱发了民粹主义。厄内斯特·拉克劳曾指出，民粹主义的命脉始终与政治分歧紧密联系在一起，原因在于，如果不存在分歧，作为历史主体的人民就瓦解了，而民粹主义也就不复存在。[②] 欧洲各国面临严重的经济不平等、文化与身份危机和政党代表性危机，国家内部、欧盟层面的政治分歧十分深刻。有欧洲学者发现了影响欧洲政党体系构成的两条分歧线，一是社会经济分配方面的分歧，二是社会文化价值方面的分歧，他们认为，这些分歧带来了欧洲民主政体的合法化问题，因为前者意味着因社会不平等、资源分配不均阻碍了公民政治参与，后者意味着身份、利益和观点不能被代表或完整代表时产生的民主赤字。[③] 这两条分歧线所导致的政治后果显而易见，前者制造了左翼政党的阶级政治，后者带来了右翼政党

① 张浚：《欧洲的国家转型及其政治图景——从欧洲民粹主义谈起》，载《欧洲研究》，2018年第3期，第43页。

② Ernesto Laclau, *On Populist Reason*, London: Verso, 2005, p. 89.

③ 法伊特·赛尔克著，魏琪译，王程乐校：《右翼民粹主义政党德国另类选择党的思想基础与政治意义》，载《德国研究》，2016年第3期，第12、21页。

的价值政治。因此，考察欧洲民粹主义与政党政治的关联，必然要关注民粹主义如何与政党体系中的不同部分对接。尽管一般提及民粹主义政党时人们更多是指与民族主义勾连的右翼民粹主义政党，但事实上，欧洲民粹主义政党存在非常明显的左右分野。欧洲一体化的不确定性、经济全球化的不平衡发展导致疑欧主义的急剧激化，使得民粹主义在左右翼政党阵营中日益盛行。需要指出的是，民粹主义政党的左右翼在同一时空条件下生成，也基本上处于政党体系的边缘地带，但右翼民粹主义政党更为活跃，一直处于上升态势；而左翼民粹主义政党更容易裹挟执政党，虽然支持率不及右翼，但大致保持缓慢上升的态势。这两类民粹主义政党不仅意识形态和政策主张不同，而且竞争策略和动员路径也大相径庭，因此，笼统地讨论欧洲民粹主义政党而不区分左右，无法准确地描绘欧洲民粹主义的全貌。

从左翼政治的角度来看，最早的左翼民粹主义是19世纪中期的俄国民粹派，他们组织的“土地与自由”社在反君主专制斗争中率先打出了平等主义旗帜；美国民粹主义从人民党运动发展而来，到了20世纪上半叶，已成为追求平等主义的进步运动的重要部分；20世纪五六十年代的拉美民粹主义也表现出鲜明的劳工运动的左翼特征。二战之后，由于欧洲社会主义左翼运动所依赖的劳工阶级在多数西方国家中的影响日渐减弱，欧洲左翼政党如工党、社会党、社会民主党等不得不在更广泛的“人民”之中争取支持。[①] 厄内斯特·拉克劳正是基于这一事实，将社会主义称为“民粹主义的最高形式”[②]。但是，对于欧洲来说，在这个世界劳工运动的最早发源地，左翼民粹主义直到在21世纪初才作为一个值得注意的政治概念得到讨论。正如卢克·马奇（Luke March）指出的，在当代欧洲，社会主义和民粹主义之间的相似

---

① A. Przeworski and J. Sprague, *Paper Stones: A History of Electoral Socialism*, Chicago: The University of Chicago Press, 1986.

② Ernesto Laclau, *Politics and Ideology in Marxist Theory: Capitalism, Fascism, Populism*, London: New Left Books, 1977, p. 196.

性在逐渐增加，部分原因是欧洲政治本身正变得越来越民粹主义化。[①] 这种情况显然是2008年全球金融危机的直接后果。危机发生后，欧洲陷入严重的经济困境，就业、福利和救济等社会经济问题激发了社会主义者和激进民主派的斗争热情，“纯洁的民众”与“腐败的精英”的民粹主义二分法逐渐代替“劳工”与“资本家”的社会主义二分法，成为一些激进左翼政党的意识形态核心，如苏格兰社会党宣称自己是“一个代表普通人反对大财团和富豪的劳工阶级政党”，一个捍卫被剥夺者利益的异议者。[②] 这些从社会主义逐渐转向民粹主义的左翼政党在理论纯粹性或阶级专注度上远不及传统左翼，但是他们仍然坚持欧洲左翼政党典型的政治立场，即强调平等主义、支持集体经济和社会权利。本杰明·阿迪蒂（Benjamin Arditi）认为，激进左翼的民粹主义政党在其政治议程中列出了一份关于反精英主义、赋权、包容、道德和福利主义的愿望清单。[③] 欧洲左翼政党仍然是反资本主义的激进力量，但是民粹主义对于他们越来越具有吸引力，他们希望依靠的民众也远远突破了以传统劳工为主体的无产阶级范畴。同时，他们还与政治光谱中其他民粹主义政党分享着相似的组织特性，如重视与人民的关系、重视魅力领袖的号召力和厌恶传统的正规组织等。

从右翼政治的角度来看，保守主义阵营的民粹主义化引发主流社会更为激烈的反应。20世纪90年代以来，极端右翼政党和新法西斯主义政党在欧洲政治舞台涌现，这种被称为新民粹主义或民粹主义重生的现象首先唤起了人们关于法西斯主义的恐怖记忆，诸如“振臂高呼

---

① 卢克·马奇著，于海青、王静译：《欧洲激进左翼政党》，北京：社会科学文献出版社，2014年版，第182页。

② SSP, “People Not Profit: Scottish Parliament Election Manifesto 2007”, http://www.scottishsocialistparty.co.uk/new_pdfs/manifestos/2007.pdf; “Scottish Socialist Party Manifesto 2011”, http://www.scottishsocialistparty.org/new_stories/election2011/manifesto/indes.html.

③ Benjamin Arditi, “Populism, or, Politics at the Edges of Democracy”, *Contemporary Politics*, Vol. 9, 2003, p. 18.

的领导角色、炫耀民主规范、拿某一外部族群作替罪羊”等。[①] 斯拉沃热·齐泽克在 2005 年法国和荷兰关于欧盟宪法方案的公投中已发觉了民粹主义的潜伏，他认为“民粹主义在本质上是原始法西斯主义，是政治理性的死亡，是以盲目的乌托邦狂热为借口出现的反叛”[②]。与左翼民粹主义相比，右翼民粹主义在西方学界得到了更为充分的研究，原因既在于左翼政党放弃传统的阶级政治而不断中间化、温和化，更在于极端右翼对自由民主体制更为彻底的破坏与冲击。保罗·塔格特概括了当代欧美民粹主义的三种表现形式，即作为一种反全球化的社会运动及其动员、一种欧洲怀疑主义的意识形态以及一种右翼民粹主义政党。[③] 右翼民粹主义政党要比左翼更擅长利用民族和国家的不满情绪来动员民众，尤其是制造主权流失焦虑、身份认同焦虑。这些以疑欧主义、民族主义为核心的公众情绪具有高度的选举相关性，带来了大量的选票，把多国右翼民粹主义政党送进了议会，推上了政治前台。疑欧主义站在民族国家、国家主权的立场上反对欧洲一体化，民族主义则基于本民族、主体族群的文化立场和利益需要而反对移民和难民，二者共同形塑了右翼民粹主义的保守主义意识形态。

民粹主义因其单薄的意识形态内核，在特定的政治经济条件下容易与意识形态内核丰厚的思想意识糅合，而在 21 世纪的欧洲社会，内涵丰厚的民族主义的吸引力远胜于社会主义。在欧洲学者眼中，右翼民粹主义与民族民粹主义几乎是同义词，“如今，民粹主义主要与激进右翼联系在一起，在学术和媒体文章中最受人关注的当代民粹主义范例就是像海德尔的自由党、勒庞的国民阵线之类的激进右翼政党”[④]。

---

① 约翰·朱迪斯著，马霖译：《民粹主义大爆炸：经济大衰退如何改变美国和欧洲政治》，北京：中信出版集团，2018 年版，第 187 页。

② Slavlj Zizek, “Against the Populist Temptation”, *Critical Inquiry*, Vol. 32, No. 3, 2006, p. 553.

③ Paul Taggart, “Populism and Representative Politics in Contemporary Europe”, *Journal of Political Ideologies*, Vol. 9, No. 3, 2004, p. 285.

④ Cas Mudde, “The Populist Zeitgeist”, *Government and Opposition*, Vol. 39, No. 4, 2004, p. 549.

民粹主义和民族主义虽然在政治目标和价值取向等方面有所差异，但在行为方式上高度相似，都善于利用对立情绪达到政治目标。由于全球化、欧洲一体化对民族国家、国家主权的可能削弱，由于外来移民和本国人之间的民族-文化分裂，民粹主义与民族主义得以汇流而成一种强大的意识形态，为边缘化的极端右翼参与权力竞争提供动员资源。在右翼民粹主义政党的政治动员中，民粹主义与民族主义互为表里，前者是形式，后者是内容。① 例如作为右翼民粹主义政党典型代表的英国独立党，也被称为民族民粹主义政党，支持其反欧盟立场的正是一种民族主义意识形态，即相信民族国家是保护个人和保护自然领域的最好形式。② 独立党能够借助“脱欧”公投一举成名，就在于其借助了民粹主义的政治动员力和民族主义的文化凝聚力。

二、欧洲民粹主义政党的形成条件及其影响

20 世纪末以来，欧洲传统的极右翼政党被称为右翼民粹主义政党，一些凭借反欧盟、反欧元和反移民等议题而为人所知的新兴右翼政党也加入了这一阵营，同时，越来越多的政治领导人被认定为民粹主义者。根据统计，20 世纪 90 年代，民粹主义政党在欧洲国家的选举中还只能吸引到 5%—7%的选票，基本上都是边缘小党，但是到了 2018 年前后，这一比例上升到 25%，③ 在南欧、东南欧，一些民粹主义政党甚至得到了单独或者联合执政的机会。2008 年全球金融危机以来，学术界高度关注欧洲民粹主义政党和特朗普所代表的美国右翼民粹主义的

① Ruth Wodak, “Right - Wing Populism in Europe & USA: Contesting Politics & Discourse Beyond ‘Orbanism’, and ‘Trumpism’”, *Journal of Language and Politics*, Vol. 16, No. 4, 2017, p. 5.

② Magali Balent, “Europe and the Challenge of ‘Peripheral Nationalism’”, in T. Chopin, et al. eds. *Schuman Report on Europe: State of the Union 2013*, Paris: Springer - Verlag France, 2013, pp. 145-150.

③ Alessandro Nai, “Fear and Loathing in Populist Campaigns? Comparing the Communication Style of Populists and Non-Populists in Elections Worldwide”, *Journal of Political Marketing*, Vol. 20, No. 1, 2018, pp. 1-32.

兴起及其产生的政治震动。从政党与社会关系来看，欧洲民粹主义新浪潮是在以下三种社会变迁的综合作用下形成的。其一，抗议性投票（Protest Voting）比例的增加。抗议性投票是指选民出于对现有政治体系或主流政党的不满而做出的投票决定，它的行为逻辑不是“因赞同而投票”，而是“为抗议而投票”。[①] 在经济全球化的刺激下，西方选民认为，主流政党和既有政党体系要对民众面临的经济与文化困境负责，由于执政党辜负了民众对其政绩的期待，作为惩罚，不满的选民借助选举机制撤回对执政党的信任。有学者指出，由于政府治理的质量不佳，欧洲民众丧失了对主流政党的信任，开始将正当性授予民粹主义政党。[②] 然而，正当性的授予并不意味着民粹主义政党在选民心中成为可以信赖的新的执政党。右翼民粹主义政党关于反一体化、反移民、反难民的极端主张在一定程度上呼应了主流选民的不满情绪，它们巧妙地利用选民的愤怒使自己成为政党博弈的有力参与者。但是，这些政见激进或极端的反建制政党并没有在选民那里建立可靠的政治信任，选民对它们的支持缺乏意识形态动机。[③] 惩罚主流政党并不意味着极端政党就有了上台执政的机会。法国国民联盟在总统选举中数次止步于第二轮投票，至少说明了选民在最后时刻的犹豫。

其二，社交媒体时代出现新的政治传播手段。民粹主义意味着必须与尽可能广大的民众建立直接联系，这是它存在的意义，在选举政治中表现为民粹主义政党对大众动员的高度依赖。随着信息技术和传播手段的发展，缺乏传统动员资源的民粹主义政党前所未有地接触到了大量潜在支持者。汉斯彼得·克里西（Hanspeter Kriesi）认为，民粹

① Yilmaz Esmer, "At the Ballot Box: Determinants of Voting Behaviour", in Sabri Sayari and Yilmaz R. Esmer, eds. *Politics, Parties, and Elections in Turkey*, Boulder: Lynne Rienner Publishers, 2002, pp. 91-114.

② Marttias Agerberg, "Failed Expectations: Quality of Government and Support for Populist Parties in Europe", *European Journal of Political Research*, Vol. 56, No. 1, 2017, pp. 578-600.

③ Johannes Bergh, "Protest Voting in Austria, Denmark and Norway", *Scandinavian Political Studies*, Vol. 27, No. 4, 2004, p. 367.

主义的蓬勃发展得益于社交媒体，后者为民粹主义者提供了与“人民”紧密联系的机会。[①] 大部分欧洲民粹主义政党都是网络型政党，如西班牙的“我们能”党充分利用了脸书、推特及其他流行的社交网络和新闻网站与民众直接对话，甚至利用即时民调、公民倡议平台发起在线众筹运动；意大利的五星运动从最初的网络社交圈一步步发展成为举足轻重的政党；英国“脱欧”的支持者不仅传递了充满力量和情感的信息，而且在使用社交媒体方面也更有效。[②] 社交媒体的出现既改变了民众在政党政治中的弱势地位，因为意见表达渠道更加多元，同时也为民粹主义政党传播其政治信息提供了便利，政治传播新方式的出现、政治活动的不断媒体化都有利于民粹主义政党的扩张。

其三，主流选民的议题兴趣发生转向。政党学理论认为，政党的最初出现充满阶级性，不同阶级、阶层和社会集团需要政党为其利益代表，所以传统的政党政治是以阶级或经济议题为核心。但是到20世纪后期，随着经济繁荣和中产阶级的扩大，阶级议题在欧美日渐消退，盛行于后工业时代的多元文化主义和后物质主义将身份认同、差异政治等议题突显出来。欧洲极端右翼政党对身份议题的兴趣远高于阶级或经济议题，它们抓住机会制造认同问题，将移民、难民议题引发的身份危机问题带入选举政治。利斯贝特·霍克（Liesbet Hooghe）等学者认为，身份认同将成为主导未来欧盟成员间冲突的主要因素。[③] 由于议题发挥空间的扩大，法国国民联盟、德国选择党、奥地利自由党等极右翼政党纷纷将欧洲一体化视为对国家主权和民族身份的威胁，将民族认同和欧洲认同对立起来，煽动疑欧主义，强化极端排外的民族

---

① Hanspeter Kriesi, "The Populist Challenge", *West European Politics*, Vol. 37, No. 2, 2014, pp. 361-378.

② Terry Flew, "Populism, Globalizaiton and Social Media", *International Communication Gazette*, Vol. 82, No. 1, 2020, pp. 7-25.

③ Liesbet Hooghe and Gary Marks, "A Postfunctionalist Theory of European Integration: From Permissive Consensus to Constraining Dissensus", *British Journal of Political Science*, Vol. 39, No. 1, 2009.

身份认同。[①]因此，右翼民粹主义利用超阶级性的身份议题，动员到比阶级议题多得多的支持者。

抗议性投票、社交媒体和公共议题转向等社会变迁为民粹主义渗透进政党体系提供了政治机遇，同时也突显了顺应和迎合民意对于边缘小党生死存亡的极端重要性。民粹主义不仅成为极端右翼和激进左翼在这个时代的共同标签，在整体上也改变了政党与社会的关系。这种改变主要体现在以下方面。首先，民粹主义政党的异军突起进一步弱化传统政党的代表性功能。政党在社会输入和利益代表方面扮演重要角色，一直以来中右、中左派的欧洲主流政党凝聚了大多数选民，但是由于一些经济性或文化性冲突议题的激化，民粹主义政党得到机会制造议题政治、强化动员效应，主流政党的选民基础开始松动，选票大量流失。学者高春芽认为，在抗议投票的气氛中，可能会出现温和选民支持极端政党的情况。[②] 民粹主义政党在反全球化的社会潮流中崛起，它们坚持反建制的激进立场，但是却得到了比之前多得多的关注和支持，这充分说明主流政党在联系选民、吸引选民和赢得忠诚等方面的传统功能已经衰落。在大众对政党的认识日益清醒和对统治阶级的怀疑更为广泛的当代，主流政党作为代表性机构的地位在明显下降。[③] 如果政党的忠诚与认同体系出现弱化，将难以继续通过政治联系、物质奖励和庇护网络来组织、塑造、影响和最终控制选民或利益集团的行为。民粹主义政党不仅分走了主流政党的选民，也削弱了它们的代表性功能和政治整合能力。

其次，民粹主义内在的威权取向加速了政党活动家的克里斯玛化。传统的政治精英需要平衡精英统治和大众参与，在通常情况下，他们

---

① Catherine E. De Vries and Erica E. Edwards, "Taking Europe to Its Extremes: Extremist Parties and Public Europscepticism", *Party Politics*, Vol. 15, No. 1, 2009.

② 高春芽：《价值观政治与民粹主义激进右翼政党崛起的文化逻辑》，载《当代世界与社会主义》，2022 年第 2 期，第 132 页。

③ 拉里·戴蒙德、理查德·冈瑟主编，徐琳译：《政党与民主》，上海：上海人民出版社，2012 年版，第 358 页。

通过政党、议会、政府等各种建制“将人民的一般性指示落地生根，而不必让人民参与到积极的政府中”[①]。然而，这种通过政治中介实现的联结容易疏忽政党和公民之间关系的危机迹象，难以及时回应新的社会需求。民粹主义政党则有所不同，它与民众的联系通常是通过一个具有超凡魅力的全能领袖完成，民粹主义政治家的任务是“征服大众的激情，满足人们通过市民社会的各种建制而发展的自然感情”[②]。随着社会矛盾的激化，再加上个体性的不断增强，公民对于在政治中实现自己的私人欲望与利益有着强烈动机，民粹主义政党迎合了对主流政党不满的民众，通过魅力领袖与公民的直接对话建立了新的政治忠诚，[③] 并在民众那里形成了一种获得直接行动能力的错觉。在民粹主义者的刺激下，主流政治家也开始意识到政治上的成功越来越取决于个人魅力的发挥，他们也试图从僵化的组织、程序中走出来，在选举策略和政策主张上仿效民粹主义者，为其精英主义意识形态披上大众民主的外衣。

最后，民粹主义政党模糊了政党政治与社会运动的界限。政党是社会运动的一种组织化表现形式，“政党的成员、命运和结构与社会运动密切关联”[④]。社会运动孕育了各种各样的体制外团体，其中的一些团体在有利的条件下开始寻求政治联盟，它们逐步转化为制度化组织，作为“外生性政党”进入体制之内，成为制度化政治的重要参与者，这就是杰克·戈德斯通（Jack A. Goldstone）所讨论的“社会运动-政党-国家”的演进模式。无论是从社会运动中成长起来的“外生性政党”，还是在体制内分化而成的“内生性政党”，都需要在社会和国家

---

① 哈维·C. 曼斯菲尔德著，朱欣译：《政治家才能与政党政府》，北京：生活·读书·新知三联书店，2022 年版，第 288 页。

② 同①，第 287 页。

③ 弗朗西斯·福山著，吴万伟、罗亮译：《新身份政治》，载《国外理论动态》，2019 年第 7 期，第 51—57 页。

④ 杰克·A. 戈德斯通主编，章正杰译：《国家、政党与社会运动》，上海：上海人民出版社，2015 年版，第 XVIII 页。

之间保持微妙的联系，但是，在制度化、官僚化机制的作用下，主流政党本能地会更靠近国家和政府一端，与社会运动保持着谨慎的距离。民粹主义政党是典型的从社会运动中成长起来的“外生性政党”，如西班牙的左翼民粹主义政党“我们能”党，就脱胎于“愤怒者运动”，这场运动在2011年欧债危机之后曾经吸引了约650万—800万西班牙人参与。边缘小党有其生存法则，其中之一是它们不会像主流政党那样在运动政治和制度化政治之间进行彻底的切割。杰克·戈德斯通认为，这些小党试图以实际行动证实“制度化政治和非制度化政治之间的界限是模糊不清而且容易穿透的”[①]。在全球化的刺激下，西方国家越来越频繁地面临社会运动对现存秩序的挑战。民粹主义政党没有因为进入了制度化政治而放弃其赖以成名的社会挑战者角色，相反，它们不断煽动“被排斥在政治之外的人或者是政治秩序的边缘人”[②]，推动了一场又一场反建制的社会运动，将西方重新带回“运动社会”的时代，也进一步模糊了社会运动和政党政治的界限。

三、欧洲民粹主义政党的选举优势与能力局限

现代政党在国家政治与社会生活中扮演着关键性的角色，它联结着国家与社会，通过选举、议政、执政等政治活动，参与了乔尔·米格代尔（Joe S. Migdal）所说的“社会中的国家”[③] 的建构，在国家支配社会、社会塑造国家的双向进程中发挥着重要作用。在西方代议制民主的实践中，选举是实现进入议会和掌握政权的唯一途径，所以

---

① 杰克·A. 戈德斯通主编，章正杰译：《国家、政党与社会运动》，上海：上海人民出版社，2015年版，第XVII页。

② J. Craig Jenkins and Charles Perrow, *The Politics of Social Protest*, Minneapolis: University of Minneapolis Press, 1995, p. 15.

③ Joe S. Migdal, "The State in Society: An Approach to Struggles for Domination", in Joel S. Migdal, et al. eds. *State Power and Social Forces: Domination and Transformation in the Third World*, Cambridge: Cambridge University Press, 2001, pp. 7-34.

“通过表达人民的要求而代表他们”① 是政党必须具备的代表性功能，政党需要“把混乱的公共意志组织起来”②，通过政党纲领表达出来。在选举政治中，代表性与投票支持率直接关联，但是，表达人民要求只是手段而非目标，竞争性选举为所有参与的政党都设定一个相同的最终目标——选举获胜，获得议会席位和上台执政，掌握政治权力，实现政党抱负。

欧债危机以来，多个南欧、东欧和北欧国家的左翼或右翼民粹主义政党参与了联合执政或独立执政，实现了从边缘地带向权力中心的迈进；西欧主要国家英法德奥等国的右翼民粹主义政党在国内议会选举中的得票率也超过了10%，纷纷进入议会（英国独立党仅在2015年进入过一次下议院），不仅表现出一定的“联盟潜能”和“威慑潜能”，③ 而且有机会对国内外政策施加影响。由于德国在欧洲政治中的重大影响，其民粹主义政党的表现尤其令人瞩目。在2014年5月德国的欧洲议会选举中，德国选择党以7%的得票率进入了欧洲议会；2017年9月，该党获得12.6%的选票支持，成为德国联邦议院第三大党。德国选择党走出了一条民粹主义政党的进阶之路，它不仅进入政党体系，而且成为德国最大的反对党，据说该党的脸书账号拥有的粉丝和粉丝点赞数要比德国基督教民主联盟和德国社会民主党两个主流大党的总和还多。④ 一个政党在政治竞争中能走得多远，是其代表性能力和领导性能力决定的，民粹主义能够在多大程度上帮助激进或极端主义政党实现从选举到执政的目标，同样取决于这两种能力。就现有经验而言，民粹主义可以帮助欧洲国家的激进主义、极端主义政党在选举

---

① G. 萨托利著，王明进译：《政党与政党体制》，北京：商务印书馆，2006年版，第56页。

② Sigmund Neumann, *Modern Political Parties*, Chicago: The University of Chicago Press, 1956, p. 397.

③ 乔万尼·萨托利（Giovanni Sartori）曾以“政党相关性”为标准来统计政党数量，认为这种相关性至少包括拥有“席位实力”以及联盟潜能和讹诈潜能等方面的政党能力。参见G. 萨托利著，王明进译：《政党与政党体制》，北京：商务印书馆，2006年版，第172页。

④ 李文红、吴永德：《从欧洲议会选举看德国另择党的表现、地位和影响》，载《区域与全球发展》，2020年第1期，第142页。

中提高其代表性，从而取得选举突破，但是能否在议会或政府中提高相关政党的领导能力、治理能力，情况似乎并不乐观。

从选举方面来看，不管是左翼还是右翼，欧洲的民粹主义政党都表现出极强的动员能力，这主要表现在三个方面。首先，民粹主义政党具有极强的公众回应性，善于煽动议题政治吸引公众关注。厄内斯特·拉克劳认为，民粹主义本质上是一种与现有的社会制度有关的政治逻辑，它的兴起源于社会需求，内生于各类社会变动之中。[①] 历史经验表明，如果不能回应“人民”的关切，民粹主义就没有存在的意义。在选举情境中，关于选票转换为议席的规则中强调了政党有效回应选民诉求的至关重要性，政党竞争理论认为，民主国家的政党通常会在议题重要性和议题所有权两方面展开激烈竞争。[②] 在欧洲民粹主义政党的议题清单上，因全球化和欧洲一体化引发的公众不满受到了高度关注，英国独立党、法国国民阵线、德国选择党等代表性的右翼民粹主义政党在反移民和反欧盟两大议题上掌握了议题设置和议题占有的优势地位，意大利五星运动、希腊激进左翼联盟和西班牙“我们能”党等左翼民粹主义政党则在反紧缩议题上掌握着国内选举的话语权。在与主流政党的不对称竞争中，不同于拥有资源优势的主流政党通常关注和回应更广泛的议题，处于资源劣势的边缘政党更注重冲突性的核心议题。[③] 从政治心理学的角度来说，充满着尖锐矛盾和不满情绪的核心议题最容易触动选民神经、引发他们的共鸣。民粹主义政党通常会守住一个核心议题，利用舆论工具提升议题关注度，“当这些议题变得显著时，民粹主义激进右翼政党就有机会增强其在选举中的重要

---

① Ernesto Laclau, *On Populist Reason*, London: Verso, 2005, p. 117.

② 蒙克：《“双重运动”的大转型：专用型技能劳工、选择性移民政策和民粹主义政党的崛起》，载《清华大学学报》，2019 年第 2 期，第 25 页。

③ Markus Wagner and Thomas M. Meyer, “Which Issues do Parties Emphasis? Salience Strategies and Party Organization in Multiparty Systems”, *West European Politics*, Vol. 37, No. 5, 2014, p. 1020.

性”[①]，这是民粹主义政党在选举中惯常使用的“议题驱动”策略。

其次，民粹主义政党高度依赖认同动员，擅长通过“划界政治”来定位目标选民。民粹主义建立在“人民–精英”的对抗性关系的二元逻辑之上，通过在“我群”和“他群”之间划分“敌我”界限，有效地锁定动员对象。虽然左右翼的划界标准有所不同，如左翼民粹主义政党倾向于在腐败精英与良善大众之间进行纵向划界，右翼民粹主义政党则惯于在本国人/本民族与外国人/外来移民之间进行横向划界，但是，不管是纵向划界还是横向划界，目的都是制造共同感、一体感，即进行“我们”或“我群”的身份建构。法伊特·赛尔克（Veith Selk）对德国选择党的动员策略进行了研究，认为德国选择党善于运用“划界”的空间策略，比如利用新教与天主教、城市与农村、劳动与资本、进步与反动之间的矛盾与分歧，在选举中凝聚“我群”共识。[②] 通过对阶级、民族等身份群体进行划界，民粹主义政党确定了自己的社会基础，这些被锁定在“我群”中的目标选民，包括政治倾向不明确的选民、长期不被主流政党关注的边缘化群体、对政治议题不敏感和极少参与政治活动的群体，甚至包括对传统政党失望的主流选民等。通过排他性的身份划界并声称代表相关群体利益，民粹主义政党扩大了传统的左右翼两端之间的政治空间，打破了长期存在的政治冷漠，争取了大批被忽视或边缘化的选民支持，如匈牙利极右翼民粹主义政党尤比克党（Jobbik，“为了更好的匈牙利运动”党）以学生身份划界，迅速打入不信任现存体制的年轻人中。2014 年成立的西班牙“我们能”党也是在“我们”和“他们”的界限上表达自己的立场。[③]

最后，民粹主义政党善于制造焦虑，发动激情政治。民粹主义打

---

① Cas Mudde, *Populist Radical Right Parties in Europe*, New York: Cambridge University Press, 2007, p. 300.

② 法伊特·赛尔克著，魏琪译，王程乐校：《右翼民粹主义政党德国另类选择党的思想基础与政治意义》，载《德国研究》，2016 年第 3 期，第 15—21 页。

③ “我们能”党，西班牙语为“Podemos”，英文翻译为“We Can”，与奥巴马曾经提出的总统竞选口号“Yes, we can”遥相呼应。

出“平民至上”的旗号，通常以公平、正义等装饰自己的政治主张，在将伦理议题与政治议题勾连方面有着天然的优势。卡斯·穆德等人认为，任何民粹主义及其流变都包含三个核心概念，即人民、精英、普遍意志。① 这三个概念构成了民粹主义的标签式理念，即人民与精英是对抗性关系，精英追求私利，人民象征普遍意志。欧洲民粹主义政党将这三个概念充分地融贯到它们的选举活动中，要求更公正的经济政策和要求限制富人的权力，它们用来描述人民的善良、勤勉、“沉默的大多数”等词汇和用来刻画精英的腐败、自私、无能等词汇都极富情绪性，两相映衬，彰显了对抗性和斗争性，更产生了强烈的动员效果。为了动员选民，民粹主义政党常常围绕平等主义、民族主义等意识形态建构选举话语，将经济全球化和国家治理中的复杂问题化约为情绪化的简单问题，尤其是借由全球化过程中出现的经济不平等、身份政治等议题煽动经济焦虑和文化焦虑，利用执政党的治理失败和欧盟的民主赤字激化不满和悲观的公众情绪。尽管在建制派看来，“民粹主义者”是一个轻蔑的称谓，等同于“煽动者”，但是民粹主义者和民粹主义政党更善于利用福利问题、身份问题触动人心，用一些极具冲击力的简单口号打动民众。无论在美国还是欧洲，民粹主义政客都偏爱“XX 第一”“XX 优先”“99% vs 1%”等代表性口号，在他们的政治演讲中，“我们的人民”“被遗忘的人民”等话语总能激起激动不已的公众情绪，争取到大量选票。

然而，从执政或国家治理的需要来看，民粹主义政党突出的选举能力并不能证明它们有能力治国理政，它们的一些激进甚至极端的选举表现甚至可能成为主流公众质疑其执政能力的依据。与拉美经常出现民粹主义政府不同，大部分欧洲民粹主义政党缺乏参政机会，更不用说独立执政，因而总体来说它们的执政经验十分缺乏。尽管意大利、希腊和西班牙等西南欧国家有过左翼民粹主义政党上台执政的先例，

---

① Cas Mudde and Critobal Kaltwasser, *Populism in Europe and the Americas: Threat or Corrective for Democracy?* New York: Cambridge University Press, 2012, p. 8.

但是执政表现不尽如人意，如在反紧缩、欧元区一体化和难民问题上无法提出根本性的改革措施，再加上政党内部和执政联盟内部的分歧，造成政策共识缺乏、治理绩效低下。此外，民粹主义政党反建制、非主流和极端主义的形象深入人心，部分选民容易为其激情动员所蛊惑，但是如果涉及投票选出治理国家的执政党或领导人，主流选民在理智上并不信任民粹主义政党。民粹主义政党在选举过程中发动的议题政治、划界政治和激情政治反而会降低选民对其治理能力的预期，它们对于国家治理的消极影响体现为以下三方面。

其一，民粹主义政党的极端意识形态不利于形成国家治理所需要的社会共识。卢克·马奇勾画了欧洲民粹主义政党普遍的政治历程：先是提出一些抗议性主题，然后在选举中取得迅速但可能短暂的成功，随后却不能把反精英的反对派转换为有效的政府治理者。[①] 换言之，这些政党即使在选举中实现了重大突破，也“难以成为成功的执政党”[②]。民粹主义是大众不满和政治分歧的产物，民粹主义政党常常在竞选中使用攻击性措辞，刻意突显冲突性的利益关系、社会观念和身份意识，提出激进甚至极端的政治主张。这种策略或许能够帮助一个边缘的籍籍无名的小党异军突起，拥有一定的政治影响甚至进入议会，但是却难以提出建设性的替代方案去解决现实的社会经济问题，因为管理政府、治理国家需要有全社会的共识和预期，需要有充分发展的团结而非分裂的公民文化，部分群体即使是主流社群，也不能将其特殊利益频繁地凌驾于社会共同利益之上。民粹主义政党的意识形态会限制其在国家治理中发挥作用，它们一旦掌握政权，就可能陷入两难的执政困境：要么坚守激进的政策主张，承担最后治理失败的风险；

---

① 卢克·马奇著，于海青、王静译：《欧洲激进左翼政党》，北京：社会科学文献出版社，2014年版，第225页。

② Reinhard Heinisch, “Success in Opposition-Failure in Government: Explaining the Performance of Right-Wing Populist Parties in Public Office”, *West European Politics*, Vol. 26, No. 3, 2003, p. 91.

要么弱化原有的意识形态，向主流政党转变。[①] 执政需要有相应的治理能力、领导能力，需要一定的政治妥协和广泛的社会共识，更重要的是，要有能力真正解决社会经济问题。欧洲民粹主义政党少有机会展现自己的领导能力和治理能力，它们在选举中获得的代表能力无法证明其执政水平与能力。

其二，民粹主义政党无法协调政党与政府的目标以履行选举承诺。在西方的代议制政治中，政党目标着眼于选举的需要，强调代表性，但是进入政府之后，政党的代表性目标如何服从于政府的治理性目标，执政党如何为普遍利益提供领导，即如何处理代表与领导的关系，是一项极具挑战性的任务。代表人民的程度意味着合法性程度，但是领导或治理的有效性程度则体现了执政权威和能力，权威与能力会反过来影响政治系统的运作和执政合法性。根据让·布隆代尔（Jean Blondel）和毛里齐奥·科塔（Maurizio Cotta）的观点，一个追逐民意的立法机构常常议而难决，并且无法从内部解决所面临的冲突。[②] 在这个意义上看，致力于进入议会或政府的民粹主义政党面临同样的困境，它们过于强调代表性和得票率而忽视有利于提升领导功能的政党权力结构，尤其是右翼民粹主义政党倾向于“鼓励领导者和追随者绕过更为繁琐的民主协商与参与式治理机制，转而诉诸煽动性手段”[③]，民粹主义的煽动性手段事实上会模糊代表与领导的界限，削弱甚至破坏民主协商和有序参与的治理机制。授权理论假定，选民给政党投票，期望它一旦执政，即组建或参与政府，就履行它们的承诺。政党在政府中能否履行承诺、实施有效治理，与其意识形态或纲领性立场有关，

---

① 高春芽：《民粹政党主流化与主流政党民粹化的双向运动》，载《当代世界与社会主义》，2020 年第 3 期，第 129 页。

② 让·布隆代尔、毛里齐奥·科塔著，曾淼、李德山译：《政党政府的性质——一种比较性的欧洲视角》，北京：北京大学出版社，2006 年版，第 19 页。

③ J. Comaroff, "Populism and Late Liberalism: A Special Affinity?", *The Annals of the American Academy of Political and Social Science*, Vol. 637, 2011, p. 105.

同时也必然受到政府协议、脆弱的联盟或少数党政府及外部环境的制约。① 民粹主义政党是一个典型的回应性政党，它有能力和动机对公众意见进行回应，但是这不意味着一旦执政它就自动获得回应民众诉求的能力，也不意味着它有能力兑现选举承诺并实施有效的治理。匈牙利的尤比克党声称自己能够不受意识形态束缚，有能力从左右两翼的政策中做出最佳选择，事实上它连上台检验其治理能力的机会也不曾得到。

其三，民粹主义政党的单一议题政治不利于形成着眼于普遍利益的执政理念和公共政策。民粹主义政党与单一议题政党高度重合，它们擅长与民众直接对话和攻击批判建制派精英，在选举策略上侧重在单一议题如移民、欧盟、福利紧缩等问题上集中发起反对意见，不注重与其他政党进行理性的政策辩论或谋求政治妥协。与关注广泛议题的主流政党相比，民粹主义政党可能陷入一种议题上的自我限制，即它们抓住了社会痛点，但是却无法提供有效的解决方案，并且单一议题政治妨碍了它们的政纲与主张在更广泛的民众中产生影响。在2019年的欧洲议会选举中，德国选民对德国选择党的各项政党能力普遍缺乏信心，甚至在该党的优势议题上也不看好它，德国选择党在难民和移民政策上只得到9%的选民支持，主流的德国基督教民主联盟和德国社会民主党反而分别获得28%和15%的选民支持；② 在其他一些公共议题如经济、社会公正、气候和环境等方面，德国选择党的影响力不仅大大落后于主流政党，甚至还不如绿党。卡斯·穆德认为，难民和移民问题的主导权事实上掌握在主流政党手中，欧洲社会对移民问题的偏向并非极端的民粹主义政党所推动的，而是主流政党尤其是右翼

---

① 理查德·S. 卡茨、威廉·克罗蒂编，吴辉译：《政党政治研究指南》（上册），南京：江苏人民出版社，2020年版，第312—313页。

② 参见德国民调机构 Infratest Dimap Poll 网站，http://wahl.tagesschau.de/wahlen/2019-05-26-EP-DE/umfrage-afd.shtml。

主流政党推动的，民粹主义政党只不过是将其放大或扭曲而已。[①] 一旦高度争议的公共问题得到某种解决或有效管控之后，这些作为抗争政治生力军的民粹主义政党就可能陷入议题选择的困境，如“脱欧”议题之于英国独立党、难民议题之于德国选择党，甚至反欧盟议题之于法国国民联盟。对于它们来说，政治前景无非两种：或者弱化极端立场，随着政治上的成熟而发展成为地位稳固的反对党，成为既有政党格局中的固定组成部分；或者坚持攻击性、批判性的单一议题政治和相应的领导风格，继续利用反建制主张争取特定选民支持，但结果可能是无法摆脱边缘化地位，执政希望渺茫。可以说，单一议题政治突显了政党影响力，提高了选举声势，但却无法向选民证明民粹主义政党致力于国家治理的意志和能力。

第三节　西方主流政治对民粹主义的批判

民粹主义作为一种现代现象，产生于以扩大普选权为目标的民主政治中。在古典意义上看，民主包含有反抗性的天然成分，或许说民主最初就是一种关于反对权力的专断使用的理论，历史上的民主曾经是“多数的穷人反对少数的富人”的武器，[②] 民粹主义的反抗性、否定性可以追溯到大众民主的反抗性维度。然而，经自由主义、权利学说等理念修正、约束之后的现代民主对于大众政治和大众民主高度警惕，对于民粹主义反抗性政治的兴起有着深刻的焦虑。在欧美政治舞台上，“民粹主义”或“民粹主义者”的称谓伴随着揶揄、贬损和斥责，常常是为了打击政治对手而给对方贴上的标签，意谓另类和反动。一些主流政治家纷纷呼吁人民不要“回到过去和民粹主义”，要警惕

---

① Cas Mudde, “Three Decades of Populist Radical Right Parties in Western Europe: So What?”, *European Journal of Political Research*, Vol. 52, 2013, pp. 1-19.

② Barrington Moore, *Liberal Prospects Under Soviet Socialism: A Comparative Historical Perspective*, New York: Averell Harriman Institute, 1989, p. 25.

“危险的民粹主义的泛滥”，要避免“滋生民粹主义的社会危机”。主流政治视民粹主义为“洪水猛兽”，对其展开集体围剿，其动机清晰明确，即一方面是对“离经叛道”者施以报复与责难，另一方面是极力维护不断松动的主流价值、建制派利益及既有政治秩序。因此，当代民粹主义浪潮在复兴伊始，就面临着西方主流政治自卫式的批判与反击。

一、自由主义阵营对民粹主义的恐惧与指控

从英国“脱欧”公投和特朗普当选引起西方主流政治的惶恐不安中可以看出，民粹主义如同洪水猛兽一般难以见容于自由主义建制派及其主导的主流政治。反建制反精英的民粹主义被视为自由民主、进步价值的危险敌人，它挑战了全球化的支持者们所接受的有关政治正确、道德正确的许多价值与理念。民粹主义与自由主义、资本主义所宰制的全球化时代格格不入，它的特立独行之处表现在如下方面。其一，民粹主义的“平民至上”主义中隐藏着反智主义的世界观，它追求“政治话语的简明化”和“言论摘要式的解决方案”。[1] 而追求技术进步的全球化崇尚智力并由精英引领，相信政治制度的设计必须讲究精巧和专业化，简单化政治寸步难行。其二，民粹主义追求大众政治、人民主权，并与克里斯玛型政治保持着复杂的联系，这当然是个人主义、自由主义价值无法容忍的。其三，民粹主义的批判性、反建制性有着非理性的基因。哈维·曼斯菲尔德（Harvey C. Mansfield）认为，民粹主义的反建制性来自它的精神世界，“形形色色的民粹主义有着共同的精神：急躁，这种精神属于那些受够了常规方式而渴望尝试新东西的民众”[2]。而全球化崇尚理性精神，在本质上追求和谐共融、依存

---

① 本杰明·莫菲特、西蒙·托米著，宋阳旨译：《对民粹主义的再思考：政治、媒介化和政治风格》，载《国外理论动态》，2016 年第 10 期，第 33 页。

② Harvey C. Mansfield，“Democracy and Populism”，*Society*，Vol. 32，No. 5，1995，p. 31.

共生。其四，民粹主义的具体政策主张与新自由主义的全球化主张完全对立。在经济上，反对自由化和私有化，主张国家干预，追求经济增长、扩大就业和再分配政策；在政治上，反对代议制民主及其政党、议会和选举制度，主张大众民主、直接民主；在国际战略上，倾向本土主义、保守主义和孤立主义，强调民族多样性和国家利益，反对国际合作、自由贸易和发展援助。自由主义阵营的深刻担忧是，与主流政治格格不入的民粹主义一旦通过选举机制、政党政治和某些别有用心的领导人而走到政治舞台的中央，将对现行的西方政治与经济体制构成严重挑战。

因此，为了捍卫自由主义的核心价值、代议制民主的政治制度和市场资本主义的经济制度，自由主义阵营发起了对民粹主义的全面围攻。就像民粹主义对主流政治毫不留情的批判一样，民粹主义面临的思想批判同样是毫不留情的。批判的声浪巨大，但最为尖锐者有三。

其一，自由主义者最严厉的指控是民粹主义与极权主义密切相关，破坏自由民主价值。根据西方马克思主义学者的观点，民粹主义在时间维度上并非一开始就是当前这种高度贬化和负面的形象。美国民粹主义产生于1880—1920年间的“进步时代”，在反资本集团垄断、重塑政府公信力和改善劳工工作条件等方面推动了进步运动的政治改革。直到二战后期，“很多个人和政党都乐意将自己定义为民粹主义的”，因为“民粹主义就等于受大众欢迎”，甚至直到20世纪中叶，被称为民粹主义者仍会让很多人感到骄傲，这代表着他们愿意站在人民一边，为人民伸张权利。① 这种情况的改变始于美国在20世纪50年代开始的大规模的历史修正主义（Historical Revisionism）行动，一批冷战自由主义者（Cold War Liberals）将美国19世纪的民粹主义运动描述为原始法西斯主义运动，赋予并固化了民粹主义的贬义内涵（比如“乌合之众的政治”）。

---

① Marco D' Eramo, “Populism and the New Oligarchy”, *New Left Review*, Vol. 82, 2013, p. 8.

理查德·霍夫斯达特是最早将民粹主义与法西斯主义关联起来的学者之一，他的著作《改革时代——美国的新崛起》从历史的角度对民粹主义展开批判，认为历史上的美国人民党运动只是美国政治文化中固有的一种大众冲动在特殊时刻的突出体现，他提出了一项严厉的指控，即把美国19世纪末的民粹主义者定性为反犹主义者，因为他们将犹太人和高利贷者等同起来，作为当时美国反犹主义的核心主题。[①]由于反犹主义在历史上是与二战时期纳粹德国的法西斯主义联系在一起的，理查德·霍夫斯达特的指控事实上确立了民粹主义消极恶劣的新形象，使得民粹主义和恶名昭著的法西斯主义在术语上的组合越来越频繁。在20世纪50年代的冷战背景中，西方自由主义学者对极权主义（直接指向法西斯主义与共产主义）展开了联合围剿（如弗里德里希·哈耶克（Friedrich von Hayek）的《通往奴役之路》、汉娜·阿伦特的《论极权主义的起源》和雅各布·塔尔蒙（Jacob Talmon）的《集权主义民主的起源》等，同样具有乌托邦精神、集体主义底色的民粹主义也开始成为批判的对象，理查德·霍夫斯达特甚至将民粹主义视为连接法西斯主义与共产主义的中间环节。根据自由民主的价值标准，民粹主义被认为是先天倾向于威权政治，理由是“作为其支撑的那个未被命名的实体，即不可说的‘人民’，是高度威权化的”[②]，而关于人民具有专制倾向的论述，最初应该来自亚里士多德的学说，即一旦人民成为统治者，他们就会成为“专制的”。

在21世纪的当下，欧美主流思想与主流媒体沿袭了这一批判传统，继续将民粹主义与极权主义、威权人物联系在一起，甚至连激进的左翼学者也认为民粹主义“在最近的事例中隐匿了长期的原始法西斯主义倾向”[③]。于是，人们试图从委内瑞拉的查韦斯、泰国的他信、土耳其的埃尔多安或者美国的特朗普身上挖掘其威权人格；将当代民

---

① Richard Hofstadter, *Age of Reform*, New York: Knopf, 1955, p. 78.

② Marco D'Eramo, "Populism and the New Oligarchy", *New Left Review*, Vol. 82, 2013, p. 20.

③ Slavoj Zizek, "Against the Populist Temptation", *Critical Inquiry*, Vol. 32, 2006, p. 557.

粹主义的风云再起视为托克维尔曾警告过的“多数暴政”正在成为现实；将政党政治中民粹主义政党与领导人蛊惑人心的宣传、不妥协的反抗及针对少数族群的侵犯等事实，视为违背自由民主价值的威权政治手段。

其二，民粹主义被认为打开了暴民政治的大门，以话语暴力破坏政治的理性基础。自由主义者对于大众的崛起及其对政治、文化生活的“干预”有着由衷的反感与恐惧。事实上，将“乌合之众”的恶名贴到民众头上并非始自著名的古斯塔夫·勒庞，早在公元前6世纪，历史学家希罗多德即认为“没有比不好对付的乌合之众更愚蠢和蛮横无礼的了”[①]，在他的时代，与他想法相似的大有人在。而在19世纪下半叶的法国哲学家伊波利特·丹纳（Hippolyte Taine）看来，“在每一次关键的起义中，都有类似的为非作歹之人和游手好闲之徒，有法律的敌人、野蛮人，还有鬼鬼祟祟的亡命之徒，……他们是公共或私人敌意的煽动者和实施者”[②]。两千多年来，思想家、政治家们关于平民形象的描述充斥着不由分说的贬斥之词，诸如一无是处、缺乏教养、放荡不羁、野蛮无理、愚蠢迟钝、冲动狂暴，在这些政治精英眼中，普通民众从来都是不能根据理性来行动的，没有资格成为一种政治活动的主导力量。

这一群躁动且愚昧的“人民”让统治精英如此忧虑，以致美国宪法在如雷贯耳的开篇“我们，人民”（We the people）之后，“每一个细则都是在谈如何牵制‘人民’，如何收敛人民的精神和智慧”[③]。美国的开国领袖们对大众政治参与、民主政治的不信任以“麦迪逊民主”为典型。根据麦迪逊的观点，“‘人民’总是神经质的，情绪不稳定，缺乏足够的自我认识，所以唯智者才有能力决定国家的大政方针”，而所谓“我们，人民”的声明在麦迪逊的意义上或可解释为“我们，当选的、

---

① 希罗多德著，王以铸译：《历史》，北京：商务印书馆，1959年版，第232页。

② Ernesto Laclau, *On Populist Reason*, London: Verso, 2005, pp. 31-32.

③ 约翰·基恩著，安雯译：《生死民主》，北京：中央编译出版社，2016年版，第237页。

杰出的人民代表们”。[①] 在美国的民主共和政体中，民主制和共和制的内在张力常常引发争论。在共和制的坚定支持者看来，民主有沦为群氓统治的风险，国家应该由政治上成熟冷静的智者来管理。他们认为，“人民”在政治中有其作用，但“人民”的权力必须受到约束，因此需要通过民主的程序、制度来给予智者阶级阻止“暴徒”掌权的机会，关于代议制政治的种种制度安排，在某种意义上说是基于防范所谓民主的“多数暴政”之需。

在信奉自由民主的政治精英看来，民粹主义令人不安之处在于它将这样的人民“解放”出来，推上了政治舞台。民粹主义不仅建构了“人民”的神话和关于“人民敌人”的传说，还利用否定式、简单化和道义化的话语来创建大众政治，破坏自由民主的游戏规则，因此必须对其进行全面围剿和严密防范。在对民粹主义思潮及其运动的尖锐批判之中，西方自由主义精英不吝贬斥之辞，不约而同地视其为改变或消解现实结构、摧毁社会秩序的危险敌人，把民粹主义政治定义为蛊惑人心的政治。以赛亚·伯林认为，民粹主义与真正的民族主义紧密地交织在一起，“常常为盲目的仇外情绪和反理性主义提供土壤，促使其恶性生长”[②]，而奥尔特加·加塞特则忧心忡忡地宣布，“我们这个时代的典型特征就是，平庸的心智尽管知道自己是平庸的，却理直气壮地要求平庸的权利，并把它强加于自己触角所及的一切地方”[③]。当民粹主义在全球化时代再度盛行之时，自由主义的捍卫者们纷纷加入对民粹主义的讨伐，重复着以赛亚·伯林、奥尔特加·加塞特、汉娜·阿伦特等人的控词。

其三，民粹主义被认为只知批判与否定，制度建设能力不足，无法形成系统理论和进行建设性的制度设计。在批评者眼中，民粹主义

① 约翰·基恩著，安雯译：《生死民主》，北京：中央编译出版社，2016年版，第237—238页。

② 以赛亚·伯林著，马寅卯、郑想译：《启蒙的三个批评者》，南京：译林出版社，2014年版，第224页。

③ 奥尔特加·加塞特著，刘训练等译：《大众的反叛》，长春：吉林人民出版社，2004年版，第10页。

的可怕之处在于它的动员效果和社会批判，它作为一种理念本身并不有力，充其量只是一种内核单薄的意识形态，[①] 只有抽象的“人民”论述和偏狭的二元对立价值观。卡尔·施米特认为：“对政治的否定必然导致在政治实践中对任何可以想见的政治力量以及国家和政府形态均不予信任，但是又永远无法提出自己具体的国家、政府和政治理论。”[②] 卡尔·施米特关于否定性政治观的观点被用到对民粹主义的批判上。自由派精英认为，在政治实践中，民粹主义主张反对现政治、现体制和执政精英，是一股解构性、破坏性的政治力量。尽管可能有民粹主义性质的文化、经济与社会政策，但并没有出现一种民粹主义政治，因为只存在民粹主义的政治批判，而政治批判不是政治本身。

民粹主义以反对建制政治著称，主张按照民众的意愿思考问题和提出诉求，它本身并不试图制定政治纲领或建立相关制度，因此，批判者认为，冠以民粹主义之名的政治运动通常不是稳定的、导向正式政治建设的运动，而“只是一种反复无常、准备不足的政治抵抗”[③]。在一场反抗性运动中，民粹主义领袖很少能够提出长远的发展目标，也缺乏具体的行动方案，常常是为了适应现实而“随机应变”而已。民粹主义之所以不事建设，一是在于它没有可以凭借的充实而确定的理论体系，不具备利用累积的智慧来创建制度工具的能力，它可以任意涂抹到许多意识形态之上。二是它的政治经验并不足以解决现代社会中的复杂问题，更不用说提出一种有现实可行性的解决方案。在当前新一波民粹主义浪潮中，自由派学者认为，民粹主义仍然止步于对现状的批判：左翼民粹主义缺乏系统可行的政策方案以解决阶级冲突和经济不平等的问题，右翼民粹主义对身份政治和认同危机的突显更难以落实到具体的制度设计之上。

---

① Cas Mudde, "The Populist Zeitgeist", *Government and Opposition*, Vol. 39, No. 4, 2004, p. 543.

② 卡尔·施米特著，刘宗坤、朱雁冰译：《政治的概念》，上海：上海人民出版社，2015 年版，第 87 页。

③ 李汉鱼、萧俊明：《开放社会及其新敌人》，载《第欧根尼》，2016 年第 2 期，第 36 页。

由于制度建设能力的先天不足，民粹主义在政治实践中往往会以“还原政治”（Politics of Reduction）为归宿，也就是通过回归某种“初始”理念作为政治生活的指导。[①] 这些“初始”理念或者是具有某种古典和纯粹意义的理念，如自由放任、原教旨主义等，或者是以政治功能置换文化功能的理念，如民族主义或种族主义。批判者指出，民粹主义没有确定的理论内核，所以要借用其他一些意识形态来强化它的政治动员能力，这种内在局限性使得民粹主义不得不依附于其他意识形态，在意识形态的汪洋大海中沉浮。

二、弗朗西斯·福山的“信念式国家认同”及其困境

在美国，在某种意义上可以说，身份政治即最大的政治。20 世纪 60 年代以来，美国陷入一种以民主党和共和党的权力之争为形式、以自由主义与保守主义的价值之战为内容的身份政治的困扰，并由此被带往政治极化、文化内战甚至国家分裂的险途。对此，无论是自由派学者还是保守派学者都希望找到将美国从身份政治的泥潭中解救出来的良方，寻找一种能够超越认同差异、囊括所有人诉求的方式来阐述美国的核心原则、建构公民身份和强化国家认同，例如弗朗西斯·福山提出“信念式国家认同”（Creedal National Identities），马克·里拉提出建构“公民观念”，戴维·布鲁克斯（David Brooks）提出诉诸普适性原则和共同人性等。[②] 2017 年 8 月，哥伦比亚大学政治学教授马克·里拉出版其新作《自由派的过去和将来：身份政治之后》，探讨了身份政治这一曾经是为了保护少数族群利益的概念，今天何以要为社会割裂负责，尤其是反省了自由派如何在身份政治中迷失了方向、失

---

① Jean Comaroff, "Populism and Late Liberalism: A Special Affinity?", *The Annals of the American Academy of Political and Social Science*, Vol. 637, 2011, p. 107.

② Francis Fukuyama, *The Demand of Dignity and the Politics of Resentment*, New York: Farrar, Straus and Giroux, 2018; Mark Lilla, *The Once and Future Liberal: After Identity Politics*, New York: Harper, 2017; David Brooks, "The Retreat to Tribalism", *New York Times*, January 1, 2018, p. 15.

去了阵地。2018年9月，弗兰西斯·福山出版其新著《身份：对尊严的热望与愤恨的政治》，并在《外交事务》上发文概括了该书的核心观点，认为身份问题超越了经济或意识形态问题，正在主导当今政治的走向，身份政治不仅成为解释全球事务进展的主要概念，而且也对国家本身提出了严峻挑战，"民主社会正断裂为按照日益狭窄的身份划分的碎片，这对社会作为一个整体展开商议和集体行动的可能性构成了威胁。这条路只会导致国家崩溃，以失败告终"①。自由民主遭遇来自内部的劲敌，弗朗西斯·福山显然要修改他的"历史终结论"了。

面对身份政治对美国的长期困扰，事实上早在2004年，弗朗西斯·福山的导师塞缪尔·亨廷顿就已经开始了关于身份政治与国家认同相互关系的讨论。公民身份建构就是确认普遍性的国家认同，没有清晰确定的国家认同，就无法认定一致的国家利益，塞缪尔·亨廷顿看到了公民身份/国民身份的建构对于美国国家利益的至关重要性，但是，他又不得不指出美国社会长期无法解决身份认同分裂、难以形成统一国家认同的问题。他认为，问题的症结在于20世纪后期，美国确立国家特性的公民身份在四个方面被损耗掉了：一是多元文化主义使得公民层次以下的身份被置于公民身份之上；二是美国的移民同化政策没有发挥作用，公民教育被破坏，出现双语教育、双重国籍和双重忠诚等现象；三是美国出现"拉美裔化"，来自西班牙语国家的移民人数大量增加；四是全球化与"跨国主义"导致部分精英人士轻视公民身份而重视全球身份与跨国身份。② 面对这种严峻的现实，塞缪尔·亨廷顿强调建立"美国信念"（American Creed）的重要性，将其视为美国国家特性中唯一重大的决定因素，并指出，"美国信念"的原则是自由、平等、民主、民权、无歧视和法治。③ 塞缪尔·亨廷顿承认仅靠信

① Francis Fukuyama, "Against Identity Politics: The New Tribalism and the Crisis of Democracy", *Foreign Affairs*, Vol. 97, No. 5, 2018.

② 塞缪尔·亨廷顿著，程克雄译：《我们是谁？——美国国家特性面临的挑战》，北京：新华出版社，2005年版，第115页。

③ 同②，第57、281页。

念无法立国，但他更相信没有信念，就没有国家认同，就不能抵御多元身份认同的冲击，在此情形下，立国也就无从谈起。可以看出，塞缪尔·亨廷顿对待身份政治的立场有着明显的反多元文化主义的倾向。

弗朗西斯·福山部分地继承了塞缪尔·亨廷顿的衣钵，他在这部专门讨论身份认同如何影响美国政治的著作中指认了自由民主制度的新敌人——身份政治，他提出的解决方案是重启国家认同对话，建立"信念式国家认同"。弗朗西斯·福山的自由主义立场要比塞缪尔·亨廷顿明确得多，他崇信自由民主价值，并不反对多元文化主义。他的基本设想是以宪政、法治和人人平等这样的核心原则为基础，构建一种主导文化和国家身份，即一种具有积极价值和共享信念的后族群政治的国家认同、国家公民和归属感。① 弗朗西斯·福山认为，国家有理由不把公民身份赋予那些拒绝认同核心价值的人，并且"信念式国家认同"要围绕核心价值观和国家信念建立。他主张由国家来创建一种主导文化，创造一种既能包容其他文化，又能认识到自身独特性的文明，最终的目标是通过突显国家意志的主导文化来推动公民教育和移民涵化，使美国在无法拒绝多样性文化的条件下免于分裂。可以看出，弗朗西斯·福山的方案是要强化国家在认同建构上的积极作用，希望重振在民粹主义、身份政治冲击下已羸弱不堪的国家，建构一种后身份政治的新国家认同，进而将自由主义民主从危机中解救出来。

事实上，"美国信念"或"美国主义"这类意识形态在美国历史早期已经建立。历史地看，在美国内战消除了美国人对州和国家的双重忠诚之后，自由主义不仅构建了美国独特的政治和文化身份，也吸引了移民，激发了移民对美国的情感，早期的"美国信念"并没有受到族裔因素的太多侵扰。20 世纪以来，全球性的文化交流和人口流动

---

① Francis Fukuyama,"Against Identity Politics:The New Tribalism and the Crisis of Democracy", *Foreign Affairs*, Vol. 97, No. 5, 2018. 弗朗西斯·福山在 2006 年的一篇文章已提出重开国家认同对话的观点，参见 Francis Fukuyama, "Identity and Migration", *Journal of Democracy*, Vol. 17, No. 2, 2006。

催生了族裔政治，自由主义成为唤醒少数群体权利意识的武器，作为结果，“美国信念”受到了极大的冲击，美国的国家认同在多元身份政治的割裂下支离破碎，这无疑就是塞缪尔·亨廷顿和弗朗西斯·福山想努力修补的现状。移民文化对于美国社会的结构性影响和对美国国家特性的形塑极其深刻，任何一种建构美国国家认同的方案都无法忽略它的存在，或者试图消除它的影响。

然而，塞缪尔·亨廷顿提出以“美国信念”建构美国认同和公民身份，所依赖的信念体系并没有包容多元、杂色的移民文化。“美国信念”的价值元素来源于《独立宣言》揭示的个人主义、自由平等和民主政府，这些价值理念能够得到移民群体的支持，但是“美国信念”的文化元素却唯一地强调盎格鲁-新教文化。塞缪尔·亨廷顿认为，盎格鲁-新教文化应该居于美国公民身份的中心地位，因此，“在美国历史上，凡是不属于盎格鲁-撒克逊新教白人的人，都被要求接受美国的盎格鲁-新教文化及其政治价值观，因为这对他们有利，也对国家有利”[①]。盎格鲁-新教文化的基本成分是英语、基督教、英式法治理念、责任理念、个人权利理念，以及包含个人主义的新教价值观。[②] 这是一种垄断性、排他性的公民文化观，既有种族的色彩又有宗教的色彩，对于移民群体来说并非可以轻易接受。由于盎格鲁-新教文化具有白人文化的底色，塞缪尔·亨廷顿“刻意强调文化对国家认同的重要性”，最终可能“失焦成白人至上的种族主义”。[③] 因此，以基督教、新教价值观为主体的“美国信念”从一开始就奠定了美国的保守主义传统，也奠定了白人民族主义的基因。

对于弗朗西斯·福山来说，以“信念式国家认同”来解救美国的身份政治危机也是困难重重。首先，“信念式国家认同”在概念上似是

---

① 塞缪尔·亨廷顿著，程克雄译：《我们是谁？——美国国家特性面临的挑战》，北京：新华出版社，2005 年版，第 53 页。

② 同①，第 2 页。

③ 纪舜杰：《国家认同之比较研究》，台北：翰芦图书出版有限公司，2015 年版，第 30 页。

而非。弗朗西斯·福山试图强调这一国家认同要以信念建构为特征，因而在逻辑上暗示了“非信念式国家认同”的存在，他需要充分解释“非信念式国家认同”究竟为何物，并确认什么样的信念在美国的国家认同中是决定性存在。显然，要将“美国信念”/“信念式国家认同”与移民文化认同相协调，将个人主义与国家认同相协调，对于美国来说，是一个异常艰巨的任务。[①] 其次，弗朗西斯·福山需要回答这样一个理论问题，即“信念式国家认同”如何与自由主义者一直视之为敌的单一身份政治划清界限。自由主义者认为，民族国家鼓励同质性、一致性的国家认同，助长抹杀差异的单一身份政治即公民身份政治。阿马蒂亚·森认为，塞缪尔·亨廷顿的文明冲突论是单一身份政治造成的最危险的理论，是“一种貌似深刻的单一视野，除了制造敌意外，不会有任何其他作用”[②]。作为塞缪尔·亨廷顿的学生，弗朗西斯·福山的“信念式国家认同”的主张也是一种“单一视野理论”，遵循着类似的文化决定论，将自由民主的价值视为别无选择的国家认同的信条。再次，弗朗西斯·福山试图用自由民主来打造强国家和强化意识形态霸权的方案不仅过于乐观，也过于简单了。20 世纪 60 年代以来，致力于争取“差异的权力”的身份政治已经削弱了美国为建构统一认同所做的种种努力，不仅使美国处于高度分裂的政治局面，更引发了国家内部的文化与文明冲突。时至今日，由于自由主义阵营和保守主义阵营都将身份政治视为争夺政治权力和文化主导权的工具，身份政治已经发展成为一种危险的解体性因素，在此背景下，弗朗西斯·福山以普遍公民身份建构为目标、以强大国家为手段的设想，不免带上空想主义的色彩。

历史地看，美国堪称独一无二的右派国家，因为保守主义“不仅从一开始就塑造了美国，并且在新自由主义最为盛行的近二十年中，

---

① 纪舜杰：《国家认同之比较研究》，台北：翰芦图书出版有限公司，2015 年版，第 30 页。

② 阿马蒂亚·森著，李风华、陈昌升、袁德良译：《身份与暴力：命运的幻象》，北京：中国人民大学出版社，2009 年版，第 36 页。

继续成为美国社会隐秘但中坚的力量”[①]。到了特朗普的时代，保守主义者将白人身份政治与右翼民粹主义捆绑在一起，他们“求助于一种作为‘美好旧时光’的、怀旧的、浪漫化的历史观”。在这种历史观的视野下，“白人们在其中进行统治，黑人们懂得自己在社会和政治等级制中的地位，女人们则参与家务劳动”，这是一幅多么经典的保守主义传统图景。[②] 未来美国或许不会在保守主义道路上极端化为所谓的新部落主义国家或“部族国家”，[③] 或者发展成为塞缪尔·亨廷顿担忧的定性于人种和民族属性的、“排他主义”的美国，[④] 但是，民粹主义与白人身份政治汇合的危险后果却是清晰可见的。因为当越来越多的美国中下层白人被保守主义政客动员起来时，他们可能“不再把种族主义视为道德的败坏，并且有意愿与明确的白人身份政治进行捆绑”[⑤]。这样一种前景对于美国的自由民主制度来说极具破坏性，左与右两种身份政治之间的文化内战与政治斗争将严重威胁美国的国家认同和公民身份建构。

三、西方主流政治对民粹主义的认识局限

在全球化的当代，西方民粹主义与自由民主的主流政治之间正在展开一场旷日持久的战斗，但是，西方民主政治的真正困境果真就是当下民粹主义在美欧的大举进攻吗？在这个民主政治的时代，民主与它所衍生的民粹主义关系复杂难解，自由民主理论家、激进民主理论

① 米克尔思韦特、伍尔德里奇著，王传兴译：《右派国家：美国为什么独一无二》，北京：中信出版社，2014 年版。

② 亨利·A. 吉鲁：《民族身份与多元文化论的政治》，载《江西社会科学》，2008 年第 3 期，第 250 页。

③ 菲利克斯·格罗斯著，王建娥、魏强译：《公民与国家——民族、部族和族属身份》，北京：新华出版社，2003 年版。

④ 塞缪尔·亨廷顿著，程克雄译：《我们是谁？——美国国家特性面临的挑战》，北京：新华出版社，2005 年版，第 2 页。

⑤ 周濂：《“另类右翼”与美国政治》，载《读书》，2018 年第 1 期，第 30 页。

家与后马克思主义理论家对民粹主义的解释很不相同。恰如自由主义学者达仁多夫所说，“对于一个人来说是民粹主义，对于另一个人来说是民主，反之亦然”①，这种相对性的认识是理解西方政治困境的重要因素。事实上，由于主流社会在认识民粹主义方面存在两个根本性问题，直接影响到西方国家对其政治困境的判断，也大大压缩了主流政党应对、化解民粹主义挑战的政治空间。

一是民粹主义分析的方法论问题。由于民粹主义在形式上被视为一个泛泛之词，学界对其性质和内涵的理解是多元的，认为它表现出诸如意识形态、政治信仰、政治运动、政治策略甚至政治风格等多种形态；对其在政治光谱上的定位也不相同，有左翼与右翼之分，也有拒绝对其进行极化定位的。这种理解民粹主义的歧义性不利于将杂乱的现实问题纳入相对统一的概念之下进行考察并把握其发生规律。同时，学界研究民粹主义的策略本身也有缺陷，规范性分析致力于寻找关于民粹主义的一般理论，但是并不成功，常常是山头林立、莫衷一是，厄内斯特·拉克劳、尚塔尔·墨菲与斯拉沃热·齐泽克等左翼学者的系统研究并没有在自由民主学者那里得到积极回响，其他学者的各种理论论述不是因为力求全面而过于含糊，就是因为力求清晰而过于狭窄。而经验性分析则迷失在形态各异的、不断发展的实践个案中，比如对于西方民粹主义的现象学分析仅限于解释特定个案，民粹主义还不能成为一个有力的比较政治分析工具。

二是对民粹主义产生根源的反思问题。西方主流社会清楚看到了民粹主义的破坏性，批判十分坚决，但是在两个层面上仍然缺乏反思意识。在理论层面上，主流政治对民粹主义诉求的合理性、对民粹主义的认识论价值缺乏宽容理解，这妨碍了对体制局限性、合法性危机等问题的准确把握。民粹主义强调制度和规则并非民主的全部，主张

① Cas Mudde, “The Populist Zeitgeist”, *Government and Opposition*, Vol. 39, No. 4, 2004, p. 543.

将共同的集体认同和广泛的政治参与视为民主的核心，[①] 同时彰显政治斗争的情感冲突一面。无视民主的这些侧面会使以自由主义、理性主义为前提的代议制政治陷入困境。某种意义上说，任何政治集团都需要一定程度的“民粹主义”来加强自身合法化。[②] 在现实层面上，主流政治对于一些滋生民粹主义的现实问题的反思远远不够，包括财富分配是否公平的问题，既有政党制度能否满足民众参与政治需求的问题，新自由主义政治的话语霸权问题，全球化与经济民族主义、传统价值和身份认同的冲突问题等。在这些问题亟待解决之时，欧美主流学者、主流媒体却全力投入对民粹主义的围剿，呼吁加强民主力量的联合以抵制民粹主义，并将其与威权主义相勾连，这种做法实在是头痛医头、脚痛医脚的治标之策。

在西方政治生活中，对政治家的普遍不信任是常态，民粹主义这种反建制现象的出现也是在所难免。然而，批判很易，反思很难，当主流社会批判这类以反建制、反精英、反移民或反全球化著称的民粹主义运动时，最需要思考的其实是为什么民众要去反对。当人们承认民主与民粹具有客观相对性时，应该看到民粹主义与主流政治之间存在着互为因果的关系，一味地鞭挞、围剿民粹主义并不能推卸主流政治在制度上、政策上失误的责任。西方执政精英如果不从民粹主义声势浩大的反抗中思考其合理性、必然性，不反思自身制度的漏洞和政策的失误，进而将所谓威胁性的东西化解为制度正常运作的积极条件，民粹主义这个敌人将永远不倒。就此而论，如果西方政治无法走出这种恶性对抗的历史循环，这便是它的真正困境。

---

① Laura Grattan, “Populism and the Rebellious Cultures of Democracy”, in Romand Coles, et al. eds. *Radical Future Pasts: Untimely Political Theory*, Lexington: University Press of Kentucky, 2014, pp. 179-216.

② 斯拉沃热·齐泽克著，查日新译：《抵御民粹主义诱惑》，载《国外理论动态》，2007 年第 10 期，第 80 页。

第四章　西方民粹主义思潮的右翼化趋势

2016 年席卷西方世界的民粹主义高潮是 2008 年全球金融危机的直接产物，民粹主义从左翼和右翼两个方向对西方主流价值与政治制度提出了严峻挑战。从左的方向来看，“占领华尔街”运动得到了“庶民觉醒运动”“大众民主运动”与“暴民运动”“阶级战争”的双重名声，将“99%普通民众对抗 1%富贵阶级”的左翼阶级政治和社会主义话题重新带回了美国人的生活中；从右的方向来看，2016 年特朗普当选背后有着某种民族主义甚至种族主义的影子，甚至有分析家认为，特朗普的胜利代表着美国民众对奥巴马作为第一位黑人总统两度入主白宫的一个种族主义回应。① 值得注意的是，以特朗普胜选和英国“脱欧”引领的民粹主义浪潮具有鲜明的右翼化特征，表现出清晰的保守主义、本土主义和白人民族主义取向，对西方建制派和自由主义阵营所主张的价值理念和政治秩序造成了重大的冲击。在逆全球化的右翼保守主义浪潮的冲击下，欧美主流政治被迫开始反思与修正，对民粹主义尤其是右翼民粹主义展开了全面批判与围剿。

① Dana Milbank, “Trump's Many Racist Supporters”, *The Washington Post*, April 1, 2016.

第一节　民粹主义的政治分野与右翼民粹主义的强势崛起

事实上，在民粹主义作为一种政治形态出现的大约150年时间里，绝大部分的讨论并没有将其置于左与右的政治谱系中。直到2016年所谓“民粹主义元年”的到来，人们开始将美国总统大选中桑德斯、特朗普所代表的政治现象分别冠以左翼民粹主义和右翼民粹主义之称，将法国国民阵线、英国独立党和德国选择党称为右翼民粹主义政党，把意大利五星运动、西班牙“我们能”党划入左翼民粹主义政党范畴。然而，更值得注意的是，到了2019年，当民粹主义一词在公共讨论中被提及时，越来越多地指向右翼政治，指代反对多元文化、自由贸易和全球化的右翼民粹主义，它不仅与本土主义、保守主义、民族主义等理念相关联，更与种族主义、排他主义、分裂主义等极端思想相呼应。

这一政治变迁的背后，是一个需要深刻思考并回答的问题，即当2005年法国和荷兰的民众公投反对欧洲宪法时，当2008年全球金融危机爆发时，甚至当2016年特朗普当选美国总统和英国举行“脱欧”公投时，全球化进程中的资本主义危机一再显露，这本是已沉寂数十年的左翼激进政治的复兴机会，然而，为什么是右翼政治、右翼民粹主义最后占据激进政治的舞台？桑德斯之后，左翼民粹主义哪里去了？或许民粹主义的所谓“两极化”只是一个臆想的幻象，“单向极化”或“失衡的极化”才是其真实面貌，折射出左翼政治的持续衰微和民粹主义全面右翼化之间的内在关联。

一、民粹主义的意识形态光谱

虽然一些针对欧洲政党的研究常常把种族主义、民族主义等激进右翼、极端右翼与民粹主义联系在一起，[①] 但是，这种认识不能解释美欧以及拉美一些民粹主义力量从事阶级政治、支持左翼经济政策的现象。事实上，民粹主义的意识形态取向并不是单一的，尤其是在21世纪的新一轮浪潮中，左翼与右翼的意识形态极化现象同时出现。例如，欧洲民粹势力的扩张和特朗普的胜利确实较明显地表现出民粹主义的右翼化趋势，但一些南欧、东欧民粹主义政党参与执政和美国民主党的桑德斯参选则代表着民粹主义的左翼化趋势。

右翼民粹主义在西欧和北欧是一股正在上升的强势力量，在美国则因为特朗普的出现也日益集结成为一种影响美国政治走向的力量，其基本主张是维护本民族利益，反对自由贸易，反对外来移民在经济上和文化价值上的威胁，反对建制派推行的新自由主义政治经济政策。欧洲右翼民粹主义政党中有少数政党也赞成新自由主义的自由贸易和市场机制，如德国共和党和瑞士人民党等欧洲民粹主义政党也主张大市场小政府，[②] 但是民粹主义政党总体上更担心经济领域或私人领域的自由越来越被建制性力量所掌控，所以持鲜明的反建制取向。相对而言，欧洲政党政治中最有影响的右翼意识形态是建立在狭隘的、排外的民族主义利益之上的右翼威权民粹主义，它是民族主义与民粹主义的结合，主张优先保护本民族经济利益和文化价值，同时“强调通过政治强人剥夺寡头的权力，把权力直接还给人民”[③]。民粹主义与民族主义都崇信人民、民族与国家等整体性、同质性的价值，并认为人民、民族与国家是一体的，非本民族的异质元素（移民或外国文化观念）都是对本民族、本国同质性的威胁。二战以后，欧洲国家尤其是德国，

① Herbert Kitschelt, *The Radical Right in Western Europe: A Comparative Analysis*, Michigan: University of Michigan Press, 1997.

② Ronald F. Inglehart and Pippa Norris, "Trump, Brexit, and the Rise of Populism: Economic Have-Nots and Cultural Backlash", https://www.hks.harvard.edu/publications/trump-brexit-and-rise-populism-economic-have-nots-and-cultural-backlash.

③ Robert Reich, "The Big Struggle Is the Financial Elite VS Everyone Else", https://www.alternet.org/2015/11/robert-reich-big-struggle-financial-elite-vs-everyone-else.

对希特勒的极端种族主义进行过反思并将种族平等奉为普适的价值，因此，欧洲民族民粹主义者一般并不会持完全意义上的极端种族主义观。但是，右翼立场的民族民粹主义仍然表现出强烈的排他性，认为各民族虽然平等但完全不同，因为外族无法融入迁入地社会，最终会成为当地民族的价值观念、生活方式和文化统一性的威胁。[①] 在欧洲右翼民粹主义政党的阵营中，最有影响的当属法国的国民阵线、德国选择党、奥地利自由党和英国独立党等。

在美国，特朗普的主张接近欧洲右翼威权民粹主义，他在 2016 年共和党党内初选的胜利意味着共和党建制派的溃败，他的最后获胜则表明建制派的自由主义道路受到了质疑并面临修正的命运。特朗普的一系列政策主张旨在与新自由主义的政治理念划清界限，他的两条竞选口号都散发出回归民族与传统、国内利益至上的民粹主义气息。“美国优先”（America First）的口号是二战时期著名的孤立主义口号，特朗普要将美国的全球化航向反转到贸易保护主义上，对共和党建制派主张的国际自由贸易持否定态度，主张采取高关税等重商主义手段减少贸易逆差、扩大国内就业；“让美国再度伟大”（Make America Great Again）的口号同样意味深长，在特朗普的支持者看来，“再度伟大”的“美国”将是以白人为主体的“旧美国”，一个盎格鲁-撒克逊文化主导的传统美国。特朗普在竞选中多次使用“我们”（We），意思是他和他的支持者构成一个亲密无间的群体“我们”，是由“我们”使美国再度伟大的，而黑人和拉丁裔则不属于“我们”。[②] 在走向大政府、本土优先、保护主义的道路上，正如政治经济学家罗伯特·赖克（Robert Reich）所说：“右翼威权民粹主义常常会将弱势的少数族群体

① 李凯旋：《民粹主义在当代欧洲兴起的根源》，载《当代世界》，2016 年第 8 期，第 57 页。

② David Graham, “How Donald Trump Speaks to-and About-Minorities”, https://www.theatlantic.com/politics/archive/2016/05/the-way-donald-trump-speaks-toand-aboutminorities/481155/.

当成替罪羊，包括移民。”[①]

左翼民粹主义的表现则迥然不同，它沿袭着民粹主义最正统的以阶级政治为核心的历史道路，专注于反对造成贫富悬殊、经济不平等的新自由主义政策弊端。民粹主义的左翼路径最初与马克思主义的反资本主义立场有某种联系，至今仍包含新左翼意识形态、激进民主社会主义的成分。爱德华·席尔斯认为：“对于长期形成的等级政治的统治阶级，这些阶级垄断着权力、财产、教养及文化，在他们所实施的统治过程中，哪里有普遍的怨恨情绪，哪里就有民粹主义。”[②] 但是，20世纪80年代以来，西方左翼力量事实上已经放弃了激进革命路径，与中右派力量达成新自由主义改革的政治共识，当然他们也不赞成走上妥协的、抛弃劳工阶级而与大资本家、保守势力共享权力的“第三条道路”。罗纳德·英格尔哈特认为，政党意识形态的定位常常以对经济再分配政策的态度来判断，劳工政党在左翼，而保守主义政党在右翼。[③] 左翼的共产党、社会党和社会民主党支持国家对经济的管制，强调通过经济再分配来保障平等正义，倡导累进税制、福利国家和扩张的公共服务。应该说，左翼民粹主义是左翼阵营中一种专注于阶级政治、经济议题的激进政治形态，它站在经济上弱势的底层阶级立场上，要求限制大资本对政治的影响力，支持制定可以保障广泛的财富共享和平等分配的法律和规则。

在当代欧洲，左翼民粹主义的势力发展远不如以种族政治为核心议题的右翼民粹主义，但是在2008年全球金融危机后的南欧和东欧，它的影响力仍然呈现爆发式增长，其中具有代表性的政党有希腊的激进左翼联盟、西班牙的“我们能”党等，另外，保加利亚的“阿塔

---

① Robert Reich, “Big Struggle Is the Financial Elite VS Everyone Else”, https://www.alternet.org/2015/11/robert-reich-big-struggle-financial-elite-vs-everyone-else.

② Edward Shils, *The Torment of Secrecy: The Background and Consequences of American Security Policies*, Glencoe: Free Press, 1956, pp. 100-101.

③ Ronald Inglehart, “Inequality and Modernization”, *Foreign Affairs*, Vol. 95, No. 1, 2016, pp. 2-10.

卡”联盟、匈牙利的尤比克党虽然在政治上被认为是极右翼政党，但是他们支持经济再分配和社会保障的政策，因此在经济上看仍然具有某种左翼民粹主义色彩。

在2016年的美国大选中，左翼民粹主义的兴起与桑德斯的参选有关。桑德斯是美国国会唯一信奉社会主义的参议员，他动员和领导了一场旨在反对新自由主义导致贫富分化加剧的左翼社会运动，改写了美国选举的政治传统，即在以个人自由、私有产权为核心的“美国信条”主导多年之后，使得社会主义至少不再是一个禁忌词汇。虽然桑德斯在民主党党内初选中不敌资源雄厚的希拉里，他的参选止步于党内初选，但却成功地发起了一场左翼社会运动。有评论甚至认为，桑德斯的竞选活动实际上是一场伪装成总统竞选的左翼民粹社会运动，认为他的目的是为美国主流政治注入这样一种左翼观念：美国剧烈的经济不平等现象并非右派所说的“必要的恶”，而是源自那种将个人主义和竞争凌驾于公共福利之上的经济体系，应当而且能够通过政治行动加以改变。[①] 桑德斯从“占领华尔街”运动提出的“我们是99%”的激进诉求中挖掘出阶级政治复归的核心元素——经济不平等，他提出了一套连贯而具体的经济改革方案，包括为富人增税、强化金融监管、政府出资的全民医疗保险、公立大学教育免费、提高最低工资、投资基础设施建设以创造就业机会等。不管这套方案受到多少自由派人士的质疑和反对，桑德斯的左翼民粹主义显然为美国政治提供了一个选项。

必须承认的是，这一轮民粹主义浪潮中的左右极化并不平衡，虽然左翼民粹主义因其改良气质而更具包容性，但在西欧和美国的影响力相对不如右翼民粹主义，就势头而言，狭隘和排他的右翼民粹比左翼民粹更为强劲。2012年1月，弗朗西斯·福山曾发表《历史的未来：自由民主能否在中产阶级衰落后幸存》一文，认为金融危机后全

---

① Lucia Osborne-Crowley, “As the Sanders Campaign Ends, the Movement Continues”, http://www.abc.net.au/news/2016-07-15/osborne-crowley-as-the-sanders-campaign-ends/7633444.

世界最令人困惑的特征之一是民粹主义主要来自右翼，而不是来自传统的左翼，他将其归咎为左派思想的缺失。[①] 确实，直到“桑德斯现象”出现之前，在思想引领和社会动员方面，数十年内确实没有一位左翼思想家能够对经济变迁中的发达社会给出连贯一致的结构分析，也没有一位左翼政治家能够提出保护中下层阶级的现实可行的政治议程。20 世纪 80 年代以来西方社会发展的一个基本事实是，劳工阶级在不断萎缩，劳工运动已经近乎偃旗息鼓，贫富分化、经济不平等现象与其他非经济议题交织在一起，单纯的阶级政治议题很难成为重大的社会议题，而一些因全球化引发的诸如性别平等、环境保护、种族多元、文化宽容等议题则越来越多地进入政党竞选纲领，因此，这一趋势并不是某一位左翼思想家或政治家所能改变的。在组织化力量方面，20 世纪 50 年代美国国会通过的《全国劳工关系法案》和《劳工管理关系法案》已经注定了美国劳工政党的衰落，1955 年，美国最大的两个工会组织“劳工联合会”和“产业工会联合会”重新合并为“劳联-产联”，美国工会从此仅仅成为一种代表工人利益的社会机构，不再具有政党特征。[②] 美国的阶级政治则再无组织化力量推动了，财富分配不公等经济议题对美国政治的影响直到“占领华尔街”运动，才再次成为焦点。但是，历史吊诡的一面却是，左翼政治在复兴之时却面临新的挑战，因为它的社会基础发生了重大改变。政治社会学对于西方选举政治有一个众所周知的判断，即认为劳工阶级选民倾向于支持左翼政党，而中产阶级选民更多支持右翼政党，这种判断在 20 世纪五六十年代时大致是准确的，但是到了 21 世纪初叶，随着后工业时代的后物质主义议题大量涌现，左翼思想和左翼政党的支持者越来越多地来自中产阶级，而越来越多的劳工阶级转而支持右翼保守主义。

---

① Francis Fukuyama, “The Future of History: Can Liberal Democracy Survive the Decline of the Middle Class?”, *Foreign Affairs*, Vol. 91, No. 1, 2012, pp. 53-61.

② 黄湘：《美国裂变——大历史转折点上的总统大选》，北京：中信出版集团，2016 年版，第 12 页。

虽然左翼政治相对衰微而且社会基础发生了改变，但是在这一波民粹主义新浪潮中，它却与右翼同时再现。金融危机后，左翼民粹主义在南欧涌现与右翼民粹主义在西欧与北欧强势回归，桑德斯的左翼民粹与特朗普的右翼民粹在美国大选中同时出现，这些情形都绝非偶然。正如罗纳德·英格尔哈特所指出的，尽管桑德斯和特朗普在民粹主义的意识形态光谱上位于对立的两极，但是特朗普的言辞中隐约可见桑德斯在反大财阀、大银行家时清晰表达的反精英的民粹主义愤怒。① 西方民粹主义政治两极化的同时兴起，与 80 年代以来的全球化发展有密切关系，它们肇始于同一种对于新自由主义的反对。

二、左、右翼民粹主义支持结构的变迁

在西方左翼学者看来，这一波反全球化浪潮中的左翼民粹主义，并非是真正的社会主义运动在西方的复兴，最多只是桑德斯式民主社会主义的一时之兴，20 世纪 70 年代以来左翼政治的衰微之势并未得到改善。由于选举竞争的需要，激进的左翼政党与极端的右翼政党都将民粹主义视为一种有效的体制外动员机制，但它们在动员对象或者社会基础的选择上完全不同。左翼政党强调阶级性和平等性，注重劳工阶级和草根群体的支持；右翼政党则强调民族性和本土性，注重本国人或本民族的支持。然而，20 世纪 70 年代的新社会运动以来，左右翼的社会支持结构发生了重大改变。这数十年间，不仅各社会阶级的利益诉求、价值观念发生了变化，而且主要社会阶级的规模、力量和立场也有所改变，劳工阶级萎缩与中产阶级扩大就是这些变化的结果。走民粹主义路线的左翼政党与右翼政党调整了它们的动员策略，对劳工阶级和中产阶级采取了不同的态度。

① Ronald F. Inglehart and Pippa Norris, "Trump, Brexit, and the Rise of Populism: Economic Have-Nots and Cultural Backlash", https://www.hks.harvard.edu/publications/trump-brexit-and-rise-populism-economic-have-nots-and-cultural-backlash.

葡萄牙社会理论家桑托斯（Santos）曾将20世纪最后40年视为全球左翼思想和实践陷于退化危机的年代，称其为“孤寂的四十年”[①]。根据西方左翼理论，劳工阶级萎缩是20世纪下半叶社会主义运动衰微的最重要因素，是产业工人富裕化和内部分化的直接后果。英国左翼社会理论家戈兰·瑟伯恩（Goran Therborn）认为，20世纪70年代见证了20世纪工人运动失败前的最后高潮，因为这正是社会主义主张占据激进思想主流的时候，如英国矿工工会提出打倒希思政府的激进思想、瑞典社会民主党提出“工薪阶层”基金的主张、法国左翼要求全面国有化和“与资本主义决裂”等等。[②] 戈兰·瑟伯恩的判断没有错，70年代的左翼运动确实是强弩之末，它在历史上曾经依赖的社会基础正在发生重大改变。随着发达资本主义国家的去工业化和产业结构的转型，工业所占比重不断下降，劳工阶级的整体规模与影响力大大萎缩，仅仅是20世纪最后40年间，美国的制造业产业工人占总人口的比重就从43%降到16%，英国是从36%降到19%，荷兰是从30%降到19%。

在规模、影响力不断萎缩的同时，劳工阶级的价值观也在发生变化。在战后数十年的经济繁荣中，西方劳工阶级在整体上得到了福利制度的很好照顾。在美国，福利制度在20世纪70年代之前得到了快速发展，尤其是20世纪30年代的罗斯福新政和20世纪60年代的约翰逊“伟大社会”计划，都推动了福利制度的不断完善。虽然福利制度没有改变社会贫富分化的现实，也没有改变资本主义制度剥削的本质，但是社会福利措施弱化了西方劳工阶级的阶级意识。[③] 安东尼·吉登斯对20世纪70年代左翼运动降温的解释是，当社会主义将注意力

---

① 鲍温图拉·德·苏撒·桑托斯著，彭学农等译：《全球左翼之崛起》，上海：上海人民出版社，2013年版，第1页。

② 戈兰·瑟伯恩著，付小红译：《论21世纪的工人阶级》，载《马克思主义研究》，2013年第8期。

③ 雷虹艳：《21世纪初美国社会主义运动面临的机遇与挑战》，载《世界社会主义研究》，2018年第1期。

放在改良主义的社会主义所关注的福利国家时，社会主义即退出了激进主义并转向守势。[①] 在经济斗争的必要性下降之后，劳工阶级的目标追求也发生了转移，他们日益认同后物质主义价值，更关心人权、环保等非经济议题，这些建立在人道主义价值之上的目标并不需要革命的斗争精神，只需要多元文化主义的宽容与自由意识。这种情况导致人们基本上不是在阶级运动和阶级斗争的层面讨论今天的西方左翼政治。对此，埃里克·霍布斯鲍姆曾在 1978 年的一场演讲中忧心忡忡地质问："劳动者前进的步伐停止了吗？"劳动者会在什么情况下停止激进行动？维尔纳·桑巴特早在 70 年前已经预见并回答了这个问题，1906 年，他在《为什么美国没有社会主义》中指出："在烤肉和苹果派面前，一切社会主义的乌托邦都烟消云散了。"[②]

与劳工阶级的规模萎缩和意志消退不同，中产阶级的队伍则在不断扩大。这既是富裕后的产业工人加入的结果，也是白领阶层尤其是公共部门雇员队伍扩大的结果。从 20 世纪 60 年代到 20 世纪末，美国的非体力劳动者占人口比例从 43%增长到 58%，并且一直保持发展势头。西方国家步入中产阶级时代的这 40 年间，由于经济增长与繁荣使得消费品增多、福利国家制度使得资源分配渐趋公平，社会成员中开始盛行消费主义的经济观和后物质主义的价值观，社会结构也开始"从 19 世纪晚期和 20 世纪初期的金字塔型转变为类似中间凸出的钻石型"[③]。20 世纪 70 年代初美国的中等收入家庭占所有家庭比例达到 61%，而低收入家庭和高收入家庭的比例分别是 25%和 14%，贫富差距并不严重。于是，发达的资本主义国家常常自称为中产阶级社会，以标榜其以资本、市场与消费为基础的制度吸引力，于是在全球范围

---

① 安东尼·吉登斯著，李惠斌、杨雪冬译：《超越左与右——激进政治的未来》，北京：社会科学文献出版社，2009 年版，第 72—73 页。

② W. 桑巴特著，王明璐译：《为什么美国没有社会主义》，北京：社会科学文献出版社，2003 年版，第 190 页。

③ 西摩·马丁·李普塞特：《欧洲左翼的美国化》，载拉里·戴蒙德、理查德·冈瑟等著，徐琳译：《政党与民主》，上海：上海人民出版社，2017 年版，第 57 页。

内，这样一种社会形态成了人们对未来社会的想象。戈兰·瑟伯恩认为，全球中产阶级时代已经成为21世纪初具雏形的构想，因为20世纪的工人从记忆中消失了，无产阶级领导的解放全人类的伟大使命，被实现中产阶级身份的普遍抱负所替代。① 中产阶级的成长与壮大对应着劳工阶级的萎缩与消沉，左翼阵营除了在价值与观念上向右调适之外，也不得不调整了自己的民粹主义动员策略。

于是，西方左翼政党更多地向正在成长的中产阶级而非所占人口比例正在下降的产业工人和穷人寻求支持。② 2016年美国大选期间的民主党政治家桑德斯被认为是左翼民粹主义的代表，但他本人从未表示其代表劳工阶级，而只是声称代表一个认同欧洲民主社会主义、美国进步主义的更广泛群体，在美国，这一群体就是社会中坚力量——中产阶级。当然，桑德斯只是延续了新社会运动以来左翼政治日益远离劳工阶级而倒向中产阶级的趋势，因为早在1968年之后的政治重组中，美国民主党已经离开白人劳工阶级，与中产阶级达成了价值共识和组织上的同盟关系。因此，20世纪70年代以来，西方左翼政党的民粹主义动员基本上围绕中产阶级的价值观与社会政治诉求展开，放弃了以经济平等为目标的阶级政治，转而投入以后物质主义为价值观基础的身份政治。总体来说，西方中产阶级普遍受过更好的教育，不仅生活稳定富足，而且更关心非经济议题或社会议题，如环境、健康、教育质量、个人道德、妇女权益、少数群体权益等，这些关怀被纳入后物质主义价值体系。罗纳德·英格尔哈特对后工业社会进行过最有实证意义的价值观调查，他发现，在后工业社会中，后物质主义价值变迁和阶级冲突减少是后半个世纪富裕环境不断扩大的结果。③ 日益庞

---

① 戈兰·瑟伯恩著，付小红译：《论21世纪的工人阶级》，载《马克思主义研究》，2013年第8期。

② 西摩·马丁·李普塞特：《欧洲左翼的美国化》，载拉里·戴蒙德、理查德·冈瑟等著，徐琳译：《政党与民主》，上海：上海人民出版社，2017年版，第57页。

③ Ronald Inglehart, "The Silent Revolution in Europe: Intergenerational Change in Post-Industrial Societies", *American Political Science Review*, Vol. 65, No. 4, 1971, pp. 991-1017.

大的中产阶级队伍被认为是理想社会的基础，自然也是理想政治的动力，左翼民粹主义将其视为必然争取的新兴势力。

然而，戏剧性的是，在21世纪初的经济全球化环境中，劳工阶级却成了右翼、极右翼政党的支持力量。欧洲右翼、极右翼政党日益将目光转向中下层尤其是劳工阶级，试图从这一群全球化的“失意者”身上挖掘保守主义的潜力，从结果来看，他们显然成功了。一项关于丹麦和挪威激进左翼与激进右翼政党的选民阶级构成的研究表明，相比于激进左翼政党在中产阶级（社会文化、技术领域与自由职业领域）中高达40%的支持率，激进右翼政党在中产阶级中只得到了13%的支持；但是，意味深长的变化却是，两国右翼政党的支持力量中有68%左右来自生产领域、服务领域的劳工阶级，而激进左翼政党在这一群体中的支持者只占约40%而已。[①] 正是经济全球化近40年来的社会阶级结构变迁，改写了右翼政党与劳工阶级势不两立的历史定势。劳工阶级在新社会运动和新自由主义的双重冲击下不断萎缩、弱化，遭到左翼政党的切割与放弃。这一阶级不仅失去传统的政治代言人，在政治上无所适从，而且在经济上日益贫困化，成了全球化的利益受损者和现代化的失意者。为了赢得劳工阶级选票和摆脱边缘小党的地位，极右翼的民粹主义政党如法国国民阵线、英国独立党、德国选择党等抓住了历史机遇，调整动员策略，为劳工群体提供了表达不满、恐惧和愤怒的途径，提出了诸如反移民、反欧元、反自由贸易、保护劳工等竞选纲领，将民族议题、阶级议题掺杂一起，得到了多数工人的支持。玛丽娜·勒庞在2017年法国总统选举的第二轮投票中得到了34.5%的选票，差不多是其父在2002年大选中所获选票的两倍（17.8%），但令人惊异的是她在工人中获得支持的比例高达56%。[②]

---

① Daniel Oesch, “The Class Basis of the Cleavage Between the New Left and the Radical Right: An Analysis for Austria, Denmark, Norway and Switzerland”, in J. Rydren ed. *Class Politics and the Radical Right*, London: Routledge, 2012, pp. 31–51.

② 田野：《全球化、要素禀赋和政党重组——对欧洲民粹主义浪潮的一项解释》，载《教学与研究》，2018年第10期。

“正是那些被定义为蓝领选民的劳工阶级在很大程度上造成了右翼民粹主义的成功”[①]，这种成功除了指右翼民粹主义对全球秩序和国家政治的冲击之外，还意味着右翼民粹主义成功吸引了那些在经济和社会福利上处于弱势地位的人群（以劳工阶级为主）。在西方左翼政治消沉40年之后，在民粹主义的巨大浪潮中，右翼、极右翼政党最终取代了左翼，成为劳工阶级的代言人，这不能不说是历史戏剧性的一面。

历史发展的戏剧性还不仅于此。在左翼民粹主义阵营疏远劳工阶级，转而争取中产阶级的支持之后，中产阶级的壮大之势在经济全球化中却消退了，欧美严重的贫富分化导致一个意料之中的结果，即中产阶级的萎缩，这使得左翼阵营的民粹主义动员缺乏足以盖过右翼风头的强有力的社会支持。根据美国皮尤研究中心（Pew Research Center）的最新研究，美国中等收入家庭占所有家庭比例已经不到一半，从1971年的61%减少到2016年的49.4%。[②] 一方面是将劳工阶级拱手让与右翼民粹主义政党，另一方面是现有的社会基础出现萎缩危机，这就是左翼阵营面临的现实。雪上加霜的是，在社会支持虚空的危机当中，民粹主义左翼政党仍陷于身份政治、生活政治的漩涡而无法自拔，难以重回经济议题并重新占据分配正义的道德优势。

三、左、右翼民粹主义议题选择的变迁

近40年的新自由主义全球化过程中，欧美各国政府在经济上普遍放松国家管制，资本、商品和劳动力的全球流动使得资本总量急剧膨胀，资产者在市场原则的支持下大量集中财富，而劳动者却因政府缺乏对资本的有效管控、忽视社会福利和再分配机制而陷于被剥夺的不

① 安东·佩林卡、张也：《右翼民粹主义：概念与类型》，载《国外理论动态》，2016年第10期。

② 张新宁：《如何理解美国2016年大选中的“社会主义”因素》，载《当代世界与社会主义》，2016年第2期。

利境地。美国麦肯锡集团的研究显示，2009—2016 年，意、英两国 90%的家庭收入停滞甚至下降；在英国，100 家上市公司 CEO 的平均薪酬在 2010 年已经是普通工人的 160 倍，2014 年则攀升到 183 倍，60%的劳动者承认“普通人与高管的薪酬差距使其失去工作动力”。[①] 美国学者大卫·施韦卡特（David Schweickart）曾指出自由市场资本主义的七大问题，其中最严重的是惊人的贫富分化和持续增长的失业率。[②] 虽然客观上存在的较大贫富差距并不必然导致民粹主义的反抗情绪，但是，当贫富差距存在的事实通过特定的方式（如政党宣传、社会运动）被显著感知时，就会诱发普遍的社会不满和对立情绪，形成中下层的相对剥夺感，这是激发民粹主义运动的重要因素。

2008 年全球金融危机之后，欧美中下层民众普遍地对主流政党解决财富分配不公问题的诚意与能力失去了信任，处于弱小、边缘地带的民粹主义政党或非主流政治人物趁机提供各种新自由主义之外的替代方案，强化反建制、反主流的社会舆论。虽然左翼与右翼的民粹主义政党都纷纷呼吁还人民以主权，共同指责当局与“普通民众即政治共同体的‘真正’公民或选民之间是分离的，是无代表性的或不负责的”[③]，但在议题建构与选择、大众动员方面，两类政党走的道路完全不同，影响与结果也随之不同。

（一）左翼民粹主义政党的议题选择与政治动员

为应对全球化带来的金融危机、社会危机，欧美的一些中右翼政府采取了紧缩政策，削减社会福利，引起了民众的强烈不满，左翼民粹主义政党利用这种不满，提出了以反紧缩政策和再分配为核心的方

---

① 董一凡：《当前欧洲民粹主义的主要特点及发展趋势》，载《当代世界》，2018 年第 9 期。

② 大卫·施韦卡特著，黄瑾译：《超越资本主义》，北京：社会科学文献出版社，2011 年版。

③ Carlos de la Torre, *The Promise and Perils of Populism: Global Perspective*, Lexington: The University Press of Kentucky, 2015, p. 142.

案。创建于2014年的西班牙“我们能”党提出了典型的左翼民粹主义政见，包括反紧缩、反全球化、反私有化，主张加强对经济的公共控制和减少贫困等，这一左翼政党得到了较多民众的支持，曾创下20天内10万人入党的记录。[①] 反紧缩是要求政府保障或扩大社会福利，缓解中下层的贫困问题，它强调国家干预的正当性和必要性，再分配政策同样是依靠国家干预来解决财富分配不均的问题。希腊激进左翼联盟是欧元区第一个执政的反紧缩政党，也是一个持比较明确的左翼民粹主义立场的政党，该党反对新自由主义片面化强调自由市场、反对私有化政策、主张“劫富济贫”的再分配政策。法国左翼党在2012年已经提出“共享财富与消除社会不稳定”的政见，2017年法国总统竞选期间，左翼党领袖梅朗雄领导了“不屈的法国”竞选运动，主题就是财富重新分配和解决社会贫富分化问题，呼吁从金融寡头那里夺得财富来实施这些方案。

左翼民粹主义政党在经济理念上强调分配平等和结果平等，在经济政策上以再分配和反紧缩为基本诉求，这些理念与政策得到了大众较广泛的响应，也符合其追求平等公正的政治纲领和左翼政党的身份定位。一般来说，左翼政党主张通过强调国家干预、政府功能来弥补自由市场、资本流动带来的不平等问题，确实有纠偏功能，但在实践中却很难找到切实可行的解决方案。原因在于，一方面，不平等问题不是一个仅仅通过经济手段就可以解决的财富分配问题，它是一个复杂的社会政治问题。金融危机、经济衰退、财政赤字、社会福利收缩是新自由主义结构性缺陷带来的连锁反应，扩大社会福利首先需要解决严重的财政赤字问题，需要推动经济增长和扩大国家财政收入；收入再分配政策则需要同时解决失业率居高不下的问题。另一方面，左翼民粹主义政党的政策主张很难得到右翼的认同。在美国，反大政府主义的传统很难撼动，左翼民粹主义者桑德斯的“民主社会主义”只

① 田德文：《欧洲民粹主义政党崛起的原因与走势》，载《当代世界与社会主义》，2017年第2期。

是主张财富的再分配，建立北欧式“福利社会”，并不赞同建立一个以反对资本主义、工人控制生产资料为核心的社会主义社会。[①] 当然，桑德斯的政策主张如要实现，仍然离不开政府权力扩张，因此具有一定的激进色彩，也使得右翼精英感到紧张和警惕，不仅共和党反对，民主党的主流派也不接受桑德斯的立场，连民主党的核心选民如少数族裔等群体也没有积极回应。

在40年的新自由主义实践中，左翼政党全面拥抱自由民主制度，认同自由市场规则，否定福利国家，放弃了阶级斗争与社会主义目标，这种努力“让资本主义变得人性化一些”[②]的立场与传统左翼的平等主义和反资本主义目标是背离的。欧洲许多左翼政党接受了后物质主义价值观，逐渐脱离了与劳工阶级联系紧密的经济议题和阶级政治，改变了议题导向，投入到以人权平等取代经济平等的新政治议题，即所谓环境政治（绿色和平、生态主义）、身份政治（少数群体平等）或身体政治（性取向平等）等。西摩·马丁·李普塞特曾尖锐地指出，左翼阵营的这些新政治议题“导致更保守和自以为是的社会的产生”[③]。基于改善生活质量为目标的权利平等与劳工阶级追求的经济利益平等之间，本质上是后物质主义与物质主义两种价值观的差异，左翼民粹主义的议题选择远离劳工群体和草根阶级的需要，后物质主义价值观受到财富分配问题突显的冲击，在劳工阶级中的动员力大大下降。

（二）右翼民粹主义的议题选择与政治动员

应用了民粹主义动员策略的极端右翼阵营偏重文化保守主义，强

---

① 门小军:《伯尼·桑德斯的“民主社会主义”评析》,载《当代世界社会主义问题》,2017年第1期。

② 陆振华:《桑德斯要在美国发起一次“革命”吗?》,载《21世纪经济报道》,2015年11月4日,第7版。

③ 西摩·马丁·李普塞特:《欧洲左翼的美国化》,载拉里·戴蒙德、理查德·冈瑟等著,徐琳译:《政党与民主》,上海:上海人民出版社,2017年版,第65页。

调本土取向和民族主义议题，并不热衷于财富分配议题。2008 年全球金融危机之后，美国爆发了左翼民粹的“占领华尔街”运动和右翼民粹的茶党运动，根据 2011 年 10 月的一项民意调查，这两大运动追随者中的绝大部分都同意“政府被特殊利益群体掌控了”这一观点，体现了两个运动所具有的反建制的民粹立场，但显著的差异在于，82%的“占领华尔街”运动支持者认为“美国有太多的不平等”，相比之下，茶党运动人士当中只有 26%的人同意这一点。[①] 这反映了左右翼阵营对不平等问题的敏感度和兴趣很不相同。当然，在全球化带来的金融、经济和社会危机面前，右翼民粹主义势力为了争取规模萎缩但抗争性极强的劳工和底层选民，也开始将财富分配问题纳入议程。

在分配问题上，民粹主义的左翼侧重依靠国家干预的结果平等，如主张再分配；右翼则强调弱化国家权力的机会平等，如强调自由原则，这使得右翼在议题设置方面并不具优势，不易争取劳工群体。但是，由于全球化既带来了纵向的、以财富分配不公为焦点的阶级冲突（不平等问题），也带来了横向的、以劳动力流动为核心的族群冲突（移民与难民问题），于是右翼民粹主义政党与政治人物有机会将民族主义和社会主义的不同成分混合到政纲里，将其打包成一个对劳工阶级或本国人民都有动员意义的民族民粹主义新议题，新议题既涉及文化性的族群政治，又涉及经济性的阶级政治，动员范围非常广。

一直以来，右翼民粹主义就试图将其真正关注的本土议题、民族议题列入政治日程。当 20 世纪 70 年代左翼政治的激情被物质繁荣消磨掉时，“随着制造业向服务业转移，以阶级为基础的政治已经在西方消退，一连串全新的政治运动，包括复兴的族群民族主义，正在取而代之”[②]。经济全球化的整个进程中，这种民族主义暗流一直存在，

---

① John B. Judis,“All the Rage”, https://newrepublic.com/article/136327/all-rage-sanders-trump-populism.

② 安东尼·史密斯著，叶江译：《民族主义：理论、意识形态、历史》，上海：上海人民出版社，2011 年版，第 149 页。

2005 年 5 月和 7 月，法国与荷兰先后就欧洲宪法举行公投，移民问题和欧盟东扩问题成了两国民众投反对票的重要原因，推动和引领这种民众反对的让-玛丽·勒庞和皮姆·富图恩（Pim Fortuyn）是两位极端仇外的民族主义者、右翼民粹主义者，他们第一次将移民问题与贫穷、无安全感和孤立感联结在一起。[①]到了 2016 年，英国“脱欧”公投和美国特朗普当选这两个重大事件最终将反移民、反全球化的右翼民粹主义议题带入国家政治和全球政治之中。当特朗普将他的主要支持者定位在“白人劳工”时，“白人”与“劳工”背后的种族色彩与阶级色彩极其醒目。美国学者朱迪斯·巴特勒尖锐地指出，“特朗普的危险之处表现于他对民主政治存在潜在的巨大危害”，因为特朗普体现了白人对黑人民权运动的对抗和民粹主义的暗流涌动。[②] 而英国独立党因其反欧盟的单一议题动员而得以集结广泛的政治不满，包括对国内权贵阶层的不满、对欧盟政治精英及其政策的不满、对外国移民及其宗教信仰的不满等等，英国“脱欧”公投既有民粹主义的反精英、反权贵取向，也有民族主义的反移民、反全球化取向。

当右翼极端主义者将民族主义与民粹主义拼凑到一起之后，结果常常是经济议题与阶级议题被稀释、淡化，进一步突显的是越来越强势的民族主义、种族主义。事实上，这类族群议题才真正代表了右翼和极右翼的保守主义立场，从左翼那里抢夺过来的经济与阶级议题更多的是一种基于动员目的的策略设计。如特朗普因承诺严厉管束精英而得到劳工阶级的支持，他在推特上承诺“我必须要‘抽干沼泽’（Drain the Swamp）”，声称要终结华盛顿被有钱有势者绑架的腐败情形，以迎合他的中西部劳工支持者们对美国日益严重的经济不平等的愤慨。[③] 但是，特朗普上台后并没有在劳工阶级关注的分配正义问题上

---

① 艾里克·琼斯：《欧洲的民粹主义》，载史志钦主编：《全球化与世界政党变革》，北京：中共中央党校出版社，2007 年版，第 187 页。

② Scott MacLeod，“Global Trouble”，*The Cairo Review of Global Affairs*，No. 23，2016.

③ 简·迈耶著，黎爱译：《金钱暗流——美国激进右翼崛起背后的隐秘富豪》，北京：新星出版社，2018 年版，第 ii 页。

有积极作为，反而不加掩饰地大幅为大企业和资本集团减税，他在为工人创造就业机会上的政绩远不及他在反移民、反自由贸易等方面的大胆作为。

左翼理论家温迪·布朗（Wendy Brown）认为，资本主义民主的主体是现代性的、道德自主的，但它的另一面却是白种男性的、殖民主义的，这一面导致并维持了等级制、排斥和暴力。[①] 在经济全球化的时代里，右翼民粹主义早已全面嵌入这种民主体制，并以本土、阶级、种族、民族等不同性质的群体之名，制造各种激进、极端的民族民粹主义议题，掀起了民族主义与民粹主义的合流之势，这一趋势既为民族主义提供了重振的路径，又为民粹主义找到了全新的主题。当前来看，右翼民粹主义呈现出左翼民粹主义无法企及的强劲势头。

第二节　右翼民粹主义的威权化问题

对于大部分国家来说，民粹主义是一种可能反复出现的反抗性政治现象，在拉美或者一些欧洲国家，它甚至成为一种主流的意识形态。21 世纪以来，许多西方国家在对外的经济全球化和对内的民主治理方面同时陷入困境。2008—2016 年，民粹主义运动发动了对全球化的激烈抵抗，触发阶层与族群对抗，冲击既有体制甚至动摇核心价值，日益突显其右翼化、威权化面向，即日益与强人政治、国家威权和民族主义合流。右翼民粹主义本质上是一种民族民粹主义，在危机频发的 21 世纪表现出清晰的威权化趋势。

新冠疫情在全球范围内的流行为国家治理和国内、国际政治带来了较大的不确定性。在西方，自由主义价值与公共卫生、生命健康的需要发生了激烈的冲突，在严格的疫情防控背景下，边境封闭、群体隔离的非正常状态创造了更容易被动员的政治环境和公众情绪，“在政

① 吉奥乔·阿甘本编著，王文菲等译：《好民主，坏民主》，上海：上海社会科学院出版社，2014 年版，第 97 页。

治领域中，‘危机’的修辞可用于吸引注意力和突出紧急性，主张特殊时期需要特殊措施”①。为了迅速控制新冠疫情，保障公众健康，尽快走出因疫情造成的经济危机，西方民众渴望强硬果断的领导人、有所作为的政府和凝聚共识的民族主义。当特朗普输掉总统大选时，尽管自由派重新燃起了修正极端保守主义路线的希望，但是保守派的选举挫败和特朗普的黯然下台并不意味着右翼民粹主义的终结，相反，疫情灾难及其引发的经济与社会危机在西方创造了民粹主义延续和升级的新契机，使得右翼民粹主义的威权化倾向更为清晰。即便是后疫情时代到来，强人政治、国家威权和民族主义共同打造的威权民粹主义对全球政治和国家治理的挑战仍将长期存在。

一、强人政治与民粹主义的聚旗效应（Rally - Around - The - Flag Effect）

从政治形态上看，民粹主义的威权体现为对强人政治、魅力领袖的青睐。民粹主义是一种追求大众民主却又依赖威权政治的二元矛盾体，一方面，民粹主义产生于民主政治的时代，反对专制独裁，不信任精英政治，追求大众民主的理想主义目标；另一方面它将大众民主的实现寄望于特定政治精英，呼唤政治强人的领导。两面性的民粹主义体现了大众民主与威权政治之间的矛盾统一，而强有力的魅力领袖几乎从未缺席过任何一场民粹主义运动。人们相信“民粹主义的兴起是一种更加针对个人的政治回归，其中政治领导人发挥着非常重要的作用，而体制则往往不被信任”②。库尔特·韦兰德将民粹主义理解为一种政治策略，而不是一种意识形态，他根据大众民主组织化与制度

① 罗杰斯·布鲁贝克：《对民粹主义的追问》，载《马克思主义与现实》，2020 年第 4 期，第 147 页。

② 伊万·克拉斯特夫：《多数的未来》，载海因里希·盖瑟尔伯格主编，孙柏等译：《我们时代的精神状况》，上海：上海人民出版社，2018 年版，第 123 页。

化的程度不同，将民粹主义的个人领导视为政府组织的最终形态之一。① 从民粹主义的历史实践来看，政治运动引领和意识形态建构都离不开政治精英特别是魅力领袖的作用，强有力的个人化领导或克里斯玛型领袖始终是民粹主义的标志性特征之一。从早期的俄国民粹派、美国人民党，到20世纪中叶的拉美民粹主义，再到21世纪反全球化的右翼民粹主义，几乎所有的民粹主义运动都与某些极具号召力的强硬派领袖有关，他们领导了一场场反建制、反精英的大众运动，提出了一套套俘获民心的政治论述，他们中的某些人还建立了威权式的政治领导。

21世纪的右翼民粹主义浪潮以西方社会为主战场，冲击着自由民主的主流价值。在美国和欧洲，民粹主义政治家无论是在野还是执政，都充分利用了经济全球化引发的文化沙文主义、反移民愤怒和多数主义狂暴来建立政治权威。肯尼斯·罗伯茨（Kenneth Roberts）认为，民粹主义只是一种体现民众主体性的形式而已，实际上“民粹主义通常指某个政治人物对于民众主体性的擅自挪用，他通过控制社会动员的渠道、节奏和组织形式而在运动中起到主导作用”②，因此，在民众主体性的形式之下，民粹主义实际上是一种政治精英对大众的利用。这一解释也适用于描述特朗普2016年的选战，因为“民粹主义根本不需要广大选民参与集体行动，而只需要个人在国内选举或全民公投中投出自己的一票而已……民粹主义通常是由一个反精英的领导者自上而下地发动广大选民”③。这种自上而下地发动集体行动的形式正是民粹主义内在的精英化和威权化取向。在民粹主义的逻辑中，领导者与他的追随者之间必须建立直接联系，这种联系在西方的选举政治中，通

① Kurt Weyland, “Clarifying a Contested Concept: Populism in the Study of Latin American Politics”, *Comparative Politics*, Vol. 34, No. 1, 2001, pp. 14-17.

② Kenneth Roberts, “Populism and Social Movements”, in Donatella Della Porta and Mario Diani eds. *Oxford Handbook on Social Movements*, Oxford: Oxford University Press, 2015, pp. 681-682.

③ 同②。

常以领导者的选举承诺和追随者的选票回报来呈现，领袖与大众的联系是否牢固取决于领袖魅力、政治宣传、意识形态和其他因素，在某种意义上可能“只是领导人的野心、远见和战略与其追随者的恐惧、伤痛和愤怒之间偶然且部分的重合”①。这类民粹威权领导人和政客在欧洲、美国和拉美随处可见，他们或者是某个右翼民粹主义政党的领导人，正在领导一场反建制的保守主义运动，或者已经通过选举上台执政，试图兑现对人民的承诺。这些领导人通常有着排外的、保守的和父权制的政治风格，他们在国家主权陷入危机时通过民粹动员和合法选举成为国家领袖，成为拯救国家的英雄，致力于保护民族文化、维护本民族独特性和统一性。

近年来，以反全球化和民族主义为基本诉求的各国政治强人不断涌现，成为民粹主义右翼化潮流的重要标志。柯克·霍金斯领导的研究团队曾对 40 个国家的总理和总统的公开讲话进行分析，认为自 21 世纪初以来，民粹主义领导人的数量增加了一倍多，该研究认为，在 21 世纪初，委内瑞拉、阿根廷和意大利是仅有的人口超过 2000 万并有民粹主义领导人的国家，而 2016 年以来，这个名单上出现了几个大得多的国家，比如土耳其、墨西哥、巴西、印度和美国。② 其中，土耳其政治强人埃尔多安是一位备受关注的民粹主义领导人，他于 2014 年当选总统后，开始将土耳其政治带往民族主义、保守主义方向。埃尔多安倡导恢复奥斯曼土耳其帝国的文化传统、语言形式和帝国盛况，建立了所谓新奥斯曼主义的意识形态。2017 年，土耳其通过争议性很大的修宪公投，将政体由议会制改为总统制，赋予总统更大的行政权

① 阿尔君·阿帕杜莱:《民主的疲劳》,载海因里希·盖瑟尔伯格主编,孙柏等译:《我们时代的精神状况》,上海:上海人民出版社,2018 年版,第 16 页。

② Paul Lewis and Caelainn Barr, et al. “Revealed: The Rise and Rise of Populist Rhetoric”, https://www.theguardian.com/world/ng-interactive/2019/mar/06/revealed-the-rise-and-rise-of-populist-rhetoric.

力。[1] 此次修宪意味着土耳其自凯末尔改革以来所奉行的“权力分散并相互制衡”原则被推翻，权力日益集中于总统手上。对此，埃尔多安的解释是，由于土耳其面临严峻的政治、经济和“恐怖主义”威胁，宪政改革是“提高治国效率、共度时艰”的必要之举。2018 年，埃尔多安以超过 52%的得票率成功连任，投票率高达 87%，充分说明了保守的民粹主义政治路线和威权统治在土耳其国内有着深厚的民意基础。匈牙利铁腕总理欧尔班也开拓了一个强人政治时代，其民粹主义手法与埃尔多安如出一辙，也是利用了民族主义的话语修辞来进行政治动员，塑造了威权领袖的政治形象。经过 2010 年以来的三次连任，欧尔班从自由民主的拥戴者转身为非自由民主的旗手，其经济主张从倡导自由市场转变为支持国家干预，对欧盟的立场从亲欧转变为疑欧，最终，其主政之下的匈牙利被视为欧盟的“问题成员国”。

特朗普毫无疑问是 2016 年以来最具争议性的民粹主义领袖。自由派学者对特朗普的判断基本一致，认为他在竞选期间的各种言行符合民粹主义的基本特征，他制定的政策也具有民粹主义的攻击性特征。[2] 特朗普的民粹主义主张不仅包含民族主义的怀旧情结、反多元主义的本土情结，而且暴露出他渴望成为政治强人和威权领袖的野心，“特朗普发出的讯号，以近代历史上前所未有的规模，整合了仇视女性、种族主义、排外心理和狂妄自大”[3]。特朗普深谙政治营销之道，利用民众对建制派精英的失望与不满，承诺打击腐败，提出“让美国再次伟大”和“美国优先”等振奋人心的口号，得到了中下层白人民众的支持，即使他在 2020 年的大选中落败，支持者队伍也没有出现明

① 《土耳其选举与民粹主义》，http://www. mesi. shisu. edu. cn/aa/9e/c3713a109214/page. htm。

② Ronald F. Inglehart and Pippa Norris，“Trump，Brexit，and the Rise of Populism：Economic Have-Nots and Cultural Backlash”，https://www. hks. harvard. edu/publications/trump-brexit-and-rise-populism-economic-have-nots-and-cultural-backlash.

③ 阿尔君·阿帕杜莱：《民主的疲劳》，载海因里希·盖瑟尔伯格主编，孙柏等译：《我们时代的精神状况》，上海：上海人民出版社，2018 年版，第 19 页。

显减少。朱迪斯·巴特勒注意到，和每一种民粹主义意识形态一样，特朗普输送给人们的是“一个不必去思考的理由，因为去思考就是要考虑到这是一个非常复杂的全球世界，但特朗普把每一件事都变得非常非常简单”①。这正是民粹主义者最常用的反智主义简单化策略，虽然搅乱了美国的内政外交，但却成功争取了大批传统的、保守的白人民众。在美国和其他一些国家，支持政治强人的呼声越来越高，许多民众希望有幅度更大的改革计划和更强悍的领导人，即使要他们摒弃自由民主的制约与平衡作用。② 特朗普的大部分支持者并不是种族主义者，也不是狂热的右翼分子，他们只是特朗普口中“被操纵的制度”的受伤者，但最终成为特朗普破坏自由民主的助力。

民粹主义高度依赖政治动员，而危机压力下的动员显然最为有效。因此，2020 年新冠疫情带来的公共卫生危机及其衍生的社会经济危机实质上是民粹主义加剧和威权领导人扩张权力的机会。美国政治学家约翰·米勒（John Mueller）在 20 世纪 70 年代提出了一种聚旗效应理论，认为当国家遭受重大的危机或战争威胁时，国家领导人的支持率总会在短时间内上升，进而可能强化政治领导和导致权力集中，国家危机可能因为领导人的权力运用和强硬措施而得到缓解，反过来，政治人物也能从国家危机中收获威望和权力。这一效应在二战时期的罗斯福、海湾战争初期的小布什和 2008 年全球金融危机爆发后的奥巴马等美国总统身上都有一定程度的体现。聚旗效应实际上就是一种危机动员的结果，和平时期的民粹主义政客为了吸引民众尚且要虚构或夸大危机威胁，而在新冠疫情的真实危机面前，民众更容易信任和服从领导人号召，因此，聚旗效应的产生有助于紧急状态下的权力集中，有助于突显国家角色、政府干预的必要性；而危机在强化领导人威权的同时，也增强了各种民族主义政策主张的合法性。从社会层面看，

---

① Scott MacLeod, “Global Trouble”, *The Cairo Review of Global Affairs*, No. 23, 2016.

② Fareed Zakaria, “Populism on the March: Why the West Is in Trouble”, *Foreign Affairs*, Vol. 95, No. 6, 2016, pp. 9-15.

疫情严重时期的各种封锁、关闭措施在很大程度上弱化了通常的反对与抗议行动，使权力的集中更加便利。在美国的疫情大爆发初期，特朗普曾短暂地把自己描述成一个“战时”总统，负责保护美国人免受“病毒入侵”，并表示他希望在复活节前重新开放这个国家。应该说，“病毒入侵”为特朗普提供了一个极佳的产生聚旗效应的机会，2020年3月，特朗普的总体支持率一度跃升至上任以来的新高，即46%。然而，特朗普最后却成为一个失败的案例。马西莫·莫雷利（Massimo Morelli）认为，当民粹主义者掌管一个超级大国时，民粹主义外交政策所特有的保护主义与战略性的“脱钩”政治将变得尤其危险，会在存在种族分裂的国家内部同时导致冲突风险的增加和不平等的加剧。[①] 从结果来看，特朗普不仅没能缓解疫情，反而加剧了内部恐慌；不仅无法凝聚共识，反而加剧了内部分化，最终导致疫情在“战时总统”手里完全失控，所谓的聚旗效应在特朗普身上没有应验。但是，匈牙利的欧尔班则不同，他强化了排斥移民的匈牙利民族主义，宣称他的政府只专注于“拯救匈牙利人民的生命”[②]，同时利用疫情在客观上造成的恐惧和排外心理进行社会动员，进一步集中了政治权力。

二、国家依赖与右翼民粹主义的政策诉求

卡尔·波兰尼曾描绘过19世纪资本主义工业社会如何从小型封建主义农业塑造的并且在政治、文化和制度上一体化的社会关联中解体，他认为，这一解体过程导致了一系列的伴生后果，如各种抗争性运动，直到经济被再度嵌入福利主义的民族国家中去。[③] 民粹主义是抗争性运

① 马西莫·莫雷利著，宋一帆译：《政治参与、民粹主义与新冠病毒危机》，载《国外理论动态》，2020年第5期，第125页。

② Jan-Werner Muller, "Coronavirus Pandemic and the Populist Playbook", https://. abc. net. au/religion/jan-werner-muller-coronavirus-pandemic-and-the-populist-playbook/12218496.

③ Karl Polanyi, *The Great Transformation, the Political and Economic Origins of Our Time*, Boston: Beacon Press, 1957.

动的代名词，它的历史实践表明它早已内嵌于资本主义体制之中。在19世纪的传统社会解体危机中，美国人民党运动等民粹主义运动已先声夺人；而在20世纪中期西方的福利国家实践中，民粹主义暂时偃旗息鼓，人们相信国家在尽力关照着社会，“中产阶级美国”提供了一种相对平等的普遍富裕，但是当20世纪80年代福利国家难以为继而被新自由主义取代之后，大众失去国家的一贯庇护，自由市场统领了经济并帮助资本控制了政治，民粹主义抗争开始酝酿并最终卷土重来。

民粹主义重现江湖的根源在于福利国家政策的失败和新自由主义助长的经济不平等。事实上，在欧美的福利国家实践中，“由于劳工组织和劳动代表深度介入政策制定过程，在社会中普遍培育了对国家责任的过高期望，但国家已经无力满足这些期望”①，福利国家的无力体现在难以保障长期的经济增长，一旦经济增长放缓或停滞，福利国家实践必然会导致沉重的公共债务。为了应付沉重的公共债务和财政赤字，国家-市场-社会的结构性关系开始失衡，即国家日益向市场倾斜，国家为社会提供保护的能力和意愿大大减弱。因此结果可想而知，随着经济不平等日益严重，劳动者权益和福利保障不断缩减，民众不满与焦虑被反建制派精英利用。保守主义重返政治舞台，右翼民粹主义引领反全球化浪潮，这正是2008年以来西方社会的真实景象。

然而，民粹主义反抗的不是一般意义的国家，而是被垄断资本家控制的国家，或者说反对的是垄断政治权力的建制派精英和资本精英。一些非建制派精英或许能够通过操弄民意、大搞民粹主义而获益，但是民粹主义在政策偏好上是趋向国家干预的，它希望国家可以照顾好民众，使其免受市场和资本的伤害。带有左翼性质的传统民粹主义在政治上强调国家提供福利、救济失业、保护传统、关照弱势、保障公平等内容，而那些被打上民粹主义标签的经济主张则具有某种保守主

① Michel J. Crozier, Samuel P. Huntington and Joji Watanuki, *The Crisis of Democracy: Report on the Governability of Democracies to the Trilateral Commission*, New York: New York University Press, 1975, p. 22.

义的右翼性质，强调贸易保护主义、民族主义、重视基础设施建设、预算赤字扩张和资本控制等。民粹主义对国家干预的期待是清晰明确的，具有激进与保守的双重特性。

在国内层面上看，右翼民粹主义表现出与左翼相似的对国家的激进态度，同样主张依赖国家的力量实现更平等的财富分配和更广泛的民主参与。托马斯·皮凯蒂在分析2008年全球金融危机的经济根源时发现，经济全球化之所以会遭遇危机、面临严重的逆全球化浪潮，原因在于收入和财富分配的严重失衡，在于金融性、资本性收益大大高于劳动性、生产性收益，即资本家与普通劳动者从全球化中获得的收益差距非常悬殊。他认为，当资本收益大大超过经济增长率时，不可避免地会出现强烈的社会分化。[①] 这也是“占领华尔街”运动提出“我们是99%”这一口号背后的残酷现实。2008年全球金融危机爆发以来，在美国，有“占领华尔街”运动对1%的富人与建制派精英合谋的强烈反抗；在法国，有法国国民阵线在选举中的节节胜利，有“黄马甲”运动对当政者置民众生计于不顾而提高柴油税的强烈反抗；在意大利等国家，则有对政府削减社会福利、压低工资的紧缩性财政政策的强烈反抗。2020年3月22日，美国民调公司哈里斯发布的一份最新民意调查显示，在美国，57%的选民表示美国的政治制度服务于拥有金钱与权力的精英阶层，只有32%的人相信政治制度是服务于所有人的，见图2；再以收入高低来衡量，则有61%的低收入选民认为，美国的政治制度只为拥有金钱与权力的内部人士服务，相比之下，高收入选民中持这种观点的人占比为55%。[②] 在资本主义体系中，经济危机是一种结构性的负面冲击，必然会使国内经济活动的各种收入都下降相应比例，但是经济精英主导着经济政策，他们有动机和手段使自

① 托马斯·皮凯蒂著，巴曙松译：《21世纪资本论》，北京：中信出版社，2014年版，第23—27页。

② Gabriela Schulte, “Poll: 57% of Voters Say US Political System Works Only for Insiders With Money & Power”, https://thehill.com/hilltv/what-americas-thinking/490458-poll-57-of-voters-say-us-political-system-works-only-for/.

己的收入尽量不受经济危机影响。事实上，资本主义经济危机会使得不平等变得更加严重，而不是相反。经济危机将不平等的影响推升到足以启动政治重组的临界值。

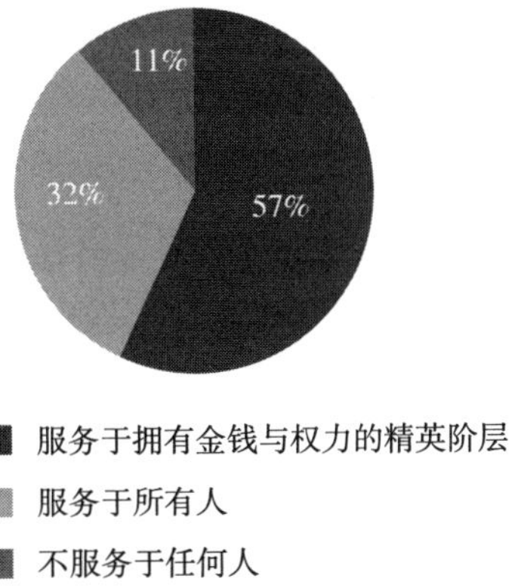

图 2　美国公众关于美国政治体制服务对象的认知

资料来源：Gabriela Schulte,"Poll: 57% of Voters Say US Political System Works Only for Insiders With Money & Power", https://thehill. com/hilltv/what-americas-thinking/490458-poll-57-of-voters-say-us-political-system-works-only-for/。

事实上，无论是左翼还是右翼的民粹主义都是政治变革的重要力量，这与其内在的反建制、反精英特质有直接关系。在民粹主义者看来，经济危机的出现，与政府职能设置和发挥存在缺陷有关，与经济不平等和利益分配不公有关，对此，建制派精英负有不可推卸的责任。民粹主义重组政治的目的是希望改变经济不平等的现状，认为政府“对危机时期的失业者应施以援手，应延长失业救济的期限，增加食品券的发放，扩大社会服务的范围”①。富裕的小部分社会成员获利过多，这是不公平的，贫富分化过于悬殊不仅是经济问题，更是政治问题，这说明市场机制已经失灵，政府必须强化其经济与社会职能，帮助社会中被严重剥夺的弱势人群，保障公平和正义。2020 年发生的新

① 巴里·埃森格林著，何帆译：《镜厅：大萧条、大衰退，我们做对了什么，又做错了什么》，北京：中信出版集团，2016 年版，第 320 页。

冠疫情造成了大量人口失业和经济衰退，大卫·哈维认为在这场公共卫生危机的冲击下，如果没有大规模的政府干预，美国的失业水平几乎肯定会上升到与20世纪30年代相当的水平，而对于以消费主义为主体的美国经济，唯一可以挽救它的是政府出资激发大众消费。[①] 在公共卫生危机和经济危机的双重胁迫之下，各国政府纷纷推出大规模的金融援助和经济刺激计划，采取了扩张的而不是紧缩的财政政策，提高失业救济和其他福利保障。尽管自由主义者会对财政赤字全力抗拒，但政府干预不仅是桑德斯的民主社会主义所主张的，也是左翼民粹主义所需要的。

在国际层面上，右翼民粹主义对国家的态度具有鲜明的保守主义色彩，是贸易保护主义的最坚定支持者。民粹主义者希望保障大众权益与福利，避免全球化条件下“自我调节的市场”过度分割社会，他们把这一希望寄托在强大国家之上。在欧美，右翼民粹主义不约而同地都提出过类似“重建民族国家”的民族主义诉求，特朗普提出的“让美国重新伟大”是如此，要求“脱欧”的英国民众是如此，法国国民阵线、英国独立党和德国选择党的支持者们同样如此。近年来，为了避免英国“脱欧”造成广泛的负面影响，一些欧盟成员国力图融合这些非主流的民粹主义政治力量，或者让他们进入政府，或者是采纳他们的部分政治主张，从而出现了强化民族国家地位和职能的趋向。[②] 在民粹主义者看来，传统民族国家是一种不受市场和资本控制的、具有强大经济干预能力的国家，在经济全球化的40多年历程中，这样的国家消失了。他们不满于国家与市场合谋造成的严重经济不平等，他们相信娜奥米·克莱恩（Naomi Klehin）在《休克主义：灾难资本主义的兴起》中所说的，资本主义由政府、企业、金融机构和军队

---

① 季寺、卢南峰：《哈维谈新冠时代的反资本主义政治：游戏与瘟疫》，https://www.thepaper.cn/newsDetail_forward_6636904。

② 张浚：《欧洲的国家转型及其政治图景——从欧洲民粹主义谈起》，载《欧洲研究》，2018年第3期，第60页。

共同把持，其目的在于遏制对工人和穷人的援助。[①] 他们也不会反对尤尔根·哈贝马斯在《合法性危机》中指出的，国家机器是“有意识地维护联合起来的垄断资本家的利益”，国家已经成了“一个有潜力的集体资本家”。[②] 在右翼保守主义政治家的鼓动下，这些对国家现状不满的人们重燃斗志，认为应该将国家从全球市场和垄断资本家的束缚中解放出来，令国家重新强大，回归传统民族国家的强势地位。2008 年以来，民粹主义引领了反市场、反自由贸易和反全球化的右翼保守主义浪潮，民族国家得到了强化自身地位和扩张干预范围的历史机遇。

贸易保护主义代表了右翼民粹主义对全球化的基本态度，集中体现了民粹主义对市场与资本的不满、对强大国家的企盼以及对本民族利益的维护。贸易保护主义是一种保守性质的经济民族主义，其核心目标是保护民族国家的经济主权。在欧美，由于国内民粹主义势力的压力不断增加，某些政党和政治人物刻意利用、迎合民粹主义者的经济民族主义主张，在全球化和自由贸易中不断收缩，回归本土市场。2008 年全球金融危机后，由于全球贸易保护主义盛行，国际贸易与投资自由面临巨大障碍，据统计，从 2008 年 11 月到 2017 年 6 月间，二十国集团中的 19 个成员国总计出台了 6616 项贸易和投资限制措施，而贸易和投资自由化措施仅为 2254 项。[③] 虽然有关经济全球化是否退潮的讨论十分激烈，但是经济危机确实将国家内部的收入与财富分配不平等、国家间的实际收益不平衡等问题突显了出来。在美国，特朗普上台后开始走贸易保护主义路线，不断收紧美国的对外经济政策，在具体政策上，特朗普政府一方面急于摆脱各种国际机制的束缚，扭转本国在制造业领域的不利地位，促使制造业回流以解决就业问题；

---

① 娜奥米·克莱恩著，吴国卿、王柏鸿译：《休克主义：灾难资本主义的兴起》，桂林：广西师范大学出版社，2010 年版。

② 尤尔根·哈贝马斯著，曹卫东译：《合法化危机》，上海：上海人民出版社，2009 年版，第 53 页。

③ 徐秀军：《全球经济显复苏迹象，仍面临“逆全球化”侵蚀》，载《环球》，2017 年第 26 期。

另一方面，对跨国劳动力的自由流动大踩刹车，防止发展中国家的廉价劳动力冲击本国的劳动力市场。在欧洲，成熟的民主体制也未能遏制民粹主义势力的上升，由于民主赤字危机、多元文化整合危机和大众传媒变革等因素的影响，再加上民族国家认同在欧洲各国内部仍然非常深厚，右翼民粹主义浪潮大有不可阻挡之势，不仅民粹主义政党在各国议会的席位不断增多，而且直到金融危机过去十多年之后，以反欧盟、反欧元、反移民与反难民为诉求的民粹主义社会运动仍然此起彼伏。

民粹主义对国家有着本能的依赖，这是大众政治对建制派精英掌控各种资源并决定国家方向的反抗。一部完整的民粹主义发展历史离不开国内政治与国际政治两个层面，即对内以阶级政治为导向、以争取平等正义为目标的左翼民粹主义；对外以种族政治为导向、以维护民族利益与文化传统为目标的右翼民粹主义。民粹主义在政治光谱上的不确定性使得它既可能向左端移动，与社会主义合作，也可能向右端移动，与民族主义合流。在民族国家的时代，无论是社会主义还是民族主义，都依赖于国家意志与国家力量。2008 年以来，美国民粹主义浪潮的典型性在于，在“占领华尔街”运动与茶党运动的背后，是桑德斯引领的民主社会主义运动与特朗普引领的极端民族主义运动，它们从左右两翼同时对新自由主义的经济全球化发起了攻击。而将这两类运动联系起来的，除了对全球化的强烈不满，更主要的是对强大国家的共同期待，即桑德斯所希望的政府干预与特朗普所企盼的“伟大的美国”。

三、民族主义复兴与右翼民粹主义的动员策略

从意识形态上看，民粹主义的威权化与民族主义复兴有直接关系。2016 年以来，右翼民粹主义浪潮最引人注目的表现就是民粹主义与民族主义合流的强劲势头，西方国家爆发的一系列以种族主义、身份政

治为主题的民粹主义运动本质上是一种民族认同感的重新动员，是保守主义阵营掀起的、捍卫民族国家固有地位的民族主义浪潮。由于经济不平等和身份危机的双重刺激，各国的主体族群中出现程度不同的排他主义、本土主义、极端民族主义等逆全球化潮流。在美国，中西部的主流白人群体为他们的“美国梦”日益无望而焦虑，他们自我定义为 A. R. 霍克希尔德笔下的“自己土地上的陌生人”，并成为民族民粹主义运动的社会基础。那些读过 J. D. 万斯的《乡下人的悲歌》或者罗伯特·帕特南的《我们的孩子》的人，肯定不会对特朗普在 2016 年的获胜感到惊愕。弗朗西斯·福山发现，在抱怨“政府在扶助少数族裔群体上做得太多了”的白人选民中，有 80% 的人把票投给了特朗普，[①] 这些人直到 2020 年甚至 2024 年的选举仍然是特朗普的忠实支持者。在欧洲国家中，主体族群对移民潮和难民问题的反感大致在 2016 年达到顶峰，英国“脱欧”公投成为右翼民粹主义的欧洲典范，一些极端的民粹种族主义者甚至发誓，“他们宁愿看到他们的经济被摧毁和经济增长的崩溃，也不愿留在欧盟和接受移民”[②]，这一情绪的背后就是弗朗西斯·福山所说的关乎尊严的身份政治。在欧洲的选举政治中，几乎所有的极右翼种族主义政党都以相似的反移民诉求来争取选票，因为移民问题产生的身份焦虑比经济增长缓慢和社会不平等问题更能影响选民的投票倾向，这些极端政党坚持只将特定民族或种族视为“真正的国民”，标榜以血统论为基础的狭隘民族主义。德国的《南德意志报》发表社论认为，德国选择党似乎使“古老的民族主义倾向”重新觉醒了，19 世纪发端于德国的那种“傲慢、没有安全感、抱怨和

---

① Francis Fukuyama, “American Political Decay or Renewal? The Meaning of the 2016 Election”, *Foreign Affairs*, Vol. 95, No. 4, 2016, pp. 62-63.

② 保罗·梅森:《克服对自由的恐惧》,载海因里希·盖瑟尔伯格主编,孙柏等译:《我们时代的精神状况》,上海:上海人民出版社,2018 年版,第 161 页。

愤懑的情绪，以及政治利己主义”似乎卷土重来。[①] 匈牙利总理欧尔班表示他只想留下“土生土长”的匈牙利人，认为居住在匈牙利境内的外国移民不是匈牙利人，但将邻国的匈牙利裔视为匈牙利人。在这种复归的族群民族主义支配下，民粹主义政党和政治人物唱衰欧洲和欧盟机构，反对全球化和外国移民，主张捍卫本民族的既有利益和文化优势地位。

正如前文所讨论的，民粹主义与民族主义是两种不同的意识形态，民粹主义并不先天地具有民族主义倾向，而“许多极右翼的民族主义政党并不能被界定为民粹主义”[②]。二者的显著不同在于，民族主义强调全球范围内的差异，民粹主义更强调独立政体中对权力、资源、机会和尊重的分配；二者动员方式也不相同，民粹主义通常是纵向地号召“劣势群体的人民”，民族主义则是横向地号召“边界社群的人民”。[③] 在21世纪的今天，这两种差异甚殊的意识形态却空前接近并日益汇合，成为一种独特的政治景象甚至“时代精神”。[④]

在西方社会，这种合流趋势的外部动力来自民族国家与全球化的紧张关系。一方面，全球化衍生各种危机，民族国家面临严峻挑战。新自由主义主张开放、流动和多元的全球化，认为民族国家应该致力于寻求全球方案来解决全球问题，同时建构一种相应的普世主义精神状态。然而，人类刚刚进入21世纪，就面临国际恐怖主义、气候变化、金融和货币危机、大规模的移民浪潮和难民问题的挑战，大部分

---

① “Popular with Populists: Euro-Skeptic Party Attracts Right Wing”, http://www.spiegel.de/international/germany/euroskeptic-party-alternative-for-germany-popular-with-right-wing-populists-a-919332.html.

② 邹诗鹏、张米兰：《近年来西方关于民粹主义与民族主义合流现象的研究及其述评》，载《国外理论动态》，2020年第5期，第102页。

③ Rogers Brubaker, “Populism and Nationalism”, *Nation and Nationalism*, Vol. 26, No. 1, 2020, pp. 52-53.

④ 欧洲学者卡斯·穆德认为，民粹主义已成为西方社会的政治主流，内在地具有某种民主的“时代精神”。参见 Cas Mudde, “The Populist Zeitgeist”, *Government and Opposition*, Vol. 39, No. 4, 2004, pp. 541-563。

国家根本没有做好政治上的准备。[①] 另一方面，在全球化进程中，不是所有国家都能够满足全球化在道德上的要求，即保持文化多元和开放兼容；也不是所有国家都能够实现全球化在经济上的目标，即建立开放的自由市场体系并在全球竞争中获利。2008 年全球金融危机之后，经济与文化上的失落带来主流社群对全球化的恐惧和忧虑，作为回应，民族主义在民族国家内部重新兴起，要求恢复民族对国家的“所有权”；几乎同时，民粹主义则沿着大众民主的历史路径回归，要求恢复“人民”的权力，“民族”与“人民”的论述在民族国家遭遇危机的时代日益汇合，最终，右翼民粹主义成为民族主义与民粹主义合流的产物，它站在国家和民族的立场上反对全球化，主张恢复在全球化进程中丧失的国家主权。

在当代西方，民族主义与民粹主义合流亦有其内部动力，表现为二者的核心元素重合和内在结构连通。从核心元素上看，在民族国家内部，“民族”与“人民”、民族主义与民粹主义的界限常常是模糊的。当玛格丽特·卡农范将“人民”定义为“道德和文化社群的特定成员”时，[②] 这个“人民”实质上与“民族”是一致的。事实上，民族国家是民族主义与民粹主义得以勾连的共同体纽带，民粹主义是现代民主政治的产物，而民主政治的理论与实践建立在威斯特伐利亚体系的主权国家基础上，现代国家追求民主的政治基础和民族的认同基础，包含着主权国家与民族国家的双重意涵，因此它不仅是政治共同体，更是民族共同体。伊恩·夏皮罗（Ian Shapiro）指出，民族共同体的前提是政治共同体原则上能够控制它们自身的命运，共同体成员彼此能够充分认同，[③] 换言之，民族国家意味着国家主权、民族自决权在一个特定的领土范围内得到绝对保障。

① 海因里希·盖瑟尔伯格主编，孙柏等译：《我们时代的精神状况》，上海：上海人民出版社，2018 年版，第 8 页。

② Margaret Canovan, *The People*, Cambridge: Polity, 2005, p. 2.

③ 伊恩·夏皮罗、卡西亚诺·海克考登主编，张熹珂译、孟玫编译：《民主的边界》，北京：中央编译出版社，2016 年版，第 112 页。

在结构上看，民族主义与民粹主义都建立在二元对立逻辑之上，民族主义以民族为本位主张一种内外的横向对抗，民粹主义以人民为本位主张一种上下的纵向对抗。根据二者共有的二元逻辑，比利时学者本杰明·德克莱（Benjamin De Cleen）提出一种民族主义与民粹主义合流的“横纵结构”理论，认为民族主义强调“内外关系”的差异空间，而民粹主义强调“上下关系”的不平等空间，二者因为“人民”的多义性而实现了结构整合，获得了更强大的社会动员力量。① 值得注意的是，民粹主义因此得以摆脱原本偏向左翼的边缘政治形态，它因为与民族主义合流而日益成为21世纪的主流政治形态，即与民族主义共同打造了站在反全球化前列的右翼保守主义——民族民粹主义。

2020年新冠疫情为民族民粹主义的持续演进创造了特殊的有利环境。在威胁生命健康的公共卫生危机面前，公民个体的安全更加依赖于集体行动和国家保护，客观上有助于擅长集体动员的右翼民粹主义者。卡斯·穆德认为，在病毒全球大流行的背景下，一些民粹主义政客和政党能够便利地将民众对全球化的怀疑与民族主义情绪结合起来，通过制造阴谋论的话语来打击“站在人民对立面”的政治对手和少数族群。② 在通常情况下，外部危机会带来内部团结，新冠疫情有所不同的是，它首先是一场正在内部发生的公共卫生危机，因此如何将内部危机转化到内部对手或外部敌人头上需要一种民粹主义的策略操作。民族民粹主义者普遍使用的策略是将疫情危机与2008年后积累起来的民族主义资源结合起来，他们使用一套包含阴谋论、恐惧心理、虚假信息的危机话语进行政治卸责的操作，将疫情暴发与流行的责任推到外国或国内的对手身上，如美国右翼媒体福克斯电视台将新冠病毒的流行指责为自由派的阴谋，特朗普则多次诬称病毒来自国外，认为疫

① Benjamin De Cleen and Yannis Stavrakakis, “Distinctions and Articulations: A Discourse Theoretical Framework for the Study of Populism and Nationalism”, *Javnost-The Public*, Vol. 24, No. 4, 2017, pp. 308-311.

② Cas Mudde, “Will the Coronavirus ‘Kill Populism’? Don’t Count on It”, https://www.theguardian.com/commentisfree/2020/mar/27/coronavirus-pupulism-trump-politics-response.

情大流行是民主党人为了损害他的形象而编造的新诡计。在国家关系上，这套话语强化了公众对来自外国的“危险的他者”的恐惧和反感情绪，反过来增强了国家内部的团结感和危机意识，在公众中产生了更广泛的政治认同。罗杰斯·布鲁贝克指出，近年来的几次独立危机聚集出现，创造了“完美风暴”的效果，这对于民粹主义尤其是右翼民粹主义尤其有益。[①] 因为一些民粹主义者会经常借用外部危机来宣布国家进入某种非同寻常的紧急时刻，从而煽动大众情绪。

在公共卫生危机面前，国家封锁和人群隔离尽管只是暂时性的抗疫措施，但这种非正常措施会加剧社会成员对外部因素的恐慌，恐慌情绪可能会从病毒扩散到外国移民、外国政府之上，从而强化某种排外的政治观念，“欧洲和美国已经被恐惧的情感所主导，他们害怕其他力量，也害怕失去自己的国家身份和目标，这是一种‘恐惧的情感和文化’”[②]。特朗普充分利用了这种情感与文化，在病毒起源上攻击中国、指责世卫组织，并使用歧视性、偏向性语言激化国内的族裔关系，不仅制造了国际社会的分歧，更加剧了国内的种族矛盾。公共卫生危机的最终解决需要理性和科学的精神，需要政治家与专业人士的相互配合，以及跨越国境与民族界限的全球合作，但是，民族主义和民粹主义都具有排他性的保守主义倾向，二者的合流为国际合作和全球治理制造了巨大阻力。

四、“强人-国家-民族”的三重向度

在关于国家自主性的讨论中，权力是一个核心概念，迈克尔·曼（Michael Mann）认为，国家包括了集权性和领土性两个部分，分别对

① 罗杰斯·布鲁贝克：《对民粹主义的追问》，载《马克思主义与现实》，2020 年第 4 期，第 146 页。

② 多米尼克·莫伊西著，姚芸竹译：《情感地缘政治学：恐惧、羞辱与希望的文化如何重塑我们的世界》，北京：新华出版社，2010 年版，第 170 页。

应着专制权力和基础权力这两类国家权力。[①] 因此，权力的集中与行使是国家自主性的重要基础，政府作为国家权力的执行机构有其特定的职责与功能。现代政治的一个基本常识是，无政府则无国家，国家的正常运转依赖于一个配备恰当权力并且功能正常发挥的政府。因此，国家及其政府在特定规则（宪政原则）基础上的权力行使是现代国家的常规状态，国家权力的正常行使并不必然指向威权，但是这种权力行使存在着一个边界或程度的问题，在西方的自由民主体制下，人们相信，自由、平等和有限政府是立国的基本原则，也是国家权力运用的约束性规则，突破了这些规则的权力运用会导向威权甚至独裁专制。通常情况下，西方人认为他们的国家建立在自由价值和民主原则之上，充满平等和正义，而威权是旧时代的遗迹，是那些非西方国家中的前现代政治形态，他们相信自由民主使得他们的国家对威权有独特的免疫力。

21 世纪以来，在关于全球化后果的激烈争论中，人们纷纷援引2008—2016 年发生的种种事件来预言自由民主的可能危机。拉尔夫·达伦多夫（Ralf Dahrendorf）直言 21 世纪有可能会变成“威权化的世纪”；理查德·罗蒂（Richard Rorty）则列举了一系列可能出现的民主倒退，如“粗俗煽动者”上台，社会和经济不平等的加剧，一个“奥威尔式的世界”降临等。[②] 在全球化危机和新自由主义破产的沉重打击中，西方世界因缺乏必要的制度和文化准备而对新兴的民粹主义浪潮措手不及，但却足够迅速地发现民粹主义与强人政治、国家主义和民族主义的神秘联系，并且毫不迟疑地为其贴上了威权政治的标签。

威权化民粹主义、民族民粹主义与右翼民粹主义在西方学者那里大致同义，都被视为自由民主的敌人，在现象上指 2016 年前后达到高

---

① Michael Mann, “The Autonomous Power of the State: Its Origins, Mechanisms and Results”, http://www.sscnet.ucla.edu/soc/faculty/mann/publicatons.htm.

② 海因里希·盖瑟尔伯格主编，孙柏等译：《我们时代的精神状况》，上海：上海人民出版社，2018 年版，第 6 页。

潮的西方民粹主义浪潮，在政策上挑战建制派的新自由主义，在价值上质疑自由民主。较早使用威权民粹主义一词的是美国政治学者皮帕·诺里斯和罗纳德·英格尔哈特，他们在《文化反动：特朗普、英国脱欧与威权民粹主义》一书中探讨了民粹主义在西方国家再掀风浪的文化根源，认为西方民粹主义日益呈现其威权化一面，为强人政治、社会不宽容、非法治等威权实践的散播打开了大门，损害了自由民主制度赖以维系的权力分立、程序正义和保护少数群体权利等原则。[①] 威权民粹主义概念的形成突出了民粹主义反自由主义的威权性一面，但实际上不仅掩盖了自由民主政体无法有效反映民众意愿的事实，而且刻意贬损民众作为主权者的历史地位。

在自由派学者的批判中，民粹主义被指责为拥抱威权政治，抛弃个人自由，并导致“非自由主义的民主转向”，对自由民主制度造成了严重破坏。在西方社会，那些在全球化中遭受挫败的群体被“让……再次伟大”之类的民粹口号所吸引，他们决心捍卫曾经拥有的地位和权利，为主体族群的固有权力一战。但是，“背水一战的捍卫者很容易就变成了文明的破坏者，很容易变成野蛮人”[②]，在自由派的眼中，这些民粹主义支持者在捍卫自己利益的同时，破坏了民主的规则和程序，揭开了暴力行动的封条。史蒂文·莱维斯基（Steven Levitsky）和丹尼尔·齐布拉特（Daniel Ziblatt）这样描述了民粹主义对民主政体的破坏，认为民主的“死亡”并非因为外部挑战，而是由民选政府本身造成的，具体表现是，当反传统的民粹主义政治领袖通过选举上台执政后，为了突破传统精英的束缚和兑现选举承诺，通常会坚定地走反建制路线，刻意迎合民众心理，将“例外状态”才可使用的“行政特权”常规化以打击政治对手，从而破坏了以“自我节制”与“相互容

---

① Pippa Norris and Ronald Inglehart, *Cultural Backlash: Trump, Brexit, and Authoritarian Populism*, Cambridge: Cambridge University Press, 2019.

② 奥利弗·纳赫特韦：《去文明化——论西方民主的衰退趋势》，载海因里希·盖瑟尔伯格主编，孙柏等译：《我们时代的精神状况》，上海：上海人民出版社，2018 年版，第 217 页。

忍”为基础的精英共识，而共识被打破的结果是政治极化加剧，行政权力扩张并被滥用，权力制衡机制失灵，最终结果是民主政体的消亡。[①] 弗朗西斯·福山同样指出，民粹主义领袖试图利用他们从民主选举中获得的正当性来破坏诸如法庭、媒体和中立的官僚机制等制度，这种威权化的右翼民粹主义严重威胁了自由民主。[②] 特朗普执政的四年被认为对美国自由民主制度造成了系统性的破坏，并且在 2021 年年初的“国会山骚乱”中达到了顶峰，特朗普和他的支持者们以民粹和暴力来表达了对自由价值和宪政制度的蔑视。在欧洲，几乎所有国家都出现了持极端民族主义立场的民粹主义政党，这些政党活跃在各个政治舞台，在民众中不断扩大影响。在其他地区，除了委内瑞拉、玻利维亚等国，巴西、印度、土耳其、匈牙利等国也陆续涌现了偏离自由民主道路的威权民粹主义领导人。

威权化是民粹主义固有的面向，强人、国家和民族在民粹主义论述中从来都是至关重要的政治符号，三者既是威权民粹主义的核心要素，又共同组成了威权民粹主义的基本框架。换言之，威权民粹主义内在地呈现出一个“强人-国家-民族”的三维结构。第一，强人政治赋予了民粹主义威权性的实践形态。强人政治内含专制逻辑，通常表现为马克斯·韦伯所界定的克里斯玛型政治，依赖于政治领袖的强硬政策和个人魅力，与现代民主社会的法理型政治相对立。虽然强人政治不符合平等、自由的价值规范，在本质上不指向任何一种民主目标，并与前现代时代的君主政治一样散发出确定无疑的威权气质，但是即使在民主时代的特定情形下，当处于社会转型、改革失败或经济危机时期，大众仍然期待政治强人出来拯世救民。在全球性的移民潮、难民潮冲击下，西方主流社群中形成了一种身份危机感，中下层民众

① Steven Levitsky and Daniel Ziblatt, *How Democracies Die*, New York: Crown Publishing Group, 2018.

② Francis Fukuyama, *Identity: The Demand of Dignity and the Politics of Resentment*, New York: Farrar, Straus and Giroux, 2018.

"普遍感觉自己被精英人士、被全球化、被女性、被难民所鄙视和利用，他们感觉自己变成了社会的圈外人，成为自己国家的少数群体，没有归属感，不被重视"，这种明显的地位丧失迫使他们通过"消极归类"其他群体来寻求平衡，[①] 因此希望出现一个强大的统治者。凯伦·施滕纳（Karen Stenner）指出，对威权统治的需求并不是一个稳定的心理特征，它更多地是人们意识到与日俱增的威胁而感到无法忍受时的个人心理倾向。[②] 奥利弗·纳赫特韦（Oliver Nachtway）也发现，"物质和文化上的地位缺失是怨憎、负面情绪、身份认同和阴谋论的催化剂，这些方面早已被确定为威权式人格结构的特征"[③]。无论如何，大众的需要为强硬的机会主义政治家打开了投机之窗，这些政治家"可能向民众提出威权化的民粹主义的危机解决方案，颠覆原先的资本主义民主制度"[④]。威权化的强人政治是某些愤怒不安的族群实现群体诉求的途径。在西方国家的选举中，民粹主义成为制造大众激情、蛊惑集体行动的政治策略，雄心勃勃的政治人物有机会凭此争取到更多的支持者。

第二，国家主义为威权民粹主义提供了权力基础。20 世纪政治的一个鲜明特点是"对国家的规模应当有多大和国家的力量到底应该有多强争论不休"[⑤]。但是，需要澄清的是，这里争论的不是那种没有社会张力、没有"人民同意"的正当性并被政治野心家异化为专制统治工具的国家主义，而是国家与社会的关系问题，主张突出国家的中心地位，强调国家力量和国家意志，致力于维护全民利益的法理秩序，通过系统性的法律、制度与规则建设，实现国家利益与公民利益的一

---

① 奥利弗·纳赫特韦：《去文明化——论西方民主的衰退趋势》，载海因里希·盖瑟尔伯格主编，孙柏等译：《我们时代的精神状况》，上海：上海人民出版社，2018 年版，第 217 页。

② Karen Stenner, *The Authoritarian Dynamic*, Cambridge: Cambridge University Press, 2010.

③ 同①。

④ 周强、陈兆源：《经济危机、政治重组与西方民粹主义》，载《世界经济与政治》，2019 年第 11 期，第 93 页。

⑤ Francis Fukuyama, *State-Building: Governance and World Order in the Twenty-First Century*, New York: Cornell University Press, 2004, p. 1.

致性，即公民维护国家利益，国家保护公民利益。在民族国家的时代，国家代表着超越个体利益与价值的集体意志，强人政治和民族主义号召都需要从国家这里汲取法理威权和宪政资源。当严重的经济危机打开政治变革之窗时，突显国家威权的民粹主义容易受到民众青睐。有学者认为，民众选择与谁在政治上结盟，将影响国家政治重组的方向，如果民众选择加入以政治精英而非经济精英为主导的政治联盟时，国家就变成了一个威权化的民粹主义国家，因为民众成了国家这个威权-民粹联盟的一部分。[①] 当特朗普宣称要带回一个“再次伟大”的美国时，他不仅挖掘了国家所具有的动员资源，触发其支持者的认同意识，而且以国家之名为其右翼保守主义路线背书。亚历山大·温特（Alexander Wendt）认为，在民族国家中，不同的行为者对全球化持不同的立场，资本尤其是跨国资本对全球化最为热衷；国家的态度很矛盾，既对集体安全和经济一体化有所依赖，又对国家权力越来越分散的“去中心化”有所迟疑；而民众则对全球化缺乏热情，更加偏向民族主义和反一体化，常常以投票权为武器来反对全球化。[②] 全球化危机带来了不满于全球化、新自由主义的民粹主义反向运动，全球化的失落者声势浩大，他们要求提升国家地位、依靠国家权力终结市场霸权，进而惩罚那些逃脱国家控制的经济精英。这是一种强大的动力，促成了民粹主义与国家主义的合作，强化了民粹主义的威权化基础。

第三，民族主义为威权民粹主义提供了意识形态资源。民族主义对于民族国家具有特殊的意义，法国大革命最早确定了主权权力应属于“民族”，而不是由上帝授予国王的民族国家理念。在历史的长河中，民族主义曾对国家主权产生过变革性影响，包括重新绘制宏观政治图景和改变政治单位的界限。罗杰斯·布鲁贝克认为，将“民族”

---

① 周强、陈兆源：《经济危机、政治重组与西方民粹主义》，载《世界经济与政治》，2019 年第 11 期，第 92 页。

② 亚历山大·温特：《对赫尔德世界主义的评论》，载伊恩·夏皮罗、卡西亚诺·海克考登主编，张熹珂译，孟玫编译：《民主的边界》，北京：中央编译出版社，2016 年版，第 158—159 页。

视为主权权力或政治合理性最终来源的理解，实际上是要求按照民族活动的界限重新组织政治空间，以确保每一个“民族”在原则上都有自己的政府。① 现代国家的主权权力及其政治合法性很大程度上来自民族认同、身份认同的文化霸权。当前西方盛行的身份政治以民族主义甚至种族主义为意识形态工具，反映了一些西方国家的主体民族由于缺乏安全感而努力地去寻找集体归属，重建集体身份和属于“我们”的民族认同、身份认同。相对而言，民粹主义只有极其单薄的意识形态内核，即“人民-精英”相对立的二元关系，缺乏民族主义这种可能变革国家主权命运的意识形态力量，因此，民粹主义为了保障人民/民族利益，在区隔本国人和外国人的横向维度上需要民族主义的思想资源。在21世纪全球化危机的刺激下，在政治强人的投机主义操作下，民族、国家成为大众政治动员的核心元素，民粹主义与民族主义成功合流，民粹主义的威权面向进一步强化、突显。最终，威权化的民族民粹主义将民族认同、人民主权融贯在维护国家主权、实现国家梦想的政治动员中。

21世纪以来，右翼民粹主义在西方获得了持续生长的沃土，成为逆全球化浪潮的引领力量。它在以自由民主为主流价值的西方社会和其他追随西方的国家中蔓延，是新自由主义崩溃和全球化危机的结果，因为“民众的狂怒并不是普通人的原始主义的信号，而是霸权式的自由派意识形态自身虚弱的信号”②。2016年以来，特朗普的民粹主义政策一直受到自由派阵营的猛烈批判，然而，以特朗普颠覆性执政在2020年的结束来判断民粹主义的退潮显然过于乐观了。2024年特朗普卷土重来，尽管受到自由派和民主党的围追堵截，但是他的支持者阵营一直比较稳固并再度当选。而在巴西、印度、土耳其等国仍有强有

① Rogers Brubaker,“Populism and Nationalism”, *Nation and Nationalism*, Vol. 26, No. 1, 2020, p. 50.

② 斯拉沃热·齐泽克:《民粹主义的诱惑》,载海因里希·盖瑟尔伯格主编,孙柏等译:《我们时代的精神状况》,上海:上海人民出版社,2018年版,第293页。

力的民粹主义领导人在执政；在欧洲国家，民粹主义政党仍然十分活跃并保持较高的支持度。更重要的是，造成民粹主义异军突起的政治经济问题并没有得到根本解决，民粹主义仍然是抵制资本、市场和西方自由民主的主力。在后疫情时代，威权化的民粹主义将会把世界带往何处尚难预测，但是它提供了一个重新思考政治的机会。在西方社会，一个不得不面对的棘手问题是，西方自由民主制度将如何面对民粹主义的长期挑战？在修复西方自由民主的制度缺陷、消除多元文化主义带来的焦虑和有效管束自由放任的资本与市场之前，很难有人能够相信，民粹主义会从西方政治舞台上消失。

第三节　右翼民粹主义对西方政治的影响及其未来

无论在哪个国家，民粹主义的反抗浪潮一旦形成，它对既有秩序与体制的破坏性影响无疑是巨大的。在发展中的非西方国家，民粹主义带动的政治动荡会妨碍国家的政治稳定、治理效率、经济发展和社会和谐。而在 21 世纪民粹主义浪潮最为迅猛的西方世界，尽管制度化水平高、治理经验丰富、自由主义价值共识深厚，但是国家内部的政治、经济和社会秩序仍然受到了重大冲击，制度体系、治理体系、政党体系和价值观体系都不同程度地面临修正和变革的压力，这种压力无疑来自目前看来难以摆脱的右翼民粹主义。民粹主义的左翼力量与自由主义阵营有着长期的体制内合作关系，政治共识较深厚，对体制和建制派的态度相对温和，影响范围也相对有限。在西方，尤其是多党制盛行的欧洲，民粹主义通过政党政治对国家治理产生了重大影响，民粹主义政党及其领导人在国内政治甚至欧洲政治的实践中扮演着越来越突出的角色。

一、右翼民粹主义与政党政治的变迁

在现代政治中，政党政治为民粹主义的实践提供了制度环境。在多数国家，民粹主义都需要通过政党活动渗透到政治体系当中，尤其是在政党制度完备、政党竞争历史悠久的美国和欧洲，政治的复杂变迁揭示了民粹主义与政党政治的这一内在联系。美国早期的人民党利用美国两党政治的危机发动第三党运动，使得民粹主义走上美国政治舞台。20 世纪 90 年代，欧洲右翼民粹主义政党抓住了主流政党日益国家化和选民不断流失的有利时机，从体制外发动政治攻势。在欧洲，民粹主义政党通常是激进甚至极端的边缘小党，通常出现在政党结构稳定性发生变化的时期。根据西摩·马丁·李普塞特和斯坦·罗坎的"冻结"理论，20 世纪的多元化发展带来了多重社会裂痕，使得政党体系呈现相对稳定的"冻结"状态，但是，当大的社会变革或社会动荡创造出了新的社会力量时，这种相对稳定的政党体系可能发生"解冻"，为新政党的出现提供空间[①]。民粹主义边缘小党充分利用了主流政党放弃的动员空间，在策略上表现灵活。艾里克·琼斯（Enrico Johns）认为，"欧洲的民粹主义是机会主义的而非意识形态式的，民粹主义者是激进派还是保守派依环境而定"[②]。

21 世纪以来，经济全球化导致的新的社会裂痕为民粹主义运动和民粹主义政党的崛起提供了政治机会。从政党与社会、政党与国家的复杂关系来看，政党体系从来都不是一个内生自发的封闭系统，它是社会力量发育和国家化政治综合作用的结果。民粹主义政党是这一政党体系的重要构成部分，它们从体制外发育，通过政党平台在体制内生长，对欧洲主流政党和政党政治造成重大影响，尤其明显地体现在

---

① Seymour Lipset and Stein Rokkan, "Cleavage Structures, Party Systems, and Voter Alignments", in S. Lipset and S. Rokkan eds. *Party Systems and Voter Alignments: Cross-National Perspectives*, New York: Free Press, 1967, pp. 1-64.

② 艾里克·琼斯：《欧洲的民粹主义》，载史志钦主编：《全球化与世界政党变革》，北京：中共中央党校出版社，2007 年版，第 182 页。

以下两个方面。

一方面，民粹主义迫使主流政党政策转向和自我更新。在民粹主义的强大攻势面前，中左、中右派主流政党如何回应挑战并调整政策就成为影响政党力量格局的关键问题。在通常情况下，考虑到政治前景的不确定性，主流政党和在职的政治家面对反建制力量的冲击，倾向于采取回避责难的消极应对策略，如缩减议程、重新定义问题、推卸责任、寻找替罪羊等策略。[①] 如为了回避疑欧主义的压力，英国左右两大政党在历次欧洲议会选举中都尽量减少选举中的“欧洲”含义，以避免引起党内分裂。[②] 然而，2008 年全球金融危机，尤其是 2015 年难民危机之后，欧洲议题或者一体化问题不仅在欧洲议会选举中，而且在各国国内选举中都开始突显。在 2019 年的欧洲议会选举中，移民问题、欧债危机等有着强烈“欧洲”色彩的议题被各国民粹主义政党大加炒作，英国在三年多的“脱欧”进程中不断被欧盟问题困扰，社会舆论尖锐对立，主流政党不得不回应现实考验，正视民粹主义的挑战。

近年来，主流政党民粹化成为学界热议的话题。所谓民粹化，不是指主流政党在组织形态上向民粹主义政党演化，而是指在激进右翼的崛起和激进右翼政党的竞争压力下，主流政党的意识形态立场向右移动，[③] 部分地吸纳了右翼民粹主义的极端主张。民粹主义政党在政党结构上不同于主流政党，制度化和组织化程度都相对薄弱，但是十分强调议题和纲领的导向性，更关注现实问题和短期影响，如左翼提出反对华尔街、反对伊拉克战争、反紧缩和支持增加富人税收等议题；右翼则主张反对移民、反对一体化和支持减税。由于西方左翼在整体

---

① 小堀真裕：《民粹主义在英国和日本的政治话语：“人人自保，以免落后”》，载《国外理论动态》，2014 年第 9 期，第 52 页。

② 王明进：《欧洲联合背景下的欧洲跨国政党》，北京：当代世界出版社，2007 年版，第 213 页。

③ Pippa Norris, *Radical Right: Voters and Parties in the Electoral Market*, New York: Cambridge University Press, 2005, p. 268.

上处于守势，右翼民粹主义政党成了民粹主义新浪潮的强劲主力，它们甚至在多个欧洲国家参与组建联合政府，如意大利和奥地利的右翼民粹主义政党就实现了“从边缘到统治的转变”①。

主流政党在欧债危机、难民危机的冲击下，被动地将具有民粹主义色彩的保守政策纳入考量，在议题偏好和政策主张上与右翼民粹主义政党趋近。如在2017年荷兰大选中获得连任的自民党领导人马克·吕特（Mark Rutte）部分地采纳了极右翼政党的排外主张，公开要求不尊重荷兰价值观与习俗的人离开荷兰。在2007年和2012年的两次法国大选中，主流政党候选人萨科齐为了吸引选民而多次发表具有极右翼色彩的言论，并在其执政期间通过了禁止在法国穿戴伊斯兰罩袍的法律、采取驱逐罗姆人的排外政策。英国首相卡梅伦则宣布自由派的多元文化主义政策在英国的失败，2015年3月，他在选举前表态，如果胜选继续执政，将在2017年之前举行“脱欧”公投。德国总理默克尔为应对选择党的压力，不得不在移民问题上调整温和态度，她的“16点计划”纳入了一些关于禁止穆斯林女性全脸蒙面纱、严格控制难民涌入和加快推行快速遣返难民的强硬政策。奥地利国会则在2016年4月通过了被称为最严苛的难民法，全面收紧难民入境条件，限制难民入境数量。主流政党在民粹主义最高潮时期的应对和改变在一定程度上稳住了自己的传统政治基础，表现出积极改善政党形象的意愿，尤其是努力遏制代表性丧失和治理能力衰落的趋势，以及开拓“驯化民粹主义政党、重建治理联合的可能性空间”②。但是，“民粹主义强力介入代议制民主，焦点任务是要摧毁旧的治理共识，而非重建新的治理共识”③。民粹主义政党和主流政党之间很难建立可靠的治理共

---

① Daniele Albertazzi and Duncan McDonnell, *Populists in Power*, New York: Routledge, 2015, p. 1.

② Jae-Jae Spoon and Heike Kluver, “Responding to Far Right Challengers: Does Accommodation Pay off?”, *Journal of European Public Policy*, Vol. 27, No. 2, 2020.

③ 丁辉：《走向“弱竞争民主”：当代西方政党政治嬗变与代议制民主的危机》，载《国际政治研究》，2022年第4期，第68页。

识，相反，由于不同程度地倾向和吸收民粹主义政策诉求，民粹主义内在的不包容性和高度政治化也开始影响到主流政党的内部团结，带来前后矛盾的政策主张和政党精英的分化。此外，主流政党民粹化的可能恶果还包括组织结构稳定性的下降、强势的威权领导人的出现等。皮帕·诺里斯和罗纳德·英格尔哈特认为，特朗普煽动分裂性的仇恨政治，是美国政党政治走向极化重组和否决政治的重要原因。[①] 特朗普现象带来的重要警示是，民粹主义的最深层影响莫过于带来了反建制政治对西方自由主义民主价值的冲击。

另一方面，民粹主义增加了政党联盟关系的复杂性。在欧洲的议会制和多党制体系下，政党联盟是一种常态。迫于激烈的政党间横向竞争的压力，政党在能够参与政府权力分配或者议会席位分配之前，通常会通过联盟关系保持它们的影响力和凝聚力。詹姆斯·科尔曼（James S. Coleman）等学者指出，政党本身就是正式组织起来的联盟，它们的公开目的是获取和维持对政府的人事和政策的合法控制，所以，它们要么单独行动，要么结盟进行竞争。[②] 政党利益最大化的追求使得多党制之下的欧洲政党更愿意采取结盟竞争的形式。

大部分的欧洲民粹主义政党是在野党、反对党，通常处于政党体系的边缘地带，但是它们又以“冲突的力量”著称，善于利用社会矛盾来造成对执政党、主流政党不利的局面。因此，为了增强政治话语权和政策影响力，它们比其他政党更迫切地想要组建政党联盟。近年来，它们在国内政治和欧洲政治层面纷纷联合，一种由民粹主义政党构成的政党联盟日渐活跃。在国内政治方面，由于主流政党的政策趋同和日益国家化，大批中下层民众产生失望和不满情绪，民粹主义政党不仅获得了政治空间和机会，而且通过结成极端主义政党联盟的方

---

① Pippa Norris and Ronald Inglehart, *Cultural Backlash: Trump, Brexit, and Authoritarian Populism*, Cambridge: Cambridge University Press, 2019.

② James S. Coleman and Carl G. Rosberg, *Political Parties and National Integration in Tropical Africa*, Berkeley: University of California Press, 1966, p. 2.

式扩大这一空间。从制度上看，欧洲国家的多党制设计使得政党获得议会过半席位十分困难，为了将分散的力量集结起来，政党间的联盟成为必然，对于偏好极端的民粹主义政党来说，要获得多数选票更是困难，而且还要面临主流政党的严厉排斥和制衡。因此，民粹主义政党在联盟方面的态度较灵活，联盟对象既有意识形态趋同的政党伙伴，也有意识形态温和的主流政党，甚至有政治光谱上处于反向的政党，[①] 如希腊的民粹主义联合政府就由激进左翼联盟和独立希腊人党这一左一右的民粹主义政党结合而成，这无疑是一种实用主义联盟策略。萨拉·朗格（Sarah L. de Lange）认为，左翼和右翼民粹主义政党基于共同利益诉求和政策主张的一致性而结成联盟，没有受到意识形态、政治光谱等政党特征差异的影响。[②] 近年来，挪威、芬兰、奥地利、保加利亚和斯洛伐克等国的民粹主义政党甚至与主流政党结盟，并参与了主流政党主导的联合政府。

在欧洲议会层面，民粹主义政党结盟的机会更多、意愿更强烈。把欧洲各国民粹主义政党联结在一起的是共同的疑欧立场，并且这些政党都不排斥利用欧盟政治平台来表达他们的疑欧立场和扩大政治影响。由于欧洲议会选举在各国国内都不是对本国政治过程和政府体制有决定性影响的选举，主流政党并不特别重视，这为民粹主义政党提供了提升存在感和能见度的机会。2017 年 1 月，法国国民阵线、德国选择党、荷兰自由党主席等九个主要的欧洲右翼民粹主义政党在德国科布伦茨集会，共同提出了反全球化、反欧盟、反移民、反建制等主张。事实上，欧洲议会中的民粹主义政党在质疑和反对欧盟的共识下结成了数个跨国政党联盟。2019 年，在欧洲议会的七个议会党团中，民粹主义党团就占了三个之多，其中，右翼民粹主义政党主要集中在

① 弓联兵、秦清：《欧洲民粹主义政党联盟化的动因与策略》，载《当代世界与社会主义》，2020 年第 4 期，第 114 页。

② Sarah L. de Lange, "New Alliances: Why Mainstream Parties Govern with Radical Right-Wing Populist Parties", *Political Studies*, Vol. 60, No. 2, 2012, pp. 899-918.

身份与民主党团、欧洲保守与改革党团，左翼民粹主义政党集中在欧洲联合左翼-北欧绿色左翼党团。可以看到，民粹主义正在改变欧盟的政治结构，它们尚无能力影响欧盟理事会和欧盟委员会的决策，但是在欧洲议会中十分活跃，不断抢夺议题设置权和议程主导权。

欧洲民粹主义政党在国内层面和欧盟层面的结盟趋势对欧洲政党体系和欧洲一体化都产生了重要影响。无论这些极端或激进政党在国内或欧盟层面获得多少选票，都在客观上造成了政党体系更为分散化、碎片化的状况，甚至造成了“联盟解散”的危机，即原来曾经稳固的政党联盟大规模松动，政党力量对比发生结构性变化。[①] 卡斯·穆德认为，民粹主义政党的强势兴起，已使得它们在议会中的席位足以影响政党联盟与政府组建。[②] 作为否决者、反建制派出现的民粹主义政党及其党团在政策立场上的保守化、极端化，使得民族国家的主权利益与欧盟的一体化方案之间的平衡越发困难，英国“脱欧”之后，法国、德国等国家的民粹主义政党继续引领反一体化运动。在 2016 年的奥地利总统选举中，参与最终角逐的自由党候选人诺贝特·霍费尔（Norbert Hofer）曾表示可能会让自由党发起“脱欧”公投，后因选民恐慌才不得不调整立场。就未来而言，直接民主模式、极端保守主义立场能否帮助民粹主义政党维持长期稳定的政治联盟和持续扩大政治能量，取决于欧洲社会经济状况的变化和主流政党的应对策略。

二、右翼民粹主义与国家治理的困境

长期以来，西方国家强调去国家化的社会治理和多元化的治理主体，但是随着民粹主义浪潮的兴起，国家治理成为一个日渐突出的重

① 埃弗哈德·霍尔特曼著，程迈译：《德国政党国家：解释、发展与表现形式》，北京：中国政法大学出版社，2015 年版，第 71 页。

② Cas Mudde, “Three Decades of Populist Radical Right Parties in Western Europe: So What?”, *European Journal of Political Research*, Vol. 52, No. 1, 2013, pp. 1-19.

要议题，人们相信代议制民主的危机在某种意义上需要国家治理来解救。在西方政党政治中，政党是国家治理中的关键角色，它们在从选举到执政的政治过程中展现了各不相同的代表能力与领导能力。欧洲民粹主义政党因其高回应性得到较广泛支持，说明了不论是政党选举还是国家治理，对民众诉求的回应意愿和能力都是至关重要的，因为不管是代表还是领导，民意都具有决定性意义。没有民意支持，政党就没有代表性，进入不了议会，无法上台执政；没有民意支持，执政党就无法施展其领导能力，治国理政可能成为一句空话。如果说国家治理应该追求善治目标的话，那么善治首先需要一个有回应能力的、负责任的和可问责的执政党及其政府。然而，民粹主义在突出民主性、参与性的同时，又不可避免地削弱了国家治理的理性共识和长远目标。受到民粹主义影响的政党政治难以在国家与社会之间形成可行和可信的连接力量，在民主泛滥、政治极化和政策短视的环境中，良政和善治常常难以预期。

欧洲政治提供了一个观察民粹主义如何影响国家治理的理想平台，因为无论作为一种意识形态、政治策略还是组织机制，民粹主义已深深地参与了欧洲国家的国内政治进程。当前，欧洲民粹主义政党已成为不可小觑的政治力量，它们出现在几乎所有的欧洲国家，从左与右的两翼对既有政党体系发起冲击，并通过选举竞争、参与议会和上台执政等路径，将平等主义、福利国家的左翼激进主义和民族主义、种族主义的右翼保守主义输入国家政治过程。民粹主义政党通常从边缘突起，极端重视代表性功能的发挥，与主流政党相比，它们擅长利用冲突性议题吸引大众关注，它们在选举上的能力与经验远远超过执政与治理方面。尽管只有少数几个欧洲国家的民粹主义政党有过执政经验，但是这个占据政治光谱两极的政党群体总体上在不断扩张势力，通过一次次参加选举或执政，不断增强对政治辩论和政治议题的影响力，正在成为国家治理中的重要变量。

从欧洲的实践来看，民粹主义通过政党活动对国家治理产生了以下诸方面的重要影响。首先，民粹主义鼓励参与式民主，会造成国家治理的再政治化。政府在执政党的领导下履行其治理职能是一种现代政治常识，但是，在欧洲的政治史上，政党进入政府活动的过程是渐进而缓慢的，政党领导下的政府较之政党进入之前的政府具有更高的政治性，因为政党政府不再是单纯的事务性、管理性机构，而是必须处理各种价值冲突或利益冲突的政治性机构。让·布隆代尔和毛里齐奥·科塔发现，在很长一个时期内，英国和瑞典的政府是一种严格意义上的“政党政府”，即它具有高度的政治性，由于政党政治的充分发展，国王、议会、政府都高度关注国家的重大冲突问题。但是，许多欧洲大陆国家的政府却没有这么明显的政治性，在本质上是“管理性”或“官僚性”的政府，即政府及其公务人员的责任是管理事务，而不是提供解决冲突的方法。① 在欧洲国家的历史实践中，“代议制政体的稳定确实经历了一个行政机构兴起并取得支配地位的过程”②，但是，随着政党的兴起和政党政治的成熟，政党政府成为一种标志性的现代政府形态，将国家治理带入了高度政治化的历史阶段。

然而，20世纪中期以来，西方社会出现的两种趋势造成了国家治理的去政治化。一是福利国家制度下的官僚机构扩张。福利国家强调再分配和国家的干预职能，国家为了保护社会生活不受“自我调节的市场”的侵害，承担了大量经济和社会职责，并委之于一个庞大的能动的官僚机构。作为具有能动性的官僚机构，政府“能够动员人力和资源、提供服务、管理和控制集体财产，它变成了国家权力的一个中心”③。政府官僚机构的权力扩张是福利国家制度的需要，它突显了治理的管理化、行政化，而淡化了国家治理中的价值性和政治性问题，如分配正义、民主参与等。由于社会成员和团体无法充分介入政策制

---

① 让·布隆代尔、毛里齐奥·科塔主编，曾淼、李德山译：《政党政府的性质——一种比较性的欧洲视角》，北京：北京大学出版社，2006年版，第7—8页。

② 同①，第19页。

③ 周弘：《福利国家向何处去》，北京：社会科学文献出版社，2006年版，第137—156页。

定过程，民主的政治参与无法充分展开，国家与社会的关系日渐疏离。二是主流政党日益“卡特尔化”。一战之后西方国家的选举制度、议会制度改革和二战后的政党入宪改革带来了政党国家化的变革。[①] 理查德·卡茨和彼得·梅尔（Perter Mair）用“卡特尔化”来解释这一变革。他们认为，随着政党和国家之间的相互融合渗透，政党已从社会组织转型为国家公共机构，[②] 这使得政党与国家的联系要比与社会的联系紧密得多，主流政党的领导功能日益提升，而代表功能却不断衰减。卡特尔党的出现使得欧洲政党政治围绕着竞选、立法和政府内部合作等议题展开，政党差异性不断缩小，左右分野模糊，政党竞争关注程序性议题超过价值性议题，政治主张都是温和中庸的，政治动员也是常规性的，公民通过政党影响政治的机会与能力被大大削弱。这造成了所谓的主流政党代表性不足问题，也成为欧洲民粹主义政党大举兴起的制度根源。

民粹主义是国家与社会关系失衡、民主制度失能的警示机制。一项关于欧洲激进右翼民粹主义政党的研究指出，民粹主义有助于实现国家与社会关系的再平衡，有助于调节民主制度的运行。[③] 玛格丽特·卡农范认为，民粹主义产生于代议制民主和参与式民主之间距离过大之时，是一种宣泄大众不满的政治工具。[④] 从治理的角度来看，这两种民主的距离之所以过大，与国家治理沦为单纯的行政管理和官僚操作有关，与政党无法充分代表甚至远离大众有关，因为国家治理的去政治化意味着更多的精英化与技术化。民粹主义的兴起带来了一种反向的再政治化潮流，它迫使国家治理和政党政治在技术性和程序性问题

---

① 岑树海：《欧洲政党国家化的历史制度主义解释》，载《天津社会科学》，2022 年第 3 期，第 70—71 页。

② Richard Katz and Peter Mair, “Changing Models of Party Organization and Party Democracy: The Emergence of the Cartel Party”, *Party Politics*, Vol. 1, No. 1, 1995, pp. 5-28.

③ Tjitske Akkerman, Sarah L. de Lange and Matthijs Rooduijn, *Radical Right-Wing Populist Parties in Western Europe*, New York: Routledge, 2016, p. 3.

④ Margaret Canovan, “Trust the People! Populism and the Two Faces of Democracy”, *Political Studies*, Vol. 47, No. 1, 1999, pp. 2-16.

之外，更关注社会成员在政治生活中的诉求及其影响，更重视参与式民主和政党回应性。作为联邦议院的最大反对党，德国选择党具有影响政府决策和社会风向的强大能力，偏好高度政治化的对抗性议题，选择党在难民问题上的极端立场为默克尔政府和欧盟制造了许多障碍。右翼民粹主义政党反欧盟、反移民的议题政治反映了欧洲右翼社群的经济与文化焦虑，人们相信欧盟技术官僚正在削弱国家主权，导致本民族的地位、利益和价值受到外来民族的严重威胁。右翼民粹主义政党关于去欧洲化、去全球化的民族主义立场，在实践中推动了国家的对外政策重新政治化。民粹主义政党质疑和否定了技术精英把持的行政机构，鼓励社会成员通过广泛的民主参与来争取自身权益，从而导致杂乱纷争的公众意见通过集会、示威、游行等体制外渠道和政党、议会等体制内渠道大量涌入政治过程，广泛甚至无序的民主参与将迫使国家治理必须应对高度政治化的议题。

其次，民粹主义助长对抗思维，不利于凝聚国家治理所需要的社会共识。国家治理依赖于制度性安排，因为国家需要一整套融贯理性与德性的制度设计来处理公民偏好和集体需求。现代政党自出现以来，通过选举动员、议会参与和执掌政权等路径已深度卷入国家治理过程，因此，国家也需要通过适宜的政党制度来处理政党之间互相冲突的需求和对立的意识形态。理查德·卡茨和威廉·克罗蒂（William J. Crotty）认为，制度用于修正和调整政治行为者的行动，政党之间需要在一定的制度框架内达成一定的共识，避免持久的僵局。[①] 然而，西方政党政治遵循的是竞争范式，政党之间紧张对抗的关系是政党政治的常态。在竞争性政党体制之下，如何建立国家治理所需要的共识政治，政党竞争如何服务于国家治理等问题常常困扰着西方国家。弗朗西斯·福山把两党斗争经常致使政府关门的美国政治体制称为“否决体

① 理查德·S.卡茨、威廉·克罗蒂编，吴辉译：《政党政治研究指南》（上册），南京：江苏人民出版社，2020年版，第309页。

制”（Veto System），[①] 在这种体制中，政党利益超越了国家利益，激烈的选举竞争旨在实现政党目标，有效而稳定的国家治理并不是首先被关注的议题。在欧洲的多党政治中，有机会上台执政的只是少数政党，大部分政党是在社会和议会中活动，但是所有政党都以一种斗争的姿态处理与其他政党的关系，这也是西方政党参与和影响治国理政的特定方式，它们的意识形态和行为模式对于政党政治如何平衡冲突与共识、对于国家治理能否超然于政党竞争之外有着重要的影响。

民粹主义建立在“人民-精英”二元对抗的逻辑之上，民粹主义政党本能地倾向于抗争政治，它们强化了政党“合作-竞争”关系中的竞争一面，甚至将其发展为对抗和否定，因此，民粹主义又常常被视为开启极化政治之门的关键力量。随着民粹主义政党纷纷参与选举和进入议会，极化政治不仅在选举过程中充分表现，而且还以社会运动、议会斗争等方式对国家治理过程产生影响。通常情况下，当政党竞争主要围绕经济增长、扩大就业和增加福利等社会经济议题展开时，政治妥协与共识相对容易达成，事实上，国家治理的大部分内容确实是围绕着非政治性或低政治性议题展开。但是，右翼民粹主义政党以反建制、排他性的极端主张煽动对立舆论，它们更关注的是文化或价值议题而非经济议题，这些充满着认同差异、价值差异和意识形态差异的议题最容易激化极端情绪，造成分化的和极化的政治。如果“人们越来越依据价值观而不是社会经济利益来投票，就会使让步和折中更难实现”[②]，在这种可能前景下，当身份政治、族群政治、主权政治等价值议题进入政治议程，更容易产生分歧对抗，成为国家治理中最难处理的问题，毕竟“意识形态极化会导致治理特征的相对消退和政治

---

① Francis Fukuyama, “America in Decay: The Sources of Political Dysfunction”, *Foreign Affairs*, Vol. 93, No. 5, 2014, pp. 5-8.

② 克莱夫·彻奇、伦道夫·海德著，郑保国、周玮译：《瑞士史》，上海：东方出版中心，2018年版，第242页。

的冲突性增加”[①]。当右翼民粹主义政党凭借这些不容置疑的价值性议题去争取特定社群的支持时，主流政治家实际上很难拿出可信的、积极的和具体的解决方案，比如德、法等国的难民政策常常受到民粹主义的身份政治冲击。

目前，虽然在主流政党的联合抵制下，欧洲民粹主义政党还没有机会真正重构政党体系和取代主流政党，现有政党体系对极端主义倾向仍有平衡和约束的作用。但是，随着主流政党因选举需要而抢夺民粹主义政党的议题主导权，以及民粹主义政党自身不断深化或变换政治议题，对抗思维和极化意识形态必然会深刻影响政治过程，干扰政治决策和社会治理。在欧洲国家的多党竞争中，由于选举动机的驱动，政党作为动员工具的组织功能受到高度重视，用来吸引和凝聚民意的意识形态建构受到高度重视，而相应地对政党在治理方面的经验、能力更加漠视。当极端政党为了争取选举突破而刻意迎合民意，过于追求代表性、回应性，而主流政党急于纠正代表性不足的缺陷时，政党的执政理念和治理能力建设无法得到足够的重视，选举承诺常常只是一种选举策略。

最后，民粹主义追求短期政策效应，妨碍国家治理的长远性和总体性。面对民粹主义政党的冲击，欧洲主流政党纷纷对其采取了孤立打压政策，竭力将其遏制在政治系统的边缘。这些努力确实取得了一定的效果，[②] 比如英国独立党在国内受到来自主流的强力打压，丧失了“脱欧”议题的主导权；德国选择党在难民问题上的话语权因执政党的强势作为而流失，近期不得不转向反对气候变化议题上。但是，右翼民粹主义政党的影响无疑是巨大的，它们通过有成效的政治动员将特定群体的不满情绪传导到政治过程，迫使主流政党回应右翼民意，调

---

① 高奇琦：《算法政治转向与治理功能弱化：新科技革命下西方政党政治发展趋势研判》，载《行政论坛》，2022 年第 1 期，第 151 页。

② 安东·佩林卡、张也：《右翼民粹主义：概念与类型》，载《国外理论动态》，2016 年第 10 期，第 23—26 页。

整政策议程，甚至开始模仿民粹主义政党的动员模式。为了争取极右翼选民，萨科齐在 2012 年法国总统选举中提出了接近国民阵线的反移民主张，如执行更严格的移民政策、收紧边界管理等，甚至提出要将他领导的党“人民运动联盟”（现更名为共和党）打造成“轻量级的国民阵线”。[①] 主流政党只有抵挡或遏制住右翼民粹主义政党的极端主义政治，才能维护既有的政党体系和政治秩序，但是，在右翼民粹主义已完全渗透进体制的背景下，“那就加入他们的行列”[②] 也是主流政党不得不考虑的一种现实主义策略。2008 年全球金融危机以来，欧洲政治出现的主流政党民粹化和右翼化的潮流，既反映了主流政党修复其代表性下降的努力，更显示了主流政党在动员方式和议题主张上的转化，从中不难看到民粹主义对政党政治和公共治理的深远影响。

受到民粹主义为迎合民意而追求短期政治效应的影响，主流政党迫切需要展示其回应能力，提出一些易于公众理解的、简单化的、可短期见效的解决方案，如更严格的移民政策等。这是一种“将民粹主义议题和偏见引入主流政治话语”[③] 的主动作为，不仅助长了政治极化和排外观念的盛行，更会鼓励主流政党在议会或政府中推出一些迎合短期民意、缺乏远见卓识的政策方案，疏忽政府应有的政治责任。例如在欧洲一体化、移民和难民问题上，一些国家的主流政党推出具有民粹主义色彩的保守主义政策，安抚了部分中产阶级和底层民众的焦虑情绪，但却可能损害国家的总体利益和长远发展。国家治理确实需要积极回应民众诉求，但制定稳定和持续的发展规划并有效实施同样重要，而过度回应和过度问责的民粹主义模式被广泛采纳时，政党会

---

① 扬-维尔纳·米勒著，钱静远译：《什么是民粹主义》，南京：译林出版社，2020 年版，第 107 页。

② Tim Bale, et al. “If You Can’t Beat Them, Join Them? Explaining Social Democratic Responses to the Challenge from the Populist Radical Right in Western Europe”, *Political Studies*, Vol. 58, No. 3, 2010, p. 413.

③ Giorel Curran, “Mainstreaming Populist Discourse: The Race - Conscious Legacy of Neo - Populist Parties in Australia and Italy”, *Pattern of Prejudice*, Vol. 38, No. 1, 2004, p. 55.

受到竞争性选择机制和自利性制衡机制的双重影响，对国家治理形成干扰与破坏，使得民众短期利益诉求和国家长远发展之间的矛盾难以根本解决。

值得注意的是，在欧洲主流政党出现民粹化、右翼化的同时，右翼民粹主义政党经过多次选举洗礼，则在缓慢调校其追求政党目标的非主流路线，开始了去极端化、去边缘化的尝试，呈现出某种民粹主义政党主流化的趋势。[①] 德国选择党领导人卢克在2013年时就试图与疑欧主义、反移民的政治团体划清界限，辩称“我们不是民粹主义者，也不是右翼”[②]。考虑到德国选民结构以中产为主体的特点，该党开始放弃冲击中产阶级的削弱福利国家的主张，向温和中间立场转移。2013年，匈牙利的右翼民粹主义政党尤比克党也开始推行去极端化措施，虽然仍坚持疑欧主义和拒绝外来移民，但不再主张立即退出欧盟，2020年，新任主席雅卡布·彼得（Jacob Péter）表示，尤比克党将自己定位为“民族的、基督教的、保守的、中右翼的人民党”，同年，尤比克党更新了政党标志，采取了红白绿三种匈牙利国旗的配色，淡化了有明显宗教色彩的保守主义的“双十字架”图案。在法国，随着2017年总统大选的临近，玛丽娜·勒庞开始柔化国民阵线的对外形象，去除威胁民主和公共秩序的极端主义形象，声称要把国民阵线打造成一个“没什么不同的政党”[③]。这些改变说明，在选举压力和执政期待的双重推动下，民粹主义政党不得不软化疑欧立场，从追逐单一议题向复合型议题转型，表现出融合一系列灵活策略的“渐进的民粹主义”特色。[④]

---

① 高春芽：《民粹政党主流化与主流政党民粹化的双向运动——以西欧右翼民粹政党为例》，载《当代世界与社会主义》，2020年第3期，第128—135页。

② 孙林：《“德国的选择”党——德国的选择？》，载《世界知识》，2013年第14期，第42—43页。

③ 约翰·朱迪斯著，马霖译：《民粹主义大爆炸》，北京：中信出版集团，2018年版，第184页。

④ Kurt Weyland, “Populism: A Political-Strategic Approach”, in Cristóbal Rovira Kaltwasser and Paul Taggart eds. *The Oxford Handbook of Populism*, New York: Oxford University Press, 2017.

国家治理的根本目标应该是追求在良政基础上的善治，而在国家治理中负有重要责任的政府和在政府扮演关键角色的政党都是实现良政善治目标的决定性力量。它们既要对社会公共问题有充分回应，又要积极履行治理职责，完善制度建设，制定并执行善待全体公民并着眼于长远利益的公共政策。事实上，建立良好的制度，实现有效的治理，正是对政党使命和治理能力的挑战。21 世纪以来，西方传统政党面临党员流失、政治不信任和选举得票率下降等严峻问题，它们转身仿效自己的政治对手是时代潮流使然，因为在选举竞争的高压下，上台执政的重要性已大大优先于如何建立良政和实现善治。理查德·卡茨认为，在西方的政党政府体制下，只注重短期选举利益的政客们违背了善治的理念，“民主的泛滥”不利于善治的实现与维持，因为政客们“会以民主的名义运用公民公投等手段推卸自己决策的责任”，同时放弃指导与引领大众的政治家伦理，热衷于蛊惑和煽动大众。[①] 因此，无论是民粹主义政党的主流化，还是主流政党的民粹化，都意味着作为一种动员策略和意识形态的民粹主义将持久地对政党政治、国家治理产生影响。追求短期政治效益的民粹主义妨碍良政善治的实现，破坏国家治理的总体性和长远性。就未来而言，民粹主义政党能否依靠相对庞大的“小人物”群体的支持而不断接近权力中心，还需要继续观察，但是可以肯定的是，这些右翼极端主义政党不仅成了议会中的活跃力量、内阁中的新兴力量，更成了影响国家治理的重要变量。

三、右翼民粹主义的宿命：以欧洲民粹主义政党为例

随着民粹主义的潮起潮落，极端右翼政党和政治人物自身也面临着不可避免的历史宿命。在一个不断碎片化的政党体系中，欧洲国家的各个民粹主义政党将何去何从，会面临什么样的未来，是一个值得

---

① 郭定平主编：《政党政治与国家治理》，上海：复旦大学出版社，2021 年版，第 260—261 页。

高度关注和深入讨论的问题。迈克尔·科皮奇（Michael Coppedge）在其关于拉丁美洲政党制度的研究中提出一个“政治达尔文主义”的概念。他认为，政党制度的演进与自然物种的演进有几分相似之处，因为自然选择和由选民选择执政党的人为选择都包含了为有限资源（如食物或选票）而竞争，竞争的胜利者得到更多的大众支持，而失败者会衰落甚至消失，“最能适应环境的一方将在未来的竞争中成长壮大”[①]。在西方的多党竞争体制下，达尔文主义式的生存竞争决定了每一个政党都需要为其生存和壮大而努力，毕竟幸存下来的政党很少，走上权力最高点的更少。在主流政党看来，处于边缘地位的民粹主义政党是一种异质元素，它们破坏了现有政党格局的权力稳定和固有趋势，专门在一些尖锐、棘手而难以处理的冲突性问题上做文章。然而，就民粹主义政党自身而言，尽管极具变革动力，但是它们面对的生存竞争方面的严峻考验远甚于主流政党。

民粹主义政党在参与政党竞争方面存在以下明显的劣势。第一，组织化力量薄弱。许多新兴的欧洲民粹主义政党的组织化程度较低，为了动员和吸纳支持者，较重视政党开放性。意大利五星运动、英国独立党、西班牙“我们能”党、德国海盗党等民粹主义政党都是利用社交媒体与选民直接接触来形成其政治和社会影响，它们在造成广泛政治动员的同时，无法或无意同时兼顾组织建设，这些政党的目标都是要进军议会甚至政府，薄弱的组织会妨碍它们进入议会后的竞争力，使得政党的长远发展缺乏组织动力。正是为了弥补低组织化的劣势，民粹主义政党热衷于搞直接民主、全民公投，以激进的政治姿态来凝聚民意。

第二，议题化政治内含风险。民粹主义政党容易受到单一议题的诱惑，因为边缘性政党要闯入政治舞台中央，最便利的策略是抓住冲

---

① 迈克尔·科皮奇：《拉丁美洲“失去的十年”期间的政治达尔文主义》，载拉里·戴蒙德、理查德·冈瑟等著，徐琳译：《政党与民主》，上海：上海人民出版社，2017年版，第193—200页。

突性的单一议题向主流政党发起冲击，在短期内迅速引发关注和集结支持者，这也是欧洲民粹主义政党主要围绕反欧元、反一体化、反移民和反难民等议题进行动员的原因。然而，当民粹主义政党将这些重大的冲突议题完全暴露在直接民主制之下，会激起民众在民族主义、国家主义、平等主义、认同和安全等方面的关注，高度的公众关注不断发酵可能产生无法预料的后果。① 同时，单一议题通常具有时效性，如英国独立党主打的“脱欧”牌、德国选择党主打的难民牌随着英国“脱欧”程序的完成、欧洲难民危机的相对缓解而失去了原有的动员力，许多政党不得不选择新的动员议题，重新凝聚民众注意力。

第三，强人政治缺乏可持续性。民粹主义政党高度依赖魅力领袖的威权式动员。历史上的民粹主义运动通常都与一个极具个人魅力的克里斯玛型权威人物联系在一起。在当代世界政坛上，特朗普、勒庞、埃尔多安、欧尔班都表现出政治强人的巨大吸引力，但是随着特朗普 2020 年竞选连任失败，美国右翼民粹主义的影响力一度开始回落；在法国，很难设想没有玛丽娜·勒庞的法国国民联盟能够继续闯入法国总统选举。2002 年 5 月，荷兰右翼民粹主义的“富图恩名单”党由于创党领导人皮姆·富图恩被暗杀身亡而陷入党内分裂，之后随着议会内的席位不断减少，很快就解散了，继承皮姆·富图恩极右翼衣钵的是维尔德斯的荷兰自由党。

第四，重批判而轻建设，缺乏执政训练。民粹主义政党长期处于边缘、在野的地位，缺乏执政经验，难以获得主体选民的信任。民粹主义政党被国内民众习惯性地视为“冲突性的力量”，人们投票支持极端或激进的反对党，以示对现状的不满，这是一种抗议性投票行为，但是当涉及选择执政党时，大概率会将选票投给他们心目中有经验的其他政党。给一种政治体制及其运作挑毛病并不难，难的是找到解决问题的办法，纯粹作为“冲突性的力量”来活动的政党往往在需要考

① 杨云珍：《当代西欧极右翼政党研究》，上海：上海人民出版社，2012 年版，第 132 页。

虑治国能力时失去市场，而“建设性的政党”则得到人们的青睐。① 瑞典民主党在国内选举中缺乏法国、英国和德国民粹主义政党那样的影响力，除了与瑞典长期倡导多元文化主义之外，也与民主党的政治主张专注于反对外来移民而缺乏完整的经济、社会主张有关。一个只批判不建设、缺乏执政训练的反对党是很难得到选民持续支持的。

以上难以克服的内在缺陷，再加上主流政党联手排斥的外部压力，决定了民粹主义政党不确定的未来。民粹主义政党在未来可能面临三种不同命运。第一种命运是被体制驯化而蜕变为建制政党。它们通过不断的温和化、主流化的努力，有可能成为议会中重要的政党，甚至获得参与执政的机会。能够完成这种蜕变的民粹主义政党必须基本清除它们的民粹主义成分，脱去反建制的外衣是它们进入主流政党阵营中的代价。民粹主义政党通常是在面临深层次社会分裂时以煽动者的形象登场，善于制造各种对抗性舆论，挑战既有政党竞争规则，但是反建制政党如果要延续其政治生命，最后都需要自我调适，接受既有政党体系的规制，成为体制内长期活跃的一员。意大利的北方联盟、奥地利自由党、荷兰的“富图恩名单”党和荷兰自由党都是右翼民粹主义政党，但是最后也都逐渐被吸收到各种温和的政治联盟中，从反建制政党转变成执政党。② 法国的国民联盟正在这条道路上奋斗，2011年玛丽娜·勒庞执掌国民阵线后，尽管仍坚持反欧盟、反移民的立场，但是政治主张转向温和务实，开始了“去极端化”“去妖魔化”的政党改造，包括将持极右立场的让-玛丽·勒庞开除出党，改党名为国民联盟，关注民生议题，如主张给低收入者发放“购买力奖金”等。由于政策重心的调整，国民联盟的政党形象有所改变，影响力不断提升。在2019年的欧洲议会选举中，国民联盟以23.3%的得票率领先于马克

---

① 王长江：《政党论》，北京：人民出版社，2009年版，第233页。

② 埃弗哈德·霍尔特曼著，程迈译：《德国政党国家：解释、发展与表现形式》，北京：中国政法大学出版社，2015年版，第45页。

龙的执政党，保持了在欧洲议会中的席位优势。[①] 奥地利自由党是一个老牌的右翼极端主义政党，自 1956 年成立以来坚持日耳曼民族主义立场，约尔格·海德尔（Jörg Haider）在 1986 年成为该党主席后，采取民粹主义动员工具宣扬新纳粹主义，但是，当自由党在 1999 年替代社民党成为国会第二大党，甚至与第一大党人民党组成右翼联合政府后，即开始了它的主流化转型，逐渐成为一个拥有持续政治影响的典型右翼政党。

第二种命运是继续作为立场极端的反建制政党，在新的社会裂痕出现时抓住机会冲到前台，甚至得到联合执政的机会，但大部分时候仍处于边缘化地位，淹没在中左、中右派政党掌握的日常政治中。民粹主义政党能够长期维持其反建制地位的原因在于欧洲政党体制的稳固性，在社会仍然需要政党、国家仍然需要政党，而政党通过自身建设能够获得更大的现代化潜能的前提下，[②] 民粹主义政党的冲击还不至于摧毁整个欧洲政党体制。西摩·马丁·李普塞特认为，竞争性的政党制度为使国家免受公民不满引起的破坏提供了一条关键性策略：使抱怨和攻击针对的是那些仍在其位、仍谋其政的官员，而不是整个制度。[③] 因此，如果民粹主义政党没有在整体上否定资本主义和自由民主为其奠基的整个制度，只是站在政治光谱的两端，利用各种社会矛盾攻击主流政党和执政精英，那么他们仍有在社会和国家的连接处自由游走的空间，总体上仍然是既有政党体系的构成之一。在欧洲国家中，能够进入议会或者政府内参与权力分享的民粹主义政党毕竟是少数，通常也不过一两个，大部分民粹主义政党仍然活跃在社会上，维持其有限影响，如比利时弗拉芒利益党、瑞典的北欧拯救运动、丹麦人民

---

① Adam Nossiter, "European Vote Reseals an Ever More Divided France", https://nytimes.com/2019/05/27/world/europe/european-vote-france.html.

② 于洪君：《热话题与冷思考——关于"西方国家政党政治现状与走势"的对话》，载《当代世界与社会主义》，2017 年第 2 期，第 10 页。

③ 西摩·马丁·李普塞特著，张华青等译：《一致与冲突》，上海：上海人民出版社，1995 年版，第 138 页。

党、德国第三路径党、荷兰民主论坛、瑞士的提契诺联盟、西班牙声音党、挪威进步党等。

第三种命运是政治影响不断下降，逐渐退出政治舞台。一些民粹主义政党缺乏组织刚性，通常持议题导向并且容易依赖政党领袖的个人号召力，这使得它们在特定议题的热度下降后或者失去政党领导人后难以维持公众关注，在组织上面临涣散分裂的内部危机。比利时的“富图恩名单”党就是典型例子，在专注于网络自由和网络问政的欧洲海盗党联盟中，一些国家的海盗党就面临议题狭窄、影响力有限的生存问题。如果这些反建制的民粹主义政党长期处于边缘地位，无法突破选票门槛而在欧洲议会、国家哪怕是地方层次的选举中得到席位，政党影响力和活跃度就会随之下降。在欧洲的多党体制下，右翼政党家庭的成员众多，处于极端右翼的政党通常立场极端、规模较小、更替频繁，它们如果缺乏时代机遇、把握不住选民偏好，就有可能被排挤出激烈竞争的政党政治，最终的结果或者是销声匿迹，或者是汇入其他意识形态立场和政策立场相近的极端政党之中。

第五章　非西方社会的民粹主义经验：以拉丁美洲、东南亚为例

多样性是世界的本来面貌，很显然，民粹主义也有多副面孔。它无论在西方还是在非西方出现，都首先体现独特的本土性，都是本国政治、经济和文化诸因素相互作用的结果。在此意义上说，各国各地区的民粹主义现象无论是在时间上还是在空间上都相互隔绝，相互之间并没有必然联系，[①] 就像美国人民党运动和俄罗斯的民粹派运动之间并没有实质联系一样。然而，形态不同的民粹主义现象又有共同的特点，即都是现代性政治的产物，都是伴随着资本主义、民主政治、民族主义、多元主义等现象出现的，因此要辨识民粹主义现象其实并不困难。这种标榜“平民至上”主义，以反建制、反精英、挑战既有秩序为标志的政治现象，在任何意义上讲都是转型时代的产物，无论是从传统到现代的转型，还是现代到后现代的转型。如果说当今的西方右翼民粹主义是发达资本主义国家向后现代、后工业化时代转型的产物，那么非西方国家的绝大部分民粹主义实践仍然是传统社会向现代化和工业化转型的产物。

① Ghita Ionescu, “Populismo: Sus Significado y Caracteristicas Nacionales”, http://www.worldcat.org/title/populismo-sus-significados-y-caracteristicas-nacionales.

第一节 民粹主义与拉丁美洲的发展选择

民粹主义之于拉丁美洲，是一种充满着历史韧性的独特体验，也是一种形塑拉美独特政治景观的发展选择。它自20世纪初登上拉美政治舞台之后就不曾离开，其间掀起了多次高潮，成为世界民粹主义实践中最具区域性和连贯性特征的范本。拉丁美洲和加勒比海地区有大大小小的33个国家或地区，差异性、多样性毋庸置疑，但是，在后殖民时代，能够超越差异而将各国集结到一种地区性共同体验之上的，恐怕非民粹主义莫属了。正如墨西哥前总统塞迪略（Ernesto Zedillo）所说："民粹主义在近一个世纪以来一直是拉美政治中最具渗透力的政治意识形态。"① 拉美的所有国家和地区都有过程度不同、形态各异的民粹主义实践，它们的政治经济政策中都或多或少吸纳过民粹主义的成分。在这一地区，形形色色的民粹主义组织和政党遍布各国各地区，而拥有世界性或地区性政治声誉的拉美民粹领导人也不在少数。因此，在20世纪以来周而复始的体验中，民粹主义与其说是拉美现代化过程中的常客，不如说是其底色；与其说是拉美政治生活的突出特征，不如说是其基本构成。

在西方学界，结构主义学派相信拉美民粹主义是"外围国家"发展落后的特有现象，自由主义论者认为民粹主义在概念上特指出现于20世纪拉美的现象。② 塞巴斯蒂安·爱德华兹则断言，民粹主义对拉美国家来说是一种致命诱惑，它长久盘踞在这一地区，使许多拉美国家领导人作出了错误承诺，从而导致拉美在政治经济上落后掉队。③ 塞巴斯蒂安·爱德华兹的观点代表了西方自由派的观点，未必能得到拉

---

① Ernesto Zedillo, "Lula: The End of Latin American Populism?", *Forbes*, Vol. 27, No. 1, 2007, p. 3.

② Rudiger Dornbusch and Sebastian Edwards, *The Macroeconomics of Populism in Latin America*, Chicago: The University of Chicago Press, 1991, p. 16.

③ Sebastian Edwards, *Left Behind: Latin America and the False Promise of Populism*, Chicago: The University of Chicago Press, 2019.

美本土学界的广泛认同，但是，讨论民粹主义对于拉美的意义，无法绕开发展模式的选择问题，拉美的发展既受到殖民时代的文化与社会形塑和20世纪“中心国家”的政治与经济规制，但又不完全是西方模式的简单复制，甚至可以说是不断去殖民化、去西方化、去边缘化的过程。在拉美独特的、不断变迁的政治与文化景观中，民粹主义是其中最具自主性色彩的部分，它的经久不息反映了拉美国家在不同时期寻求替代性发展的努力；它备受诟病并且常常失败，但似乎没有退出拉美政治舞台的任何迹象。可以说，理解拉美民粹主义的历史韧性及其发展变迁，是拨开拉美地区眼花缭乱、纷繁复杂的发展迷雾，解读其政治经济发展脉络的关键。

一、拉美民粹主义的代际更迭

民粹主义在拉美的出现，是20世纪的重大事件。虽然在时间上要比俄国和美国晚一个时代，但是拉美民粹主义的持久性、连贯性与规模性是俄美两国不能相比的，它代表着落后的“边缘国家”在现代化冲击下新生的一种政治形态。在拉美，民粹主义不只是一个国家的选择，而是几乎整个地区的选择，这背后必有值得探究之处。自从20世纪初登上政治舞台之后，拉美民粹主义历经数次高潮，首先是在城市化、工业化大潮中发展出经典民粹主义；其次是在进口替代工业化衰微、新自由主义强势植入的转型期衍生出一种新民粹主义；其后又因反抗新自由主义改革而催生一种被称为“粉色浪潮”的激进左翼民粹主义。在此百年间，拉美民粹主义完成了数次代际更迭，表现出很强的历史韧性，正如拉美学者卡洛斯·德拉托雷（Carlos de la Torre）所指出的，“民粹主义一直没有消失，目前仍是拉美政治中周则复始的现象”①。拉美民粹主义在几度兴衰之间，始终与拉美国家的发展选择紧

① 袁东振：《拉美民众主义的基本特性及思想文化根源》，载《拉丁美洲研究》，2017年第4期，第6页。

密相联，它的经久不息，蕴藏着一种探寻替代性发展道路的强烈愿望。

（一）早期民粹主义时期

从20世纪初到1929年经济危机的30年，是拉美民粹主义的萌芽时期，虽然一些学者并不把它称为一个完整的民粹主义阶段，但是民粹主义的出现已是势不可挡。众所周知，拉美现代化转型的启动非常早，自19世纪初获得独立后即开始了城市化、工业化、民主化的现代化进程，近百年的转型发展孕育了以城市工人、中产阶级和城市贫民为主体的新兴社会力量，传统阶级如农民和印第安土著也被现代化唤醒，形成了阶级或族群意识，这些在考迪罗（Caudillo）[①] 寡头政治之下的被统治阶级对传统的政治经济秩序提出了变革的要求。秘鲁政治家德拉托雷被称为“拉美民粹主义之父”，他于1924年率先创立“美洲人民革命联盟”，即阿普拉党，提出阿普拉主义，主张社会民主主义的改良主义和民族主义。[②] 阿普拉主义越过秘鲁国界，传播到了其他拉美国家，奠定了拉美民粹主义运动的左翼基础。与此同时，中下层大众的社会改革呼声在一些南锥体国家领导人那里得到了回应，具有早期民粹主义色彩的政府纷纷出现，在各自国家开启了民粹主义的最早实践，如智利的亚历山德里政府（1920—1925年）、阿根廷的伊里戈延政府（1916—1922年）、乌拉圭的巴特列政府（1903—1907年、1911—1915年）和秘鲁的比林赫斯特政府（1912—1914年）等。[③] 这些民粹主义早期实践推动了拉美从寡头政治向大众政治转变的、不可逆

---

① 考迪罗或考迪罗主义是指拉美地区在殖民统治时期形成的一种军事政治独裁和暴力统治的制度，考迪罗拥兵自重，与大庄园、教会相结合，深深卷入政治之中并致力于建立军人主导的政权。美国学者罗伯特·吉尔特认为，“考迪罗主义可定义为目的在于夺取政权的个人主义和暴力的结合”，参见 Simon Collier, et al. eds. *The Cambridge Encyclopedia of Latin America and the Caribbean*, New York: Cambridge University Press, 1985, p. 306。

② 爱德华·J. 威廉斯著，钟腊梅译：《从发展角度看拉丁美洲的政治思潮》，北京：商务印书馆，1979年版，第19—20页。

③ Rudiger Dornbusch and Sebastian Edwards, eds. *The Macroeconomics of Populism in Latin America*, Chicago: The University of Chicago Press, 1991, p. 38.

的历史行程。

（二）经典民粹主义时期

从20世纪30年代到60年代，拉美民粹主义进入高潮阶段。之所以称为“经典民粹主义”，是因为这一时期形成了此后拉美国家欲罢不能的民粹主义发展模式。20世纪30年代初，各国政府为应对经济危机而进行的政策变革成为拉美国家发展的关键节点，这些堪称经典的民粹主义政策侧重于社会经济方面，包括政府干预、福利国家、进口替代、多阶级联盟、收入再分配等等，不仅有凯恩斯主义的影响，更有民族主义的立场。1929—1933年间发生的严重的经济危机极大地挫伤了欧美经济，在资本主义世界体系中处于从属和依附地位的拉美各国同样备受打击，拉美长期实行的初级产品出口导向型政策因欧美经济崩溃而难以为继，出口导向的寡头制政权“面临着增长、分配、参与和合法性的四重危机”①。“这场危机促使拉美国家的政府开始干预经济，从而涌现了新生的工业部门”②，尤其是轻工业得到了长足发展。进口替代工业化战略在各国的广泛推行，催生了一个软弱但雄心勃勃的民族工业资产阶级，也带来了一个政治上日益活跃的、强有力的劳工阶级。在克里斯玛式政治强人的推动下，两个新兴阶级之间建立了跨阶级联盟，“这一联盟整合了企业主和劳工的利益，并向农业和土地寡头长期以来的统治地位提出了挑战”③。经典民粹主义领导人有三个重要代表，即墨西哥的卡德纳斯（1934—1940年执政）、阿根廷的庇隆（1946—1955年、1973—1974年两度执政）和巴西的瓦加斯（1930—1945年、1951—1954年两度执政）。另外，厄瓜多尔的贝拉

---

① Jolle Demmers, Alex E. Fernandez Jilberto and Barbara Hogenboom, eds. *Miraculous Metamorphoses: The Neoliberalization of Latin American Populism*, London: Zed Books, 2001, p. 4.

② 古斯塔沃·桑蒂连：《拉美的“民粹主义”：争议、特征及比较研究的局限》，载《拉丁美洲研究》，2018年第1期，第117页。

③ Thomas E. Skidmore and Peter H. Smith, *Modern Latin America, Sixth Edition*, New York: Oxford University Press, 2005, p. 55.

斯科、玻利维亚的埃斯登索罗也建立过民粹主义政权。20 世纪 60 年代后，进口替代工业化走入困境，拉美军人政府纷纷上台，大举镇压民粹主义运动，经典民粹主义开始衰微。

（三）新民粹主义时期

20 世纪 90 年代的拉美新民粹主义是经典民粹主义的一种变异。经历了六七十年代的军人独裁统治之后，拉美在 80 年代走上了政治民主化之路，但是，经济上却不得不面对民粹主义扩张性财政政策带来的债务危机和通货膨胀。1982 年，墨西哥成为第一个宣布无力偿还贷款的国家，随即债务危机蔓延至整个拉美。为了挽救拉美经济，西方国家联手世界银行、国际货币基金组织等机构推出了新自由主义改革计划，拉美成为新自由主义政策的最早试验田。然而，市场化、自由化政策在限制国家干预的同时，也减少了公共福利，造成了非正规部门劳动者的强烈不满。为了突破市场化改革的阻力，一些拉美国家的领导人采取政经分离的策略，经济上执行新自由主义政策，政治上重新回到民粹主义。为了强化个人权力和争取政治便利，这些推动市场化改革的领导人没有完全忠实于新自由主义政策，而是通常在选举前夕推行扩大财政支出的政策，来维护民众的支持。[①] 当然，他们搞的政治民粹主义也背离了经典时期的社会经济主张，具体表现为放弃国家对经济的干预，放弃经典民粹主义的多阶级联盟，放弃劳工阶级而以非正规部门劳动者和城市贫民为动员对象，民粹主义被视为一种争取民众支持的政治策略。实际上，拉美的新民粹主义是新自由主义与民粹主义的策略性合作，是一种“变种的”或“新自由主义化”的民粹主义，[②] 其策略是“利用民粹主义推行经济自由主义，反过来又利用经济

① 董经胜：《拉美民主化巩固和新自由主义改革时代的民众主义》，载北京大学世界现代化进程研究中心主编：《现代化研究》（第二辑），北京：商务印书馆，2003 年版，第 273—274 页。

② Jolle Demmers, Alex E. Fernandez Jilberto and Barbara Hogenboom, eds. *Miraculous Metamorphoses: The Neoliberalization of Latin American Populism*, London: Zed Books, 2001, p. 11.

自由主义来加强其民粹主义领导权"①，与左翼的经典民粹主义相比，新民粹主义带有明显的右翼色彩。20 世纪 80 年代末以来，新民粹主义领导人的典型代表包括阿根廷的梅内姆、巴西的科洛尔、秘鲁的藤森和厄瓜多尔的布卡拉姆，80 年代秘鲁的加西亚和巴西的布里佐拉也可归入这一阵营。

（四）激进左翼民粹主义时期

拉美国家对新自由主义和全球化所许诺的繁荣前景的幻灭，要比欧美国家来得早。20 世纪末，新自由主义改革没有使拉美走出经济衰退，在经济持续不景气、贫困与不平等日益严重、社会问题频发的现实面前，民众对市场化政策非常悲观失望，他们期望一场可以带来公平正义的变革。在此背景下，激进左翼的"粉色浪潮"② 应运而生，推动了拉美政治的整体左转。彼得·史密斯（Peter H. Smith）指出，"粉色浪潮"不是一个有组织的或是教条式的运动，它始于 1998 年查韦斯赢得委内瑞拉总统大选之际，随着卢拉在巴西和基什内尔在阿根廷分别赢得总统大选而迅速发展。③ 除了这三个国家之外，"粉色浪潮"在 21 世纪的头十年内还席卷了玻利维亚、厄瓜多尔、乌拉圭、萨尔瓦多、巴拉圭和秘鲁等诸多国家，激进左翼民粹主义成为一种群体崛起的政治现象，查韦斯的"21 世纪社会主义"主张得到了许多国家认可和实践。这一轮民粹主义浪潮继承了其经典时期的左翼基因，如

① Kurt Weyland, "Neo-Populism and Neoliberalism in Latin America: Unexpected Affinities", *Studies in Comparative International Development*, Vol. 31, No. 3, 1996, p. 9.

② "粉色浪潮"的提法最早出现在 2005 年 3 月 1 日拉里·罗特(Tabaré Vázquez)发表在《纽约时报》的一篇文章,文章在评论乌拉圭新左翼领导人塔瓦雷·巴斯克斯(Tabaré Vázquez)当选总统时认为,这一现象"不像是一个红色浪潮……,倒像粉红色浪潮",自此,"粉色浪潮"的概念开始流行。参见 Larry Rohter, "With New Chief, Uruguay Veers Left, in a Latin Pattern", http://www.nytimes.com/2005/03/01/world/americas/with-new-chief-uruguay-veers-left-in-a-latin-pattern.html。

③ 彼得·H. 史密斯著,谭道明译:《论拉美的民主》,南京:译林出版社,2013 年版,第 392 页。

反美反霸权主义、主张经济去市场化和社会超福利化等，但是也有重大不同，如不强调彻底的扩张主义财政与货币政策，“不是用过分依赖财政赤字去重新分配收入，而是强调政府的干预、控制、限制是引导收入流向特定群体的一种方式”①；再如经典民粹主义领导人大多通过非民主方式获取政权或继续执政，但21世纪的左翼民粹主义领导人大多通过民主程序上台执政；此外，政治上主张泛拉美主义和地区主义也是这一阶段的重要特色。

拉美民粹主义在百年间经历了四次浪潮，并在21世纪的第二个十年来到了一个扑朔迷离的历史关头。2008年全球金融危机之后，在反全球化右翼浪潮冲击下，“粉色浪潮”渐趋消退、“左退右进”声浪渐起。在左翼基础极其深厚的拉美，民粹主义总体上持左翼立场，仅在20世纪八九十年代出现过一波具有某种右翼性质的新民粹主义，委内瑞拉、玻利维亚、厄瓜多尔等多国则长期是左翼执政。2018年，走右翼民粹主义路线并有“巴西的特朗普”之称的博索纳罗当选巴西总统，右翼阵营看起来有走强之势，但是拉美左翼的传统影响依然强劲，巴西前总统、劳工党领袖卢拉因其执政成就和个人魅力仍保持很高人气。2020年7月，巴西《圣保罗州报》发布的民意调查结果显示，50%的民众表示，如果卢拉2022年再次竞选，会投票给他，愿意选择博索纳罗的比例仅为38%，2022年11月，卢拉当选新一任巴西总统。2019年10月，智利发生反新自由主义的“三十比索运动”，一年后的修宪公投以78.27%的多数票赞成修改军政府时期关于新自由主义改革的宪法。2018年7月，墨西哥左翼联盟“我们共同创造历史”在大选中获胜，左翼立场的奥夫拉多尔当选总统。如此种种，令人对拉美民粹主义将继续走左翼路线还是会出现左右分途深感迷惑，但是有一点可以肯定，拉美政治将更加多元化，而民粹主义不会轻易退出政治舞台。

---

① 塞巴斯蒂安·爱德华茨著，刘玉译：《拉美新旧民粹主义研究》，载《国外理论动态》，2012年第6期，第94—95页。

二、拉美民粹主义的独特性

长期以来，民粹主义的特立独行与逆势而行激起了学界极大的研究兴趣。拉美民粹主义高潮迭起，成为宏观经济学、比较政治学、国际关系学等多个领域的重要研究主题，相关理论产出十分丰富。与其他国家和地区不同，拉美民粹主义不能简单理解为一种抗争性的街头政治、草根政治，它是拉美国家在经济发展与政治转型过程中的关键环节，与国家、民族、领袖等威权化符号紧密相联。在现有研究中，关于拉美民粹主义的较为普遍的共识是，它“不仅始终被国家当权者所运用、操纵，而且一直就是拉美经济政策和政治制度转变的驱动力量”[①]。民粹主义已成为拉美政治经济的常规部分，这是理解拉美民粹主义的关键，基于经济和政治两个面向的解读或可还原一个独具特色的拉美民粹主义。

一方面，拉美民粹主义是一种以经济增长和收入再分配为目标的宏观经济政策。关于拉美民粹主义的研究起自 20 世纪 60 年代，这项最早以巴西的瓦加斯政府、阿根廷的庇隆政府和墨西哥的卡德纳斯政府为经验材料的比较政治研究，从一开始就将民粹主义与经济政策联系起来。不同阵营的经济学家对凯恩斯主义和进口替代工业化模式在拉美的实践进行了全面剖析，将拉美民粹主义理解为一种挑战西方自由主义经济的激进发展模式，其中，三种具有代表性的解释值得关注。

第一种解释着重批判民粹主义的宏观经济政策。塞巴斯蒂安·爱德华兹和鲁迪·多恩布斯（Rudiger Dornbusch）以拉美为案例，将民粹主义定义为一系列主张实行巨额财政赤字和扩张性货币政策以及通过增加公共部门工人的工资来重新分配收入的经济政策。[②] 他们将民粹主

① 周凡:《国外民粹主义研究前沿》,http://www.cssn.cn/zhx/zx_zrzl/201503/t20150320_1555359_1.shtml。

② 塞巴斯蒂安·爱德华茨著,刘玉译:《拉美新旧民粹主义研究》,载《国外理论动态》,2012 年第 6 期,第 92 页。

义经济政策的实施过程划分为四个阶段，认为民粹主义是一种不遵循市场规律的经济政策，由于政府过度强调增长和收入的再分配，不重视通货膨胀、财政赤字和外部限制的风险，最终可能导致经济崩溃和政府下台。保罗·德雷克（Paul W. Drake）也有相似的判断，认为民粹主义政策是通过“扩张政府激进主义、在一个不断加速的工业化进程中吸收工人、改良再分配措施”来应对贫困与不平等问题，缓解多数民众对经济发展的不满情绪。①

第二种解释同时关注民粹主义经济政策与政治动机。罗伯特·考夫曼（Robert Kaufman）和芭芭拉·斯托林斯（Barbara Stallings）从发展主义的角度来概括民粹主义的经济政策，即通过预算赤字政策来刺激国内需求；通过名义工资增长和物价控制来影响收入再分配；通过控制汇率来降低通货膨胀，提高非出口部门的工资和利润。但是，他们也十分重视并努力揭示了这些经济政策背后的政治动机，即争取劳工组织和低收入群体的支持、争取非出口部门的配合、在政治上将农业寡头、外国企业和国内工业巨头孤立起来。② 这种理解遵循了政治经济学的逻辑，目的是挖掘拉美民粹主义的政治与经济意义。

第三种解释则强调民粹主义经济政策的合理性。新马克思主义学派受到结构主义理论和依附理论的影响，充分肯定了民粹主义经济政策的再分配主张，认为民粹主义是20世纪30年代经济危机后拉美努力摆脱“中心国家”盘剥、走自主发展道路的尝试，在政策上主张从依附性的初级产品出口模式向自主性的进口替代工业化模式转变。吉列尔莫·奥唐奈（Guillermo A. O’Donnell）、詹姆斯·马洛伊（James Malloy）等左翼学者认为民粹主义的经济政策是一项致力于经济增长的

① Paul W. Drake, “Conclusion: Requiem for Populism?”, in Michael L. Conniff, ed. *Latin American Populism in Comparative Perspective*, Albuquerque: University of New Mexico Press, 1982, p. 218.

② Robert R. Kaufman and Barbara Stallings, “The Political Economy of Latin American Populism”, in Rudiger Dornbusch and Sebasttian Edwards, eds. *The Macroeconomics of Populism in Latin America*, Chicago: The University of Chicago Press, 1991, p. 16.

经济与社会政策。进口替代工业化的早期阶段为民粹主义的振兴提供了基础，因为进口替代带来了经济持续高速增长，有助于民粹主义领导人实现面向大众的、适度的再分配政策，有助于取代那种只惠及外国资本的、垄断经济资源和压制民众呼声的排斥性经济政策。[①] 这种观点认为民粹主义最终有助于拉美"外围国家"超越依附，实现自主性发展。

总的来说，将民粹主义经济政策视为一项同时强调增长和再分配的宏观经济政策，是一种基于对拉美民粹主义历史经验的共识，尽管阵营不同、褒贬各异，经济学家们基本上都认为拉美民粹主义的经济政策包含着扩大国家在经济中的作用、限制外国资本和出口部门、有效增加公共支出和改善收入分配等标志性内容。

同时，拉美民粹主义是一种以魅力领袖、宪政公投和多阶级联盟为特征的威权政治。民粹主义追求大众民主、推崇民族主义和强调国家意志，在政治实践中依赖领袖与精英的操作与领导，因而与威权政治有着复杂的关系。

拉美民粹主义的威权性体现在以下三方面。第一，拉美民粹主义强调处于中心地位的个人化领导。在民粹主义同样活跃的欧洲，尽管民粹主义领导人也备受关注，但是欧洲的政治制度整体上是以组织良好的政党为中心，更受关注的是政党与政党政治，但是，"在拉美，政治制度主要是以总统为中心，以强有力的、个人化的领导为中心"[②]。拉美政党的组织化程度远不及欧洲，以至于20世纪以来在政党体系之外涌现了众多具有民粹主义色彩的政治领袖，拉美民粹主义因而呈现出非常鲜明的克里斯玛式政治权威的色彩。这些个性化的魅力领袖常常越过政党的组织化程序直接向人民喊话，在民众动员和凝聚共识方面发

① Carlos de la Torre, *Populist Seduction in Latin America*, Athens: Ohio University Press, 2010, p. 2.

② Cas Mudde and Cristo' bal Kaltwasser, "Exclusionary vs. Inclusionary Populism: Comparing Contemporary Europe and Latin America", *Government and Opposition*, Vol. 48, No. 2, 2012, p. 156.

挥了特别重要的作用。阿根廷社会学家吉诺·赫尔马尼（Gino Germani）认为，民粹主义是在克里斯玛式领导人的主导下混入了威权化因素。[①] 而在吉列尔莫·奥唐奈看来，拉美民粹主义追求的是一种委任式民主，总统被视为国家的化身和国家利益的监管人，由于这位家长式的人物不得不照顾全国，所以他的支持不可能来自一个政党，其政治基础只能是一场运动。[②]

第二，拉美民粹主义充分利用了执政条件下的宪政工具。拉美民粹主义与其他国家或地区民粹主义的不同之处在于，它不仅仅是“街头的民粹主义”，更是一种普遍的“执政的民粹主义”。[③] 拉美国家的宪法在文本上都普遍规定了三权分立的内容，但是在实践中，三权之间纵然分立却并不平衡。霍华德·威亚尔达（Howard J. Wiarda）认为，当民主来到拉美时，“屡屡呈现出一种更加中央集权化，以行政为中心的民主形式”，“行政被宪法授予绕过立法机关的广泛权力”。[④]这种行政权优先的取向与拉美盛行的“新立宪主义”有关，即相信国家宪法应该是不断变化的公文，应快速灵活地适应新的政治形势，“新立宪主义”主张并广泛依靠公民投票和表决推进政治和社会议程。塞巴斯蒂安·爱德华兹认为，这种宪政实践将强人领袖通过直接与民众对话来实现其政治目标的民粹主义特征上升到了宪法高度。[⑤] 在这种“新立宪主义”的支持下，行政权常常能便利地凌驾于立法权与司法权之上，行政机关或总统习惯性地绕过立法和司法部门，要求进行全民公投。秘鲁的藤森在1992年发动“自我政变”、委内瑞拉的查韦斯通过宪法

① Gino Germani, *Authoritarianism, Fascism, and National Populism*, New Brunswick: Transaction Books, 1978.

② 霍华德·J. 威亚尔达著，刘捷等译：《拉丁美洲的政治与发展》，上海：上海译文出版社，2017年版，第74—75页。

③ Francisco Panizza, ed. *Populism and the Mirror of Democracy*, New York: Editorial Verso, 2005.

④ 同②，第4、57页。

⑤ 塞巴斯蒂安·爱德华兹著，郭金兴译：《掉队的拉美——民粹主义的致命诱惑》，北京：中信出版集团，2019年版，第197页。

大会“重建”民主制，还有其他的民粹主义领导人的宪政改革，都充分利用了全民公投的宪政工具，以期达到总统及行政机关的政治威权最大化的目标。可以说，拉美民粹主义在宪政意义上成了一种公民投票式政治。

第三，拉美民粹主义表现为一种依赖威权领袖的多阶级联盟。相比于19世纪下半叶的俄美民粹主义，20世纪上半叶盛行的拉美民粹主义有更鲜明的城市性，这与拉美自19世纪初实现独立以来即开始现代化转型有直接关系，因为“如果没有19世纪大规模的城市发展，就不会出现20世纪的民粹主义”①。如前所论，随着工业化、城市化进程的不断推进，劳工阶级的队伍越来越壮大，他们纷纷提出保障政治经济权利、消灭贫困与不平等、提高生活质量等方面的政治诉求。与此同时，进口替代工业化进程中成长起来的工业资产阶级由于自身力量弱小，无法单独挑战传统寡头集团和精英政治，不得不与工人结成联盟，从而形成了工业资本家和劳工阶级策略性合作的民粹主义联盟。然而，这种跨阶级的联盟是暂时的、松散的，它代表的是多阶级利益，而各阶级之间难免会发生利益冲突，因此多阶级联盟的维系需要强有力的领导人。“以跨阶级民粹主义联盟为基础的政权不得不依赖于个别领导人的个人权力和个人魅力”②，这正是拉美各国纷纷出现威权领袖的重要原因之一。

拉美民粹主义到底是一种宏观经济政策，还是一种威权式强人政治，取决于我们的观察维度。前者聚焦经济与社会利益的再分配问题，认为民粹主义与特定的社会经济政策相关联，体现了一种追求分配正义的激进左翼意识形态；后者侧重政治动员和政治控制，是“一种个

---

① Michael L. Conniff, ed. *Latin American Populism in Comparative Perspective*, Albuquerque: University of New Mexico Press, 1982, p. 4.

② 托马斯·E. 斯基德莫尔等著，张森根等译，《现代拉丁美洲》，北京：世界知识出版社，1996年版，第66页。

人化的领导人如何争取和行使政府权力的政治策略”①，并且认为民粹主义坚持多变的意识形态，能够与不同的经济和社会政策相联系。② 这两种解读的逻辑脉络并不相同，解释力也各有局限，前者忽略政治因素，可能会低估民粹主义的结构性影响；而后者过于强调民粹主义的工具性一面，则可能忽略了其价值性。就拉美而言，单独讨论经济或政治层面的民粹主义是没有意义的，因为拉美民粹主义已演进成为一种政体类型，它有着特定的治理逻辑和施政理念，虽然和其他地区一样依赖大众政治，但是却创建了其他地区罕有的发展模式，并积累了丰富的实践经验。

三、文化传统、制度惯性与拉美民粹主义的发展路径

拉美民粹主义的历史韧性为其带来了令人瞩目的世界性影响，长达百年的兴衰史既是拉美的现代化之旅，也是一次次靠近、远离，又靠近、远离西方发展模式的过程。拉美民众相信，“我们是现代欧洲的第一个边缘，我们从现代化进程构成的最初那一刻开始，就在全球范围内承受了这种被边缘化的痛苦”③。他们对被西方世界冷落、剥夺和边缘化有深刻的自我感知，所以，在文化意义上，民粹主义是一种重新发现拉丁美洲在现代性历史中所居位置的努力；而在制度意义上，民粹主义则是一种解除边缘性和依附性痛苦、寻找国家自主性发展之道的“解药”。民粹主义的长期存在固然是拉美国家经济结构失衡、政治体制不完善、社会不平等突出及威权化传统深厚等因素综合作用的结果，但同样是拉美国家为了摆脱依附性发展、寻找替代性道路而进

---

① Kurt Weyland, “Clarifying a Contested Concept: Populism in the Study of Latin American Politics”, *Comparative Politics*, Vol. 34, No. 1, 2001, p. 14.

② 库尔特·韦兰德:《拉美的威权主义趋向》,载《国外理论动态》,2014 年第 11 期,第 66 页。

③ 恩里克·杜塞尔:《欧洲中心主义和现代性》,载王宁等编:《拉美去殖民化之路》,北京:中国社会科学出版社,2019 年版,第 36 页。

行的主动尝试。

诚然，每一种民粹主义的形成都有一定的历史偶然性，如魅力领袖的出现或者经济危机的发生。但是，对于特定的社会政治系统来说，民粹主义的发生一定有其历史必然性。霍华德·威亚尔达认为，长期以来，拉丁美洲一直被不是植根于现代性而是植根于中世纪精神的政治、社会和经济体制所主宰。[①] 拉美之所以成为民粹主义的沃土，除了政治困境与经济危机的持续刺激外，文化与制度的双重影响更为持久和深刻。

从社会文化传统来看，拉美民粹主义固有的威权性、国家性、多阶级联盟等特性不仅折射了既定的社会政治现实，更深植于独特的历史经历。“拉丁美洲的现代化体现了美国、欧洲和历史上拉美行事方式的一种迷人的交融”[②]，历史上的拉美行事方式正是1492年以来葡萄牙、西班牙殖民统治给拉美大陆留下的伊比利亚思想传统所塑造的，它的核心是一种包含了威权政治、专制主义、中央集权和法团主义的等级制秩序观。这种秩序观孕育了19世纪拉美独立后的精英主义和考迪罗主义，更将威权政治传统传承至20世纪的民粹主义，实现了从单纯的军事强人向政治强人的过渡。巴西社会活动家罗伯特·德索萨（Robert De Sousa）发现，1993年决定巴西国家政体性质的全民公投之所以最终保留了总统制，是因为巴西有着“救世主义”的文化传统，民众乐于将权力授予“救世主”，而总统就是“上帝的替身”。[③] 此外，拉美深厚的法团主义传统与民粹主义也有思想文化上的渊源关系，尤其可以解释经典民粹主义的多阶级联盟。法团主义是一个精英性、家族性和庇护性的非正式政治模式，普遍存在于拉美各国，其中，在巴西被称为帕尼林哈体系（Panelinha System），在墨西哥被称为幕僚体系

---

① 霍华德·J. 威亚尔达著，刘捷等译：《拉丁美洲的政治与发展》，上海：上海译文出版社，2017年版，第18页。

② 同①，第4页。

③ 彼得·H. 史密斯著，谭道明译：《论拉美的民主》，南京：译林出版社，2013年版，第176页。

（Camarilla System）。19 世纪时的拉美政治进程只有教会、军队和寡头统治集团三个主要法团，但是随着经济增长和社会变迁，新的法团如劳工组织、中产阶级和土著居民组织等也开始要求成为政治体系的参与者。法团主义的建构基础是政治恩庇、相互义务和恩惠传统，它承诺要建立一个阶级和谐而非阶级冲突的体系。[①] 这种文化传统有助于形成经典民粹主义的跨阶级联盟，有助于魅力领袖在众多法团组织的分化、冲突中应运而生，进而形成领袖与追随者之间的庇护与依附关系。

从政治经济制度来看，经济增长和收入再分配是最具拉美特色的民粹主义经济政策，也是拉美各国偏好国家干预、福利主义的制度惯性的结果。对发达国家的追赶是拉美现代化的动力，为了改变欠发达面貌和摆脱依附性地位，拉美各国表现出对长期经济增长的高度依赖。霍华德·威亚尔达认为，为了吸收和有效笼络更多的团体进入体系，使它们满足于政治恩庇、政府计划和格外关照，各国需要一个持续做大的经济蛋糕，[②] 这一目标的实现依赖于国家的决定性作用。蒂娜·罗森伯格（Tina Rosenberg）将完全拉美化了的自由主义称为“魔幻自由主义”（Magical Liberalism），认为法国大革命和法国思想家卢梭对拉美自由主义的影响是决定性的，因为拉美政治家“无论在政治上还是经济上都继承了强大的国家主义倾向”[③]。即使许多拉美国家在 20 世纪 90 年代进行了私有化和新自由主义改革，但政府在经济和社会计划方面仍然拥有强大的影响力。霍华德·威亚尔达认为，这更接近欧洲的传统，而不是美国的自由放任的模式。[④]在民粹主义领导人看来，国家干预有利于促使私人企业为集体谋福利和对增长果实进行公平分配，

① 霍华德·J. 威亚尔达著，郭存海等译：《拉丁美洲的精神：文化与政治传统》，杭州：浙江大学出版社，2019 年版，第 343、345 页。

② 同①，第 347 页。

③ Tian Rosenberg，“Latin America's Magical Liberalism”，*Washington Quarterly*，Vol. 16，No. 4，1992，p. 61.

④ 霍华德·J. 威亚尔达著，刘捷等译：《拉丁美洲的政治与发展》，上海：上海译文出版社，2017 年版，第 4 页。

而国家干预所需要的扩张性财政政策能够扩大需求、鼓励产出，他们相信财政赤字与再分配政策结合在一起，并不会导致严重的失衡和高度的通胀。众所周知，民粹主义的经济政策在20世纪80年代引发了拉美债务危机和新自由主义改革，但是，通过国家干预将不同资源要素连接起来进而实现平等正义，是历代民粹主义领导人一致坚持的政策主张。

在文化传统和制度惯性的推动下，民粹主义成为多数拉美国家在20世纪以来大部分时间里的发展选择。西方经济学认为，资本主义经济是自西方的“中心国家”向非西方的“边缘国家”不断扩散和发展的过程，这种线性发展观要求后发国家向先发国家学习并走上相同的工业化道路。但是，“在每一个工业化的场合，对于先进国家发展过程的模仿看起来都要伴之以不同的、本土性的决定要素”①。落后国家的经济发展历史本质上是一部逐渐与先发国家模式相偏离的历史，这部历史很可能是以学习和移植西方开头的，但最后常常会导向一种可能成功也可能失败的自主探索。不管西方如何定义拉美民粹主义的成败，20世纪以来，拉美民粹主义的两次高潮正是拉美国家主动脱离西方发展理念及其模式的结果。

其一，经典民粹主义对现代化理论及其出口导向战略的反抗。西方学者从西方自身的发展经验与模式出发，提出了一套现代化理论，认为一个国家的现代化和社会进步取决于工业化、经济增长和相应的价值观念变迁。② 在具体的发展路径上，主张扩大资本积累、促进投资和鼓励企业家价值观，推行土地改革、自由市场和出口导向战略。现代化理论认为，非西方国家面临社会经济低度发展、发展不足甚至毫无发展的困境，其根源在于国家的内部障碍，而发达国家的工业化成

---

① 亚历山大·格申克龙著，张凤林译：《经济落后的历史透视》，北京：商务印书馆，2009年版，第34页。

② W. A. Lewis, *The Theory of Economic Growth*, London: Allen and Unwin, 1955; W. W. Rostow, *The Stages of Economic Growth*, New York: Cambridge University Press, 1960; Cyril Black, *The Dynamics of Modernization*, New York: Harper and Row, 1966.

果已成功检验了现代化的价值，后发国家应该全面追随西方现代化的道路。① 20 世纪初，拉美国家普遍推行出口导向战略，但是由于本国工业化不足以及外部市场与商业资本的推动，基本上以初级产品出口为主。30 年代，受经济大萧条的影响，拉美出口市场大为缩小，出口增长和自由放任的西方模式受到了本土学者的怀疑。他们认为，这种依附性的工业化道路只能带来约翰·泰勒（John G. Taylor）所说的“受限制和不平衡的发展”②，会使得拉美的扩大再生产受限制、无法形成针对国内市场需求的生产体系。

在此背景下，强调国家干预的经典民粹主义开始兴起。20 世纪 50 年代末，在经典民粹主义的鼎盛时期，拉丁美洲和加勒比经济委员会的经济学家劳尔·普雷维什（Raul Prebisch）从结构主义范式出发，提出了一套否定现代化理论的“中心-边缘”理论，认为不发达国家用初级产品换取发达国家的工业制成品，是一种国际生产分工的结构性差异，既造成了“边缘国家”的国内失衡和经济落后，更造成了“边缘国家”对“中心国家”的依附。③ 这套理论又被称为依附论，在深陷出口导向战略困境的拉美各国广受欢迎。依附论主张改变初级产品出口战略，代之以进口替代工业化战略，终结拉美对西方的依附。尽管这一内向型战略的实践时期（20 世纪 50—70 年代）与拉美的经典民粹主义时期（20 世纪 30—60 年代）并不完全重合，但是经济大萧条后兴起的拉美民粹主义反对寡头制的出口导向体制，早已发动了反对西方模式的第一次攻势，墨西哥的卡德纳斯、阿根廷的庇隆、巴西的瓦加斯、厄瓜多尔的伊瓦拉、秘鲁的德拉托雷和玻利维亚的埃斯登

① Peter F. Klaren, “Lost Promise: Explaining Latin American Underdevelopment”, in Peter F. Klaren and Thomas J. Bossert, eds. *Promise of Development: Theories of Change in Latin America*, Boulder: Westview Press, 1986.

② John G. Taylor, *From Modernization to Modes of Production: A Critique of the Sociologies of Development and Underdevelopment*, London: Macmillan Press, 1983, p. 220.

③ Raul Prebisch, “The Economic Development of Latin America and Its Principal Problems”, *Economic Commission for Latin America*, Vol. 7, 1959, pp. 1-59.

索等民粹主义领袖在经济政策上都一致倡导进口替代工业化，主张限制外国资本和出口部门，提高非出口部门的工资，推行内向型发展战略。这是拉丁美洲脱离西方发展模式的第一次主动尝试。

其二，激进左翼民粹主义对新自由主义及其全球化的反抗。20 世纪 30 年代以后，拉美大部分国家走上了进口替代工业化的自主发展之路，依靠广泛的关税壁垒保护本国产业，然而，长期的财政赤字导致了严重的通货膨胀和一连串的货币危机、金融危机，拉美经济陷入停滞。进入 80 年代后，拉美经济长期低迷，人均收入负增长持续了十年之久，被称为“失去的十年”。[①] 在此背景下，拉美成为新自由主义改革的第一个试验地，“华盛顿共识”的市场化改革方案要求拉美国家消除财政赤字、抑制通胀、取消对国际贸易的限制、推行公共企业的私有化、放松对市场的管制等。在西方施压下，90 年代后，拉美各国开始了程度不同的私有化改造和新自由主义改革。虽然改革初期确实带来了一些改观，如通胀率显著下降、经济增长加速等，但是，根本性的改变并没有出现，自由市场机制并没有降低贫困率和缩小收入差距，拉美仍然是世界上收入分配最不平等的地区之一。随着新自由主义的市场化改革渐露败迹，到了 90 年代末，严重的经济衰退再次袭来。

经济衰退动摇了拉美对新自由主义的信仰，拉美左翼借机东山再起，试图寻求一种替代新自由主义的发展路径。阿根廷、秘鲁、巴西的温和左翼政府走的是一条新民粹主义路线，它们接受自由市场原则，没有完全否定新自由主义，但主张规避市场化的缺陷，认同国家干预的必要性，希望找到一条“介于国家主导的进口替代和以市场为核心的新自由主义模式之间的第三条道路”[②]。委内瑞拉、玻利维亚和厄瓜多尔的激进左翼政府希望找到一条更彻底的、适合拉美本土的发展道

---

① 塞巴斯蒂安·爱德华兹著，郭金兴译：《掉队的拉美——民粹主义的致命诱惑》，北京：中信出版集团，2019 年版，第 6 页。

② 方旭飞：《拉美左翼对新自由主义替代发展模式的探索、实践与成效》，载《拉丁美洲研究》，2019 年第 4 期，第 106 页。

路，这便是所谓的“21 世纪社会主义”之路。其中，委内瑞拉总统查韦斯倡导“玻利瓦尔革命”，提出要摆脱新自由主义经济模式、全球化和代议制民主制度，超越资本主义，实现真正的参与式民主，“建立自由、民主、独立的国家”；① 玻利维亚总统莫拉莱斯主张一种类似的“社群社会主义”，依托于“建立在团结、互惠、社群与共识基础之上的经济模式”，对自由市场和全球化经济模式持否定立场；② 2007 年 1 月，科雷亚就任厄瓜多尔总统，宣布将推行“21 世纪社会主义”，以终结“漫长的、悲惨的新自由主义之夜”。③ 无论是温和派还是激进派，拉美左翼民粹主义基本否定了“市场是通往共同繁荣的最可靠道路”这一新自由主义信仰，主张将国家有效分配置于市场竞争之上。

历史地看，拉美的现代化发展面临三大主题，即国家和地区最大限度的自主性、经济增长与社会发展、美国对拉美的强大影响力。④ 其中，争取自主性是发展的核心目标。拉美国家自 19 世纪相继获得独立以来，实现政治和经济的自主性发展就成为一种历史性的国家目标。后两项即经济社会的发展与美国的影响，决定了这一目标的实现程度。独立后的拉美各国虽然取得了政治主权与国家独立，但是经济上仍然是殖民地性质的依附性形态，西方理论家和政客许诺的富足之国并未出现，相反，“发展的话语和战略带来的是大规模的欠发达和贫穷，是难以言说的剥削和压迫”⑤。美国学者肖夏娜·B. 坦塞发现，“那些尚未取得‘现代化’或‘发达’地位的国家，对于外部势力控制本国自

---

① 徐世澄：《委内瑞拉查韦斯“21 世纪社会主义”初析》，载《马克思主义研究》，2010 年第 10 期，第 111 页。

② 海因兹·迪特里齐：《莫拉莱斯与社群社会主义》，载《国外理论动态》，2006 年第 4 期，第 23 页。

③ Steven Levitsky and Kenneth M. Roberts, eds. *The Resurgence of the Latin American Left*, Baltimore: The Johns Hopkins University Press, 2011, p. 275.

④ Heraldo Munoz, “The Dominant Themes in the Study of Latin America's Foreign Relations”, *World Affairs*, Vol. 150, No. 2, 1987, pp. 129–146.

⑤ 阿图罗·埃斯科瓦尔著，叶敬忠等译：《遭遇发展——第三世界的形成与瓦解》，北京：社会科学出版社，2011 年版，第 3 页。

然资源和经济命运越来越警觉”[①]。民粹主义的长盛反映了拉美人的这种警觉，在某种程度上延续了玻利瓦尔革命奠定的独立、自主基因。客观地说，拉美国家并不是完全拒绝先进国家的发展经验，否则就不会有拉美的现代化转型，也不会有新民粹主义对新自由主义的批判性吸纳。拉美民粹主义对国家干预的强调、对经济增长和收入再分配的侧重也并非完全原创，而是受到不同的西方经济学理论影响，比如凯恩斯主义、结构主义对拉美的影响深远。民粹主义在国家与市场的对立中，站到了国家的一面，因此它主张的“收入再分配、国家管控和社会公平政策具有超越新自由主义正统性政治的鲜明特征”[②]。在民粹主义者看来，现代化理论也好，新自由主义也罢，这些西方理论与发展模式是垄断性和霸权主义的，不仅无法帮助拉美摆脱依附性经济和实现可持续的增长，而且剥夺了拉美的自主发展空间。经典民粹主义、新民粹主义和激进左翼民粹主义的实践，不管好景有多长、代价有多大，事实上都是对西方正统模式的批判与摆脱，是寻找自主性发展的尝试。

第二节　民粹主义与东南亚的现代化转型

2016年以来，由于英国“脱欧”公投和美国特朗普当选等一系列事件的刺激，一波民粹主义浪潮突如其来，引发全球发注，美国与欧洲等后工业化国家的民粹主义现象迅速成为人们的重点研究对象。然而，在关于民粹主义的经验性研究中，除了欧美发达地区和民粹主义盛产地的拉美地区，还有一片有待开拓的区域，那里也涌现了独具特色的民粹主义，这就是政治生态复杂多元、民主转型艰难曲折的东南

① 肖夏娜·B. 坦塞著，涂光楠等译：《拉丁美洲的经济民族主义——对经济独立的探求》，北京：商务印书馆，1980年版，第8页。

② 方旭飞：《拉美左翼对新自由主义替代发展模式的探索、实践与成效》，载《拉丁美洲研究》，2019年第4期，第117页。

亚地区。

事实上，人们对于民粹主义在东南亚国家的出现并不陌生，泰国他信上台执政、印度尼西亚佐科参与竞选、缅甸全国民主联盟选举获胜等被认为是充满着民粹主义气息的事件，尤其是他信执政期间的泰国政治，因红衫军与黄衫军之间声势浩荡的民众对抗，更成为发展中国家民粹主义运动的新代表。东南亚 11 国在民族、语言、宗教、政体、社会结构方面具有多样性，民主化程度也不同。但是，这些国家在现代化路径和政治发展模式的选择方面有较大相似性，民粹主义生成的社会政治环境与基本形态也大致相近，存在着一种区别于欧美与拉美的、整体性的东南亚民粹主义。当前学界对泰国、缅甸等国的民粹主义运动已有较多关注，但是对东南亚民粹主义的总体态势却缺乏深入研究。

作为比较政治研究的重要分析工具，民粹主义在东南亚政治分析中的应用，应既关注各国具体的民粹主义运动，也重视整体意义上的地区民粹主义。拉美各国、西欧各国之间也有较大的政治、经济与文化差异，但并不妨碍人们在拉美民粹主义、西欧民粹主义的整体性视域里对地区政治共性、民粹主义区域特质进行深入的研究。因此，不管是否可以建构一个东南亚民粹主义的概念，应该看到，在东南亚各国政治转型的民主躁动之中，民粹主义确实是一个普遍存在、此消彼长的现象，值得我们在区域国别政治研究的基础上，对其基本形态作出整体判断。

一、现代化转型与东南亚民粹主义的发生

民粹主义作为一种历史性、世界性现象，最初出现在俄美及拉美诸国的现代化转型中。现代化对传统社会的改造以经济市场化、文化多元化和政治民主化为核心，这是一个规模空前的历史进程，民粹主义是其间难以避免的副产品。美国社会学家戴维·波普诺（David

Popenoe）认为，现代化指的是在一个传统的前工业社会向工业化和城市化转化过程中发生的主要社会变革。[①] 在这种剧烈的社会变迁中，所谓的现代化发展绝非毫无代价和轻易获得的，现代化可能带来的经济繁荣在特定时期内很难惠及全体社会成员，“那些由于传统原因或制度原因没有直接享受现代化成果的社会团体或阶层并不认同现代化，他们可能因为不公正的社会分配而积累不满和愤恨”[②]，这些不满或愤恨在一个进行中的现代化程序中很难自行消除。中下层民众尤其是农民通常是被剥夺最彻底、失去最多的人群，他们的不满与愤恨有可能会在某一天，借由某个特定事件的刺激或经由某位政治精英的蛊惑，以一种激进甚至极端的方式呈现出来，这种现象被人们解释为民粹主义现象。从经验来看，各地区的民粹主义运动无一例外地拥有一种相同的探索、寻找发展道路的意图，即在传统文化价值和现代化需求之间找到一条平衡之路。[③] 客观地说，民粹主义并不是冲动的现代化与现代文明的反抗者，它内含一种寻找控制现代化进程的可能性的信念，它期待的是一种普惠于平民大众而不是被权贵精英垄断的现代化。

事实上，诸如现代化、发展中国家这类概念都是在发展主义、西方中心论的话语体系中建构出来的，是以先发的西方工业化国家为政治、经济和文化价值模板来推演至非西方国家的结果。因此，现代化这一发展路径既包含传统与现代的内部冲突，也包含着西方与非西方的外部冲突。弗雷德·雷格斯（Fred W. Riggs）比较客观地解释了现代化对一些非西方国家的冲击，他认为，现代化是一个“较早开发”社会对一个“较晚开发”社会的冲击所产生的种种变迁的过程，“是指一种‘历史相对性现象’，指一个社会或国家，自愿或不自愿地发生

① 戴维·波普诺著，刘云德、王戈译：《社会学》（下），沈阳：辽宁人民出版社，1987年版，第618页。

② 林红：《民粹主义：概念、理论与实证》，北京：中央编译出版社，2007年版，第124页。

③ G. Ionescu and E. Gellner, eds. *Populism: Its Meaning and National Characteristics*, London: Weidenfeld & Nicolson, 1969, p. 187.

的一种‘形变之链’的现象”[1]。对于中国来说，这种形变是被动的过程，早已书写进了半封建半殖民地的近代历史中；对于东南亚的前殖民地国家与未被殖民的国家（泰国）来说，这个过程又何尝不是自愿与不自愿交织的复杂选择。

在西方模式示范下，发展中国家政治现代化的目标被本国精英、西方学者解释为走一条以选举政治、政党竞争为标志的宪政民主之路，但这条以西方为楷模的政治现代化之路在非西方国家走得非常艰难，以至于在西方早已进入后工业社会的今天，以东南亚国家为主的一些发展中国家在形式上有了西式的民主制度，但事实上仍未完成所谓政治现代化的转型。究其根源，与非西方国家本土的、传统的政治、经济与文化无法调适于西方模式有密切关系。20 世纪以来，东南亚国家的政治发展大致经历了仿效西方议会民主制时期、威权政治发展时期和政治转型时期，[2] 之所以有如此反复迂回的政治历程，既是西方模式“水土不服”使然，更是东南亚国家的政治精英对西方民主不断反思、修正和再适应的结果。从最早的 20 世纪 30 年代的泰国，到最晚的 2002 年恢复独立的东帝汶，东南亚 11 国分别经历了总统共和制、议会共和制、君主立宪制和人民代表制等现代政治体制，开始了传统政治与现代政治或温和或激烈的对接历程。其间，在威权政府的主导下，东南亚实现了迅速的经济增长，开始孕育塞缪尔·亨廷顿所寄望的“政治变迁的主要行动者”——中产阶级。塞缪尔·亨廷顿认为，20 世纪 80 年代后东南亚国家政治变迁的推动者是那些“新出现的中产阶级知识分子，他们在经济迅速成长中长大成人”[3]。在所谓“第三波民主化浪潮”的激荡下，大众民主观念不断强化，政治参与行动日益活跃，东南亚各国的威权政府经历了不同程度的政治动荡、社会分裂和

---

① 金耀基:《从传统到现代》,广州:文化出版社,1989 年版,第 117—121 页。

② 李文主编:《东南亚:政治变革与社会转型》,北京:中国社会科学出版社,2006 年版,第 16 页。

③ 塞缪尔·亨廷顿著,刘军宁译:《第三波——二十世纪后期的民主化浪潮》,上海:上海三联书店,1998 年版,第 77—78 页。

民族冲突，泰国、菲律宾、印度尼西亚、缅甸等国更是频繁发生群众政治运动、骚乱甚至暴乱，致使国家政治陷入了“民主—动乱—专制—再民主—再动乱—再专制”的怪圈。[①] 在这些国家中，民主政治体制虽然建立，但政治活动的主体仍然是占有政治、经济和文化资源的传统利益集体和权贵阶层，社会阶层之间的经济与政治地位失衡，制度内的民众政治参与空间比较小。在这种情形下，反建制、反精英的民粹主义运动便有了广阔的发展机会，与世界上许多国家与地区一样，民粹主义也成为东南亚社会转型的“形变之链”中无法摆脱的一环。

以西方的标准看来，发展中国家面临的社会转型意味着一系列综合性国家建设任务，比如经济层面的持续增长、私有化与市场化；政治层面的宪政民主、竞争性选举；社会层面的开放、多元和包容。20世纪末以来，东南亚国家中的新加坡和马来西亚被认为是较顺利实现了“从监管式民主向协商式民主转变的国家”，而印度尼西亚“顺利实现从威权政治向民主政治过渡”，但仍缺乏足够的自由。[②] 然而，在缅甸、泰国、菲律宾这样一些存在着民族冲突、宗教矛盾、军人干政等独特历史与文化传统的国家，政治转型历程曲折漫长，普选制成为政治精英垄断权力的工具，民主政治异化为“富人的民主”，中下层民众或特定族群因分配不公和自主性被侵犯而充满怨恨。恰如人们所知，民粹主义在一个政治自由有限、民主意识高涨而利益分配严重不公的发展中国家或地区有着最适宜的生长土壤，而在一些形式上实现了民主选举的发展中国家，由于不成熟的政党竞争和传统政治的反击，民粹主义更容易发生。比如泰国1997年宪法确定了民主选举的“一人一票”原则，这一原则的确立具有双重意义，一方面它意味着泰国的政治制度现代化完成了关键的程序性任务；另一方面它将普通民众推到了政治前台，突显了民意对于政权合法性的至关重要性，打开了民粹

① 李文主编：《东南亚：政治变革与社会转型》，北京：中国社会科学出版社，2006年版，第50页。

② 曹云华：《探究东南亚新秩序》，北京：世界知识出版社，2015年版，第279—280页。

主义的大门。从此，迎合和顺从大众意志变得极其重要，政治领导人意识到他们“有责任照顾好有产者和无产者、有工作者和无工作者。政客必须确保失业工人能获得新机会，否则就有可能失去选票”①。最终，这一制度变迁带来了民情激昂的大众政治，选举政治在有的国家最终演变成各党派竞争选票的民粹主义政治。

二、东南亚民粹主义的福利导向

民粹主义的意识形态内涵建立在一个二元对立的价值体系之上，在这个体系中，社会被有意识地分化为“人民”和“精英”两个对立的社会集团。民粹主义在政治生活中强调“人民意志”和“人民民主”，在社会经济生活中强调保障“人民利益”和追求分配正义。东南亚民粹主义的政治立场与其他地区民粹主义一样，同样以底层政治、大众民主和大众动员为内容；而相对于这些政治性的、标签式的“平民至上”主义，东南亚民粹主义对待经济生活的立场极具激进色彩，它高度强调福利分配的正义，是一种典型的、左翼性质的福利民粹主义。这一特色与东南亚独特的社会经济形态有密切关系。

一般而言，在那些社会结构失衡、贫富分化严重的国家和地区，民粹主义在社会经济层面通常倾向于强调国家干预经济，重视再分配政策的政治社会效益，主张增加民众收入和扩大社会福利的政策。贫富两极的分化最容易引起社会阶层的对立从而导致社会动荡，东南亚国家的基尼系数通常都在0.4以上，特别是泰国、菲律宾、马来西亚等国。据世界银行数据，泰国在20世纪80年代初期为0.45左右，而马来西亚在1984—2009年间基本上处于0.48—0.46之间，远超过0.4的国际警戒线。同时，这一地区的分配不公平不仅体现在不同社会阶层中，也体现在不同区域、不同族群中，“发展中国家在发展初期

---

① 谢尔盖·格鲁耶夫：《强人民粹主义的圈套》，http://www.zaobao.com/forum/views/opinion/story20170110-711814。

为了集中优势资源促进经济快速增长，大多采取不平衡发展战略，……结果导致地区不平衡发展”，越南的地区发展差异、泰国南部社会冲突问题、印度尼西亚和缅甸等国中央与地方的矛盾实质上都属于地区资源和利益分配不公平的问题。[①] 匈牙利学者贝拉·格雷什科维奇（Bela Greskovits）在分析拉丁美洲民粹主义的时候认为，“许多拉丁美洲国家都有着非常严重的收入与财产不平等问题。收入的两极化可能会增大再分配的压力”[②]，这种情况在东南亚国家中也普遍存在，各国政府长期受到收入分配不公平现象的困扰，因此旨在实现平等公正的再分配政策在这些国家符合大众的期待，具有较高的合理性。从政策实践上看，持民粹主义立场的政治人物十分关注通过宏观政策实现收入的再分配，他们“强调增长和收入的再分配，而不重视通货膨胀以及财政赤字的风险、外部的限制条件和参与经济活动的实体对扩张型非市场化政策的反应”[③]。就结果而言，民粹主义经济政策会带来短期的经济与政治上的好处，这些好处可以简单地以选票来换算，因为有组织的城市劳工和农民等中低收入群体是民粹式再分配的主要受益者。

美国社会学家詹姆斯·斯科特（James C. Scott）认为，“在第三世界的资本主义转变时期，农民问题就是保障最低限度收入的问题”[④]，因此提高以农民为主体的中下层民众的收入与福利，使他们避免因为收入低于一定水平而陷入经济窘境和失去身份与地位，是赢得中下层支持的最便捷的路径，远胜于任何宏大抽象的国家治理目标。泰国他信的民粹主义政策有鲜明的草根性，其用以实现收入再分配的政策由

① 黄云静：《发展与稳定——反思东南亚国家现代化》，北京：时事出版社，2011 年版，第 363 页。

② 贝拉·格雷什科维奇著，张大军译：《抗议与忍耐的政治经济分析——东欧与拉美转型之比较》，桂林：广西师范大学出版社，2009 年版，第 123 页。

③ Rudiger Dornbusch and Sebastian Edwards, “The Macroeconomics of Populism in Latin America”, https://www.nber.org/system/files/chapters/c8295/c8295.pdf.

④ 詹姆斯·斯科特著，程立显等译：《农民的道义经济学：东南亚的反叛与生存》，南京：译林出版社，2001 年版，第 11 页。

两个具体部分构成，一是旨在切实改善农民群体生活水平的生活性补贴（如三年缓债、30泰铢治百病）；二是旨在提高农民群体生产能力的生产性扶持（如乡村基金、一村一特产）。客观地说，“他信经济”的民粹主义尝试中还夹杂着自由主义、发展主义的成分，如主张“瓦解农村地区的自然经济体系，推动商品经济发展，启动农村市场，将农民融入城市化的发展进程，从而在根本上弥合城乡裂痕，缓和经济发展失衡所引起的社会经济问题”①。但是总体上看，他信惠民政策中的民粹性质还是较为鲜明的。印度尼西亚的佐科政府也高度关注社会福利，主张经济上的平均主义与国家主义，2015年，佐科不顾国会的反对，宣布了一项增加国内医疗、卫生、健康与教育投入的惠民计划，为了筹集启动资金，佐科削减了政府机构的燃料补贴，甚至关闭了一些被视为腐败温床的国有石油公司。② 佐科对经济增长与社会福利的强调，使得他的执政带有一定的民粹主义色彩。

在东南亚地区，由于现代民主、政党选举的条件并未完全成熟，传统政治力量仍然强势，各派政治精英对体制内、宪政框架下的政党竞争还不够信任。相反，他们相信扩大民众福利、刺激增长和保障就业可以换来最直接的民众支持，获得最牢固的执政合法性。

三、东南亚民粹主义的左翼色彩

历史上的民粹主义表现出比较明确的左翼特色，比如早期的俄美与拉美的民粹主义具有突出的阶级政治取向，强调中下层大众反抗上层的政治经济精英，大致可称之为左翼激进民粹主义。不同的是，21世纪的欧美民粹主义因全球化带来的移民潮与外来文化的冲击，表现

① 周方冶：《王权、威权、金权：泰国政治现代化进程》，北京：社会科学文献出版社，2011年版，第247页。

② 张敦伟：《印度尼西亚总统选举中的寡头政治与民主政治之争》，载《东南亚南亚研究》，2015年第4期，第19页。

出右翼保守主义倾向，甚至极右翼的种族民粹主义。从国家的角度来看，“政治的中心一方面是对公平以及可接受的生活水平的关切，另一方面是对国家、民族和种族认同的关切”[①]，这两方面中的任一方一旦缺失，都可能催生民粹主义，前者的缺失与左翼的、激进的阶级政治有关，后者的缺失与右翼的、保守的族群政治有关。

东南亚国家在国家治理上同时面对经济关切与认同关切的考验，但民粹主义的形态却有不同于西方的特色。一方面，政府对“公平与可接受的生活水平”的关注不足，造成了东南亚以阶级政治为底色的民粹主义。如前述所论，东南亚民粹主义注重分配正义的实现，而经济利益分配不公恰是导致阶级冲突的关键因素。东南亚民粹主义的频发从国家治理的角度来看，与不平等问题得不到解决有密切关系。传统的城乡二元对立是造成这一现象的结构性因素。

东南亚转型社会的“主要矛盾集中于财富分配的公平正义问题，集中于以经济议题为核心的贫富之争问题”。因此，东南亚民粹主义从意识形态光谱上看，基本上仍然属于左翼政治范畴，它的社会基础以贫穷无权的中下层民众为主。[②] 美国政治学家约翰·莱格特（John Leggett）将经济不安全与激进主义联系了起来，认为“在世界各地，易于遭受收入巨大波动之苦的职业团体，按照惯例一直把自己的生计寄托于左派政党”[③]，约翰·莱格特所指的职业团体是劳工阶级，但在泰国，遭受收入巨大波动之苦的职业团体则是农民阶级。尽管他信系的泰爱泰党、人民力量党是否是严格意义的左派政党还需要讨论，但很明显他信的政党确实将农民等中下层民众视为自己的社会基础，他信在选举中对农民作出了承诺并在上台后开始履行。他信执政期间，

---

① 贝拉·格雷什科维奇著，张大军译：《抗议与忍耐的政治经济分析——东欧与拉美转型之比较》，桂林：广西师范大学出版社，2009 年版，第 120 页。

② 林红：《当代民粹主义的两极化趋势及其制度根源》，载《国际政治研究》，2017 年第 1 期，第 42 页。

③ J. C. Leggett, *Class, Race, and Labor: Working-Class Consciousness in Detroit*, New York: Oxford University Press, 1968, p. 78.

以农民阶级为一方，以中产阶级及地方世袭领主为另一方的剧烈冲突，已演变为一种具有明显左翼激进性质的民粹主义运动，农民、城市贫民等草根阶级在运动中持强烈的反独裁、反威权、反权贵精英的政治立场。很显然，“这一运动正是民主化转型过程中阶级矛盾、社会冲突的集中体现”①。美国学者本尼迪克特·安德森从70年代泰国政治发展的历史中早已捕捉到了这种左翼政治的气息。他认为，70年代的泰国是个极其自由和激动人心的地方，到处是学生示威、工人罢工、农民动员和尖锐的政治辩论，1975年春，泰国举行了有史以来第一次自由选举，空前绝后地将大批左翼人士选入议会。② 对于东南亚国家来说，由于社会结构的变迁和利益重新分配的迫切需要，新阶层与旧阶层之间、既得利益集团和新生利益集团之间的矛盾十分激烈，阶级矛盾一触即发，在这种背景下形成的民粹主义运动自然带有某种鲜明的阶级政治色彩。

另一方面，政府对“国家、民族与种族认同”的处理，对于东南亚民粹主义的萌发影响较弱。东南亚各国的民族国家建构启程较晚，基本上是20世纪中叶殖民历史终结后才逐渐开始，而传统文化在认同问题上扮演了重要的整合作用，学者龚浩群认为，“佛教和国王被证明是泰国现代国家认同中最重要的象征符号”③。认同问题在东南亚并不是导致民粹主义的关键因素，东南亚民粹主义的关键性影响因素是阶级性诉求而非民族性诉求，其依据如下。

其一，尽管东南亚各国存在着悠久的主体民族与边缘民族、佛教教徒与穆斯林之间的社会与文化矛盾，民族和解问题十分棘手，但是这些民族矛盾是发生于民族国家范畴内的内源性矛盾，不同于因文化

① 林红：《当代民粹主义的两极化趋势及其制度根源》，载《国际政治研究》，2017年第1期，第41页。

② 本尼迪克特·安德森著，甘会斌译：《比较的幽灵：民族主义、东南亚和世界》，南京：译林出版社，2012年版，第27页。

③ 龚浩群：《信徒与公民——泰国曲乡的政治民族志》，北京：北京大学出版社，2009年版，第4页。

差异、外来移民的输入而引发的外源性民族矛盾。具体而言，东南亚是一个典型的多民族地区，各国的民族构成相当复杂，民族矛盾从来没有彻底平息过，这既有少数族群在社会经济生活中被边缘化的原因，也是在全球化、一体化压力下，少数族群保护自身文化价值的意识使然。[①] 但是，这些矛盾都发生于具有“共存”“共生”关系的主体民族内部或主体民族与边缘民族之间，更接近于一种具有经济意义的社会性诉求，在民粹精英的政治操作中常常被转化为阶级阶层矛盾或者地区差异矛盾。

其二，全球化给东南亚经济发展带来的影响远大于在社会与文化方面的冲击，与欧美相比，反全球化意识在东南亚并不突出。英国社会学家安东尼·吉登斯认为，左派与右派以前主要在政治和阶级不平等上发生分歧，而在全球化时代，欧美的情况是“对于移民问题和文化差异问题的态度在选举和政治中所扮演的角色比以往的阶级分歧更加重要”[②]。事实表明，欧美发达国家的传统价值与文化受到全球化的极大冲击，右翼保守的民族民粹主义要比左翼激进的阶级民粹主义要激烈得多。但是，东南亚是全球化的重要受益地区之一，它的经济成长和巨大市场的形成是在全球化进程中实现的，与西方的境况不同，东南亚并不是外来移民的主要输入地，没有受到移民问题和文化差异问题的重大冲击，反全球化、排外、种族主义的右翼民粹主义并未成气候，相反，左翼激进的、以阶级政治为内容的民粹主义更为普遍。

其三，东南亚内部的民族分离势力更关注经济利益与权力分配，民族矛盾与阶级冲突有较大重合。东南亚的民族关系中存在较严重的主体民族对少数民族的歧视，少数族群因此发动了以争夺文化自决权为目标的民族抗争，但正如尼古拉斯·塔林（Nicholas Tarling）所说，

---

① 陈衍德等：《全球化进程中的东南亚民族问题研究——以少数民族的边缘化和分离主义运动为中心》，厦门：厦门大学出版社，2008 年版，第 284—285 页。

② 安东尼·吉登斯著，郭忠华译：《全球时代的民族国家》，载《中山大学学报（社会科学版）》，2008 年第 1 期，第 7 页。

在东南亚，“在少数民族比主体民族贫困的国家，很少为缩小两者之间的差距而采取行动。在大多数情况下，他们并不是受到故意的歧视，而仅仅是在发展进程中被忽略了”①。发展进程中被忽略意味着经济上没有得到照顾，意味着主体民族与少数民族之间的经济差异，但是东南亚许多民族分离势力并非要真正获得独立，只是因为“他们享受不到与其他民族同等的权利和地位，因而提出独立的口号，以取得本族应有的利益”②。事实表明，在东南亚民族分离运动中，独立有可能被作为少数族群与政府谈判的筹码，比如在泰南穆斯林那里，这种现象是存在的。因此，“并不是族群认同导致族群矛盾的激化并发展为冲突，而是不平等的权利关系以及不公平的社会经济分配迫使人们强化族群意识并由此而相互竞争”③。

从结果来看，东南亚复杂难解的民族矛盾没有发展出某种保守的、排外的民族民粹主义，各族群之间虽然存在文化意义上的民族认同差异，但本质上还是民族国家内部争夺民族平等权、民族自主权的问题，起源于经济社会层面的资源分配不公、区域发展不平衡。“全球化时代东南亚的贫困与反叛的关联，主要表现为围绕文化自主权的民族抗争。”④ 相对而言，东南亚民粹主义内含的阶级性成分要比民族性成分更为突出，接近于一种具有阶级政治色彩的左翼民粹主义。

四、东南亚民粹主义的精英策略

民粹主义有着与众不同的内在价值，即对人民力量、智慧与美德

---

① 尼古拉斯·塔林主编，贺圣达等译：《剑桥东南亚史》（第二卷），昆明：云南人民出版社，2003 年版，第 397 页。

② 张吉炎：《从民族主义与现代化的关系看民族主义的归宿》，载《世界民族》，1998 年第 2 期，第 5 页。

③ 陈衍德主编：《多族共存与民族分离运动——东南亚民族关系的两个侧面》，厦门：厦门大学出版社，2009 年版，第 213 页。

④ 陈衍德等：《全球化进程中的东南亚民族问题研究——以少数民族的边缘化和分离主义运动为中心 》，厦门：厦门大学出版社，2008 年版，第 3 页。

的崇尚，对精英政治和代议制民主的反感，但是民粹主义毕竟衍生于现代政治的民主规则之中，身处于宪政民主、政党选举等元素构成的制度环境，不可避免地表现出某种工具性、策略性特点。欧美的经验表明，民粹主义的工具意义某种程度上正在超越它的价值意义，呈现出越来越鲜明的政治策略性。对于政治精英（尤其是在野精英、少数派精英）而言，民粹化的政治能提供体制外的有效途径，通过与民众直接而广泛的联络，获得合法性支持，在权力竞争中胜出。因此，现代民粹主义本质上也是一种建立在民意政治基础上的精英竞争策略。东南亚民粹主义的政治策略性特征同样非常突出，其特点在于，民粹主义不仅是各派政治精英的政治策略，同样是所谓“非理性”的中下层民众维持自身利益的政治策略。

从精英政治的角度来看，民粹主义是在野精英、反对派获取权力的重要工具。东南亚国家的宪政历史比较短，民粹主义盛行的国家通常是政党政治、选举竞争等现代政治模式刚刚形成的国家，政治制度化程度较低，体制外政治活动（如罢工、示威和民众运动）非常活跃。东南亚各国的经济发展水平略有差异，但因人口结构（农民为主体）、文化结构（庇护传统、佛教传统）相似，再加上民主自由观念和竞争性选举的新近引入，民众表现出很高的政治参与热情，这种政治发展的状况对在野精英、反对派精英极为有利。菲律宾的科拉松·阿基诺，泰国的他信系精英，缅甸的昂山素季，印度尼西亚的佐科、普拉博沃等政治人物都运用过民粹动员工具，这些领导人善于倾听、精于演讲，主动亲近民众，体察民意，深得民众欢迎。他们对制度外的竞争渠道非常依赖，不管他们上台后是否确实践行对民众的承诺和继续扩大民众政治参与，占人口多数的中下层民众的支持是他们战胜对手的法宝。塞缪尔·亨廷顿认为，在“第三波民主化浪潮”中，“只有政治领袖愿意冒民主的风险时，民主才有可能出现”①，这种冒险的结果很可能

① 塞缪尔·亨廷顿著，刘军宁译：《第三波——二十世纪后期的民主化浪潮》，上海：上海三联书店，1998 年版，第 120 页。

只是大众民主或强人政治的出现，而非西方人所设想的自由民主的实现。2015 年缅甸大选前夕，反对派领袖昂山素季公开表示，如果她领导的全国民主联盟获胜，那她将“高于总统”，绕过因有英籍子女而被宪法否定竞选总统职务资格所带来的限制。① 这种超越既有体制的个人权威具有明显的克里斯玛型政治色彩。他信、昂山素季堪称东南亚地区最具领袖魅力的政治人物，红衫军对他信的崇拜，昂山素季不是总统胜似总统的个人权威都证明了这点。

随着选举竞争的激烈化和官僚政体的衰落，东南亚各国的政治参与已经发展成为各种群体（包括银行家、工业家、商人、地方精英与乡村大众）进行“利益分配的游戏”，② 政党在这场游戏中扮演了别有用心的组织者角色。他信执政期间曾发动了一场打击权势大佬的行动，公开宣布目的是增加政府收入、发展民生，但其真正意图是削弱政治掮客或媒介的势力，加强泰爱泰党与选民之间的直接联系，“在泰国，选举使得政党的领导层被同化到政治阶层中去，在激进事业中永远位于中心集团的那种民众参与却被边缘化了”③。当然，保守的传统精英、执政精英面对民粹派精英的挑战，也不得不重视体制外的民意压力，纷纷效仿民粹派精英的体制外政治手段，比如在泰国，由于他信凭借民众支持而垄断了选举，“他的政敌，皇室-军方-官僚同盟明白只能通过非选举途径和议会外手段才能赶他下台”④。因此，由于政党之间进行选举竞争的需要，广泛的大众动员成为各政党屡试不爽的民粹主义工具。

从大众政治的角度来看，作为动员对象的民众并非是被动的，对

---

① Andrew R. C. Marshall and Timothy Mclaughlin, “Myanmar’s Suu Kyi Says Will Be Above President in New Government”, http://news. trust. org//item/2015110504 3853-s0k9z.

② 龚浩群：《信徒与公民——泰国曲乡的政治民族志》，北京：北京大学出版社，2009 年版，第 7 页。

③ 本尼迪克特 · 安德森著，甘会斌译：《比较的幽灵：民族主义、东南亚和世界》，南京：译林出版社，2012 年版，第 365 页。

④ 巴扎 · 贡基拉迪：《泰国选举暴力消与长：规则、结构与权力格局变迁，1997—2011》，载《南洋资料译丛》，2017 年第 2 期，第 10 页。

于他们而言，民粹主义同样是一种策略选择的结果。从理论上看，大众与政治的关系似乎并不支持“民粹主义也是民众的策略选择”这一观点，原因有二。一是普通大众对政治天然地不感兴趣，在政治上属于“沉默的大多数”，大众的日常生活是非政治的并且深受传统影响。如泰国农民普遍认为，所谓“民主政治”不过是少数上层精英争权夺利的“不道德游戏”，既与农民群体的切身利益无关，也不符合农村社会的传统价值观。① 二是依靠大众参与的民粹主义政治有非理性的特性。群体心理学家提出了“民众的非理性主义”的概念，认为“政治基本上就是一种利用民众非理性本质的理性形式”。②

但是，这两点在具体的经验研究中却不是绝对的。关于第一点的大众与政治无涉，这在前现代社会中或许是一种事实，但是在现代化过程中，大众在民主思潮、民主制度的熏陶下完成了政治社会化，纷纷被裹挟进了现代政治中。比如在泰国，红衫军能够成为“挺他信”阵营的中坚力量，关键是农民群体在共同利益的基础上，形成了“维护他信派系执政地位与争取农民群体共同利益”的政治自觉意识，能够以更积极的方式表达他们争取社会经济权益的基本诉求。③ 关于第二点的集体非理性，这一概念在群体政治的角度来看是成立的，当个体被卷入群体行动时，个体理性很可能被群体非理性压制、掩盖。但问题的另一面是，一切群体行动都是个人行动集结而成的，民众参与政治的个体动机具有无法否认的理性。詹姆斯·斯科特专门研究了东南亚的农民反叛行动与生存需要的关系，认为生存安全问题是研究农民政治活动的中心，剥削和反叛问题不仅仅是食物和收入的问题，更是农民维护自身的社会公正观念、权利义务观念和互惠观念的问题。这些观念都包含着充分的理性，詹姆斯·斯科特认为，“农民和精英阶层

---

① 周方冶：《王权、威权、金权：泰国政治现代化进程》，北京：社会科学文献出版社，2011年版，第267页。

② 塞奇·莫斯科维奇著，李继江译：《群氓的时代》，南京：江苏人民出版社，2003年版，第48页。

③ 同①，第265页。

之间存在着一种交换关系，维持这一关系平衡的前提是农民的生存安全得到保障”[①]。当农民与精英的互惠关系向不利于农民的方向转变甚至威胁其生计之时，农民们常常会行动起来，要求恢复权利，这无疑是一种基于利益需求的理性选择。正如巴林顿·摩尔所说，“民间的公正观念，确实具有理性的和现实的基础，凡背离这一基础的安排就可能需要进行欺骗：背离得厉害，就需要暴力”[②]。

从理性人的角度来看，普通民众关心自身利益或生存安全远甚于关心抽象的民主进步，民主对于他们的意义在于，民主或许可以解决一切与其利益有关的问题。在缅甸，民众认为，国家的经济体系有利于富人，他们希望民主可以解决他们面临的社会问题，而昂山素季是最适合的改善他们经济状况的人选。但是，民众还有另一种现实考虑，在军方长期的统治和传统庇护文化的影响下，民众对权威有深刻的畏惧感，相信一旦国家有难，只有强大的军方能够站出来撑起这个国家的重担。[③] 在一场以民众为中心的民粹主义运动中，民众并非绝对的被动参与者，不管他们是被政治精英以何种方式吸引，也不管他们选择以游行、示威或者投票等何种方式表达诉求，他们的行动逻辑首先是基于自身利益需要。因此，民粹主义对于民众而言，同样是一种策略选择，在东南亚一些政治制度化较低的国家，民众运动甚至是维护民众利益的唯一策略。

五、东南亚民粹主义的比较政治分析

东南亚各国的政治转型开始于“第三波民主化浪潮”，但至今仍未

① 詹姆斯·斯科特著，程立显等译：《农民的道义经济学：东南亚的反叛与生存》，南京：译林出版社，2001 年版，第 1、14 页。

② Barrington Moore, *Social Origins of Dictatorship and Democracy: Lord and Peasant in the Making of the Modern World*, Boston: Beacon Press, 1966, p. 471.

③ 邓云斐：《民粹主义视角下的缅甸民主转型：基于综合调查数据的分析》，载《南亚研究》，2017 年第 1 期，第 134 页。

最后完成。在这个追求宪政民主、经济增长、阶级调和与民族和解的漫长过程中，民粹主义是一种时隐时现的伴生现象。相较于民粹主义的原发地之欧美和多发地之拉美，东南亚可谓民粹主义的新发地，有着丰富的本土经验与独特的区域特色，在比较政治分析上有着重要的意义。

从比较研究的视角看，东南亚民粹主义接近于一种传统民粹主义，而欧美民粹主义更具有后现代主义特性。欧美各国在第三世界启动民主化转型之时，已经步入后工业化时代，新自由主义全球化给欧美社会带来了诸多负面效应，一方面是财富分配的不公平重燃了左翼民粹主义的阶级怒火，另一方面则是新移民的大量涌入和外来文化的巨大冲击催生了保守性质的右翼民粹主义或民族民粹主义。因此，欧美不得不面临民粹主义的左右夹击，自由民主的价值体系和制度体系不得不开始自卫和自我修正。东南亚与全球化的关系则不同于欧美，东南亚的发展中国家得益于鼓励自由贸易、开放市场的经济全球化，尤其是得益于区域一体化经济的发展，大部分国家在此过程中获得了国内经济、对外贸易与投资的快速增长，尽管经济增长并未赶上民主政治的步伐，但是由于没有受到外来文化、新移民的强烈冲击，保守和排外的右翼民粹主义在东南亚并不严重，东南亚需要面对的是传统威权政治向现代民主政治转型中出现的左翼激进民粹主义。

相比于欧美民粹主义，东南亚民粹主义更接近于拉美民粹主义，他们同属传统民粹主义范畴，都注重分配正义、福利扩张和国家干预，也都是转型过程中阶级政治激化的产物，但是具体而论，民粹主义在两地的表现仍然有重大差异。

首先，两地民粹主义是不同历史时期的产物。拉美民粹主义高潮出现在20世纪五六十年代，是拉美各国反抗西方资本主义世界性扩张的产物。拉美领导人为了摆脱本国对于西方国家的依附性地位，努力寻求国家发展的独立自主，推行了民粹主义宏观经济政策，但是这些政策与经济发展的实际水平严重脱节，从长期来看束缚了地区经济的正常发展。东南亚民粹主义是在民主转型和全球化同时到来的时代萌发的，泰国他信旨在争取中低收入阶层的民粹主义政策虽然也出现所谓“福利超载”的情况，但他信更像一个自由主义式的新民粹主义者，而不是传统的民粹主义政治人物。① 在全球化时代，世界体系的相互依赖性日益增强，东盟机制较为有效地整合了区域经济，使得各国避免了陷入拉美式的依附性发展，这使得东南亚经济更具自主性地融入世界体系并得到较快发展。因此，相对来说，东南亚民粹主义并没有太强烈的反资本主义、反西方和反全球化的诉求。

其次，两地民粹主义出现在不同的政治发展阶段。拉美民粹主义无论是在庇隆时代，还是查韦斯时代，都是威权体制下产生的民粹主义，拉美走的是阿根廷裔美国政治学家吉列尔莫·奥唐奈所概括的威权官僚主义的发展道路，民粹主义成为威权领导人治国理政的重要策略，成为极具拉美特色的宏观经济政策。东南亚民粹主义普遍地出现在从威权体制向民主体制转型的过程中，是民主政治与威权政治相互较量的产物，除了泰国的他信在上台执政后有机会推行民粹主义政策之外，大部分民粹主义运动出现在政治精英争夺权力的过程中，更具有工具性、策略性，而缺乏影响国家宏观政策的机会。

最后，两地民粹主义所萌发的本土文化完全不同。虽然两个地区都有过被西方殖民的历史（东南亚的泰国除外），也都有着比较强势的军人统治和比较深厚的传统庇护关系，但是拉美国家内在地具有一种排斥和反抗西方资本主义制度的传统，始终希望走一条属于拉美的独立发展道路，这使得反资本主义、反西方的民粹主义政策可能成为一种持续的选择。而东南亚民粹主义产生于一种不同的本土文化，其一，东南亚并不排斥西方，甚至与美国、欧洲维持着比较密切的政治经济联系，部分国家甚至是美国的盟友或准盟友；其二，东南亚以东盟为平台，整体地融入了世界体系并在全球化中大获其益；其三，东南亚

---

① Pasuk Phongpaichit and Chris Baker, “Thaksin's Populism”, *Journal of Contemporary Asia*, Vol. 38, No. 1, 2008.

民族关系虽然复杂，但分离主义并未影响到民族国家的完整性，各国又多有佛教文化、儒家文化的深厚影响，再加上“本地的伊斯兰教有本土化特点，穆斯林文化的主流是温和而不是激进的”①，因此，东南亚本土文化的多元性与兼容性在一定程度上制约着民粹主义的扩散和激化，东南亚民粹主义的激烈性与持续性整体上弱于拉美民粹主义。

如我们所见，东南亚国家正走在一条独具特色的发展道路上，先是以效仿西方议会政治的方式踏上了现代化之路，在遭遇失败后落入长期的威权政治的窠臼，然后在“第三波民主化浪潮”中试图走出这一政治漩涡，走向宪政民主。这是一个漫长而迂回的历史过程，一方面，自由选举、宪政法治被普遍地视为值得追求的政治目标，西方式的民主政治得到了不同程度的实践；另一方面，由于传统文化与传统政治仍然根基深厚、经济发展与政治民主化不同步，再加上新旧精英集团之间无休止的权力争夺、民众被超前动员而民主热情高涨，各国获得了独特的政治经验，这种经验造就了一种新型的地区性民粹主义。无论其形态如何，东南亚民粹主义已然成为该地区政治发展、民主转型的复杂历程中大众抗争政治和精英权斗政治的标签。

第三节　非西方世界的民粹主义经验及其反思

在非西方国家的政治历程中，选举和政党等政治元素的引入迅猛而激烈，传统社会还未来得及在社会、经济和文化上进行现代性调适，就在政治上被精英分子广泛动员起来，大众政治参与的热情空前高涨。在那里，现代化转型所需要的社会变革能在多大程度上成功，越来越“取决于民众动员的规模和水平，取决于旧的经济关系和社会关系被扫

① 陈衍德等：《全球化进程中的东南亚民族问题研究——以少数民族的边缘化和分离主义运动为中心》，厦门：厦门大学出版社，2008 年版，第 305 页。

荡的范围和深度，还取决于精英分子形成权威和整合社会的能力”①。大众政治权力的实现不仅体现于正式制度内的投票，更体现于正式制度之外的政治抗议、街头运动，以及政治精英为了实现特定目标而“诉诸人民”的策略和运动。在很多发展中国家，当现代政党尚未作为一种成熟的政治角色出现时，当政治转型刚刚开始时，民粹主义事实上已经出现了。这一转型历程决定了非西方民粹主义不同于西方经验的独特性。

一、威权民粹主义：传统势力、“新立宪主义”与多阶级联盟

考察民粹主义在非西方国家的独特表现，首先必须将其置于传统政治向现代政治的历史转型中。二战结束以来，西方世界对落后国家走上自由民主之路有着极高的期待并不遗余力地输出其民主价值，干预这些国家的政治发展，但是非西方国家的政治表现却常常令西方失望，西方学者关于非西方民主大多数是“不自由民主”的评价背后就是这样一种失望情绪。霍华德·威亚尔达认为，应该建立一种周期理论，用以解释非西方国家如何从官僚威权的传统政治走出、拥抱民主，在经历了一种激荡亢奋的民主实践之后，又回到威权政治的老路。② 20世纪60年代以来，拉美和东南亚的民主政治确实表现出霍华德·威亚尔达所概括的周期性特征，如拉美走过了所谓“官僚威权—民主政治—威权民主”的演进历程，而泰国、印度尼西亚、菲律宾等东南亚国家则经历了“军人政权—文官政权—军人政权”的反复。在泰国，以1998年他信执政为节点，国家的权力结构经历了“泰式民主—西式

---

① 陈明明：《所有的子弹都有归宿——发展中国家军人政治研究》，天津：天津人民出版社，2003年版，第182页。

② 霍华德·J.威亚尔达著，郭存海等译：《拉丁美洲的精神：文化与政治传统》，杭州：浙江大学出版社，2019年版，第368—405页。

民主—泰式民主”[①] 的两次重大反转。

在拉美，被打上过民粹主义标签的政府包括早期的阿根廷庇隆政府、巴西瓦加斯政府，也包括较近时期的秘鲁藤森政府和委内瑞拉的查韦斯政府，霍华德·威亚尔达认为，这些政府追求的是一种融合了形式民主、强势政府、民族主义和民粹主义/民众主义的体制，因此很难称之为民主政府。[②] 在西方的标准下看，非西方各国实践的是一种完全“不合格”的威权民主，或者是带形容词的民主，如“有限民主、监护式民主和受控民主、法团式民主和卢梭式民主”[③]，泰国实践的则是一种倒退回威权传统的“泰式民主”。正是在这样一种带形容词的民主实践中，民粹主义相伴而生并“染上”了其中的威权化特质，发展成为一种所谓的威权民粹主义。关于非西方国家中民粹主义与威权民主的独特关联，可以从以下三个重要维度进行解读。

（一）传统势力、政党制度与民粹主义的体制外空间

根据发展主义的一般理论，制度贫乏会导致长期平庸。弗朗西斯·福山曾指出，“发展差距最重要的根源之一就是拉美脆弱的制度”[④]，詹姆士·罗宾逊（James Robinson）也认为“对拉美经济发展轨迹的最佳解释就是制度”[⑤]。制度化水平对于政治与经济发展有着至关重要的

---

① “泰式民主”是20世纪60年代泰国威权政府沙立提出的政治概念，其核心观念是要坚持传统智慧，探索政治本土化发展道路，反对照搬照抄“西式民主”。对于泰国政治中的保守派与自由派阵营而言，“泰式民主”的意义是不同的，前者相信它是泰国特色的君主立宪制的代名词，体现了本土主义和传统主义价值；后者则认为“泰式民主”是专制独裁的修饰语。参见周方冶：《泰国政党政治重返“泰式民主”的路径、动因和前景》，载《东南亚研究》，2019年第2期，第7—8页。

② 霍华德·J. 威亚尔达著，郭存海等译：《拉丁美洲的精神：文化与政治传统》，杭州：浙江大学出版社，2019年版，第390页。

③ 同②，第397页。

④ Francis Fukuyama, ed. *Falling Behind: Explaining the Development Gap Between Latin America and the United States*, New Work: Oxford University Press, 2008, p. 284.

⑤ James Robinson, “Latin American Equilibrium”, in Francis Fukuyama, ed. *Falling Behind: Explaining the Development Gap Between Latin America and the United States*, New Work: Oxford University Press, 2008, pp. 161-193.

影响，制度不健全意味着权力结构不完善，政治过程不规范，没有相应的法律和秩序来保护产权，经济增长缺乏制度保障，政治发展的体制外空间十分广阔。在非西方世界，从20世纪中后期直到21世纪的全球化时代，政治制度建设还普遍存在低水平、不完善和不稳定的情况。

从结构性根源来看，许多国家的政治体系仍然具有传统的威权化性质，政党政治的制度水平低，传统政党代表民意的意愿和能力有限。这种情况在拉美和东南亚尤其典型。1967年，查尔斯·安德森（Charles W. Anderson）曾在拉美刚刚走上民主化道路之时，考察过拉美政治过程和政治体系的发展路径。他认为，拉美政治与美国相比更不正规、制度化水平更低，暴力、政变和革命是政治过程中不可分割的一部分，军队不一定总是从属于文官政府，社会的构成元素是各种“权力竞争者”（霍华德·威亚尔达的“法团组织”或塞缪尔·亨廷顿的“普力夺社会”的参与主体）。由于中央政府会提供就业、帮助、恩庇和福利，这些“权力竞争者”围绕中央政府开展活动，都试图成为掌权者。[1] 在21世纪的今天看来，拉美国家的政治体系确实有了很大改善与发展，其模范者有智利、巴西等国，因此查尔斯·安德森当年的描述似乎已不完全适用，尤其是他没有预判到军人集团的退场和社会主义左翼的长期影响。然而，拉美政治体系的传统基础并没有彻底崩塌，诸如“政治恩庇、相互义务和‘恩惠’传统而非不带人情味的民主”仍有重大影响，[2] 这种政治文化至今仍然鼓励某些“权力竞争者”越过制度藩篱直接与民众对话，争取他们的支持。拉美绝大多数民粹主义领导人受到社会主义、法团主义意识形态的影响，他们背后没有一个强大的政党支持来赢得议会多数，所以必须直接诉诸人民

---

① Charles W. Anderson, *Politics and Economics Change in Latin America: The Governing of Restless Nations*, Princeton: D. Van Nostrand, 1967, Chapters 2-4.

② 霍华德·J.威亚尔达著，郭存海等译：《拉丁美洲的精神：文化与政治传统》，杭州：浙江大学出版社，2019年版，第345页。

尤其是劳工阶级的支持。巴西的民粹主义奠基人瓦加斯在即将被军队赶下台前才组织了民粹主义政党——巴西劳工党。在东南亚，泰国在1932年民主革命后20多年才有《政党法》，直到1998年他信的泰爱泰党成立之前，泰国政党都缺乏清晰确定的执政纲领或政策，就连最老牌的民主党也缺乏严格意义上的发展理念或指导方针。[①] 学者张锡镇认为，泰国的政党带有明显的利益集团性，缺乏意识形态基础，政党凝聚力基于党魁和庇护-依附关系，政党组织涣散，极不稳定且短命。[②] 由于军方频繁政变并上台执政，泰国的政党政治进程多次被打断，中小政党也常常是勃兴忽亡，他信系的政党是一再解散一再成立（从泰爱泰党到人民力量党再到为泰党）。卢西恩·派伊（Lucian W. Pye）曾这样评价，"假如不是因为其他东南亚国家政党制度的缺陷，很难说泰国有完整的政党制度"[③]。菲律宾的政党制度则被认为是一种"迷宫式"的多党制，它们既不是民意的代表，也不是基于意识形态、政治议题而组织起来的团体，与普通民众的联系是松散的、脆弱的。[④] 由于这些国家的政党制度以多党制为主，小党林立，政党间分化组合十分频繁，政党代表性功能不健全，因此，民意表达通常呈现为非组织化的无政府状态。

与低水平的政党制度相随的，是传统威权势力如军人集团和王室集团的干政传统。萨缪尔·芬纳（Samuel E. Finer）认为，文官组织和政党强大的政治体系中，权力转移相对有序，军人的政治作用受到一定的约束，而相反的话，政党组织软弱而且数量稀少，军人的政治活

---

① 常翔、张锡镇：《新宪法出台与泰国政治走向分析》，载《东南亚研究》，2017年第3期，第3页。

② 宋清润、张锡镇：《泰国民主政治论》，北京：中国书籍出版社，2013年版，第188—189页。

③ 卢西恩·派伊著，刘笑盈译：《东南亚政治制度》，桂林：广西人民出版社，1993年版，第81页。

④ Andreas Ufen, "Political Party and Party System Institutionalization in Southeast Asia: Lessons for Democratic Consolidation in Indonesia, the Philippines and Thailand", *Pacific Review*, Vol. 21, No. 3, 2008, pp. 327-355.

动范围就极为广阔。[①] 霍华德·威亚尔达把军人干政看成是两股社会力量博弈的结果，“军队与公民社会两者的力量此消彼长；当军队开始逐渐失去公信力，公民社会的力量就占据上风；而当公民社会略有优势时，军队则准备着强大的进攻”[②]。众所周知，拉美官僚威权制度的根基深厚，军人干政传统十分悠久，这既是殖民时期考迪罗政治的延续（虽然20世纪拉美军人政权在形式上已完全不同于考迪罗），也是20世纪拉美民主历程中的各种政治危机的产物。在民主化的早期，拉美军队即被赋予了监督政治进程、在危机时期取代文官政府的政治功能，虽然出于政治与专业两方面的综合考虑，军队在“第三波民主化浪潮”中逐渐退出政治舞台，但是军人干政留下的官僚威权传统仍然无法完全从政治实践中抹去。泰国军人集团的政治影响要比拉美深远持久得多，这既是军人与王室两股强大的传统权力合作的结果，也是泰国文人政府软弱无力、政党集团间剧烈冲突所致。在历史上，泰国军人集团不仅在1932年推翻君主专制的民主革命中发挥关键作用，而且在此后长期把持政权，成为政坛的主导力量之一，泰国也因而成为世界上军事政变最多、政府更迭最频繁的国家之一。[③] 虽然在1992年以后，泰国进入较稳固的文人和政党主政时期，但当他信系执政引发黄衫军与红衫军的全面、长期对抗时，军人集团又“重出江湖”，在2006年和2014年两次发动政变并成立军政府，直接冲击泰国的政党政治。

从拉美和东南亚的经历来看，在民主进程开启之后，军人集团等传统威权势力不仅没有退出政治舞台，反而是长期参与、干预民主化进程，传统威权政治与民主政治的不断融合，发展出一种无法用西方自由民主来定义的民主形态，即威权民主。以西方的标准来看，威权民主具有一元化的集权倾向，其制度化程度通常较低，这种民主形态

---

① Samuel Finer, *The Man on Horseback: The Role of the Military in Politics*, London: Penguin Books Ltd., 1975, p. 18.

② 霍华德·J. 威亚尔达著，郭存海等译：《拉丁美洲的精神：文化与政治传统》，杭州：浙江大学出版社，2019年版，第372页。

③ 宋清润、张锡镇：《泰国民主政治论》，北京：中国书籍出版社，2013年版，第194页。

一方面鼓励了那些无法在体制中获得足够竞争空间的政治势力寻求体制外的民众直接支持，因为制度贫弱使得反建制成本较低；另一方面也为威权统治者提供了超越制度行使权力的机会，“在权力制衡机制比较弱的国度，具有民粹主义倾向的总统有能力实施各种政策，而无须通过太多的争论及通过立法程序”①。

（二）“新立宪主义”、全民公投与广泛政治参与

非西方国家的传统威权政治表现为权力集中于某个人或某个集体，其内在的集权化倾向与民粹主义对克里斯玛型领袖的依赖很容易重合共生。在民主选举的政治生态下，民粹政治精英常常把社会成员划分为“我们”和“他们”两个敌对的阵营，通过召唤“我们人民”来掀起反对“他们敌人”的斗争，实现掌握政治权力的目标，这种以大众民主为诉求的民粹政治运动与威权政治体制相互利用、相互成就。亨廷顿认为，“在发展中社会，政治精英很少会把政治参与的扩大确立为首要目标。政治参与扩大的程度，主要反映政治参与作为实现其他目标的手段的程度，或作为实现其他目标的副产品的程度”②。这里的“其他目标”无疑包括掌握甚至垄断政治权力。在拉美，民粹主义领导人如藤森、科洛尔和查韦斯在议会内都受到占多数席位的反对派的制约，他们体现“人民意志”的行动受到一定的制度阻碍。因此，他们直接诉诸人民的支持，通过扩大直接民主和采取直接行动，改变制度运行的游戏规则。

在20世纪的拉美和东南亚，威权政治体系的一个共同特点是宪法成为改变政治游戏规则和确保权力合法性的重要途径。这些国家的民粹主义领导人需要通过选举掌握权力，还需要利用法律程序拟定新宪

① 塞巴斯蒂安·爱德华兹著，郭金兴译：《掉队的拉美——民粹主义的致命诱惑》，北京：中信出版集团，2019年版，第195页。

② 塞缪尔·亨廷顿著，汪晓寿等译：《难以抉择——发展中国家的政治参与》，北京：华夏出版社，1988年版，第43页。

法，在这两方面，民粹主义的大众动员策略都发挥了重要作用。进入21世纪以来，拉美的委内瑞拉、厄瓜多尔和玻利维亚纷纷通过了新宪法，尼加拉瓜则通过了一项法律，允许立法部门启动修改宪法的工作，拉美的“这三部新宪法的拟定都是为了重建这些国家，承认土著居民拥有一些不可剥夺的权利，向民众（特别是穷人）和地区利益集团赋予大量具体的经济权利”①。法律学者罗布托·马丁内斯（Roberto Martínez）和鲁本·马丁内斯（Rubén Martínez）认为，现代拉美宪法是未完成的文件，时刻有可能被真正拥有主权的人民修改。造成这一状况的原因在于拉美普遍奉行一种“新立宪主义”，相信宪法应该是不断变化的公文，可以快速灵活地适应新的政治形势，应该易于被修改和改良，而不应该期待它们历经十年而没有任何重大的变化。② 东南亚国家是否也奉行类似的“新立宪主义”尚有争议，但是泰国频繁的立宪废宪史确实是有目共睹的，从1932年民主革命到2017年的85年间，泰国先后已有过20部宪法（包括临时宪法），平均每四年多就推出一部宪法，仅1991年就先后颁布了两部新宪法。然而，如此丰富的制宪经验却没有带来现代法治，在泰国民众那里，法治的概念长期没有被接受，直到2007年的宪法才第一次提到这一概念。该部宪法称：“全国立法会议、内阁、法院，以及其他国家机构必须依据法治来行使主权。”③ 首次强调“一人一票”制的1997年宪法虽然被称为民主宪法，但是也没有发展出有序稳定的法治秩序，泰国的不同政党集团以及军队等传统势力，要真正接受宪法的最高权威，仍需要一个复杂斗争的过程。其他东南亚国家如印度尼西亚、菲律宾、马来西亚等国虽然没有这么频繁的制宪、修宪史，但是接受宪政理念和法治精神的过程也非一帆风顺。

① 塞巴斯蒂安·爱德华兹著，郭金兴译：《掉队的拉美——民粹主义的致命诱惑》，北京：中信出版集团，2019年版，第196页。

② 塞巴斯蒂安·爱德华茨著，刘玉译：《拉美新旧民粹主义研究》，载《国外理论动态》，2012年第6期，第98页。

③ 宋清润、张锡镇：《泰国民主政治论》，北京：中国书籍出版社，2013年版，第355页。

在拉美、东南亚的发展中国家中，宪法废立之所以频繁，除了“新立宪主义”使得修宪的制度屏障较低之外，还因为修宪需要的民意支持比较容易获得。在这些国家，修宪的实现常常要依赖全民公投，后者则被认为是最直接将政治家与民众相联系的方式。全民公投是指公民就政治家提出的特定议题进行全民投票，一方面能够体现个人化的魅力领袖在动员民众和凝聚民意方面的作用，另一方面则体现追随者对政治领袖的直接的、非制度化的支持。民粹主义政治家需要用全民公投的方式使自己的制度变革合法化，“在民众对现状不满或缺乏表达诉求的合法途径时，民粹主义者通常会在全民公决式的联系中达到目的”[①]。库尔特·韦兰德根据对拉美民粹主义的观察，认为民粹主义是一种谋取或行使政府权力的政治策略，民粹主义者的目的在于通过使用反建制的诉求和全民公决式的联系来获得大量的、无组织的追随者的支持。[②] 对比来看，在制衡和否决机制较为严厉的西方，民粹主义政治家很难与民众建立全民公决式的联系，但是非西方国家中受到推崇的民主观念则更强调广泛的政治参与，更多地依靠公众集会和半仪式化的方式将民众纳入政治领域。在委内瑞拉，查韦斯依靠宪法之外的公民投票程序，选举产生了宪法大会。查韦斯和他的支持者声称，委内瑞拉已建立了一种参与式民主，长期以来被传统政治家所忽视的普通民众终于能够直接参与治理。事实上，查韦斯“所采用的方法核心是借助于全民公投来改变既有机制，取消制衡，将权力集中在手中”[③]。查韦斯的做法被其他拉美左翼民粹主义领导人一再效仿，莫拉莱斯、科雷亚和塞拉均召集了制宪会议，并对新宪法进行了全民公投，莫拉莱斯还违背了关于不在2014年实施新宪法的承诺，大大增强了权

① 张芯瑜:《政治学中拉美民粹主义概念辨析及界定》,载《拉丁美洲研究》,2019年第3期,第132页。

② Kurt Weyland, “Clarifying a Contested Concept: Populism in the Study of Latin American Politics”, *Comparative Politics*, Vol. 34, No. 1, 2001, p. 14.

③ 库尔特·韦兰德:《拉美的威权主义趋向》,载《国外理论动态》,2014年第11期,第67页。

力。不过，2014 年通过军事政变上台的泰国巴育政权就没有这么顺利，他推动的 2017 年新宪法公投只有 59.4%投票率，并且反对意见达到 38.65%。在泰国，新宪法常常有，但却无法形成稳定的最高权威，围绕着立法、修宪的政治分歧始终异常激烈。

（三）多阶级联盟、克里斯玛型领袖及其社会基础

民粹主义政治是一种建立在广泛政治参与基础上的大众政治，在政治实践中通常表现多阶级、跨阶级联盟。保罗·德雷克认为，民粹主义的重要特征之一是它依赖不同阶级的联合，主要是劳工阶级，但也包括上层阶级的一部分，并由后者所领导。[①] 保罗·德里克的判断主要建立在拉美的经验之上。事实上，在非西方国家，民粹主义与威权政治的结合体现了类似的因果关系，即“多阶级联盟→克里斯玛领袖”关系。早在 20 世纪六七十年代，依附论学者就指出，拉美民粹主义是“外围国家”发展落后的一个特有的、短暂的现象，具有阶级联盟的特征。[②] 这种阶级联盟是产生克里斯玛型领袖的社会条件，也体现了威权民粹主义背后的大众-精英逻辑。

从大众的角度看，多阶级联盟的形成有其特定缘由。在民主政治中，选举和政党是形成广泛政治参与的重要手段，塞缪尔·亨廷顿曾比较过五种低收入者政治参与模式，从中论证了政党的动员功能。他认为，在发展中国家，虽然城市和乡村底层民众的政治参与因为社会发展程度不同而有所不同，但他们有一个共同特点，即都是动员参与，而不是自动参与，主要是通过恩庇-依附的传统关系或跨阶层/种族的政党动员来实现。因此，“穷人常常以跨越阶级界线的问题或忠诚为基

① Paul W. Drake, “Conclusion: Requiem for Populism?”, in Michael L. Conniff, ed. *Latin American Populism in Comparative Perspective*, Albuquerque: University of New Mexico Press, 1982, p. 218.

② 张芯瑜：《政治学中拉美民粹主义概念辨析及界定》，载《拉丁美洲研究》，2019 年第 3 期，第 127 页。

础而介入政治”[1]。表面上看，动员参与确实反映了草根大众在权力结构中所处的被动位置，但是大众并非完全被动，他们被政党或政治精英动员起来支持民主，而当民主“既没有兑现社会和经济改革的承诺，也没有带来大众期望的即时的改善，普遍的幻灭感就会普遍产生”[2]。当劳工、农民和其他中下层群体普遍地对民主制度、政党政治产生不满和疏离时，他们更容易对强大的、威权的和公平的家长式政治强人产生信任和依赖，愿意与政治强人及其代表的精英集团结成联盟。

从精英的角度看，克里斯玛型领袖的出现有其特定的政治与社会条件。政治精英在什么情况下考虑直接诉诸人民支持呢？在发展中国家，如果存在政治制度化水平相对较低、传统政党的代表性不高、民众对政党信任度不高等情况时，直接求助人民可以立即得到足够的合法性支持。塞巴斯蒂安·爱德华兹认为，发展中国家的民粹主义领导人在行动时通常会超越传统的政党范围，直接寻求民众对特定政策的支持。[3] 民粹主义领导人事实上代表的并不是单一的工人、农民或中产阶级的利益，而是多阶级利益，因为这些不同阶级都可能共同对通货膨胀或收入分配产生不满。但是，由于他们之间事实上存在利益冲突，维系民粹主义政权就依赖于个别领导人的个人权力和个人魅力。[4] 克里斯玛型领袖能够与多阶级、跨阶级的民众直接对话并与他们结成某种政治联盟，一方面需要有利的政治条件，即既有政党未能有效代表他们，而现行体制没有提供足够的表达诉求的途径；另一方面需要强烈的政治动机，为了掌握权力或维持合法性，所有领袖精英都需要在体制内竞争与体制外动员两种路径中选择，或者二者兼顾。

---

① 塞缪尔·亨廷顿著，汪晓寿等译：《难以抉择——发展中国家的政治参与》，北京：华夏出版社，1988年版，第59、131—132页。

② 霍华德·J.威亚尔达著，郭存海等译：《拉丁美洲精神：文化与政治传统》，杭州：浙江大学出版社，2019年版，第389页。

③ 塞巴斯蒂安·爱德华兹著，郭金兴译：《掉队的拉美——民粹主义的致命诱惑》，北京：中信出版集团，2019年版，第177页。

④ 托马斯·E.斯基德菲尔等著，张森根等译：《现代拉丁美洲》，北京：世界知识出版社，1996年版，第66页。

早在20世纪30—50年代，庇隆、瓦加斯和卡德纳斯等拉美政治家就将民粹主义与拉美政治紧密联系在一起了；东南亚民粹主义运动晚至20世纪90年代才出现，但也轰轰烈烈，引发了全球关注，比如泰国黄衫军与红衫军旷日持久的对抗。这两个地区的民粹主义有诸多的不同，但都具有多阶级联盟的特点，并且涌现了众多的闻名世界的克里斯玛型政治领袖。由于拉美的工业化、城市化发展较早，劳工阶级队伍庞大，民粹主义不仅普遍具有左翼色彩，而且也主要表现为上层精英群体与劳工阶级的联盟。东南亚的农业传统十分深厚，劳工阶级无论是规模或是斗争性都远不如拉美，因此常常表现为政治精英与农民阶级之间的联盟。在泰国，支撑他信系的就是“新兴资本集团+农民群体”的政治联盟，他信系据此在泰国权力结构中占据了压倒性政治优势。与此同时，两个地区被贴上民粹主义政治家标签的魅力领袖为数众多，当然拉美的名单要比东南亚长得多，比如早期有阿根廷的庇隆、巴西的瓦加斯、智利的阿连德、墨西哥的卡德纳斯等左翼民粹主义者，近期有秘鲁的藤森、梅内姆等新民粹主义者，以及委内瑞拉的查韦斯和马杜罗、玻利维亚的莫拉莱斯、厄瓜多尔的科雷亚等左翼民粹主义者，2018年当选巴西总统的博索纳罗被认为是右翼民粹主义者，但他的魅力领袖形象还值得怀疑。在东南亚，最著名的民粹主义政治家自然是泰国的他信，其他令人印象深刻的民粹主义魅力领袖还有印度尼西亚的佐科、菲律宾的埃斯特拉达和杜特尔特等。

二、福利民粹主义：向贫困与不平等开战

民粹主义常见于街头政治或大众动员之中，但它也可能表现为一种政权实践，出现在政府的施政策略中。前墨西哥外交部长、美国纽约大学政治学教授豪尔霍·卡斯塔涅达（Jorge Castañeda）认为，拉美

民粹主义常常得以执政，或者非常接近政权。[①] 在非西方国家，民粹主义对国家大政方针、发展方略产生过重要影响，民粹主义理念与特定的经济政策紧密相联，成为一种独特的经济发展模式。民粹主义性质的经济政策非常鲜明直接，可以高度概括为主张国家干预、经济增长、高福利和再分配等。20 世纪 90 年代后期民粹主义在非西方国家（以拉美的“粉色浪潮”和泰国的他信执政为典型）的盛行，实际上是对资本主义全球化、新自由主义改革的一种逆反和修正，左翼性质的福利民粹主义概念被提了出来，成为一种从经济学角度来解释的民粹主义。

（一）“政府照顾你”：福利民粹主义的选择与困境

无论在西方还是非西方，民粹主义的兴起都与底层贫困问题、中下层普遍的经济焦虑问题直接相关，是财富集中、分配不均引发民众反抗的结果。拉美和东南亚都是人口众多、自然资源丰富、传统文化独具特色的地区，但大多数国家未能顺利走上现代化发展之路，贫困与不平等长期存在。哥伦比亚早在 1938 年就成为拉美第一个对收入分配进行系统研究的国家，当时它的基尼系数已达 0.45，是当时的世界最高值之一，但在拉美地区却只是一种正常状况。拉美各国的不平等状况一直没有得到缓解，甚至在军事独裁结束之后的 20 世纪 90 年代，主要国家的基尼系数几乎升至 0.5 以上（乌拉圭稍好，但已达 0.41，巴西则达到危险的 0.65）。[②] 在拉美，人们认为资本主义和全球化是导致这种不幸境遇的根本原因，尤其是新自由主义改革没有真正实现经济增长和稳定繁荣，反而导致了失业率居高不下和贫困线以下的家庭激增。

---

① 豪尔霍·G. 卡斯塔涅达：《拉丁美洲向左转》，载《国外理论动态》，2006 年第 12 期，第 28 页。

② 塞巴斯蒂安·爱德华兹著，郭金兴译：《掉队的拉美——民粹主义的致命诱惑》，北京：中信出版集团，2019 年版，第 39—40 页。

福利民粹主义认为，偏重资本与市场的经济政策会导致贫困和不平等，只有国家具有解决贫困和不平等问题的动力与能力。沃尔特·李普曼（Walter Lippmann）指出，民众作为一个整体，支持集权统治，但总是无法在整体上驯服资本主义，因为资本主义长期汇聚起来的力量非常多。[①] 被贫困和不平等压迫的中下层民众只能寄望于国家，并相信国家有此能力，因为国家在威权传统深厚的发展中国家通常扮演着非人格化的家长角色。霍华德·威亚尔达认为，在拉美，国家的角色仍然是教父、世袭主义者、恩庇和资助的分配者，国家的形象是家长式的。比如在乌拉圭，由于早期发达的社会福利历史，民主在那里被定义为“福利主义”，意即“政府照顾你”。[②] 非西方社会的民众寄望于国家来解决贫困与不平等问题，那么国家的政治代表性强弱就取决于它是否能推动经济增长和促进收入分配公平。90 年代以来，拉美地区并没有因为新自由主义的市场化改革而实现经济增长，作为样板国家的智利的 GDP 增速也只是勉强达到 3.9%。联合国开发计划署的一项关于威权与民主的调查显示，在拉美，高达 56%的民众认为“经济发展比民主更加重要”，大约 55%的民众表示“会支持威权政府”，43%的民众同意总统以超越法律的方式追求国家利益。[③] 不仅在拉美，在其他发展中地区，类似的情况也普遍存在，人们相信民主更具有实质意义而非程序意义，民主政府的治理绩效决定了民主政治的受欢迎程度。

执政合法性依赖于治理绩效，这是理所应当的，因为治理绩效低下很难维持执政合法性。走民粹主义发展路线的执政者相信，最迅速直接的治理绩效可以通过追求经济增长、扩大就业、增加福利、实现

---

① 沃尔特·李普曼著，林牧茵译：《幻影公众》，上海：复旦大学出版社，2013 年版，第 143 页。

② 霍华德·J. 威亚尔达著，郭存海等译：《拉丁美洲精神：文化与政治传统》，杭州：浙江大学出版社，2019 年版，第 385、389 页。

③ 彼得·H. 史密斯著，谭道明译：《论拉美的民主》，南京：译林出版社，2013 年版，第 390—392 页。

公平分配等政策来实现。这些经济政策被贴上了民粹主义标签的原因在于这些政策被认为具有一种刻意地、片面地迎合民众的政治动机。依附论学者认为，民粹主义是一项围绕着“经济增长+再分配”而展开的经济和社会政策，经济增长鼓励政治领导人实施包容性的、适度的再分配政策，从而获得广泛的政治支持。[①] 与依附论者倾向于肯定的立场不同，自由主义经济学家对民粹主义进行了毫不留情的批判，塞巴斯蒂安·爱德华兹和鲁迪格·多恩布茨在他们的经典研究中同样将再分配视为民粹主义范式的核心，但是他们认为民粹主义注定是要失败的，因为民粹主义的经济政策过度强调增长和收入的再分配，不重视通货膨胀、财政赤字和外部限制的风险，忽视政府不遵循市场规律的经济政策的负面效应。[②] 在自由主义经济学看来，通货膨胀、财政赤字和外部限制等问题的恶化，会反过来阻滞经济增长，导致再分配难以持续，最终使得福利民粹主义崩盘。

毋庸置疑，解决贫困与不平等问题最能体现治理能力和治理绩效，也是维持政治稳定和合法性必须面对的挑战。20 世纪 90 年代以来，拉美同时面临现代化与全球化的双重挑战，而到底是民粹主义还是新自由主义，谁更能解决长期存在的贫困与不平等问题，学界不曾有过定论。自由派学者塞巴斯蒂安·爱德华兹在其著作中承认了新自由主义并没有帮助拉美国家解决贫困与不平等问题，但他认为这不是新自由主义的错，他辩称拉美的不平等问题自从殖民时期起就是该地区政治和社会问题的关键了。[③] 也有学者认为，“自由主义全球化的缺陷是真实的，但民粹主义的替代方案行不通”[④]。另一边，福利民粹主义者相

① Carlos de la Torre, *Populist Seduction in Latin America*, Athens: Ohio University Press, 2010, p. 2.

② Rudiger Dornbusch and Sebastian Edwards, eds. *The Macroeconomics of Populism in Latin America*, Chicago: The University of Chicago Press, 1991, p. 9.

③ 塞巴斯蒂安·爱德华兹著，郭金兴译：《掉队的拉美——民粹主义的致命诱惑》，北京：中信出版集团，2019 年版，第 38、185 页。

④ David Brooks, "The Revolt Against Populism", https://www.nytimes.com/2019/11/21/opinion/populism-protests.html?_ga=2.159322424.3034835 57.1578378189-1283335347.1576771378.

信问题是资本与市场造成的，他们坚定地将新自由主义视为贫困与不平等的罪魁祸首。拉美和东南亚的实践表明，依赖于国家力量的福利民粹主义确实在短期内产生了积极影响，但是由于许多国家不仅难以实现较稳定的和长期的经济增长，而且也很难同时实现经济增长与福利分配的平衡，结果常常是福利超越、通货膨胀，财政扩张政策难以持续，经济出现停滞甚至负增长，贫困与不平等问题更无从解决了。

（二）“粉色浪潮”：拉美左翼民粹主义的重新崛起

从发展主义的角度来看，以低速增长、社会动荡和贫困落后为特征的拉美是不成功的。但是进入21世纪前后的“粉色浪潮”之所以激起左翼民粹主义的浪花，却是拉美新自由主义改革深陷困境的结果。

拉丁美洲在现代化发展道路上可谓命运多舛。20世纪80年代被称为拉美的“失去的十年”，[①] 长期的经济低迷造成了严重的社会动荡和政治危机。90年代启动的新自由主义改革以终结拉美的经济不景气和实现经济增长为目标，但是在开局不久即遭遇不测。1993年墨西哥爆发比索危机，导致中产阶级萎缩、失业率激升、物价暴涨、投资流失，生活水平下降25%以上，这场危机造成的“龙舌兰效应”使得许多拉美国家开始警惕新自由主义改革的政治代价。[②] 受金融危机影响，各国民众抗议运动此起彼伏，首当其冲的就是墨西哥萨帕塔农民武装起义，然后是各种反私有化运动。整个90年代，拉美地区人均收入下降到70年代初期水平，农村贫困人口高达60%以上，城市失业率远超国际警戒线，高达20%。巴西和墨西哥在1940—1980年间的平均经济增长率为6%，但是1980—2000年下挫至不到此前的一半。相对来说，藤森在秘鲁进行的新自由主义私有化改革较为成功，帮助秘鲁摆脱了“失

---

① 20世纪70年代拉美国家采用“负债增长”（或称“赤字财政”）的发展战略，导致了80年代普遍的债务危机和长达十年的经济不景气，人均年增长率为-1.0%，因此，人们习惯上把80年代称为拉美“失去的十年”。

② 霍华德·J.威亚尔达著，郭存海等译：《拉丁美洲精神：文化与政治传统》，杭州：浙江大学出版社，2019年版，第386页。

去的十年”的阴影，实现了较快的经济增长，但是秘鲁的“经济奇迹”却是片面而难以持续的，贫困和不平等问题仍无解药，处在绝对贫困之中的民众仍然高达25%，首都利马的失业率长期维持在8%—9%的高位，远高于其他拉美国家的平均失业率。[①] 由于历史惯性和结构性因素的影响，拉美对经济增长有严重的依赖，而新自由主义在推动拉美经济增长方面并没有天然的优势，反而是因为资本和市场的固有规则而导致财富集中、贫富分化，贫困与不平等问题更为恶化，社会冲突与民众抗争频现。墨西哥金融危机之所以令拉美各国惊恐，就是因为这一危机极易发生在与墨西哥经济结构相似的其他国家，并引发连锁危机，即金融危机导致经济危机，经济危机又造成严重的社会危机。重重危机面前，较快的经济增长几无可能。

新自由主义的困境为拉美左翼重新崛起提供了机会，造成了民粹主义的复归。拉美左翼认为，“拉丁美洲的极端不平等、贫困，以及财富、收入、权力和机会的高度集中，意味着该地区将不得不由中左派来领导”[②]，他们对新自由主义的市场原教旨主义进行了严厉的批判，提出了以国家干预和再分配为中心的福利民粹主义替代方案，掀起了一场向左转的“粉色浪潮”。这一左翼民粹主义浪潮的起点是1998年查韦斯赢得委内瑞拉总统大选，紧随其后的是卢拉在巴西和基什内尔在阿根廷分别赢得总统大选，他们上台执政的共同特点都是针对严重的经济危机、贫困与不平等提出改善收入分配的方案，政策主张中都包含了大受民众欢迎的福利社会和国家干预内容。2005—2006年间，随着玻利维亚、厄瓜多尔、乌拉圭、萨尔瓦多、巴拉圭和秘鲁等国左翼政党胜选上台，“粉色浪潮”达到了高潮。[③]

拉美左翼执政近20年来，民粹主义经济政策的效果根据不同国家

---

① 江时学：《论藤森现象》，载《拉丁美洲研究》，2006年第3期，第14页。

② 豪尔霍·G. 卡斯塔涅达：《拉丁美洲向左转》，载《国外理论动态》，2006年第12期，第27页。

③ 彼得·H. 史密斯著，谭道明译：《论拉美的民主》，南京：译林出版社，2013年版，第392页。

的发展水平、制度结构和领导人偏好的不同而有所不同。巴西、阿根廷、乌拉圭等国的温和左翼政府坚持改良主义导向的新民粹主义，即融合新自由主义与传统民粹主义的主张，努力在市场与国家之间寻求平衡。而委内瑞拉、玻利维亚和厄瓜多尔等国的激进左翼政府则提出“21世纪社会主义”的根本改造方案，查韦斯政府明确提出要以“21世纪社会主义”替代新自由主义经济模式和代议制民主制度。① 新自由主义认为，市场体系是最适合创造繁荣的，市场机制能够把经济增长的成果自动滴漏到弱势群体，整个社会因而得以广泛分享财富。但是拉美民粹主义者不相信公平分配可以通过市场实现，他们也承诺尊重私有财产，但主张借助国家干预进行再分配，最终实现社会经济平等。从当前拉美多数国家经济乏力和社会动荡的现实来看，新自由主义和民粹主义都不能完全解决拉美经济增长不足的问题，而没有足够的经济增长，无论是靠市场还是靠国家，都不能解决贫困和不平等问题。

（三）“他信经济学”：东南亚福利民粹主义的典型实践

东南亚没有拉美那样悠久的民粹主义传统，没有左翼政府长期执政的经历，政党政治的历史也不如拉美长久。但是两个地区共同面临经济落后、增长不足和分配不公等发展问题，福利民粹主义在东南亚的出现反映了相关国家现代化进程中的结构性困境，其中，泰国他信系执政（他信、英拉）和福利民粹主义性质的“他信经济学”的实践尤为典型。

经济落后的发展中国家一般存在城乡二元经济结构，泰国也不例外。泰国至今仍是一个典型的农业国，60%—70%的人口是依赖于农业经济的农民阶级，城市化进展滞后。2005年，泰国城市化率比世界城市化率低了将近16%，比东南亚城市化平均水平也低了11.5%。② 泰

---

① 方旭飞：《拉美左翼对新自由主义替代发展模式的探索、实践与成效》，载《拉丁美洲研究》，2019年第4期，第106—107页。

② 李培：《泰国城市化过程及其启示》，载《城市问题》，2007年第6期，第86—91页。

国工商业主要集中在首都曼谷地区及其周边，贫富分化严重，根据统计，2007 年，占人口 20%的最贫穷泰国民众拥有的资产仅占全国总资产的 4.3%，而占人口 20%的最富有泰国民众却占有了全国总资产的 54.8%。[①] 2013 年，泰国 540 万贫困人口中有 88%的分布在农村地区，尤其是北部和东北部地区。[②] 城乡二元经济结构造成了严重的社会不平等，使得泰国陷入所谓的"缪尔达尔陷阱"，即发展中国家片面追随西方工业化，导致那些不能与产业资本结合的农村劳动者的福利降低，而有机会与产业资本结合的城市劳动者则提高了福利，这种情况导致繁荣的城市与停滞不前的农村之间的巨大差距。[③] 泰国城乡二元经济结构及其造成的贫困与不平等问题，为他信的民粹主义政治动员提供了机会。

由于泰国 1997 年宪法采纳了一人一票制的西式民主，他信以其为宪政依据，在泰国农村地区进行了广泛的选举动员，承诺解决城乡差异和分配不公等问题。2001 年，他信上台执政，成为泰国历史上第一位认真关注农村和农业问题的总理。[④] 他的惠民政策主要面向农民，包括"30 泰铢治百病""乡村发展基金计划""一村一品计划""贫者有其屋计划"等大规模扶贫开发项目，涉及医疗保险、乡村发展和福利保障等多方面，具有明显的福利民粹主义特色。这一系列通过改变国家资源分配模式来争取农民支持的政策措施，不仅激发了农民群体的政治觉醒，而且确立了他信及其背后的新兴资本集团与红衫军之间的多阶级联盟关系。他信的民粹主义政策在短期内取得了显著效果，仅 2001—2002 年间，泰国的总体贫困率和农村贫困率分别从 14.2%和

① Niyom Rathamarit, "Some Observations About Election and Political Parties in Thailand", in King Prajadhipok's Institute Congress XIII, *Citizenship and the Future of Thai Democracy*, 2012, p. 123.

② 周少来：《民主制度如何才能成熟和稳定？——泰国"民主困境"剖析》，载《当代世界》，2014 年第 3 期，第 44 页。

③ 冈纳·缪尔达尔著，塞思·金、方福前译：《亚洲的戏剧——南亚国家贫困问题研究》，北京：商务印书馆，2015 年版。

④ 宋清润、张锡镇：《泰国民主政治论》，北京：中国书籍出版社，2013 年版，第 253 页。

19.1%下降到9.8%和12.6%，基尼系数则从0.524下降到0.511，是泰国20世纪90年代以来的最低水平。[①] 2006年他信因政变下台后，他信系的政治力量仍然很难撼动，沙玛政府和英拉政府继续吸纳“他信经济学”的民粹主义精华，尤其是为泰党的英拉在竞选纲领中提出十大惠民政策，延续了他信扶持农民和城市下层的民粹主义立场，包括提高最低工资、提供教育补贴，以及继续推行“30泰铢治百病”的医保政策。由于民粹主义的社会经济政策在泰国深得农民的支持，甚至连反他信阵营也不得不部分效仿。2007年大选中，民主党的阿披实向农民和城市贫民承诺将会实行比他信更优厚的倾斜政策。2011年大选中，阿披实的选举主张包括保证粮食价格、提供免费教育和老年人现金救济等福利政策。2014年通过军事政变上台的巴育政府也采取民粹主义的福利政策以争取中下层选民支持，实施了低收入群体福利卡政策和各种补贴项目。“他信经济学”的民粹主义效应在其他东南亚国家也有不同程度的体现，比如印度尼西亚的佐科政府在2015年不顾国会反对，宣布了增加国内医疗、卫生、健康和教育投入的惠民计划，通过扩大福利和再分配来实现国家的治理。

三、庇护主义传统：非西方世界民粹主义的文化底色

民粹主义在非西方世界并不是一种原生现象，而是一种对外部刺激的反应，或者说是传统社会应对现代化转型的产物。显然，无论从发生根源、表现形态和结构性影响等诸方面看，非西方国家的民粹主义都不同于西方发达资本主义国家，而文化因素应该是导致这些差异的根本原因。非西方国家的现代化转型要远远晚于西方国家，传统社会、农业文化的历史基因更为深厚，建立在土地依附或封建关系之上的庇护主义传统为民粹主义的兴起提供了独特的政治文化。

① 李峰:《他信经济学及其对后他信时代泰国经济政策的影响》,载《南洋问题研究》,2009年第4期,第37页。

（一）底层政治逻辑与庇护主义

考察民粹主义常常需要置之于精英-民众二元关系结构中，但是如果仅仅把精英看成绝对主导而民众是被动参与，则是一种片面的解读。塞缪尔·亨廷顿认为，发展中国家的民众政治参与是一种动员参与，但是并没有否认民众参与行为中的理性因素。政治精英、克里斯玛型领袖与中下层民众之间的多阶级、跨阶级联盟也是一种双向的、互相选择的结果。詹姆斯·斯科特认为，像革命这样的大规模的、公开的、有组织的导致重大结构性变迁的社会现象，在大部分历史过程中，是极少的甚至罕见得以成功的。① 民众无论是自动参与还是动员参与，大部分的政治活动都是围绕着地方精英、地方政治或地方投票展开的。事实上，理性计算是精英和普通民众进行政治行动的共同依据，底层社会也有其理性考量和政治逻辑，“穷困不堪的人民群众希望他们投票支持的政策能够使他们变得不那么穷”②。印度庶民学派代表帕萨·查特杰（Partha Chatterjee）认为，以欧美历史经验为主延伸出来的国家与公民社会的分析框架并不足以描绘和解释世界上大部分地区的真实状况，他反对政治由上层精英主宰或者底层无政治的观点，认为由于国家治理机制的差异，弱势人口在实际社会关系中拥有创造非主流政治的民主空间。③ 在庶民学派看来，那种认为底层民众教育水平低、政治训练少和经验不足，因而容易产生极端主义倾向的判断事实上是片面的。

爱德华·汤普森（Edward Thompson）试图论证平民阶级的文化取向如何影响了他们的政治行为。他认为，在创新的资本主义过程中，平民更多经历的是各种形式的剥削，或者是被剥夺习惯使用权，或者

---

① 詹姆斯·斯科特著，郑广怀等译：《弱者的武器——农民反抗的日常形式》，南京：译林出版社，2007 年版，第 2 页。

② 豪尔霍·G. 卡斯塔涅达：《拉丁美洲向左转》，载《国外理论动态》，2006 年第 12 期，第 27 页。

③ 帕萨·查特杰著，田立年译：《被治理者的政治——思索大部分世界的大众政治》，桂林：广西师范大学出版社，2007 年版。

是被猛烈地破坏受到尊重的劳动和闲暇的方式。因此，平民文化常常带有反叛性，但这种反叛的目的是捍卫习惯。[①] 从这个意义来看，捍卫习惯的使用权通常是中下层民众在现代化转型中追求的目标，这无疑有着较鲜明的保守性，可以解释为何他们更容易被反资本主义、反执政精英的民粹主义动员所吸引，更容易接受威权政体的保护，“当人民为抗议寻求合法性时，他们时常顾盼一个更加独裁化的家长制社会的规章”[②]。

在许多发展中国家，这种“家长制社会的规章”常常体现在传统的庇护关系之中。庇护关系是一种前现代的非正式关系，广泛地存在于这些国家的地方政治和全国政治中，魅力领袖与他的广大追随者之间的关系实际上也是一种庇护关系。庇护关系也被称为恩庇-侍从关系，或者保护-依附关系，“在这种关系中，具有较高社会经济地位的庇护者利用自己的权力、权威和影响力，将自己手中拥有的有形或无形的资源分配给那些社会经济地位较低的被庇护者，以换取被庇护者提供的政治支持（如选票、忠诚等）”[③]。这种关系反映的是一种非正式制度，它可能补充、削弱或替代正式制度，但是在制度化水平较低的政治竞争（选举政治）中，更可能成为一种广泛采用的政治策略，上层的庇护者和下层的被庇护者通过理性的利益交换实现各自目的。[④] 民粹主义是一种精英动员与民众参与的双向政治过程的反映，由于传统的庇护文化的影响，精英与民众之间客观上存在某种程度的庇护关系。

---

① 爱德华·汤普森著，沈汉等译：《共有的习惯》，上海：上海人民出版社，2002 年版，第 8 页。

② 同①。

③ Allen Hicken, “Clientelism”, *Annual Review of Political Science*, Vol. 14, 2011, pp. 289 - 310.

④ 林丹阳：《民主制度之“踵”：家族式恩庇侍从与菲律宾政治》，载《东南亚研究》，2018 年第 5 期，第 20 页。

（二）拉美民粹主义中的庇护主义：考迪罗与法团传统

从文化上看，民粹主义在拉美的盛行与其长期的殖民地经历有密切关系。西班牙、葡萄牙殖民统治时期的政治与社会结构呈现出典型的等级制度和依附关系，比如建立在大庄园土地所有制之上的监护征赋制（Encomiendas）和强制劳动的米塔制（Mita）；而文化与思想则由天主教教义和西班牙、葡萄牙的宗主国政治学说主导，强调专制统治的合理性和精英关心照顾民众的义务。在拉美，殖民统治造成的主仆关系、庇护关系、依附关系不仅出现在农场或庄园等地方层面，还同样体现在国家政治层面，这种长期存在的庇护观念和庇护关系奠定了拉美威权政治的文化根基。拉美民粹主义奠基人如庇隆、瓦加斯和卡德纳斯等国父级人物至今在自己国家仍被视为劳工阶级的保护人，"他们在自己国家的身上印上了自己的烙印，他们的追随者继续加深这种烙印。他们在广大穷人和被剥夺者中总能激起敬仰甚至谄媚"①。在20世纪民主化浪潮的冲击下，传统庇护主义在制度上失去了存在的合理性，但是作为一种观念与文化，它已经变身或移植到新的政治文化如法团主义之中了，尤其是在选举机制的作用之下，表现为以政府职位、政府合同、项目工程和就业机会来招徕和回报选票。② 杨-维尔纳·穆勒（Jan-Werner Müller）分析了委内瑞拉的政权特征，指出委国政权具有鲜明的"威权民粹主义"特点。他认为："民粹主义政权总是带有浓郁的侍从主义（Clientelism）色彩，这意味着政权倾向于仅仅给予自己的政治支持者以官位和利益，唯有通过对政权的效忠与服从，人们才能获取所需的经济与政治资源。"③

在拉美，两种深厚悠久的庇护主义传统为威权民粹主义的兴盛打

① 豪尔霍·G. 卡斯塔涅达：《拉丁美洲向左转》，载《国外理论动态》，2006年第12期，第28页。

② 张森根：《领悟拉丁美洲的相似性和差异性——读〈拉丁美洲的政治与发展〉》，载《拉丁美洲研究》，2017年第4期，第145页。

③ 《讲座|杨-维尔纳·穆勒：民主真的在危机之中吗?》，https://www.thepaper.cn/newsDetail_forward_2613250。

下了文化基础。一方面，殖民时期的考迪罗主义在20世纪的威权政治和庇护关系中遗风犹存。拉美的独立革命终结了殖民统治，但是却无法撼动威权政体的经济支柱即大地产制或大庄园制，建立在封建经济、庄园经济基础上的政治制度则被称为考迪罗制。这是一种拉美特色的专制统治制度，与君主专制的西班牙殖民主义政治制度一脉相承，只不过是一种没有了君主的寡头独裁制度而已。[①]在拉美人心目中，具有考迪罗风格的强硬政治领袖（如庇隆、瓦加斯）虽然有专制独裁的倾向，但是只有他们才能推进变革进程，带来和平和繁荣，带领国家走出困境。因此，考迪罗式的政治领袖长久以来一直是拉美民众的“救世主”“解放者”，他们能够奇迹般地结束国家和人民的苦难。“拉美人有一种错误观念，认为考迪罗式的政治强人是不可替代的，而这种错误观念极易导致对民粹主义的接受和推崇。”[②] 进入20世纪的民主时代，考迪罗在制度上已经消失了，但是它为民粹主义运动和克里斯玛型领袖留下了文化基因。

另一方面，拉美的法团主义也体现了一种庇护主义文化，为拉美民粹动员提供了组织动力。霍华德·威亚尔达认为，拉美政治至今还是一种自上而下的等级制威权化体系，它吸收了法团主义的全部元素，对于自由主义、多元主义等西方民主的核心元素始终是一种消解力量，“被吸收或者被接纳的一直都是最服从政府的那一类法团，否则政府就会建立官方自己的工会和农民，同时压制更加激进、更具威胁的团体”[③]。因此，法团与威权政治体系实际上也是一种依附、恩庇关系。法团主义在拉美政治中是一种非常复杂和矛盾的现象，它既可以通过对教会、军队、寡头集团、工商阶层、中产阶级的笼络收买来保证政

---

① 苏振兴：《拉美国家现代化进程研究》，北京：社会科学文献出版社，2006年版，第358页。

② 袁振东：《拉美民众主义的基本特性及思想文化根源》，载《拉丁美洲研究》，2017年第4期，第12—13页。

③ 霍华德·J. 威亚尔达著，郭存海等译：《拉丁美洲精神：文化与政治传统》，杭州：浙江大学出版社，2019年版，第344—345页。

治体系的有效运转，也可能因为某些法团如工会和农会的规模过于庞大和难以驾驭，而不得不面临它们的冲击及由此带来的政治动荡。

总体而言，拉美政治体系的建构基础是威权崇拜、相互义务和恩庇文化，建立在这一基础上的权力结构和社会结构孕育、助长了威权民粹主义。直到今天，庇护主义和依附传统仍然在许多拉美国家的政治生活和政治制度中或隐或现地存在。

（三）东南亚民粹主义中的庇护主义：道义经济学与底层选举伦理

东南亚地区除了泰国外，都有过被殖民的经历，与工业化、城市化起步较早的拉美相比，东南亚的农业传统更为深厚，农业人口更为广众。塞缪尔·亨廷顿认为，典型的保护人-依附者关系就是乡村地主与他的佃户之间的关系。[①] 东南亚地区建立在封建土地制度之上的农村依附关系非常深刻，庇护主义传统与拉美相比有过之而无不及。

在土地分配严重不均的东南亚，保护人（地主或地方政客）和依附者（农民）之间的关系其实是个别地建立起来并以相互不平等的利益交换为基础的庇护关系，“地位更高的保护人提供保护、经济扶助和身份保障，代表依附者与政府当局进行交涉，依附者则以忠诚与服从、偶尔送点小礼物以及政治支持来报答保护人”[②]。菲律宾早在西班牙殖民者入侵之前，就普遍存在一种由许多家庭结合而成的巴朗盖社会（Barangay Society）[③]，这种前现代的社会体系形成了以效忠和服务于“达图”（Datu，指首领、酋长）个人的保护人-依附者关系，是现代菲律宾家族式恩庇关系的早期雏形。[④] 当20世纪下半叶民主政治被引

① 塞缪尔·亨廷顿著，汪晓寿等译：《难以抉择——发展中国家的政治参与》，北京：华夏出版社，1988年版，第136页。

② 同①，第135页。

③ 巴朗盖（Barangay）是菲律宾群岛最基本的政治、经济和社会单位，类似于一个由亲属关系或地域联系组成的村落或小型社区。巴朗盖社会则具体指菲律宾在前殖民时期（约10至16世纪）以巴朗盖为核心的社会组织形式。

④ 林丹阳：《民主制度之“踵”：家族式恩庇侍从与菲律宾政治》，载《东南亚研究》，2018年第5期，第21页。

入后，多党竞争的出现为穷苦农民和移居城市的农业工人报答他们的保护人提供了一种新方法。比如在泰国社会，由于庇护关系普遍存在，且施恩和报恩的观念深入民心，围绕着选票的利益交换关系十分常见，他信系在农民中的威望某种意义上说得益于以选举为中心、以利益交换为目的的民粹主义多阶级联盟。

马克·托马森（Mark R. Thompson）以选举投票为考察对象，对菲律宾和泰国在选举过程中出现的民粹主义现象进行了对比分析，发现这两个典型的东南亚国家都存在一种从地方选举发展到全国选举的道义经济学。[①] 道义经济学是一个试图理解底层社会如何建立其政治与经济共享规范的流派，强调底层阶级的政治逻辑与经济理性。早在1971年爱德华·汤普森关于英国18世纪“食物暴动”的名篇中，道义经济学的概念就已经初步形成。[②] 1976年，詹姆斯·斯科特在关于20世纪东南亚农民叛乱行为的研究中进行了较完整的论述，其理论核心是农村贫穷阶级坚持社会关系应建立在确保村社生计的目标上，由于他们所处的脆弱的社会经济环境，他们的社会经济行为都是出于减少风险的动机。[③] 詹姆斯·斯科特解释的是东南亚农民以叛乱为谈判筹码的政治经济策略，马克·托马森则试图以道义经济学来解读泰国和菲律宾等竞争性政体中的底层投票行为及其背后的集体共识，他关注底层阶级如何在地方选举，然后在全国选举中以选票来捍卫经济安全、相对体面的生活和获得尊重的权利：“下层人民不认为自己是卖选票给腐败的政客，而认为这是其应对边缘经济地位的手段——选举是他们参与其中的交易网络，他们以选票选出自己认为有益本地社区的官

---

① 马克·R.托马森：《选举主义中的道义经济学：论菲律宾和泰国民粹主义的兴起》，载《南洋问题研究》，2017年第4期。

② E. P. Thompson, “The Moral Economy of the English Crowd in the Eighteenth Century”, *Past & Present*, Vol. 50, No. 50, 1971, pp. 76-136.

③ 詹姆斯·斯科特著，程立显等译：《农民的道义经济学：东南亚的反叛与生存》，南京：译林出版社，2001年版。

员。”① 虽然在精英主导的民主语境中，中下层的行动理性常常被无视和贬低，底层阶级被认为没有能力宏观地把握公共利益。但是底层阶级则认为，“选举可暂时实现公平与正义，是选出兑现经济承诺、满足其需要的‘庇护者’”②。因此，道义经济学派认为，底层阶级常常根据对选举的复杂的道德计算来进行投票，他们有自己的选举伦理和行为逻辑，而有影响力的政客必须依靠拉选票来维持底层选民的长期忠诚。③ 这种以底层为主体视角的理论有助于理解发展中国家的庇护关系何以如此牢固，更有助于解释民粹主义政治精英如何通过政治动员、福利承诺来赢得或收买中下层普通选民的选票。

道义经济学要解释的并不是微观经济学现象，而是庇护主义长盛不衰的文化现象，庇护关系中的政客和民众不仅是一种保护与依附关系，更是一种互相得利的依存关系。在东南亚，诸如菲律宾的家族式恩庇关系、泰国乡村地区拉票网络（票头）等传统现象正是由于包含着道义判断、经济判断而极有生命力，这种独特的选举逻辑首先在地方选举中大行其道，常常服务于“把中央的资源吸引到地方”和“提升本地村落的名气和繁荣度”等现实目标。而到了 20 世纪末，当菲律宾的埃斯特拉达和泰国的他信分别发起民粹主义政治运动后，他们借助不受地方庇护者左右的媒体把底层的选举逻辑“全国化”，即把一种地方性的庇护关系发展为一种全国性的庇护关系，向农民、城市贫民等底层阶级承诺在国家层面重新分配财富。最终，电影明星出身的埃斯特拉达和作为“穷人斗士”的他信不仅成了克里斯玛型政治领袖，更成了超级庇护者。

---

① 马克·R. 托马森：《选举主义中的道义经济学：论菲律宾和泰国民粹主义的兴起》，载《南洋问题研究》，2017 年第 4 期，第 13 页。

② R. Ibana, “Epilogue: Ordinary People in Everyday Life”, In M. J. Alejo, M. E. P. Rivera and N. I. P. Valencia, eds. (*De*) *Scribing Elections: A Study of Elections in the Lifeworld of San Isidro*, Quezon City: Institute for Popular Democracy, 1996, pp. 130–131.

③ L. Anek, “A Tale of Two Democracies: Conflicting Perceptions of Elections and Democracy in Thailand”, in R. H. Taylor, ed. *The Politics of Elections in Southeast Asia*, Cambridge: Cambridge University Press, 1996, p. 206.

四、如何思考非西方世界的民粹主义问题

民粹主义是一种世界性的现代政治现象，思考非西方世界的民粹主义问题有助于理解发展中国家的政治抉择、经济模式与文化特质，也有助于从比较的意义上反观西方世界的民粹主义问题，特别是反思自由与民主、市场与资本等西方模式的影响。对于现代化转型远未完成的发展中国家来说，民粹主义的干扰使得这一转型过程更为复杂而不确定，非西方国家如何走自己的路，避开或应对民粹主义的困扰，最终实现政治稳定、经济发展和社会公平，将是一项意义重大的历史命题。关于非西方国家民粹主义问题的整体性思考，离不开以下两个视角的讨论。

一方面，外部因素的输入性影响。民粹主义在发展中国家的兴起与长盛，是这些国家在20世纪下半叶走上民主政治和自由市场之路的结果。要讨论这个问题，或许可以先回到1878年，重温一下英国皇家地理学会的亨利·贝茨（Henry W. Bates）是如何尖锐地批评墨西哥的经历的。亨利·贝茨认为，墨西哥的动荡和落后是由于试图强行推行外来政治文化的恶果，“墨西哥人一直被强制做西班牙的政治学徒，被训练得循规蹈矩，受到宗主国不负责任的淫威统治，却突然被号召要做自由的公民，遵从自治原则，并且自愿地实施必要的自制……无须洞悉人性也能知道，这样的尝试必将导致灾难性的结果”①。当然，这一灾难性的结果未必单纯指向民粹主义的政治乱象，但墨西哥的经历在非西方世界很有代表性。美国向菲律宾植入了全套的“殖民地民主”，没有受到过殖民统治的泰国则主动从西方引入了政党政治和民主选举，还有，整个拉美地区都接受了以竞争性选举为标志的民主政治。然而，这些外源性、超前性的政治制度既不是这些落后国家的资本主

① Henry W. Bates, *Central America, the West Indies and South America*, London: Edward Stanford, 1878, pp. 82-83. 中文转引自塞巴斯蒂安·爱德华兹著，郭金兴译：《掉队的拉美——民粹主义的致命诱惑》，北京：中信出版集团，2019年版，第28页。

义经济发展到一定程度的必然产物，与各国的社会发展水平并不合拍，也与本土的、传统的文化价值观格格不入。可以想见，其结果必然会像泰国那样陷入“泰式民主—西式民主—泰式民主”的历史怪圈，或者像拉美那样，代价沉重的民主实践却被西方评价为只有民主之形而无民主之实的“不自由民主”。当西方将自由民主和新自由主义等西方经验一厢情愿地强加于发展中国家时，更大的可能性是这些经验无法保证经济持续增长、无法有效缓解贫困与不平等现象，最终反而激发这些国家的文化保护主义和民族主义意识。比如，“我服从但不执行”在拉美是一个拥有悠久历史的谚语，既可描述拉美人实用主义的民主观，也可折射出拉美文化中的自我保护意识。“那些尚未取得‘现代化’或‘发达’地位的国家，对于控制本国自然资源和经济命运越来越警觉，并认识到了这种控制的必要性。”① 在此意义上说，非西方国家的民粹主义现象首先是外源性现代化进程的产物。

另一方面，内部因素的决定性影响。在现代化转型过程中，发展中国家的大部分民粹主义现象并没有表现为所谓反建制、反精英的体制外政治过程。通常的情况是，由于某位政治领袖上台执政后采取了具有民粹主义特征的政治经济政策，民粹主义成为一种施政意义上的体制内政治过程。在非西方国家，虽然现代政治等民主政治的理念得自西方的示范，但是民众对民主政治的理解与其说是重视选举民主的程序意义，不如说更重视体现实质民主的施政绩效。霍华德·威亚尔达认为，拉美的民主有赖于经济的持续繁荣，“只要有成功的经济增长，拉美人民就会支持民主”②。西方学者关于民粹主义领导人没有社会变革或经济改革的施政方案的批评是失之片面的。事实上，民粹主义政党或政治领袖上台执政后，为了获得民众的广泛支持，必须回应

① 肖夏娜·B. 坦塞著，涂光楠等译：《拉丁美洲的经济民族主义——对经济独立的探求》，北京：商务印书馆，1980 年版，第 8 页。

② 霍华德·J. 威亚尔达著，郭存海等译：《拉丁美洲精神：文化与政治传统》，杭州：浙江大学出版社，2019 年版，第 394 页。

经济落后、贫困与不平等问题，必须为人数众多的中下层民众提供更多的福利保障，因此必然需要一整套对资本主义经济有变革意义的经济政策，比如扩大国家干预、限制外国资本、强调经济增长和收入的再分配、采取预算赤字政策以刺激总需求等等。[①] 民粹主义政策致力于实现经济增长和社会公平，在道义上本来无可厚非，但是它之所以备受诟病，根本的问题则在于这一套经济政策无法实现公平分配与经济增长、国家干预与市场机制之间的平衡。其实许多学者对拉美问题的本质有过相似的判断，都认为其关键在于如何实现经济增长。但是，拉美发展的困境就在于无论是新自由主义还是民粹主义都很难保证持续的经济增长，甚至是藤森、梅内姆等人试图融合新自由主义与传统民粹主义的新民粹主义（右翼民粹主义）也难有成效。拉美民粹主义的最大问题是再分配与经济增长常常是脱节的，民粹主义领导人的再分配政策本质上是一种福利赶超，会导致通货膨胀和债务危机，最终导致经济增长乏力或停滞。一旦增长不足，国家能力下降，贫困、不平等和高失业率等结构性问题就会浮现，反过来影响执政合法性。

因此，在民粹主义的政策实践中，根本的问题在于无法在公平分配、社会正义与经济增长、提升效益效率之间实现平衡。在治理能力已成为宝贵的政治资本的时代，政府的治理能力体现在如何实现这种平衡、如何抵御民粹主义诱惑之上。拉美、东南亚等地区发展中国家的民粹主义经历表明，福利水平的提高必须与经济可持续增长相结合，再分配超过国家能力，出现了社会政策的超福利化，最终受影响的还是普通的民众。

---

① 贝拉·格雷什科维奇著，张大军译：《抗议与忍耐的政治经济分析——东欧与拉美转型之比较》，桂林：广西师范大学出版社，2009 年版，第 128 页。

第六章　从国内政治到世界政治：21 世纪民粹主义思潮的演进历程

民粹主义首先是一种发生于国家内部的思想变迁，它的形成源自对国内建制派及其政治经济秩序的不满。作为一种政治思潮的民粹主义会触发规模空前的反建制政治，对国内权力关系、制度结构和价值体系造成重大冲击。但是，民粹主义常常会超越国家的界限而具有世界性影响，因为它能够通过思想流播、运动示范和政策调整等路径外溢到国家之外。约翰·朱迪斯认为，民粹主义是美国制造的，它贯穿于美国历史，后来被移植进欧洲土壤，也对拉美产生了重要影响。事实上，从初登政治舞台起，民粹主义就已经成为联结国内政治与世界政治的思想纽带。19 世纪下半叶，反现代化的俄美民粹主义代表农民/农场主阶级的利益，反对资本主义和垄断资本家的经济剥削，为社会主义、民主主义的世界性传播准备了社会基础。20 世纪上半叶，反西方化的拉美民粹主义致力于摆脱对“中心国家”的依附，质疑西方发展主义的适用性，主张探索拉美的自主发展道路。20 世纪 80 年代以来，反威权争民主的东南亚民粹主义是民主化转型的副产品，但过度的大众政治参与导致了动荡的政治秩序和混乱的民主实践。

21 世纪以来，反全球化的民粹主义浪潮首先在欧美孕育和发展，其后不断扩散，形成一股以保守主义为主调的全球性极端主义潮流。

21世纪的世界政治以三场时代危机为开篇，2001年“9·11”事件、2008年全球金融危机和2015年难民危机接连冲击了以新自由主义为价值基础的世界政治秩序。西方国家的国内政治首先出现了不同程度的右翼化、保守化转向，规模空前的民粹主义抗议浪潮和日渐加重的“伊斯兰恐惧症”分化了国内社会结构，削弱了政治共识，国家的治理能力不断被诟病。紧接着，西方内部的政治动荡产生了辐射效应，引发了前所未有的“跨越全球的显著而且大规模的抗议活动”①。由民粹主义引领的极端保守主义思潮为全球性抗议活动提供了观念动力。这股思潮孕育了足以逆转国内政治和国际政治的潜在力量，带来了国内政治极化、国家间负面互动等持久的紧张状态。

民粹主义思潮及其引领的反全球化运动对国内秩序和国际秩序的逆转带来了一系列必须深刻反思的问题。民粹主义的反抗性动能是从哪里来的？它是如何作用于国内和国际政治的？又是如何将国内与国际秩序联结起来的？20世纪70年代以来，国际关系学界洞察到国内政治的独特影响，詹姆斯·罗斯瑙（James Rosenau）、彼得·古勒维奇（Gourevitch）、罗伯特·基欧汉（Robert Keohane）、海伦·米尔纳（Helen Milner）、罗伯特·帕特南等学者对国内政治和国际政治的内在联系进行过系统的讨论，② 而随着冷战的结束和经济全球化的发展，跨越国内与国际界限的研究有很大发展。然而，民粹主义对全球化的正面进攻提出了新的时代命题，作为一种以保守主义为主调的政治思潮，

① Thomas O'Brien, "Populism, Protest and Democracy in the Twenty-First Century", *Contemporary Social Science*, Vol. 10, No. 4, 2015, pp. 337-348.

② 相关成果可见 James Rosenau, "Toward the Study of National-International Linkage", in James Rosenau, ed. *Linkage Politics*, New York: Free Press, 1969; Peter Gourevitch, "The Second Image Reversed: The International Sources of Domestic Politics", *International Organization*, Vol. 32, No. 4, 1978; Robert Keohane and Helen Milner, eds. *Internationalization and Domestic Politics*, Cambridge: Cambridge University Press, 1996; Peter B. Evans, Harold K. Jacobson and Robert D. Putnam, eds. *Double-Edged Diplomacy: International Bargaining and Domestic Politics*, Berkeley: University of California Press, 1993; Thomas Risse-Kappen, eds. *Bringing Transnational Relations Back In: Non-State Actors, Domestic Structure and International Institutions*, Cambridge: Cambridge University Press, 1995。

民粹主义思潮何以具有如此强大的政治能量，以至于能够同时改变国内秩序和国际秩序？或许人们需要一种“世界”而非“国际”的眼光，需要重新审视关联国内政治和国际政治的观念纽带。杨光斌认为，如果某种力量能够将互不关联的国家、地区联结起来进而形成结构化网络，世界政治便形成了。[①] 世界政治具有将国内政治和国际政治统摄于一体的宏大框架，在其中，资本和技术是形成结构化的世界网络的物质力量，而不同的意识形态则提供将世界关联起来的观念力量，如社会主义思潮、自由主义思潮曾经极大地推动了世界政治变迁和世界秩序的重组。21 世纪的当下，民粹主义作为一种内生于国内政治经济秩序的政治思潮，它不能替代资本市场、科学技术来为世界政治提供物质基础，但是它向西方式的自由民主价值发起了挑战，成为重塑国内价值观体系的新生力量。民粹主义以“纯洁的民众”对抗“腐败的精英”的二元逻辑为内核，将阶级冲突、族群对抗重新带入了国内政治，并借着全球化危机的刺激而与强大的民族主义思潮合流，在世界政治舞台上形成了一股突显民族主义和国家主义价值的保守主义思潮。

国内政治与国际政治总是以某种方式被连接在一起，对这种连接的观察和讨论有很多维度，21 世纪的民粹主义浪潮揭示了一种从政治思潮的视角进行讨论的必要性和可行性。民粹主义是一种足以激发极端行动的政治思潮，具有强大的足以改变权力结构和制度安排的观念力量，人们需要在民粹主义时代轰然到来之时对世界政治进行重新解释，在世界政治研究中重视国内政治的影响，重视观念变量的影响，换言之，有必要对政治思潮如何影响世界政治变迁进行深入讨论，尤其是民粹主义思潮在国内政治与世界政治连接过程中的独特作用。

第一节　国内价值观转向：集体不安全感与民粹主义右翼化

和其他政治思潮一样，民粹主义本质上是国内政治经济变迁的产

---

① 杨光斌：《世界政治理论》，北京：中国社会科学出版社，2021 年版，第 2 页。

物。对民粹主义现象的传统研究通常都是国内定位并集中于纵向展开的等级政治或阶级政治，强调普通中下层民众反抗政治经济精英的大众民主内涵，关注其突出的左翼激进色彩。但是，新自由主义和经济全球化自20世纪80年代以来的迅猛推进，为民粹主义的复燃带来了一个完全不同的外部环境。全球化使这个时代任何一种有重大影响的历史变迁不再局限于世界的某个地区，而几乎延伸到世界的每一个角落。① 在这个时代里，人们获得了更加自由的全球流动，建立了更紧密的相互联系，也创造了大量的社会财富。然而，全球化也制造了一个安东尼·吉登斯眼中的"失控的世界"，在主导全球化的西方国家内部，财富分配的严重不公、国外移民的大量流入日益处于失控状态中。对此深感焦虑的普通民众产生了对多元文化主义和外国经济自由化的不满，阶级、种族、性别等诸多身份议题成为国内文化冲突、政治极化的导火索，不断冲击新自由主义的进步主义政治秩序。丹尼·罗德里克认为，民粹主义其实就是全球化力量进入国内社会层面造成社会分化而产生的一种政治反弹。② 哈罗德·拉斯韦尔（Harold Lasswell）将民粹主义时代定义为"民众的叛乱"的时代或者"世界战争和革命的时代"，认为正是民粹主义将人民群众的情感置于政治事件中最显著的位置。③ 由于这场当代人正在见证的世界范围内的民粹主义反叛运动，本质上是一种反自由主义的民主反叛，④ 因此，对于执政精英来说，避免或平息"民众的叛乱"是一项攸关生死的政治使命，它要求任何旨在消除客观不满状况的国家治理必须得到大众的支持，要求任何旨在重新强化国家凝聚力的社会价值观念必须得到民众的认同。

① 安东尼·吉登斯著，周红云译：《失控的世界：全球化如何重塑我们的生活》，南昌：江西人民出版社，2001年版，第4页。

② Dani Rodrik, "Populism and the Economics of Globalization", *Journal of International Business Policy*, Vol. 1, No. 1-2, 2018, pp. 12-33.

③ 哈罗德·拉斯韦尔著，王菲易译：《世界政治与个体不安全感》，北京：中央编译出版社，2017年版，第19页。

④ 伊万·克拉斯蒂夫：《多数派的未来——检视右翼民粹主义》，载《国外理论动态》，2017年第7期，第87页。

民粹主义有多种表现形态，但在本质上是一种内核单薄、逻辑直白的反建制政治思潮。这种标榜“平民至上”的政治思潮首先当然是呼应最普遍、最紧迫和最深刻的民众感受和诉求，形成反建制、反精英的价值与观念。历史上的民粹主义思潮受到国内经济因素的强烈影响，主要呼应民众对于经济平等和分配正义的诉求；全球化时代的民粹主义同样受到贫富分化和不平等问题的刺激，如 2008 年全球金融危机后欧洲国家的财政紧缩政策催生了追求平等分配的左翼民粹主义；桑德斯在美国也掀起了一场带有民主社会主义性质的左翼民粹主义运动。然而，由于新自由主义的大行其道加剧了市场和资本、跨国公司和超国家组织对国家及其民众生活的控制，使得民众与国家、国家与国家的关系变得紧张起来，越来越多的普通民众相信经济不平等问题与国家照看民众的能力和意愿不足有关，而全球化干扰了国家的意愿和削弱了国家的能力，并且带来了更为严重的文化与价值冲击。这种对国家的担忧滋生了一种深刻的集体不安全感，孕育了右翼保守化的民粹主义思潮，也极大地助长了以反移民为核心的国家保守主义和单一民族国家认同。

全球化时代的集体不安全感存在于西方社会深刻的身份政治或文化战争中。肯·乔威特（Ken Jowitt）从后冷战的世界秩序中看到了边界的重新划分和身份认同的重新塑造，以及冲突的泛滥和不确定性的大幅增加。[①] 西方民众从“9·11”事件与恐怖主义、金融危机与福利锐减、难民危机与消失的国界等现实关联中感受到了国家的危机、身份的危机和生存的危机。财富、尊重和安全是社会成员的普遍目标，接连的危机冲击严重动摇了人们追求这些目标的信心。马克斯·韦伯认为，人类是文化动物，有着对世界采取某种特定态度和赋予世界以

① Ken Jowitt, “After Leninism: The New World Disorder”, *Journal of Democracy*, Vol. 2, No. 1, Winter 1991, pp. 11-20.

意义的能力和意愿。[①] 焦虑感、不安全感是一种对世界的悲观态度，也包含着改变现状、改变秩序的强烈意愿。哈罗德·拉斯韦尔曾分析过世界政治与个体不安全感的复杂关系，强调观念、心理对于政治过程的决定性意义，认为在工业革命的影响下，剧烈的社会变迁导致人们丧失对于传统权威或价值的认同，由于个体被剥夺人身安全感，没有归属感，因而造成普遍焦虑。[②] 如果现存政治经济体系能够帮助恢复个体的安全感，就会缓解集体焦虑，但是如果现存体系与机制不足以充分缓解大众的焦虑，大众就会去寻找少数群体作为替罪羊，宣泄其憎恨，也会听信别有用心的在野精英的蛊惑，为其反建制的政治方案背书，结果可能导致"'怨恨政治'成为国内政治甚至国际政治中攫取权力的有用工具"[③]。在西欧和北欧，这种由集体不安全感驱动的"怨恨政治"表现为本土主义、排外主义和极端种族主义的日益上扬，关于外来移民挤占公共服务、削弱本土文化价值观、难民涌入会威胁本土公共安全等种种假定或判断刺激了欧洲民众的排外情绪。美国历史上多次限制移民进入的政策行动在社会层面上看也是由普遍的不安全感触发的，"这种普遍的不安全感的产生是由美国在世界的新角色和自身内在的改革所引起的"[④]。在当今时代，美国人普遍的不安全感来自移民涌入带来的文化与身份危机，本质上是对外部世界的不信任感，它反映了一种强烈的寻求归属和自我保护的大众心理需求。这说明民粹主义思潮是本土集体意识活动与外部社会文化相互冲突的结果，它建构了不同于自由主义、社会主义的对待国家和世界的观念，为民族、宗教和部落等身份政治的卷土重来打开了大门。

---

① 彼得·卡赞斯坦、罗伯特·基欧汉、斯蒂芬·克拉斯纳著，秦亚青等译：《世界政治理论的探索与争鸣》，上海：上海人民出版社，2018年版，第256页。

② 哈罗德·拉斯韦尔著，王菲易译：《世界政治与个体不安全感》，北京：中央编译出版社，2017年版，第4页。

③ Hans-George Betz, "The New Politics of Resentment: Radical Right-Wing Populist Parties in Western Europe", *Comparative Politics*, Vol. 25, No. 4, 1993, pp. 3-27.

④ 同②，第130页。

从历史实践来看，民粹主义在国内政治中的斗争目标是建制派精英及其政治经济政策。在早期的俄国民粹派、美国人民党、20世纪的拉美民粹主义和亚洲、中东欧民主化运动的实践中，民粹主义思潮大多强调民主平等的价值追求，重视经济议题，发动了一系列劳工运动和阶级政治。21世纪的民粹主义思潮起源于一种因全球化刺激而形成的集体不安全感，为反建制派重置国内秩序提供了极具动员力的观念，即一种更强调传统文化价值和本国人利益至上的自我防御观念。“一国的国内秩序在结构上涵盖了政治社会运行中的机构与惯例、规则与程序，以及深嵌于政治文化中的价值与观念。”① 21世纪民粹主义体现出政治文化中更加保守化、本土化因而更加孤立和排外的价值与观念，它由强调上下对抗的阶级政治转向突出内外对抗的族群政治，其政治立场日益从传统左翼转向极端右翼。

复兴的民粹主义思潮之所以具有更鲜明的右翼化和保守化色彩，与它从民族主义那里获得的意识形态资源密切相关。前文讨论了民粹主义与民族主义的合流如何造就一种民族民粹主义的新形态，事实上在西方，这种新形态普遍被解释为右翼民粹主义。民族民粹主义或右翼民粹主义为21世纪极端保守的国内意识形态明确了三个核心内容。首先，强调外部威胁的严重性。民粹主义和民族主义都具有触发对抗性政治的意识形态力量，前者将建制派精英视为敌人，后者将“非我族类”视为敌人，“要能持续进行进攻，就必须有敌人的存在，有时在国内能找到这种敌人，即垄断者、资本家或华尔街的投机商，更常有的是无意识的心灵把某种国外威胁作为攻击的靶子”②。由于移民大量流入和难民问题的出现，本国族群感受到前所未有的身份危机、文化危机，憎恨主张宽松移民政策的自由派精英和抢夺饭碗与福利的外国

① Thomas Risse-Kappen, ed. *Bringing Transnational Relationship Back In: Non-State Actors, Domestic Structure and International Institutions*, New York: Cambridge University Press, 1995, p. 20.

② 哈罗德·拉斯韦尔著，王菲易译：《世界政治与个体不安全感》，北京：中央编译出版社，2017年版，第6页。

移民。从美国的特朗普执政、英国的“脱欧”成功、法国的“黄马甲运动”再到欧洲国家右翼民粹主义政党的集体崛起，都可以发现主流群体的焦虑不安，这为民粹主义与民族主义合流提供了社会土壤。于是，一系列带有民粹主义和民族主义诉求的事件成为对任何外部事物表达愤怒的象征，从反犹到仇视有色人种、穆斯林群体和其他少数族裔，社会积怨的表达都是对外的、情绪性的。虽然由白人群体主导的社会运动也呈现白人工薪阶级和底层民众反对社会不公的左翼色彩，但是这种纵向反抗越来越让位于由本土主义和排外主义价值观推动的横向反抗。

其次，强调以国家为中心的整体利益。民粹主义反精英反建制，崇尚国家主义和强人政治；民族主义参与了现代国家的建构过程，是对国家坚定不移的忠诚的自然延伸，因此二者的合流强化了国家意志在意识形态中的重要地位，是对国家权力、国家利益受到全球化削弱和外部威胁的回应。民粹主义和民族主义合力将强调本土优先的甚至是排他的利益偏好打造成新的国家利益，共同修改了开放多元的自由主义对外战略。民粹主义追求平等权利和平等分配，将实现平等公正寄望于强大国家；相似的是，“民族主义浪潮有时以对平等的需求为名而兴起，并扩大对异质文化者拥有霸权的帝国主义需求”①。特朗普的“让美国再次伟大”和其他民粹主义领导人的本国优先主张都是打着国家利益的旗号来实践排外主义、孤立主义的反全球化理念。有“法国特朗普”之称的法国极右翼总统候选人埃里克·泽穆尔以“大规模移民是国家的厄运”为竞选口号，宣称日益加深的“伊斯兰化”使“我们的国家处于致使的危险之中”。② 民族民粹主义不同于传统的民族主义或民粹主义的地方，就是不再用狭隘的民族观念或阶级观念来解释

① 哈罗德·拉斯韦尔著，王菲易译：《世界政治与个体不安全感》，北京：中央编译出版社，2017 年版，第 72 页。

② Peter Conradi,“Marine Le Pen's Father Backs Far-Right Rival Éric Zemmour for Presidency”, https://www.thetimes.co.uk/article/marine-le-pens-father-backs-far-right-rival-eric-zemmour-for-presidency-72zl2lhhl.

国家面临的危机，而是将民族与人民结合起来，为其国家观进行道德辩护。

最后，重视价值观念的能动性力量。长久以来，观念因素在国内事务和国际事务中的影响被普遍低估。尽管20世纪80年代新现实主义和新自由制度主义兴起之后，观念因素在新功利主义的框架下得到了考虑，但仍然只强调其工具性，即观念对于追求物质利益的个体单位的意义，价值观念对于政治行为体的能动性作用仍然没有得到重视。观念、认同和价值帮助行为体聚合偏好和诉求，进而影响集体行动和政治制度。海伦·米尔纳认为，政治行为体的价值偏好相比于制度结构更具根本性，因为制度只有同偏好结构结合在一起时才是重要的。[①] 在历史实践中，观念超越利益或制度而作用于人类行动的事实比比皆是，比如在宗教问题上引发的文化或文明冲突通常十分惨烈。弗里德里希·席勒（Friedrich Schiller）曾这样描述17世纪的欧洲宗教战争，“很少有人会自愿为国家和诸侯的利益而战，而为宗教则商人、艺术家和农民均会乐于拿起武器。……为了宗教，人们甘愿献出财富和鲜血乃至放弃尘世间的所有希望”[②]。在21世纪的西方，极端排外的民族民粹主义对价值观建构和意识形态动员有着强烈依赖，因此极端强调种族、宗教甚至语言等文化差异，鼓励对抗性的身份政治，不惜在具有差异性认同的群体之间挑动文化战争。

第二节　国内政治过程重塑：民粹主义的偏好输出

人类生活模式的变迁趋势与两个结构密切相关，一是社会利益结构，二是国家制度结构。这两种结构的相互作用影响着地方、国家和

---

① 海伦·米尔纳著，曲博译：《利益、制度与信息：国内政治与国际关系》，上海：上海世纪出版集团，2015年版，第IV页。

② 弗里德里希·席勒著，沈国琴、丁建弘译：《三十年代战争史》，北京：商务印书馆，2017年版，第7页。

世界等诸层次的人类活动。西方国际关系学界在区分外交政策中的国内和国际因素时，对社会利益与国家制度哪一个更为重要的命题展开过争论，但均认为二者需要以某种一致的方式纳入考虑。[①] 制度取向的研究者认为，价值与利益偏好无法为政治变迁提供充分的解释，因而相信社会事实的存在需要人们所建立的制度加以支撑和维系。[②] 然而，一个有目共睹的事实是，无论是在工业化的西方，还是欠发达的第三世界，“现有制度在制约和调节紧张与冲突方面的无能为力将鼓励人们尝试新的制度安排”[③]，全球化对国家的影响的最重要方面是改变了国内社会的利益结构和价值共识，将国际国内前所未有地联结起来。全球化带来国内社会的贫富分化和身份危机，作为回应，民粹主义从主流群体的不满和焦虑中形成新的价值观念和政策诉求，要求变革新自由主义的政治经济秩序，并通过参与国内政治过程影响公共政策的选择。

民粹主义思潮将新的利益诉求与价值偏好输入国内政治过程，对国家-社会关系、政党政治格局和公共政策制定均产生重大影响。其一，民粹主义强化了国内政治结构的社会主导性。所谓国内政治结构，一般指“国家的政治制度、社会结构以及结合政治制度与社会结构的政策网络”[④]。从构成上看，权威决策组织处于中心地位，但是国内政治结构受到国家与社会关系的决定性影响。彼得·古勒维奇从国家与社会关系的维度把国内结构分为强国家-弱社会的国家主导型国内结构和弱国家-强社会的社会主导型国内结构。[⑤] 民粹主义的历史实践表

---

① Robert O. Keohane and Helen V. Milner eds. *Internationalization and Domestic Politics*, New York: Cambridge University Press, 1996, pp. 25-75.

② John R. Searle, *The Construction of Social Reality*, New York: Free Press, 1995, p. 2.

③ 约瑟夫·A. 凯米莱里、吉米·福尔克著，李东燕译：《主权的终结？——日趋“缩小”和“碎片化”的世界政治》，杭州：浙江人民出版社，2001 年版，第 309 页。

④ 罗伯特·基欧汉、海伦·米尔纳主编，姜鹏、董素华译：《国际化与国内政治》，北京：北京大学出版社，2003 年版，第 9 页。

⑤ Peter Gourevitch, "The Second Image Reversed: The International Sources of Domestic Politics", *International Organization*, Vol. 32, No. 4, 1978, pp. 897-898.

明，反建制政治在一个强国家-弱社会的状态中很难成气候，因为强大国家有足够的手段来控制可能分化国家的社会力量。在弱国家-强社会的国内结构中，随着国内民主要求的高涨和外部经济社会压力的升级，尤其是经济不平等和身份危机等现实问题的不断刺激，民粹主义思潮有机会煽动社会力量对建制政治发起冲击，强化民间社会对国内政治结构的干预和主导。因此，在制度力量疲弱而社会力量强大的政治结构中，社会运动频发，激进思潮高涨，民粹主义就成为一种常见现象，它利用社会不满形成民意压力，逼迫国家及其代言人回应民意。如果说传统的民粹主义强化了国内精英与社会民众之间的对立关系，那么在全球化的冲击下，得到民族主义滋养的民粹主义还将强化本国与他国、本国与国际体系之间的对立关系，并且通过排他性的偏好塑造来影响本国的对外政策选择和国际权力发挥。

其二，民粹主义通过参与政党竞争进入政治过程，致使传统政党格局发生变革。卡斯·穆德认为，“民粹主义浪潮是对数十年非民主的自由主义政策的一种非自由民主的回应”①。全球化给国内政治带来了分配不公、身份危机、民主赤字，加剧了民众对建制派精英的怨恨和对主流政党的失望，这种怨恨和失望转化为民粹主义政党在选举中的成功。2010 年开始，各国对民粹主义政党的支持率已经达到 1960 年以来的历史最高水平。② 2017 年，欧盟国家的民粹主义支持度达到 19%，并保持着持续上升的趋势。③ 丹尼·罗德里克以一种供应-需求范式来解释主流政党的溃败和极端民粹主义政党的崛起。他认为，欧美的主流政党选择从供应侧发挥政治作用，即先于社会行动进行解释性叙述，引导社会关注特定的纲领性方向，但是很少有明确的解决方案或有效的政策措施来应对民众的不满和担忧；不同的是，处于边缘

① Cas Mudde, “Europe’s Populist Surge”, *Foreign Affairs*, Vol. 95, No. 6, 2016, p. 25.

② Dani Rodrik, “Populism and the Economics of Globalization”, *Journal of International Business Policy*, Vol. 1, No. 1, 2018, pp. 12-33.

③ Andreas Johansson Hein, “Timbro Authoritarian Populism Index 2017”, https://timbro.se/allmant/timbro-authoritarian-populism-index2017/.

地位的民粹主义政党基于政治动员的考虑，积极呼应社会民众共同关注的现实议题，力争与需求方产生共鸣。[①] 主流政党的选民流失实际上是社会回应能力衰退的结果，是中右、中左的话语动员失去吸引力的结果，这种变化为身份议题和民粹主义话语提供了巨大的政治空间，如反全球化、反移民、反欧盟等政策议题帮助边缘、极端的小党扩大了政治影响。为了迎合民众，一些欧洲右翼民粹主义政党提出左右混合的政策纲领，即在社会文化上坚持反移民的右翼立场，而在政治经济上偏向左翼的立场，要求加强公民福利待遇和扩大民主参与的政治权利。约翰·朱迪斯观察到近年来欧洲右翼民粹主义政党的灵活策略，发现这些政党正在改变反税收、反政府干预的立场，部分采纳了社会民主主义的左翼主张，也开始反对新自由主义，支持福利国家，比如在法国，“勒庞的国民阵线成为了福利国家的捍卫者”[②]。政治策略的灵活调整提高了民粹主义政党的社会支持度，也使其对传统政党格局的冲击更为持久有力。当前而言，尽管欧洲国家的民粹主义政党并没有发展到将要取代主流政党的程度，但是它们的得票率、在议会中的地位都有了重大的改变，对传统政治秩序和公共政策选择带来了重大挑战。在美国，民粹主义的政策化转向缺乏欧洲多党制之下的政党政治路径，但是其带来的社会裂痕和政治极化在很大程度上改变了两党政治格局，两党在国内议题上越来越难达成共识。

其三，民粹主义全面渗透到政党、选举和议会等政治过程，影响了内外政策选择。民粹主义坚持反自由主义和多元文化主义的国内价值与利益偏好，这些价值偏好被汇聚起来后形成强大的社会干预力量，影响到具体的公共决策。一般来说，以国家-社会关系为主轴的国内政治结构决定了政治制度的选择，政治制度则框定了具体政治过程，既

---

① Dani Rodrik,“Populism and the Economics of Globalization”, *Journal of International Business Policy*, Vol. 1, pp. 12-33.

② 约翰·朱迪斯著，马霖译：《民粹主义大爆炸：经济大衰退如何改变美国和欧洲政治》，北京：中信出版集团，2018 年版，第 119 页。

包括选举和政党活动，也包括政府的决策活动。政治学研究通常注意到国内政治中多元行为体及其竞争或合作的政策偏好，认为国家政治很少是只有单一政策制定者的完全等级制，尤其是在以民主政体自居的西方国家，立法机构与行政机构之间共同影响政策制定，执政党、执政党联盟和反对党在政策决定上常常处于竞争状态，形成某种“否决型体制”。但是，国际关系现有理论对国内政治的理解有所不同，倾向于将国家视为单一行为体，“国内政治常常被视为按照等级制度原则来组织的，在国内政治的顶端有一个单一的行为者来行使最终的决策”[①]。海伦·米尔纳对此提出了质疑，认为国家是多头政治，由具有不同偏好的行为体组成，分享决策权。以此为前提，她提出了一个国内力量对国际政治产生影响的简约模型，强调国家内部偏好和政治制度的差异对国际政治的重要影响。[②] 民粹主义的反建制政治反映了国家内部偏好存在差异的事实，更反映了多元行为体之间政治斗争的复杂性。在政策制定过程中，国内行为体拥有四种关键力量，即发起和设定议程的能力、修正政策提议的能力、批准或否决政策的能力、付诸公决的能力。[③] 不同国家的民粹主义政党及其支持者程度不同地拥有这四种力量，尤其是在发起议程、否决政策和推动公决方面。乔治·塞布里斯（George Tsebelis）关注作为否决者角色的国内行为体，认为随着这些行为体数目的增加、偏好的分化、内部一致性的降低，决策的困难程度随之增加。[④] 民粹主义在内政外交的决策过程中扮演影响广泛的否决者角色，它对新自由主义和全球化的反对不仅在国内掀起了有偏向性的政治动员，而且在反欧元、反移民或反气候变化等特定议题

① 彼得·卡赞斯坦、罗伯特·基欧汉、斯蒂芬·克拉斯纳编，秦亚青等译：《世界政治理论的探索与争鸣》，上海：上海世纪出版集团，2006 年版，第 155 页。

② 海伦·米尔纳著，曲博译：《利益、制度与信息：国内政治与国际关系》，上海：上海世纪出版集团，2015 年版，第 8—9 页。

③ 同②，第 16 页。

④ George Tsebelis, "Decision Making in Political Systems: Veto Players in Presidentialism, Parliamentarianism, Multicameralism, and Multipartyism", *British Journal of Political Science*, Vol. 25, 1995, pp. 289-325.

上结成政治联盟，直接影响了国家对外政策的偏好与选择。

对外政策服务于国家利益，但是由于国内政治过程的复杂变化，何为国家利益实质上是国家内部集体认知的结果，也是国内政治博弈的结果。在政治实践中，政府和执政党基于国内政治目的来定义他们要追求的国家利益，制定相应的对外政策，如采取冒进或侵略性的对外政策行动来转移国内民众对经济困难或分配不公的注意，改善政府执政的舆论环境或影响选举结果。[①] 民粹主义政党对国内公共政策的影响集中于福利、税收、收入和就业等社会领域，极力推动以扩大国家干预、增加福利、扩大就业为目标的公共政策；在对外政策方面主张脱钩、不合作，试图脱离新自由主义和全球化的政策轨道。事实上，民粹主义政党及其所代表的中下层主流民众可以说是一种“反跨国沟通行为体”。詹姆斯·罗斯瑙在其《沟通政治》一书中将沟通行为体（Linkage）定义为“一个系统内部产生的会引起另外一个系统作出相应反应的周期性行为后果”[②]，主要指支持跨国沟通和流动的行为体如跨国公司、相关媒体、文化组织或商会等。民粹主义者与这些全球化的支持者不同，他们将反全球化情绪转化为强有力的国内动员，通过社会运动、政党政治和议会活动进入国内政治过程，推动出台一系列反对全球流动、反对跨国沟通的保守主义对外政策，成为变革自由主义国际秩序的国内动力。

在“9·11”事件、金融危机和难民危机等的接连打击下，美国和欧洲国家面临日益高扬的右翼民粹主义浪潮及其引发的国内政治危机，因而出现了修正自由化国际战略的国内需求。在资本、市场和稀缺资源的激烈竞争中，民族主义重新抬头并与国内蔓延的民粹主义合流，使得“通过对贸易和其他交易活动树立壁垒以免遭全球化对国家自主

① 香农·布兰顿、查尔斯·凯格利著，夏维勇译：《世界政治：趋势与变革》，北京：北京大学出版社，2019 年版，第 84 页。

② James Rosenau, “Toward the Study of National-International Linkage”, in James Rosenau, ed. *Linkage Politics*, New York: Free Press, 1969, p. 45.

权的打击，可能是一种难以抗拒的诱惑”①。2016 年，特朗普上台后发动“贸易战”，对主要竞争对手加征关税，中止了民主、共和两党共同推动的自由贸易政策，特朗普的“贸易战”甚至波及了传统盟友，改变了美国在高科技、资源和农业等方面的对外政策。特朗普的关税政策迎合了白人劳动者的利益诉求，限制移民、在边境修墙等举措得到了那些对白人身份感到焦虑的中下层选民的普遍支持。在欧洲，许多国家的疑欧主义者竭力将反欧元、反欧盟、反难民等主张塞进政府的对外政策中，2011 年英国首相卡梅伦、法国总理萨科奇接连发表讲话，声称本国长期的多元文化主义政策已遭失败，开始推广主流价值观，要求穆斯林移民融入主流社会。2015 年欧洲难民危机爆发后，在极右翼民粹主义政党反移民主张的压力下，法国、德国、荷兰和瑞典等西欧和北欧国家都不同程度地收紧了移民政策。

第三节　民粹主义与世界性政治思潮形成

2008 年全球金融危机爆发以来，民粹主义在西方的波涛再起与经济全球化面临的严厉质问密切相关，保守派指责新自由主义无视国家内部和全球社会的分配正义、无法保护传统价值和民族利益。尽管这一波民粹主义浪潮首先在国内政治层面上爆发，但造成其复兴的政治经济根源却是世界性的。因此，在相同背景下、以相同方式发生的各国民粹主义共同构成了一幅新的世界政治图景。在这一图景中，西方各国通过日益保守的对内对外政策迎合了民粹主义的诉求，导致了全球化的退潮。

民粹主义是一种受到全球化外部刺激而形成的国内政治思潮，它首先在国内政治体系中塑造了反全球化、反自由主义的价值观念和政

---

①　香农·布兰顿、查尔斯·凯格利著，夏维勇译：《世界政治：趋势与变革》，北京：北京大学出版社，2019 年版，第 481 页。

策偏好，是社会分化、政治极化等国内政治变迁的重要推手；同时，民粹主义通过日益保守化的对外政策对他国行为和国际体系作出响应，迫使国家出台本土主义、排外主义的对外政策，将保守化的内部政治经济议题外化到国际层次，从而使得民粹主义思潮的极端化和保守化影响日益外溢到世界政治体系。2008 年全球金融危机以来，从全球化中获利最多的富裕国如美国和西欧国家纷纷将其国内民粹主义压力向外转移，推行排他性和不合作的民粹主义对外政策，对世界政治的力量格局和利益格局造成重大影响。“科学技术的进步和追求承认的人性诉求是世界政治变迁的根本动力”①，民粹主义内在地具有追求承认和要求平等的激进成分，它在右翼化、极端化的过程中触发了身份政治、宗教战争或文化冲突，呼应了国内主流民众的集体不安全感，也成为国家在世界政治中提升国家自主性、扩大国家利益的意识形态工具。

民粹主义从国内外溢到国际，没有改变其价值追求，更没有改变其行事方式，始终具有推动左右两极政治发展的巨大能量。就结果来看，当今的民粹主义浪潮尚未达到颠覆美国主导的自由主义国际秩序的程度，甚至在各国自由派的围攻反击下不时后退。但是，在以下三方面原因的相互作用下，这种解构性国内政治思潮已不可避免地越出国界，发展成为一种对国际政治格局有着广泛而深刻影响的世界性政治思潮。

首先，国内政治经济矛盾持续向外转移。在二战后的欧洲，当许多国家陷入严重的经济低谷时，一种常见的景象是对外国“奸商”和外国人的声讨会回荡在整个欧洲。因为在经济压力下，外国游客、商人、旅行家会被许多当地居民视为一种威胁，外国人成了依靠榨干土地的油水而生的寄生虫，中产阶级和工人们看不到自己能从外国人那

① 宋伟：《世界政治变迁的根本动力与作用机制》，载《中国人民大学学报》，2021 年第 1 期，第 17 页。

里得到什么直接好处，于是从肆意挥霍的事例中推断出自己遭受了损失。[①] 在政治精英这边，取悦国内选民、转嫁国内经济矛盾和纾解舆论压力的最佳策略是塑造一个强大而危险的外部敌人，推动更加强硬的对外政策。自由主义者声称主张自由贸易的自由政府能够创造出一个良好的世界秩序，但是民粹主义者认为，全球化带来的是一个“失控的世界”，不仅没有带来良好的世界秩序，反而导致更加严重的经济不平等和身份危机。诺姆·乔姆斯基认为，新自由主义“只不过是少数富人为限制民众的政治权力和权利而进行斗争的现代称谓而已”[②]，因此全球化是造成国内贫富分化的罪魁祸首。新自由主义反对慷慨的福利国家政策却鼓励移民流入，这是民粹主义攻击全球化的理由，因为“只有扩张慷慨的福利国家，承担经济补偿的功能，化解贫富分化加剧的风险，民众才会从政治上支持经济开放”[③]。在美国，特朗普的上台是美国传统制造业衰退和白人身份危机加剧的结果，两者都是全球化给美国带来的国内困境，在中下层白人选民将特朗普推上总统大位之后，特朗普随即将这些经济与社会矛盾通过强硬“脱钩”的外交政策向外转移。

其次，全球化的主导者正在成为反全球化的引领者。在全球化的刺激下，民粹主义思潮在多数国家都不同程度地存在，但是处于世界政治体系中心位置的美欧影响最大。杨光斌指出，“中心国家政治发展所催生的政治思潮或话语体系，被中心国家作为事实性国家利益对外推广，甚至组织国际机制去传播其思想，从而使一种地方性知识或思想成为全球性思潮”[④]。查尔斯·金德尔伯格也认为，在世界体系中起

① 哈罗德·拉斯韦尔著，王菲易译：《世界政治与个体不安全感》，北京：中央编译出版社，2017 年版，第 135 页。

② 诺姆·乔姆斯基著，徐海铭、季海宏译：《新自由主义和全球秩序》，南京：江苏人民出版社，2000 年版，第 6 页。

③ 伍慧萍：《欧洲民粹主义兴起根源的四种解释范式与政党发展规律》，载《当代世界与社会主义》，2022 年第 3 期，第 127—128 页。

④ 杨光斌：《世界政治理论》，北京：中国社会科学出版社，2021 年版，第 214 页。

领导作用的国家会自觉或不自觉地按照国内所认可的一套系统规则来为其他国家确立行为规则。[①] 美国是全球化主导国家，但“9·11”事件以来，其首要地位日益难以维持，美国国内舆论普遍认为，技术创新的扩散和资本的流向日益有利于竞争对手，再加上维持全球秩序的巨大成本，美国作为主导国家的优势地位受到严重侵蚀。这种国家性失落使得美国在右翼民粹主义国际化浪潮中冲到前面。盛行于美国、英国或其他欧洲国家内部的右翼民粹主义都强调本国利益至上，持反对开放市场、多边机制和国际合作的政策立场，并通过文化输出、对外政策和国际机制等路径，试图修改自由主义的价值共识。在“美国优先”的口号之下，由美国主导的“自由主义霸权秩序”的三大支柱，即美国超强国家实力、美国主导的国际制度、美国推崇的自由主义价值都在不同程度上受到了冲击。[②] 美国和欧洲内外政策的变革对发展中国家甚至战略对手的价值观念和政策取向也产生了影响，尤其是特朗普推脱国际责任、强调国内利益优先等政策举措造成了重大的国际效应，“巴西的特朗普”“英国的特朗普”“法国的特朗普”等效仿者纷纷出现，许多国家通过内外政策的调整日益走向去全球化的保守主义方向。

最后，国内、国际形成了日益统一的权力博弈过程。汉斯·摩根索（Hans J. Morgenthaus）认为，“对权力的渴望是国际政治突出的因素。像所有政治一样，国际政治必定是权力政治”[③]。国家的对外行为本质上取决于国家体系内部权力配置的模式，这使得国际与国内的权力政治联系在一起。“在多头政治中，达成内部妥协至关重要，国际政

---

① 查尔斯·金德尔伯格著，宋承先、洪文达译：《1929—1939 年世界经济萧条》，上海：上海译文出版社，1986 年版，第 12 页。

② 约翰·伊肯伯里著，赵明昊译：《自由主义利维坦：美利坚世界秩序的起源、危机和转型》，上海：上海人民出版社，2013 年版，第 148—164 页。

③ Hans J. Morgenthau, *Politics Among Nations: The Struggle for Power and Peace*, New York: Alfred A, Knopf, 1967, p. 29.

治和对外政策就成为国内权力斗争和达成内部妥协的一部分。"① 双层博弈理论也认为，国内政治和国际政治都是以权力为中心的博弈过程，国内是批准博弈过程，国际则是谈判博弈过程，总体上是连贯的权力博弈过程。彼得·古勒维奇探讨过国际体系如何制约国内政治，国内结构如何影响国家行为以及国内社会的重要性等问题。② 冷战结束以来，随着国内与国际、政治与经济等研究界限的打通，出现了许多新的研究重点，如全球经济的国内政治后果、国内制度对对外经济政策的影响、国际与国内结合的谈判特征、国际制度对国家对外经济政策的影响等，③ 这些研究内容无不围绕着权力在国内政治和国际政治中的分配和博弈。以资本、市场为优先原则的经济全球化在一定程度上限制了国家对外部环境作出适当反应的能力，其连带的结果是国家自主性受限，国际或超国家机制获得更多影响国内权力分配的机会。"全球的一体化和普遍的世界主义减少了过去那种对独立、身份和自主的感觉，推动许多国家让渡它们的部分主权，以便在一个竞争的全球市场中通过合作参与获得利益。"④ 在欧洲，欧盟机制对于主权国家实际选择的约束是疑欧主义思潮和反欧盟社会运动出现的原因。如果国家的权力行使受到进一步的约束，"最可能出现的后果是在国家社会内和国家社会之间，出现一个由契约、联合及互动构成的、摆脱政府机构中心政策有效控制的网络"⑤。民粹主义生成于这个去中心化的社会网络中，反映了国内政治过程与世界政治过程日益勾连的事实，也说明国

---

① 海伦·米尔纳著，曲博译：《利益、制度与信息：国内政治与国际关系》，上海：上海世纪出版集团，2015 年版，第 9 页。

② Peter Gourevitch, "The Second Image Reversed: The International Sources of Domestic Politics", *International Organization*, Vol. 32, No. 4, 1978.

③ 曲博：《国内政治、国际关系与国际政治经济学研究》，载《国际政治研究》，2006 年第 2 期，第 62—72 页。

④ 香农·布兰顿、查尔斯·凯格利著，夏维勇译：《世界政治：趋势与变革》，北京：北京大学出版社，2019 年版，第 479 页。

⑤ 约瑟夫·A. 凯米莱里、吉米·福尔克著，李东燕译：《主权的终结？——日趋"缩小"和"碎片化"的世界政治》，杭州：浙江人民出版社，2001 年版，第 310 页。

内、国际多元权力博弈日益成为一个连通的完整过程。

民粹主义出现在治理危机、身份危机不断加剧的全球化时代，造成了一种各个国家都在脱离控制的意象，被视为造成国内政治极化、世界体系碎片化的重要根源。作为一股强劲的世界性政治思潮，民粹主义给现有世界政治秩序带来了以下方面的重要改变。

在国家间关系方面，民粹主义带来了国家身份认同和国家利益偏好的改变，改变了国家之间的互动模式。“管理全球化意味着新政治领域的开辟，也会夹杂着治理与政治权力的重组”①，由于缺乏有效的国内战略和全球战略来管理全球化带来的内外危机，主权危机、治理危机与身份危机将国内事务与国际事务交织在一起，在国内极端势力的推动下，通过排他性的观念塑造和政策选择，“将国家对外政策置于冲突和以邻为壑的思维之中，在国内和国际层次上双重内化‘我们’与‘他们’的身份差异”②。全球化的衰退与民族民粹主义兴盛同时发生，造成国家间的相互依赖、相互信任下降，各种贸易摩擦、经济脱钩和政治冲突频繁发生，国家的行动目的或将回归“保持权力、增加权力和显示权力”③ 的旧时代。

在国际机制方面，民粹主义削弱了国际制度与规范在维持世界政治经济秩序方面的作用。极端保守的民族民粹主义在总体上对外部世界缺乏信任，对贸易、移民或一体化议题持怀疑或敌对的态度，不仅影响了国家间的信任与依存关系，也影响了处理这些议题的国际机制的威信。特朗普对国际组织和国际公约的拒斥、“美国优先”方式对美国对外政策的主导等右翼民粹主义行动，严重削弱了国际合作机制的作用和多边主义的信念。国际关系新制度主义理论认为，完善的国际

---

① David Held, “Regulating Globalization? The Reinvention of Politics”, *International Sociology*, Vol. 15, No. 2, 2000, pp. 394-408.

② 毛维准：《“大逆转”结构下的民粹崛起和秩序重建》，载《学海》，2018 年第 4 期，第 42 页。

③ 汉斯·摩根索著，徐昕、郝望、李保平译：《国家间政治——寻求权力与和平的斗争》，北京：中国人民公安大学出版社，1990 年版，第 64 页。

制度有助于解决“安全困境”，因为国际制度的意义在于鼓励和组织国际合作，帮助各国在不提高国防支出的情况下实现安全利益最大化。保守和内向的民粹主义对外政策会增加国际合作的不确定性和复杂性，削弱国际机制协调国家间关系、管控全球性风险的功能，在各国的全球参与愿意不断下降的情况下，国际机制功能的发挥是很困难的。国家间权力博弈和利益竞争可能在相互怀疑和恐惧中加剧甚至失控。约翰·赫兹（John H. Herz）指出，从相互怀疑和相互恐惧而来的不安全感迫使国家为寻找更多的安全而进行权力竞争，由于完全的安全始终无法最终求得，这样的竞争只能导致自我失败。[①] 国际制度被削弱，不仅会导致国家内部更加强烈的集体不安全感，而且使国家在世界体系中重新陷入无解的“安全困境”，军备竞赛加剧，战争风险激增。

在全球价值共识方面，支撑全球化的意识形态如新自由主义、多元文化主义、全球主义和世界主义等受到了民粹主义和民族主义的联手攻击。民粹主义与全球化之间的对立关系说明了国内民主政治与全球资本市场之间难以调和的矛盾。丹尼·罗德里克认为，为了解决这一矛盾，国家有三种选择，一是限制国内民主而赢得国际市场竞争力，二是限制全球化以建立国内民主政治的合法性，三是以国家主权为代价追求民主全球化。[②] 第一个选择是新自由主义所主张的；民粹主义无疑会选择第二个；第三个选择与主流的主权观和民主观不合，因无视国家利益的选择而不具备现实性。民粹主义对内追求民主与平等，对外要求主权与自决，将全球文明视为对本民族文化的威胁，反对相互理解、相互包容的文化沟通和文明对话，民粹主义也因此落得一个狭隘、极端和自私的名声。然而，在民粹主义本土至上价值观的影响下，地方性、族群性的认同政治不断要求扩大行动空间，地区分离主义、

① John H. Herz, *International Politics in the Atomic Age*, New York: Columbia University Press, 1959, p. 231.

② 伊万·克拉斯蒂夫：《多数派的未来——检视右翼民粹主义》，载《国外理论动态》，2017 年第 7 期，第 91 页。

极端民族主义等意识形态侵入国内和国际政治过程，国家主义、地方主义伦理正在超越全球主义和世界主义伦理。

第四节　世界政治体系重构与民粹主义时代

世界政治变动不居，是国内政治、国际政治相互作用、相互建构的产物。21 世纪以来，科学技术进步带动了发展驱动力的结构性转移，传统制造业衰微，人工智能迅速发展，再加上发展不平衡、分配不公平的日益加剧，传统世界政治格局发生了前所未有的松动。虽然这些政治与社会变迁是世界性的，但是其推动力都来自国家内部政治秩序的变动。在西方，民粹主义浪潮是造成国内经济与社会变迁的强劲推手，尤其是与民族主义合流之后表现出更强烈的防御性、排他性，其政治影响达到 20 世纪 30 年代以来的最高点。英国左翼政治学家尚塔尔·墨菲在其新著《为了左翼的民粹主义》中宣告“民粹主义时刻”的到来，意指当代西方新自由主义霸权秩序的危急时刻。[①] 事实上，金融危机、欧债危机、茶党运动、特朗普当选、英国“脱欧”和欧洲难民危机等一连串“民粹主义时刻”共同打造了一个前所未有的民粹主义时代。在这个时代中，世界政治格局的重构已不可避免。

第一，国内政治对世界政治的影响力明显上升。要理解世界政治的形塑与变迁，必然要考虑世界政治的决定性行为体即国家的作为。国际关系学界不否认国内政治秩序对国家对外行为的重要影响，但是传统研究没有对其有足够的重视。海伦·米尔纳认为，国际关系研究的重要范式如现实主义和新自由制度主义都忽视了国内政治作为国际关系的关键部分的重要作用。[②] 国内因素而非国际事件是国家对外行为的根源的观点并不新鲜，甚至连古希腊历史学家修昔底德也早已观察

① Chantal Mouffe, *For a Left Populism*, London: Verso, 2018.

② 彼得·卡赞斯坦、罗伯特·基欧汉、斯蒂芬·克拉斯纳编，秦亚青等译：《世界政治理论的探索与争鸣》，上海：上海世纪出版集团，2006 年版，第 141 页。

到，发生在希腊城邦中的事情要比城邦之间的互动更多地塑造它们的外部行为。[①] 国际关系理论在解释所谓“安全困境”时认为，“国家往往是国际不安全的主要根源”[②]，因为国家为了国内政治的需要可能会采取激怒他国的对外政策。卡列维·霍尔斯蒂认为，不能假设战争问题只是国家间关系的问题，因为国家间的安全越来越取决于这些国家内部的安全，“当代政治与未来政治的问题本质上是个国内政治问题”[③]。罗伯特·基欧汉曾对“9·11”事件之后的国际关系学争论提出批评，认为对美国遭受攻击的后果进行分析，不仅需要抓住权力结构因素，还要抓住主观信念的变化及其对战略的影响，必须考虑不同思想流派强调的世界政治因素，即探究国内政治和国际政治之间的联系。[④] 因此，要理解世界政治在当今时代的变迁，应高度重视国内政治过程的关键性作用。

民粹主义思潮是 21 世纪西方国家国内政治分析的重要议题，突显了不断加剧的国内政治过程的对抗性、多元性和不确定性。对民粹主义现象的解读需要突破国家作为单一分析单位的传统认识，不仅要关注行政机构、立法部门、官僚机构、政党及利益集团在国内政治过程中的不同作用及其对对外政策的不同影响，也要关注作为反建制力量的民粹主义政党及其广大支持者对国家对外政策的主张和影响。民粹主义在国内政治中强调分配正义和身份安全的价值理念，持保守性、排他性的对外政策偏好，在国际政治中会削弱本国对国际事务的参与意愿和对国际制度建设的投入程度，妨碍本国与外部世界的正常关系及地区性或全球性规范的功能发挥。民粹主义思潮从国内出发对当前

---

① 香农·布兰顿、查尔斯·凯格利著，夏维勇译：《世界政治：趋势与变革》，北京：北京大学出版社，219 年版，第 84 页。

② 夏尔-菲利普·戴维著，王忠菊译：《安全与战略：战争与和平的现时代解决方案》，北京：社会科学文献出版社，2011 年版，第 33—34 页。

③ Kalevi J. Holsti, *The State, War, and the State of War*, New York: Cambridge University Press, 1996, p. 15.

④ 罗伯特·基欧汉著，门洪华译：《局部全球化世界中的自由主义、权力与治理》，北京：北京大学出版社，2005 年版，第 323 页。

自由主义世界秩序发起的种种挑战说明，世界政治研究也应该从国内出发，充分考虑国内政治过程的复杂变迁。

第二，价值观念成为推动世界政治变迁的重要动力。现实主义权力政治理论从严格的理性主义出发，将国家视为世界事务中最重要的行为体，强调国内政治与国际政治的区别，忽视甚至拒绝承认在国内政治中起重要作用的观念与制度也可能在世界政治中产生影响。① 然而，现实主义理论很难充分解释民粹主义如何同时作用于国内政治与国际政治，身份政治又如何超越阶级政治成为反建制的主力。朱迪斯·戈尔茨坦（Judith Goldstein）和罗伯特·基欧汉考察了观念影响对外政策的因果路径，认为观念可以帮助人们确定偏好，起到“路线图”的作用；观念可以起到将个体行为者集中到一起的“聚焦”作用；观念可以通过制度化路径影响政策选择。② 杨光斌探讨了政治思潮影响世界政治变迁的内在机制。他认为，国内需要孕育了变革性政治思想，后者则诱发了国内政治经济秩序的变迁，而“中心国家”成为政治思想对外传播的主要推手，政治思想在改变世界秩序的同时，塑造了新的国际关系。③ 围绕特定价值偏好、政治理念而形成的国内政治思潮，通过制度化路径进入政治过程，影响对外政策和国际战略；与此同时，世界政治经济的变迁又为国内政治过程输入新的偏好与理念。这是连贯和循环的政治过程，观念与价值在其中起到了驱动变迁的作用。

民粹主义取代自由主义、社会主义成为变革动力，这是21世纪国内政治和世界政治变迁的新趋势。这一趋势使得“国家间政治”或国际政治的研究面临范式更替的挑战，即既要充分考虑国内政治过程的作用，更要考虑价值、观念和意识形态的作用。在这个意义上说，世界政治的概念要比国际政治更能体现这两种需要，因为“真正把世界

---

① Stanley Hoffmann, "International Relations: The Long Road to Theory", *World Politics*, Vol. 11, No. 11, 1959, pp. 349-350.

② Judith Goldstein and Robert O. Keohane, eds. *Ideas and Foreign Policy: Beliefs, Institutions, and Political Change*, Ithaca: Cornell University Press, 1993, pp. 12-17.

③ 杨光斌：《世界政治理论》，北京：中国社会科学出版社，2021年版，第213—214页。

联系起来并形成‘世界政治’的，是以意识形态为核心的某种政治思潮——由意识形态（包括宗教）理论驱动而形成的一种趋势性的政治现象”[①]。现实主义的权力政治和自由制度主义的利益政治都是一种物质主义解释范式，不足以理解民粹主义思潮及其引发的身份政治、认同政治对世界政治秩序的改变。民粹主义和自由主义、社会主义一样，都强调观念从社会变迁中生成，认为社会结构塑造行为体的身份与偏好，也塑造其观念与行为。对内反建制、对外反全球化的民粹主义思潮为各种诉求不同的社会运动提供了意识形态资源。尽管只是一种内核空洞、体系松散的价值观念，但是为了打造非自由主义的世界秩序图景，民粹主义力图建构一套旨在重塑国家威权和修补既有秩序漏洞的价值符号和行动规范。当前民粹主义对主导性的自由主义世界秩序的挑战能否成功尚未可知，但是，观念的强大力量已经显现，它隐藏在“文明的冲突”、身份政治或文化战争中。“文明的冲突”正在成为弥补乃至代替国家利益分析的一种世界政治学新范式，[②] 因为一种要求返回民族国家、追求本国利益优先的保守主义政治理念正在修正世界政治的演进方向。

第三，反体系运动将持久冲击世界政治体系的稳定性。世界政治是一种时而动荡时而稳定的体系性运动，受到特定时期的国内政治与国家间政治的共同影响，是政治、经济和文化因素共同作用的结果。20 世纪 80 年代以来，经济全球化没有真正带来一个稳定的世界政治体系，新自由主义也没有在观念和制度上将世界整合进一个统一体系，反而导致国家内部严重的贫富分化和身份危机，甚至“在国家之间也存在相对剥夺的国家意象”[③]。王正毅指出，资本主义世界体系只能惠及少数人，多数人对此抱有抵制情绪；尽管多数人的抵制改变了力量

---

① 杨光斌：《政治思潮：世界政治变迁的一种研究单元》，载《世界经济与政治》，2019 年第 9 期，第 25 页。

② 杨光斌：《世界政治理论》，北京：中国社会科学出版社，2021 年版，第 61 页。

③ 香农・布兰顿、查尔斯・凯格利著，夏维勇译：《世界政治：趋势与变革》，北京：北京大学出版社，2019 年版，第 202 页。

对比并导致新的政治调和，但是每一次调和都将反体系运动融入资本主义世界体系的政治稳定的框架内。① 对世界政治体系的抵触情绪和抗议行为动摇了既有体系的稳定结构，造成以国家甚至地方为行动单元的碎片化趋势。

在21世纪的今天，民粹主义与民族主义的结盟滋生了力量强劲的反全球化抵制行动。王缉思认为，世界政治新阶段的显著特征表现为民粹主义与民族主义合流加剧、威权主义与强人政治回潮，以及地缘政治加剧等，② 这些新趋势无疑对世界政治秩序提出了严峻挑战。国内政策和外交政策都是国内行为者之间战略博弈的结果，因此“一国的行动不是产生于对战略利益估算形成的一致，而是来自具有不同认识与利害关系的个体之间的争斗”③。民粹主义与民族主义合流形成的极端保守主义思潮是一种以身份认同、宗教文化等非物质利益为核心的意识形态，它对观念性、价值性文化分歧的强调，使得跨国家、跨民族的价值共识很难建立，族群或身份冲突也几无可能妥协。因此，受其影响的世界政治秩序很难获得稳定，其常规形态将会是更加破碎散漫、更加自在自为。民粹主义虽然是国内政治斗争的常见形式，也是阶级、种族斗争的意识形态根源，但是出于政治动员的需要，它充分利用了保护主义的制度化路径、本土主义的观念化路径来实现对外输出。因此，民粹主义的外交政策通常是防御性、收缩性和排他性的，要求国家拒绝承担额外的国际责任、排斥可能需要利益妥协和权力让渡的国际合作等，这种政策无疑会加剧世界政治中的怀疑主义情绪，助长分化、对立和冒进的行为。民粹主义在国内政治中制造政治极化和社会分化，在世界政治中助长国家间冲突、弱化国际制度，均源于其反抗性思维与保守主义价值观。因此，如果听任民粹主义尤其是右

① 王正毅：《世界体系的结构性危机》，载《世界社会科学》，2023年第4期，第49页。

② 王缉思：《世界政治进入新阶段》，载《国际战略研究简报》，2018年第62期。

③ Graham Allison and Morton Halperin, "Bureaucratic Politics: A Paradigm and Some Policy Implications", *World Politics*, Vol. 24, 1972, p. 72.

翼的民族民粹主义肆意滥觞，世界政治将很难形成价值共识和统一行动，将越发滑向更加碎片化的未来。

世界政治体系如同一幅联系松散的政治拼图，每一个碎片背后都是多元实体对世界的不同理解，而不同理解的背后则是不同的价值观念，有引领全球化的自由主义、多元文化主义，有坚决反全球化的民粹主义、民族主义，也有争论不休的“文化的全球化”与“文明的冲突”等后物质主义观念。这些政治思潮所要理解的世界既是国内的，也是国际的，它们组合到一起，构成了世界政治的全景图。

当然，世界政治的基本秩序不是恒定的，它的历时性变迁体现在现代化、民主化乃至全球化的进程中。到目前为止，这一秩序的基本性质是西方的、现代的和资本主义的，其结构大体上由经济上的发展主义、政治上的自由主义和观念上的多元文化主义确定。但是，由于现代资本主义发展的不均衡，其台风式的“创造性摧毁”（熊彼特语）造就了规模空前的政治抵抗。[①]民粹主义在超过一个半世纪的激荡起伏中始终扮演着政治抵抗者的角色，它以大众、民族与国家的利益为基本诉求，反对资本主义、自由主义和全球化，对国内政治和世界政治中一切可能导致不平等不民主的建制派及其把持的政治保持斗争的姿态。然而，民粹主义与民族主义的合流又使其走向狭隘、自利和排他的极右翼保守主义。世界政治的未来潮流将因为民粹主义的经久不息而充满不确定性。

---

① 罗伯特·基欧汉、海伦·米尔纳主编，姜鹏、董素华译：《国际化与国内政治》，北京：北京大学出版社，2003 年版，第 269 页。

结语　21世纪民粹主义思潮的震荡及其未来

由于20世纪的两场世界大战和一场旷日持久的冷战留下了太多的创伤和隔阂，21世纪到来时承载了人类关于和平、正义、繁荣的所有美好愿望。然而，在人类的21世纪即将走完四分之一历程的今天，面对这一路上的危机频频、动荡激越，令人对充满不确定的未来能否实现这些美好愿望心生疑虑。的确，21世纪的世事变幻莫测，在金融危机、公共卫生危机、全球化退潮和政治极化的接连打击之下，引领反全球化浪潮的民粹主义已然成了当今政治图景中的主要特征。民粹主义浪潮在西方世界的风云突起和对全球化的深远影响，正在改写人们对西方世界和后工业时代的政治想象，也给广大的非西方世界带来全新的挑战。

一、全球化、民粹主义与西方的困境

在现代政治中，民粹主义是一种标榜“平民至上”、以反精英和挑战既有秩序为标志的政治异象，它的出现有变革的意味，也常常带来政治困境甚至政治乱局。在其150年左右的历程中，民粹主义除了在开端时期与美国人民党运动存在联系之外，大部分时间是在现代化转型中的非西方国家出现。然而，即便如此，民粹主义也从来没有离开过西方世界。

2016 年的世界政治舞台发生了两起震撼全球的重大事件——英国“脱欧”公投和特朗普当选美国总统，人们从这两起充满着保守主义气息和反全球化激情的事件中惊觉 21 世纪民粹主义浪潮的第一次总爆发。在西方学界，2016 年甚至被定义为“右翼民粹主义元年”。右翼民粹主义兴起并与经济全球化大唱反调，其源头可以回溯到 20 世纪下半叶的两个重要节点。一是 70 年代初兴起的西方新社会运动。这场运动改变了西方左翼政治的演进路径与历史命运，社会民主党右转，阶级政治退场，身份政治登场，建立在多元文化主义价值观之上的政治正确开始形成。二是 80 年代初撒切尔主义和里根革命启动的新自由主义改革，在经济上主张绝对自由化、彻底私有化和全面市场化，反对任何形式的国家干预，包括福利国家政策。1990 年“华盛顿共识”提出后，经济全球化在多元文化主义和新自由主义的双重加持下全面铺展。

然而，进入 21 世纪后，经济全球化的负面效应渐次显现，文化与经济的双重焦虑在欧美主流群体中普遍加剧。从文化上看，全球化带来了规模空前的移民浪潮，冲击了西方国家的传统文化、宗教信仰和身份认同；而自由派标榜多元开放的平权政策失之偏颇，对主流群体疏于照顾，关怀少数群体的多元身份政治逆向刺激了白人主流群体的身份意识。从经济上看，新自由主义的完全市场化路径缺乏国家有效干预，尤其是缺乏对金融业的适当监管，导致财富高度集中、贫富分化不断加剧。法国经济学家托马斯·皮凯蒂在《21 世纪资本论》一书中指出，“新自由主义导致贫富分化加剧”，政策诱因则起自里根时代的金融化和减税政策。分配不公导致中下层民众强烈的被剥夺感，不平则生怨，民众情绪躁动不安。

在文化与经济双重焦虑的驱动下，欧美民粹主义浪潮渐成气候，对经济全球化发起了持续的攻击，并沿着以下这条时间线不断演化。先是 2005 年的法国、荷兰先后举行全民公投否决《欧盟宪法条约》，反对欧盟的欧洲一体化方案。2008 年美国的次贷危机引爆全球金融危机，欧洲发生债务危机，结果导致左翼和右翼民粹主义力量在反紧缩和反移民的旗帜下分别集结。2014 年的欧洲议会选举中，右翼民粹主义政党取得历史性突破。在美国，2009 年保守主义的茶党运动在白人主流群体中积累了大批支持者，2011 年激进主义的“占领华尔街”运动爆发并蔓延全球。终于，当 2016 年到来时，西方民粹主义浪潮也达到了顶峰并向全球蔓延，拉美、中东欧和东南亚都不同程度地出现了保守主义返潮。戏剧性的是，最强劲的反全球化力量恰恰出现在曾经引领全球化的西方，特朗普当选后全面推行本土主义的保守化政策；英国“脱欧”迁延三年才最终完成；欧洲各国的右翼民粹主义政党以反移民为政策主轴，对本国和欧盟的内外政策产生了越来越重要的影响，而在 2024 年的欧洲议会选举中，主流政党席位流失严重，右翼民粹主义政党势力大增。

在 21 世纪的全球性震荡中，思考民粹主义已经和将要带来的改变尤为重要，因为在这个全球化、互联网化的新大众时代，民粹主义获得了前所未有的生长机会，民族主义、极端主义与大众民主、民粹政治深度交织，带来了一个动荡喧嚣的变局。如果说此前是民粹主义酝酿、爆发然后高潮迭起的 20 多年，那么此后，民粹主义无论是继续迸发或者是暂时收敛，它都将是当今世界政治图景中的重要特征和基本构成，不仅对欧美等国的社会秩序、经济发展和政治走向产生重大影响，也将不断外溢到追随欧美道路的非西方国家，成为一种突显精英与大众、国家与社会、本国与他国之间紧张关系的世界性现象。

防范、驯服民粹主义将成为 21 世纪国家治理和全球治理的重要内容，因为一个反建制的民粹主义现象频发的社会很难说是稳定的和得到良好治理的，而一个动荡冲突和缺乏共识的全球秩序也很难说有足够的良好治理。世界各国政治制度、发展水平、历史文化千差万别，应对民粹主义挑战的策略与效果也各不相同。对于西方国家来说，民粹主义致乱、致变的局面已经呈现，但是能否得治，却有着高度的不确定性。由于在国家治理问题上的低效低能、选举竞争对民意的工具性滥用、全球化衍生的经济文化冲突和国家认同危机等一系列结构性困境难以化解，西方社会不得不面对以民粹主义为主导的右翼化和极端化浪潮的长期挑战。

在西方政治实践中，民粹主义挑战与政治失能、社会分裂和经济危机有着复杂的关联，被认为是现代民主的病理性反应，是自由民主及其制度实践出现故障的警报器。事实上，2008 年全球金融危机以来，民粹主义问题已引起了西方主流学者的普遍关注与讨论，他们对自由民主是否正在衰落、是否还有足够的自我修复能力，产生了深刻的忧虑。而民粹主义浪潮持续至今，至少说明西方社会仍然没有找到遏制民粹主义的有效方案。

二、民粹主义的未来考验

21 世纪的前 20 年，可谓民粹主义的直接行动时期，全球化进程和国家治理均面临前所未有的挑战。此后十年或者更长时期，民粹主义的演进有三个重要方面值得关注。

首先，民粹主义与民族主义全面和深度合流，右翼性质的民族民粹主义将成为主导形态。历史上的几次民粹主义浪潮基本上是左翼性质，突显民众对抗精英、庶民对抗权贵的阶级政治取向，但是 21 世纪民粹主义浪潮呈现明显的右翼保守主义取向。在移民浪潮和难民问题的刺激下，西方国家内部的民族主义思潮迅速抬头，极端右翼政党的社会基础不断扩大。在美国，大约 65%的民众认为，自特朗普当选总统以来，公开表达种族主义立场的文化变得更普遍了。在特朗普的“美国优先”和白人主流群体的身份政治背后，正是一种保守的、狭隘的白人民族主义立场。在欧洲，疑欧主义者、极端右翼政党则把反欧盟、反外来移民等主张作为核心诉求。美国和欧洲的极端民族主义势力都企图超越并否定自由主义的多元身份政治，借助政党竞争和选民动员，将意指主体族群的“民族”等同于民粹主义的核心元素“人民”。

就未来而言，欧美等国的民粹主义运动很难维持2016年前后的高潮状态，这是民粹主义作为一种阵发性的激情政治所决定的，但是民族主义与民粹主义合流的趋势不会停止，这与西方政治“左衰右盛”的态势直接相关。20世纪80年代以来，西方社会在里根革命和撒切尔主义的基础上形成了新自由主义政治共识，左翼阵营日益与右翼合流，左翼政治出现衰微，传统左翼的“人民-阶级”动员模式不敌右翼民粹主义的“人民-民族”模式。右翼阵营集结了各种保守和极端思想，同时吸纳了左翼的部分政策主张，如欧洲的一些右翼民粹主义政党为了争取劳工阶级和底层选民，将财富分配问题纳入议程，在突出极端民族主义立场的同时，也赞成有关再分配、反紧缩和国家干预的政策。当前，欧美等国的极右翼势力处于上升势头，右翼阵营总体上较左翼要强势得多，民族民粹主义的形成将为右翼、极右翼政治提供极具政治动员能力和理论建构能力的思想武器。民族主义与民粹主义将互相借力，民族主义为民粹主义的兴起提供强大的意识形态支持，而民粹主义又为民族主义的复归提供有力的大众动员工具。民族民粹主义扩大社会与文化鸿沟，破坏国家认同，成为国家治理中不得不面对的严峻挑战。

其次，民粹主义将迫使西方国家调整发展策略，回应经济社会的平等需求。经济全球化遵循自由化、市场化、私有化的新自由主义路径，创造了大量的社会财富，推动了资本与劳动力的全球流动，但却无力解决财富高度集中、贫富分化悬殊的经济不平等问题。卡莱斯·鲍什（Carles Boix）在《民主与再分配》中曾提出，“一个稳定的民主政体需要维持适度的经济社会平等”。由于无法提供足够的经济社会平等，新自由主义孕育了它的反抗者——民粹主义。

二战结束以来，西方社会经历过两轮共识政治的洗礼，一是五六十年代的凯恩斯主义和福利国家，二是80年代以来的新自由主义。两轮共识政治均创造了一段时期内相对稳定的政治经济秩序，但后者的达成建立在前者失败的基础上。21世纪的民粹主义浪潮则打破了新自由主义的共识政治，西方又到了重新建构政治共识、寻求全球化转型的历史节点。历史会不会轮回，未来是回归福利国家，还是走向一个更兼容和混合的发展模式，取决于西方国家的政策调整，包括如何回应民粹主义关于经济平等的诉求。

福利民粹主义的宏观经济模式在拉美地区有着长期的实践，其标志性政策是扩张性公共财政、经济增长、收入再分配、充分就业与福利保障等，核心是国家干预。塞巴斯蒂安·爱德华兹曾描述过拉美发展模式的历史阶段，认为福利民粹主义不可持续，将导致严重的通货膨胀和经济崩溃。西方国家对于拉美民粹主义普遍持贬斥态度，试图以新自由主义来拒斥国家主义，但是英国执意“脱欧”、特朗普坚持反全球化，在事实上宣告了新自由主义的失败。民粹主义在倒逼西方国家调整政策，反思新自由主义的重大缺陷，正视民粹主义经济主张在提供较充分社会经济平等方面的作用。此轮浪潮过后，全球经济与政治秩序将面临修正与重构，兼顾市场化与国家干预的混合经济模式或将成为西方国家的政策选项之一。由于民粹主义关于分配正义、身份政治的各种主张得到相当多的公众支持，欧洲主流政党和美国的建制派也开始抢夺话语权，出现所谓“主流政党民粹化”的策略性转变。

最后，民粹主义继续弱化西方政治的可预测性，政治极化与社会分化问题仍然未解。民粹主义浪潮在2016年达到高潮并延续至今，致使西方国家的制度体系和价值体系同时面临危机。从制度体系来看，精英主义的政党政治和代议制受到民粹主义政党的冲击，左右交替、相对平衡的传统政党体系出现结构性变化。在欧洲，极端右翼的民粹主义政党通过反移民的民族主义议题动员，不断侵蚀传统政党的社会基础，在国内选举和欧洲议会扩大影响，欧洲政治版图日益碎片化，“黑天鹅”事件频现。在美国，持右翼保守立场的特朗普主义削弱了主导美国政治发展的自由主义趋势，导致了两大党在国内政治中的全面对抗，美国正在成为自由派与保守派互不相容的分裂社会。从价值体系来看，民粹主义主张大众民主和反建制，自由民主的价值信仰面临前所未有的危机，主流政党出现代表性危机，社会基础松动和动员能力下降，而直接民主、大众政治帮助民粹主义政党获得了越来越广泛的认同。“欧洲晴雨表”曾向欧洲公众询问是否认为自己的声音被欧盟听到了，只有大约三分之一的人作出肯定回答，这一事实折射出欧洲一体化进程的重大缺陷，即难以避免的民主赤字和民族国家危机。民粹主义政党及其领导人不断宣称他们是在民族国家框架内恢复民主的希望所在。

民粹主义浪潮的冲击如此巨大，未来十年将是考验西方政治体系如何自我修复的关键时期。尽管今天来看民粹主义还不会引发欧盟的解体，也不会导致美国制度与价值的崩塌，但是西方国家摆脱和化解民粹主义挑战的希望仍然渺茫。因为无论是欧洲的一体化困局，还是美国内部的政治分裂，都产生自结构性与价值性冲突，民族国家与全球化、自由主义与保守主义、多元主义与本土主义之间的对立妨碍了政治共识与政治合作的达成，政治极化和内部分裂的加剧将破坏西方政治的相对稳定性。随着民族民粹主义的完全成型和强势发展，西方自由民主将不得不与其展开持久的缠斗。

任何一种政治思潮都有潮起潮落之时，民粹主义狂飙突起、震撼世界的极端主义浪潮有其涨跌起伏的变迁规律。2020 年，随着特朗普在大选中落败、英国“脱欧”进程基本完结，民粹主义对建制派政治的猛烈进攻暂告一个段落。然而，民粹主义并没有退场，法国国民联盟、德国选择党等欧洲右翼民粹主义政党在选举和议会中的影响持续高涨，特朗普在 2024 年大选中的再次获胜和保守派势力在政治上的日益得势，种种现实与前景无不提示了民粹主义的始终在场。对于西方建制派和自由主义者来说，民粹主义是一股破坏性的力量，断绝、清除民粹主义是其孜孜以求的政治目标。但是，民粹主义思潮自 19 世纪下半叶形成以来，在世界范围内从来没有消失过。保罗·塔格特认为，民粹主义是一种间歇性的政治插曲，它可能消退隐伏，但总能不时地迸发出激进政治变革的强劲潜能，因为哪里有涌动的民意，哪里就有表达政治不满的民粹主义政治思潮和政治运动。从美国的经历来看，自 19 世纪晚期的人民党运动以来，美国民粹主义并没有长时段处于空缺状态，而是几乎每隔 30 年左右就出现一次较大规模的、极具影响力的民粹主义运动，如 1892 年的美国人民党运动之后，20 世纪 30 年代有休伊·朗（Huey Long）的“共同财富计划”，60 年代有乔治·华莱士（George Wallace）的民粹主义选举动员，90 年代有罗斯·佩罗（Ross Perot）的第三党运动，而 2016 年则是特朗普掀起的右翼民粹主义浪潮。可以看出，民粹主义对既有政治秩序的干扰和影响是长期的、持续的。

事实上，21 世纪的西方民粹主义浪潮绝非一场偶然形成的政治插曲，它已经成为西方政治的构成部分和常规内容，甚至如卡斯·穆德所说，民粹主义因其内在的“民主的时代精神”而成为当代西方国家的政治主流。民粹主义和其他保守主义思潮已经深刻改变了国内政治和世界政治的权力结构和组织方式。例如在欧洲，政党政治在选举机制的作用下出现了一种所谓民粹主义政党主流化、主流政党民粹化的“双向运动”。一方面，右翼民粹主义政党的选举支持率持续上升，意大利、奥地利等多国的民粹主义政党先后实现了“从边缘到中心”的转变，法国国民联盟、德国选择党等民粹主义政党则局部修正其极端主义形象，开始向主流政党阵营挺进。另一方面，中左、中右翼的主流政党由于政党代表性下降、选民基础松动而不得不调整选举策略，吸纳右翼民粹主义的政治议题并模仿其动员策略。萨科齐在 2012 年的法国总统选举中为了迎合极右翼选民，甚至声称要将他的党改造成“轻量级的国民阵线”。

民粹主义是当代西方政治中的极端保守主义思潮，它在经历了 2008—2016 年的急速扩张之后进入了一个平缓发展时期，未来是否会出现新的高潮，某种意义上说取决于西方内部的社会共识程度与国家治理水平。如果社会分裂加剧、政治极化无解，再加上经济增长乏力，民粹主义作为对治理失败的反应，必然会在特定事件刺激下卷土重来。金融危机以来，自由主义阵营对民粹主义的复苏高度紧张，希望通过反思和修正，强化自由民主的价值基础与制度基础，甚至彻底摆脱民粹主义的梦魇。然而，当下的民粹主义已经成为西方政治的重要构成和对国家治理有持续影响的新变量。事实上，西方建制派将不得不考虑这样一项长期策略，即如何在必须与民粹主义共存的情况下重建价值共识、实现高质量的国家治理。

三、民粹主义的反思意义

在西方的自由民主提倡者们眼中，民粹主义的破坏性令人担忧。在一些非西方国家曲折的政治进程中，所谓民主化转型以自由民主和选举政治为目标，但是转型后的民主建设却困难重重。西方所宣扬的民主进步仅仅停留在选举层面上，有了广泛的政治参与，但却没有产生民主生活应该提供的公正平等、法治秩序，有些国家连最低的民主标准都没有达到，它们的民主政体遂被视为一种“病态政体”，它们的民主则被称为一种“劣质民主”或“有缺陷的民主”。对于这种未经预料的结果，自由民主的信徒们认为这些国家中盛行的民粹主义政治难辞其咎。相应地，自由主义阵营对民主成熟的国家也出现民粹主义运动更感不安，因为民粹主义及其大众民主立场极大地动摇了民众对自由主义民主和资本主义制度的信心。由于经济不景气、权贵精英操控政治，一种因无法掌握自己命运而对自由民主产生的失落感、幻灭感不断扩散，把许多普通人推进与政治体制、执政精英对质的社会运动中。在自由主义价值统领且民主制度根基深厚的西方国家，当越来越多的中下层民众选择用非自由主义的大众政治方式来表达他们的不满与失落，这不能不令自由民主的捍卫者们对民粹主义更加仇视。

一个无法否认的事实是，没有一套民主制度的设计是完美无缺的，

“它本身绝不是一贯正确和可靠无疑的”①。由于民主与民粹之间复杂的伴生关系，如果没有对民粹主义的正确理解，就难以发现民主政治发展的正确方向，也无法察觉民主政治潜藏的问题。而如何正确理解民粹主义的发生，取决于如何认识它的存在合理性。民粹主义固有的两面性使其获得了在现代生存的合理性，一方面，它追求公正平等与人民主权的理想信念，另一方面，它诉诸作为整体的“人民”，希望动员超越现有体制的、游走于法治边缘的人民力量来实现其理想。

民粹主义在本质上追求大众民主的平等价值，它选择了广泛的大众动员和政治参与作为实现手段。“各种形式的民粹主义所代表的，很可能是内在于自由民主，甚至是内在于一切现代民主的某种普遍力量。”② 民粹主义现象的出现很大程度上反映了一般民众权利意识的觉醒，尤其是对处于政治转型中的国家来说，某种意义上是自由民主体制的成功，而不是失败。③ 因为现代政治生活对于个体公民来说，不仅关乎实际利益的分配，也关系到情感上的寄托。当许多人认为民主政治不能提供他们把握自己命运的选择与机会时，政治参与的目的就会转化为一种不同意见的表达，这种意见表达往往只是对缺乏不同选择的一种抗议，一种不满情绪，可以提醒政治精英们谦卑和倾听。民粹主义之所以有如此巨大的动员能力，在于它的平等主张最容易引发大众共鸣，它主张公民政治参与不受阶级、财富或教养差异的限制，希望公民政治参与可以带来公共生活的正面改变。可以说，民粹主义是以一种激烈的方式提醒现有体制更多关注公平正义。

如果不能对导致民粹主义的政治、经济和文化原因有所反思，并在制度上、政策上甚至价值主张上有所回应或修补，如果对民粹主义的批判只是简单地落在它的非理性与反建制上，一味地指责民众的愚

① 弗里德里希·哈耶克著，王明毅等译：《通往奴役之路》，北京：中国社会科学出版社，1997 年版，第 71 页。

② Harvey C. Mansfield, “Democracy and Populism”, *Society*, Vol. 32, No. 5, 1995, p31.

③ 陶仪芬：《全球化、民粹主义与公共知识社群》，载钱永祥编：《中国哲学：危机与出路》，台北：联经出版事业股份有限公司，2008 年版，第 227 页。

昧盲从、体制外精英的处心积虑，那么，这种批判可能只是自由派知识分子的一场自娱自乐，不仅无法减缓一般民众的怨愤与不满，更为政治极化、社会分化大开方便之门。因此，一个稳定的民主政治需要一致遵从的法治秩序，更需要一种理性的、积极的公共政治生活。正如托克维尔提醒的那样，“我们的民主，总是处在使自身进一步民主化的持续过程中”，“一个民主政体如果存在的话，就必须相应地存在一个参与社会，即社会中所有领域的政治体系通过参与过程得到民主化和社会化”。[①] 民粹主义确实可能将大众政治参与带到一个反建制的、非理性的和无序的危境，这是要警惕防范的，但这不等于可以无视大众参与对于民主发展的意义。大众政治参与既体现了人民主权的价值追求，也是法治秩序所需要的公共精神的来源。密尔曾说过，在个人只关心他自己的私人事务、不参与公共事务的地方，负责任的公共行动的能力无从发展，个人必须“看重不属于他自己的利益；在遇到各种冲突的要求时，接受超越于他私人特殊性的另一法则的引导”[②]。没有公共精神的个人恐怕是做不到这点的，因此在国家建设的各个环节，在按照公共善的目标运行各种理性的原则和公理的同时，个体公民基于这些原则和公理的参与需求应该得到鼓励。近年来，一些左翼民主理论家开始对民粹主义进行更客观的思考，例如厄内斯特·拉克劳、菲得普·史密特等人主张民粹主义在本质上是一种中性化的政治表达方式。厄内斯特·拉克劳认为，民粹主义本质上是中立的，是一种超验形式的政治立场，能够被整合进不同的政治实践，它不是特定的政治运动，但又是最具政治色彩的，即社会空间的形变能影响政治的内容。[③] 但是，遗憾的是，这并非西方主流社会、自由派阵营普遍接受的认识。

---

① 卡罗尔·佩特曼著，陈亮译：《参与和民主理论》，上海：上海人民出版社，2006 年版，第 39 页。

② 同①，第 28 页。

③ Slavoj Zizek ，“Against the Populist Temptation”，*Critical Inquiry*，Vol. 32，No. 3，2006，p. 553.

因此，与其让民粹主义以人民之名、以非理性的大众参与制造激情的、对立的民意政治，不如让大众政治参与在法治框架下发展起来，培养公民意识和公共精神，提高大众在国家生活中的政治效能感。一个关注大众权利的、鼓励积极参与的制度环境可以培养出具有公共精神的理性的公民。当一个社会成员感觉到他个人的政治行动确实或者能够对政治过程产生影响，他会更自觉地去承担个人的公民责任；而当社会成员都拥有相应的政治效能感和公共精神，民粹主义动员就不会轻易成功。现代民主政治试图驯服民粹主义的道路将是漫长而不确定取胜的。民粹主义对法治与民主的破坏被无数次痛斥过，无数的制度设计也都致力于防范和消灭民粹主义，但是，它仍然在现代国家的公共生活中时隐时现。在这一注定漫长的过程中，选择与之相处、与之博弈的正确方案至关重要。既然这是现代政治生活中如影随形的确定部分，那么了解、理解其产生的根源和存在的理由，可以激发有意义的价值反思，推动必要的政治革新，最终找到正确方案所在的方向。

后　记

书稿终于完成，到了可以说些题外话的时候了。所以，以下是一些必要的解释和感谢。

必须承认，民粹主义研究在我的学术生涯中是一个无法替代的核心议题，它耗费了我太多的脑细胞、学术热情和伏案工作的时间。我的民粹主义研究开始于一种不知深浅、被好奇心驱使的学术冲动。从2002年将其作为博士论文选题开始，到今天竟然已有23年了。可以很坦然地说，这不是坚持下来的23年，而是时代眷顾、贵人相助和尽情享受的23年，能够对这23年有所交代、能够证明没有虚度光阴的，是已经出版发表的两部民粹主义研究专著和数十篇相关文章，是顺利完成的以民粹主义为主题的国家课题和北京市课题，也包括在这过程中侥幸得到的一些学术荣誉。

在早先出版的两部民粹主义著作中，2007年出版的《民粹主义——概念、理论与实证》脱胎于我的博士论文，因为是国内较早关于民粹主义问题的研究，意外地受到了较多的关注，但在今天看来，这部作品无论在哪方面都感觉粗糙和浅白，感谢很多对民粹主义研究感兴趣的同行和学生愿意引用，实在是惭愧，希望未来有机会修订再版。2017年出版的《发现民众——历史视野中的民众与政治》立意有些大胆，想探讨民粹主义的中国历程，想从漫长的中国政治史中把握民众在政治中的角色，想从民本、民主与民粹等跨时代的概念间寻找关联。很显然，民粹主义是一个建立在西方经验之上的现代概念，用来描述中国语境下的民众与政治并不完全妥当，但是民粹主义现象在本质上触及国家与社会、大众与精英的复杂关系，无论哪个时代的中国政治都需要处理。于是，在以中国为本位的民粹主义再探索中，我对民粹主义有了全新的认识，理解了其中独特的比较研究价值。此书完成的前后，恰逢特朗普上台和英国“脱欧”公投等“黑天鹅”事件接连发生，民粹主义议题骤然大热，我的研究重点便不由自主地被推着又回到了比较政治领域，在政治思潮、政党政治与社会运动等研究领域发现了很多有意义的民粹主义议题，我在2016年以来所发表的关于国家建构、国家治理、身份政治、政党政治的大部分文章，其实都直接或间接地与我对民粹主义的兴趣有关。再接下来，当2024年我终于完成国家社科基金课题的结项工作时，感觉是时候再将近年的研究成果整理出版了。需要解释的是，即将出版的第三部作品实际上由三部分成果构成，包括2016年以来发表的部分文章，包括课题结项报告的部分内容，也包括全新写作完成的内容。我努力地将它们集结到以政治思潮为主题的研究框架内，以呼应民粹主义日益成为世界政治重要构成的历史时代，希望能够呈现21世纪以来世界民粹主义经验实践和理论变迁的大致面貌。

民粹主义研究是我在学术上成长的能量场，尽管我同时还研究其他议题和发表过其他方面的文章，比如曾在某个特定机缘下写过一篇关于鬼谷子和国际关系的有趣文章，但是，民粹主义研究始终是我不由自主地要返回的领域。这三部著作和我的所有文章一样，都有很多遗憾和不足，但它们反映了我在不同情境下的研究兴趣和学术思考，总体上对得起自己的付出。对于一个研究者，很难评判长期钻研和聚焦一个议题是好是坏，就像我们没有能力在有限的一生打出很多口深井，其实也无法比较打一口深井和打很多口井的得失。就个人而言，我反倒感觉庆幸，我为自己始终对民粹主义保有研究兴趣感到欣然，对于这个我花了20多年时间研究的问题，希望能继续探索它的深度和广度，希望列入研究计划的议题还有很多。当然，尽管民粹主义的理论问题还有很多方面没有被解释清楚，但是现实需要或许更为重要，民粹主义议题的社会关注和学术讨论持续高涨，很多现实问题还需要从民粹主义角度进行解释，未来政治形态的形塑仍然无法排除民粹主义的参与。在被民粹主义浸润的20多年中，我见证了民粹主义研究从一个小众、边缘和前沿的议题，在汹涌诡谲的时代大潮中变成一个现象级的研究热点和大众话题。越来越多的研究者从不同的问题意识和理论关怀出发，注意到了民粹主义问题的研究价值，我很高兴与这么多学界同行一起探索。

我还必须在这里对师长、同事和学界朋友表示感谢。这部书稿的完成是一个慢火煨熟的过程，没有来自学术共同体的支持、鼓励和信任，它很难成为今天的样子。首先要感谢我的博士导师黄嘉树教授一直以来在教学科研、学生培养和日常生活等多方面的点拨、提携和帮助，从黄老师门下毕业将近20年了，但是我比其他同门得到老师更多的教诲，和自己导师成为同事是一件压力山大但又何其幸运之事，感谢黄老师，祝您身体健康，退休生活超级快乐、超级充实。要感谢我的领导杨光斌院长，杨院长是我无法追赶的学术榜样，但我从学院宽松自由的学术氛围中获益甚多，谢谢杨院长在学术道路上对我的鼓励和肯定，我继续加油。还要感谢我的同事们，尤其是同在导师组的王续添老师、周淑真老师、王英津老师、孙龙老师，我们合作一直非常愉快，如沐春风、如浴暖阳。也感谢政治学系和人大国关学院的亲爱的同事们，谢谢各位对我的指导、帮助和宽容。还有很多人需要感谢，他们有我的师姐鲍静，我的师兄戴长征，我的同学杨雪冬、石斌、张振江和潘迎春等；有我在学界的诸多好友，包括天津师范大学佟德志、高春芽、刘训练，南开大学程同顺、李月，云南大学郭台辉，复旦大学包刚升，南京大学郭忠华、李里峰、王海洲、祁玲玲，中山大学黄冬娅，厦门大学李鹏、彭莉，中国政法大学庞金友、林德山，北京联合大学朱松岭、陈星和李振广，四川大学石立春，中国社会科学院拉丁美洲研究所谭道明，外交学院杨晖等。很多在学术上支持我、提点我的前辈、好友，请原谅我在这里无法一一列举，感谢大家在各个方面对我的帮助，和各位的交流对话都非常愉悦，启智开悟，受益匪浅。另外，还要特别感谢为这部作品的阶段性成果提供展示平台的杂志和编辑，感谢信任，感谢提供这么优质的展示平台。当然，此书得以面世，还要感谢当代世界出版社刘娟娟女士和她的团队，谢谢娟娟的悉心安排，谢谢责编的辛苦付出，你们的专业和敬业给了我很大的信心。

最后，还必须感谢我的家人们，感谢我的老母亲把自己照顾得棒棒的，让我不用分心，潜心工作；感谢我的先生和女儿一直以来的鞭策和督促，给你们解释我在写什么和有什么用是一件有趣但烧脑的事，但你们可以继续鞭策和督促我。

这部专著还会有未经察觉的错误或能力有限所致的瑕疵，作者本人承担对观点和文字的全部责任。不管怎样，希望随着新书的完成，可以开启下一段的学术旅程；也希望随着年岁渐增，可以更超然、更淡然地享受思考和写作的乐趣。

作者谨识

2025 年 1 月的明媚冬日记于家中